중지미수의 이론

최준혁

景仁文化社

머리말

중지미수에 관한 형법 제26조는 실질적인 의미가 있다. 중지미수가 인정되면 형벌을 '반드시' 감경하거나 면제해야 하기 때문이다. 가령 올해 초에 있었던 최초의 배심재판에서도 피고인측은, 비록 받아들여지지는 않았지만, 범행을 중지했다고 주장하였다.

하지만 중지미수에 관한 지금까지의 논의는 중지미수의 본질과 자의성에 치중하여 문제해결에 도움을 주기 어려웠다. 이 책은 이러한 문제의식에 기초하여 '행위자의 범행중지가 중지미수에서 말하는 중지인가?' 등 중지미수에서 나타나는 문제를 해결하려고 시도한다.

이 책의 중심이 되는 1~7장의 기초는, 필자가 2006년 8월에 "중지미수에 관한 연구 — 단독범의 중지미수를 중심으로 — "라는 제목으로 서울대학교에 제출한 박사학위논문이다. 제8장은 2007년 6월에 형사법연구(한국형사법학회 발간) 제19권 2호(111~128면)에 수록된 "다수인의 범행가담과 중지미수"를, 제9장은 2006년 10월에 법학논총(한양대학교 법학연구소 발간) 제23권 2호(317~333면)에 실린 "실패한 미수 개념의 이해"를 바탕으로 하였다. 2006년 8월에 제출한 박사논문이 책의 근간이 된 연유로, 논의 및 검토의 대상은 주로 2006년 상반기까지의 판례와 문헌이다. 그 이후에 나온 문헌은 형사판례연구 제14권(2006)에 실린 논문인 정현미, "착수미수와 실행미수의 구별"과 신동운, 형사소송법(제4판), 그리고 2007년의 스위스신형법에 관한 자료 등을 보충하였으며, 중지미수에 관한 2007년 하반기까지의 대법원 판례도 참고하였다.

무엇보다도 서울대학교의 선생님들의 지도가 있었기 때문에 부족한 필자가 이러한 결과물을 낼 수 있었다고 생각한다. 지도교수로서 엄격한 가르침을 주신 신동운 교수님, 함께 토론하고 고민을 나누었던 이용식 교수님, 항상 조언과 지원을 아끼지 않으신 한인섭 교수님과 조국 교수님, 이 모든 분들께 공부하는 마음가짐과 자세를 배울 수 있어서 다행이라고 생각한다. LLM 과정을 보냈던 독일 프라이부르크 대학의 프리쉬, 페론, 블로이 교수께도 감사드린다. 그곳에서 무토, 야스다, 솅웨이 등 일본과 대만의 친구들과 함께, 낯선 외국에서 외국의 언어로 각자의 형법에 관하여 고민한 시간은 매우 유익했으며 그 경험은 이 책에 많은 기여를 하였다. 특히, 비슷한 학문적 관심을 가지고 있고, 일본의 자료를 수집해 전해준 마리 카나자와 교수에게 감사한다. 부족한 글을 법학연구총서에 포함시켜 주신 서울대학교 법학연구소 소장인 박정훈 교수님과, 책으로 만들어 주신 경인문화사 한정희 사장님과 장호희 씨께도 감사드린다. '신입'이 마음 편히 일할 수 있도록 배려해주시는 울산대학교의 동료 교수님께도 감사드린다.

마지막으로 사랑하는 가족, 특히 부모님께 감사의 말을 전하고 싶다. 오랜 시간을 참을성있게 기다려 주었고, 판례를 찾는 데 도움을 주었으며, 지금은 육아 때문에 바쁜 아내 이효진 판사에게 사랑과 감사를 보낸다. 그리고, 이제 혼자의 힘으로 일어나 세상을 보려고 하는 아들 원석이의 앞날에 늘 건강과 행운이 함께 하기를 기원하면서, 필자도 한 사람의 학자로서 학문의 어려운 길에 첫걸음을 딛는다.

2008년 10월 울산에서
최 준 혁

차 례

∘ 머리말

제1장 서 론 : 1

제1절 문제의 제기 ···3
제2절 연구의 목적, 방법 및 범위 ··6

제2장 중지미수에 관한 입법례 : 11

제1절 논의의 방향 ···13
　Ⅰ. 중지미수에 관한 고찰의 출발점 ··13
　Ⅱ. 중지미수에 관한 규정이 없을 경우: 영미의 보통법에서의 중지미수 ··14
　Ⅲ. 미국 모범형법전에서의 중지미수 ···15
제2절 미수범의 정의규정을 두는 법제에서의 중지미수 ············18
　Ⅰ. 중지미수에 관한 논의의 전개 ··18
　Ⅱ. 미수범에 관한 정의규정을 두는 법제에서의 중지미수 ····22
제3절 미수범의 정의규정과 중지미수에 관한 규정을
　　　구별하는 법제에서의 중지미수 ··26
제4절 착수미수와 실행미수를 구별하는 법제에서의 중지미수 ·······28
　Ⅰ. 스위스형법에서의 중지미수 규정 ···28
　Ⅱ. 중지미수에 관한 스위스의 해석론 ·······································30
제5절 중간결론 ···33
　Ⅰ. 비교법적 고찰의 결과 ··33
　Ⅱ. 중지미수에 관한 논의의 판단대상 ·······································34

제3장 중지미수 규정의 역사적 변천 ː 37

제1절 논의의 시작 …………………………………………………………39
   Ⅰ. 논의의 출발점 …………………………………………………39
   Ⅱ. 한국형법 제26조의 제정 ……………………………………40
   Ⅲ. 중지미수에 관한 역사적 고찰에서 밝힐 점 ……………43
제2절 독일형법에서의 중지미수 ………………………………………45
   Ⅰ. 중지미수에 관한 논의의 전개과정 ………………………45
   Ⅱ. 중지미수 규정의 도입 ………………………………………50
제3절 오스트리아형법에서의 중지미수 ………………………………74
   Ⅰ. 오스트리아형법에서의 중지미수 규정 …………………74
   Ⅱ. 오스트리아형법의 중지미수에 관한 해석론 ……………76
제4절 일본형법에서의 중지미수 ………………………………………78
   Ⅰ. 일본형법에서의 중지미수 규정의 변화 …………………78
   Ⅱ. 중지미수에 관한 일본의 해석론 …………………………87
제5절 소결론 ………………………………………………………………90
   Ⅰ. 비교법적·역사적 고찰의 결과 ……………………………90
   Ⅱ. 독일의 논의를 검토할 필요성 ……………………………93

제4장 독일형법에서의 중지미수 ː 95

제1절 중지미수에 관한 독일의 논의 …………………………………97
   Ⅰ. 중지미수에 관한 독일의 논의의 특징 …………………97
   Ⅱ. 중지미수에 관한 논의의 다양성의 이유 ………………99

제2절 중지미수의 본질 ··· 102
  Ⅰ. 중지미수의 본질에 관한 논의 ································· 102
  Ⅱ. 미수와 중지미수의 관계 ····································· 123
제3절 중지미수의 법적 성격 및 법률효과 ······························ 137
  Ⅰ. 중지미수의 법적 성격 ······································· 137
  Ⅱ. 중지미수의 법률효과 ······································· 143
제4절 중지미수의 요건 ··· 150
  Ⅰ. 들어가며 ··· 150
  Ⅱ. 실패한 미수 개념 ··· 151
  Ⅲ. 착수미수와 실행미수 ······································· 158
  Ⅳ. 중지행위 ··· 180
  Ⅴ. 자의성 ··· 186
제5절 소결론 ··· 197
  Ⅰ. 독일의 중지미수 논의에 관한 평가 ···························· 197
  Ⅱ. 한국형법 제26조와 독일형법 제24조의 비교 ····················· 198

제5장 중지미수의 본질 및 법적 성격 · 201

제1절 중지미수의 본질 ··· 203
  Ⅰ. 논의의 출발점 ··· 203
  Ⅱ. 한국형법의 중지미수 ······································· 204
제2절 중지미수의 법적 성격 및 효과 ································· 218
  Ⅰ. 중지미수의 법적 성격 ······································· 218
  Ⅱ. 중지미수의 효과 ··· 229
제3절 중간결론 ··· 238

제6장 중지미수의 요건 · 239

제1절 새로운 논의를 위한 전제 ··241
  Ⅰ. 중지미수의 객관적 요건 ··241
  Ⅱ. 중지미수의 주관적 요건 ··249

제2절 중지행위 ··254
  Ⅰ. 논의의 출발점 ···254
  Ⅱ. 착수미수와 실행미수의 구별 ··263
  Ⅲ. 중지행위의 내용 ···282

제3절 중지의사 ··296
  Ⅰ. 중지의사의 내용 ···296
  Ⅱ. 중지의사의 적용사례 ···298
  Ⅲ. 실패한 미수 개념 ···299
  Ⅳ. 포기의 종국성의 의미 ···305

제4절 자의성 ··312
  Ⅰ. 들어가며 ···312
  Ⅱ. 자의성을 판단하는 기준 ···313

제5절 중간결론 ··330

제7장 결 론 · 331

제8장 다수인의 범행가담과 중지미수 · 335

제1절 문제의 제기 ··337

제2절 다수인의 범행가담과 중지미수 ···339
  Ⅰ. 다수인의 범행가담형태에서의 중지를
     단독범의 중지와 다르게 보아야 하는가? ·····························339
  Ⅱ. '공모관계에서의 이탈'을 중지미수와 연결시킬 수 있는가? ········348
  Ⅲ. 다수의 범행참가자의 중지에 관한 해결 ·····························354
제3절 소결론 ··358

제9장 실패한 미수 개념의 역사적 변천과정 ː 359

제1절 들어가며 ···361
제2절 논의의 역사적 전개 ··363
  Ⅰ. 미수범에 관한 논의의 발전과 개념의 분화 ·······················363
  Ⅱ. delictum perfectum ···364
  Ⅲ. délit manqué와 delitto mancato(delitto frustrato) ·······················366
  Ⅳ. délit manqué 개념의 활용 및 변천 ·····································367
제3절 소결론 ··375
  Ⅰ. 실패한 미수 개념과 중지미수? ···375
  Ⅱ. délit manqué 개념을 도입한 설명으로서의 장도, "형법총론" ···375

∘ 참고문헌 ː 379
∘ 사항 및 인명색인 ː 409

제1장 서론

제1절 문제의 제기

형법은 총칙 제2장 '죄'의 제2절에 미수범에 관하여 규정하였다. 그 중 제26조는 '중지범'이라는 제목으로 "범인이 자의로 실행에 착수한 행위를 중지하거나 그 행위로 인한 결과의 발생을 방지한 때에는 형을 감경 또는 면제한다"라고 정하고 있다.

장애미수에서도 형벌의 감경이 가능하지만 중지미수가 인정되면 형벌을 감경 또는 면제해야 하기 때문에, 이 규정은 법관을 기속하는 효력이 있다. 그렇기 때문에 피고인은 종종 자신의 행위가 중지미수에 해당한다고 주장하며 특히 상소의 근거로 삼는다. 예로 중지미수를 인정한 예외적인 사건의 하나인 대법원 1993.10.12. 선고 93도1851 판결에서 피고인은 경찰에서는 범행사실을 부인했고, 검사의 제2회 피의자신문조서에서 범행사실을 자백했으나 공판정에서는 다시 범행사실을 부인하였다. 상고이유서에서 사실오인에 역점을 두면서 다투다가 이때 비로소, 비록 범행사실이 인정되더라도 중지미수에 해당한다고 주장하기 시작하였다.[1] 형의 면제가 아니라도 형을 필요적으로 감경해야 한다는 점도 피고인이 소송에서 중지미수를 주장할 충분한 이유이다.[2]

그렇기 때문에 중지미수를 어떻게 판단해야 하는지는 중요하며, 중지미수에 대한 적절한 해석은 법관의 판단에 도움을 줄 수 있다.[3]

---

1) 송진현, "중지미수의 자의성", 453~454면 참조. 그 외에 피고인의 상고에서 중지미수를 주장하는 대법원 1974.10.22. 선고 74도2441 판결 등.
2) 실제로 대구고법 1975.12.3. 75노502 형사부판결은 장애미수로 보아 법률상 감경을 하지 않은 1심이 사실을 오인하고 법령의 적용을 잘못했다고 하면서, 중지미수를 인정하여 살인죄의 형을 감경하였다.
3) 독일의 판례가 이론적인 명확성보다는 개별사례에서 중지미수를 인정해야 하는

또한, 중지미수는 이론적인 관심의 대상이다. 중지미수에서는 자의성 등의 중지미수에 특유한 요건뿐만 아니라 미수론과 공범론, 죄수론, 양형 등 형법의 여러 이론적인 문제가 복합적으로 얽혀있다.[4] 그렇기 때문에 중지미수를 논의할 때는, 이론적인 명확성을 추구함과 동시에 형법의 다른 제도와의 조화도 고려해야 한다.

하지만 중지미수에 관한 논의를 명확히 해야 한다는 요청은 지금까지 충족되지 못했다. 중지미수에 관한 학계의 논의는 중지미수의 본질과 자의성에 관한 설명에 집중했을 뿐, 개별사례에서의 문제해결에 충분했다고 보기 어렵다.[5] 물론 실제로 자의성이 중지미수의 가장 중요한 요건으로 중지미수와 장애미수를 구별하는 기준이기 때문에 자의성의 판단기준에 관하여 논의가 집중되었다고 볼 수도 있으며, 여러 판례에서도 자의성이 쟁점으로 등장한다.[6] 하지만 중지미수의 다른 요건에 대한 논의와 판단을 해 보지도 않은 채 중지미수와 자의성을 연결한 후 자의성을 부인함으로써 문제를 해결해 오지 않았는가 하는 의문은 지울 수 없다.[7]

그리고, 본질과 자의성에 관한 논의만으로 중지미수의 사례를 해결하기는 어렵다. 대법원 2005.6.10. 선고 2005도2718 판결(공보불게재)이 이를 보여준다. 이 사건에서 피고인은 피해자1과 사귀고 있었는데, 범행 당시 술에 취한 채 피해자1의 식당에 찾아갔다가 피해자1이 피해자2

지 여부에 관심을 갖는다는 지적으로 *Jakobs*, JuS 1980, 714.
4) *Guhra/Sommerfeld*, JA 2003, 778ff ; *Lang-Hinrichsen*, FS Engisch, S. 370 ; NK-*Zaczyk*, § 24 Rn. 5 ; *Otto*, Jura 1992, 429 ; *Rau*, Ernsthaftes Bemühen, S. 18 등.
5) 같은 지적으로 이훈동, "중지범에 있어서 미종료미수와 종료미수의 구별기준", 212면 ; 장한철, "공범의 중지미수와 형법 제26조의 해석문제", 449면. 이와는 반대의 평가로 김용욱, "미수형태와 중지범", 86면.
6) 오스트리아에서의 비슷한 상황에 관하여 *Tipold*, Rücktritt und Reue, S. 35.
7) 판례가 이러한 입장이라는 지적으로 이용식, "부작위형태의 중지행위의 요건에 관하여", 298면.

와 식당 내실에서 동침하고 있는 것을 발견하였다. 피고인은 흥분하여 주방에 있던 과도를 들고 내실로 들어가 피해자들을 향해 "둘 다 죽여 버린다"고 외치며 피해자2의 얼굴 부위를 향해 여러 차례 칼을 휘둘러 피해자2를 쓰러뜨린 뒤 다시 위 칼로 피해자1의 양쪽 어깨를 한 차례씩 찔렀고, 그 이후 위 과도를 바닥에 내던지고 나서 주방에 있던 회칼을 들고 와 "죽여버리겠다"고 소리치며 피해자1의 머리와 가슴, 팔과 다리를 여러 차례 찔렀다. 피해자들이 모두 많은 피를 흘리며 쓰러져 의식을 잃게 되자 피고인은 겁이 난 나머지 칼을 버리고 식당 밖으로 나갔다.[8]

 이 사건에서 피고인은 칼을 버리고 식당 밖으로 나갔기 때문에 살인죄의 중지미수에 해당한다고 주장하였다. 하지만 이때의 범행중지가 중지미수에서 말하는 중지인가?

---

8) 사실관계는 이 사건의 2심판결인 서울고등법원 2005.4.13. 선고 2005노6 판결 참조.

제2절 연구의 목적, 방법 및 범위

이 글은 형법 제26조에 관한 이론적인 접근의 출발점으로서, "범행중지가 중지인가?"라는 질문에 대하여 대답하려고 시도한다.

연구의 수단으로는 비교법적 방법을 주로 이용한다. 영미법계 및 대륙법계의 여러 국가의 형법을 살펴보며, 독일형법에서의 중지미수에 관한 논의도 참고하겠다. 최근 중지미수에서의 세부적인 논점에 관한 연구들이 조금씩 나오고 있는데,[1] 학계의 논의에는 중지미수에 관한 독일의 이론이 많은 영향을 끼치고 있음을 부인할 수 없다. 중지미수의 본질에 관한 논의는 독일학계의 논의와 크게 다르지 않으며,[2] 최근의 예

---

1) 이른바 실패한 미수 개념에 관해서는 김성돈, "이른바 실패한 미수 개념과 위험성 개념에 대한 재음미", 고시연구 2002/8, 39면 ; 김성룡, "착수미수의 실패한 중지범", 형사법연구 제19호(2003), 200면 ; 이용식, "부작위형태의 중지행위의 요건에 관하여 — 형법 제26조 '실행에 착수한 행위를 중지하거나'의 해석과 관련하여 —", 서울대학교 법학 제46권 3호(2005/9), 298면.
착수미수와 실행미수의 구별에 관해서는 이정원·류석준, "중지미수에서의 실행미수와 착수미수", 경남법학 제18집(2003), 177면 ; 이훈동, "중지범에 있어서 미종료미수와 종료미수의 구별기준", 비교형사법연구 제3권 2호(2001), 211면 ; 정현미, "착수미수와 실행미수의 구별", 형사판례연구 제14권(2006), 1면.
비구성요건적 목적의 실현에 관해서는 성낙현, "비구성요건적 목적이 달성된 경우의 중지미수", 비교형사법연구 제1호(1999), 43면.
공범의 중지미수에 대해서는 김용세, "'공모관계이탈'과 공범의 중지", 형사법연구 제13호(2000), 55면 ; 손동권, "중지(미수)범의 특수문제 — 특히 예비단계에서의 중지 —", 형사판례연구 제5권(1997), 70면 ; 장한철, "공범의 중지미수와 형법 제26조의 해석문제", 석우 차용석교수 화갑기념논문집 하, 법문사, 1994, 449면 ; "결과발생에 있어서 공범의 중지미수의 성립문제 — 특히 독일형법 제24조 2항 2문 후단을 중심으로 —", 형사법연구 제8호(1995), 43면 ; 조준현, "공범관계의 해소에 관한 사례연구", 형사판례연구 제5권(1997), 129면.

로 소위 실패한 미수(Fehlgeschlagener Versuch) 개념을 도입하여 중지미수를 설명하는 입장을 종종 찾을 수 있다. 다만 독일의 이론에 관해서는 비판적인 검토가 필요하다. 한국과 독일의 중지미수 조문의 차이, 해석 및 운용의 차이를 볼 때 독일의 논의를 그대로 도입하기에는 무리라는 지적도 있기 때문이다.[3] 실제로 형법의 중지미수의 효과는 형의 필요적 감면이며 소송에서는 유죄판결임에 반해, 독일형법에서는 중지미수가 인정되면 미수범으로 처벌되지 않으며 무죄판결에 해당한다. 또한 형법은 중지행위로 실행의 중지 또는 결과발생의 방지를 요구하지만, 독일형법은 범행의 기수방지를 위한 진지한 노력도 중지미수로 인정한다. 이러한 차이점이 실제로 해석에 어떠한 영향을 주는지를 살피고, 독일의 논의를 형법의 해석에 참고할 수 있는지 확인하기 위해서 독일의 논의에 대해 검토해야 한다. 판례에 영향을 끼쳤던 일본의 중지미수 논의의 바탕에 독일의 논의가 자리잡고 있다는 사실도 독일의 논의를 검토해야 할 필요성을 보여준다.

그리고, 형법의 중지미수를 이해하기 위해서는 현재의 조문과 이론뿐만 아니라 중지미수에 관한 입법사 및 학설사에 관심을 기울일 필요가 있다. 그렇기 때문에 이 글에서는 중지미수에 관한 각국의 입법사 및 학설사를 고찰한 결과를 바탕으로 하여 중지미수에 관하여 해석한다.

글의 순서는 다음과 같다.

제2장에서는 중지미수에 관한 각국의 형법규정을 다룬다. 중지미수는 미수범의 한 형태로서, 행위자의 중지를 중지미수로 인정하기 위해서는 범행이 미수 단계에 머물러야 한다. 이러한 생각을 각국의 형법전

---

2) 같은 지적으로 백형구, "미수범이론의 신체계", 23면 ; 신동운, 형법총론, 474면.
3) 장한철, "공범의 중지미수와 형법 제26조의 해석문제", 451면 ; 천진호, "미수범이론의 발전과 전망", 127면.

이 어떻게 표현하였는지가, 즉 중지미수에 대한 조문의 형태가 여기서의 주된 관심사이다.

제3장에서는 형법 제26조의 제정과정을 고찰하고, 형법 제26조의 제정과정을 이해하기 위해 중지미수에 관한 규정례 중 형법 제26조와 유사한 형태인 독일형법과 오스트리아형법, 일본형법이 어떠한 변화를 거쳤는지 살펴본다.

제4장에서는 독일형법에서의 중지미수의 이론에 관하여 살펴본다. 독일형법 제24조는 형법 제26조와 비슷한 형태로 중지미수에 관하여 규정하고 있으나, 중지미수의 양태와 중지미수의 효과가 서로 다르다. 중지미수에 관한 독일의 논의를 살펴봄으로써 이러한 차이점이 어떠한 형태로 중지미수 규정의 해석에 반영되는지를 파악하고 비교의 결과를 한국형법의 중지미수의 해석에 반영할 수 있다.

제5장에서는 중지미수의 본질과 법적 성격에 관하여 다룬다. 중지미수의 본질에 대한 어떤 견해를 따름으로써, 비록 행위자가 범행을 중지하였다고 하더라도 이때의 행위자의 중지가 중지미수에서 말하는 의미의 중지가 아니라고 주장할 수도 있다. 하지만 중지미수의 본질이 무엇인지는 중지미수의 조문이 어떠한 형태를 지니고 있는지와 분리해 생각할 수 없으며, 중지미수의 법적 효과가 무엇인지도 이와 깊은 관련을 맺고 있다. 즉 형법 제26조의 특성이 무엇인가가 이 장의 관심사이다.

제6장에서는 중지미수의 요건에 관하여 논의하였다. 범행의 중지가 중지미수에서 말하는 중지인지를 판단하기 위해서는 중지미수의 요건이 무엇이며, 각각의 내용은 어떠한지 검토해야 한다. 지금까지는 자의성에 관심이 집중되어 중지미수의 다른 요건이 충분하게 다루어지지 않았으나, 행위자의 중지가 중지미수에서의 중지인지를 논의하기 위해서는 중지미수의 요건에 대하여 먼저 검토해야 한다.

결론인 제7장에서는 논의를 정리하여, 형법 제26조를 어떻게 해석해야 하는지를 다섯 개의 명제로 제시하였다.

그리고 제8장에서는 앞에서의 논의를 단독범이 아니라 여러 명이 범행에 가담한 경우에 어떻게 적용할 수 있는지를 보였고, 제9부에서는 미수 및 중지미수에 관한 논의에서 중요한 역할을 했던 실패한 미수 개념이 역사적으로 어떻게 변화되었는지를 살펴보았다.

제2장 중지미수에 관한 입법례

제1절 논의의 방향

Ⅰ. 중지미수에 관한 고찰의 출발점

중지미수에 관한 지금까지의 논의에서는 중지미수의 본질과 자의성에 관심이 집중되어 왔다. 하지만 본질과 자의성에 관한 설명은 법조문을 잘 이해하고 해석하기 위해서이며, 이때의 논의는 법조문의 내용과 형태를 떠나서 생각할 수 없다.

그렇다면, 중지미수에 관한 논의의 출발점은 형법 제26조가 되어야 한다. 비교법적인 방법으로 중지미수를 탐구할 때는 다른 나라의 법조문이 형법 제26조와 어떠한 같은 점과 다른 점이 있는지가 관심이 된다. 이때는 어떠한 형법전에 중지미수에 관한 조문이 있는지를 먼저 확인해야 한다. 중지미수에 관한 조문이 있다면, 그 조문이 미수범처벌에 관한 조문과 어떤 관계인지가 주된 논의의 대상이 된다. 중지미수의 효과도 중요한 기준이며, 중지행위와 자의성에 관하여 어떠한 형태로 규정하고 있는지도 살펴보아야 한다.[1]

---

1) 香川達夫, 中止未遂の法的性格, 34頁은 중지미수의 비교법적 연구에서 검토할 사항으로 착수미수와 실행미수의 구별, 착수미수와 실행미수의 구별로 인해 중지미수의 요건이 달라지는지, 중지미수와 그 처벌 여부, 가중적 미수의 명시 여부의 네 가지를 들고 있다.

II. 중지미수에 관한 규정이 없을 경우: 영미의 보통법에서의 중지미수

보통법에 따르면 행위자가 자발적이고 진지한 중지행위에 의해 범행의 실행을 포기하거나 결과발생을 방지한다고 하더라도, 이미 범죄의사가 표출된 이상 형사책임을 면할 수는 없다. 또한 범행의 실행행위가 기수에 이를 만큼 충분하였다면 범죄를 완성하지 못한 원인이 행위자의 자발적 중지이거나, 제3자의 개입 또는 그 이외의 사정 무엇이든지 차이가 없다고 보아야 한다고 설명한다.[2] 현재 미수범죄에 관한 영국의 성문법(Criminal Attempt Act 1981)에도 중지미수에 관한 특별한 규정은 없다. 그리고 지금까지 미수에 관하여 중지(abandonment)의 항변이 받아들여진 판결은 없다.[3]

그러므로 중지는 영국법에서 항변사유가 될 수 없다.[4] 다만 검찰은 중지한 행위자를 기소하지 않기로 결정할 수 있으며,[5] 범행을 중지했다는 사실은 양형에서도 고려될 수 있다.[6]

미국에서도 많은 학자들은 보통법에서의 중지가 항변사유가 되지 못한다고 파악한다. 이러한 원칙은 미수범처벌에 관한 객관주의적 접근에서 비롯한다고 볼 수 있다. 즉, 객관주의적 입장에서 보면 범행의 시도를 통하여 사회적인 해악은 이미 발생하였기 때문에, 가령 절도범이 범행발

---

[2] *Mezger/Schönke/Jescheck*, Das ausländische Strafrecht der Gegenwart, 3. Band, 1959, S. 189 (*Müller*, Entwicklung, S. 15에서 재인용-).
[3] *Herring*, 763.
[4] *Clarkson & Keating*, 466.
[5] *Herring*, 763.
[6] *Ashworth*, 414. 이는 미국에서 중지미수를 항변사유로 인정하지 않을 때의 해결방식과 비슷하다. *Dressler*, § 27.08 참조.

각 후 자신의 행동을 후회하고 재물을 돌려주었다고 하더라도 사회적 해악에 대한 비난을 피할 수는 없다고 한다.7) 행위자가 자발적으로 범의를 포기할 경우에 예외적으로 불처벌하기도 하나 이는 독일이나 한국에서는 원칙적으로 처벌하지 않는 예비행위에 해당한다.8) 모범형법전의 주석서도, 모범형법전 이전의 법률에서 포기(abandonment)가 미수범처벌에 관한 항변사유였는지는 분명하지 않지만, 전통적으로 법원은 '자발적(voluntary)'인 포기와 '비자발적(involuntary)'인 포기를 구별하였다고 설명한다.9)

III. 미국 모범형법전에서의 중지미수

주관주의적 관점을 바탕으로 중지미수를 항변사유로 인정하는 미국의 법권도 있다. 중지미수를 항변으로 인정함으로써 행위자가 범행을 중지하도록 격려하며, 범행을 자발적이고 완전히 포기한 자는 자신의 행위를 통하여 체포될 두려움 때문에 범행을 중지한 보통의 행위자보다 덜 위험하다는 사실을 보여줬기 때문이다.10) 전자는 중지미수의 본질론에서의 황금의 다리 이론, 후자는 특별예방에 중점을 둔 형벌목적설과 같다고 평가할 수 있다. 미국모범형법전(Model Penal Code)도 제5장에서 '미완성범죄(inchoate crimes)'라는 제목으로 아직 기수에 이르지 않은 범죄에 관하여 규율하면서, 중지미수를 항변사유로 인정한다.11)

---

7) *Dressler*, § 27.08.
8) *Müller*, Entwicklung, S. 15.
9) *The American Law Institute*, Model Penal Code and Commentaries, I-2, 356.
10) *Dressler*, § 27.08. 아울러 *The American Law Institute*, Model Penal Code and Commentaries, I-2, 359.
11) 번역은 법무부, 미국모범형법·형사소송규칙(법무자료 제50집)에 따름.

미국모범형법전(1962)

§ 5.01 (4) 범의(犯意)의 포기(renunciation). 행위자의 행위가 통상 이 조 제(1)항의 ② 또는 ③에 기하여 미수범을 구성할 경우에는 행위자가 완전하고 자발적인 범죄의사의 포기임이 명백한 상황 하에서 범죄실행노력을 포기하였거나 기타 그 실행을 방지한 사실은 적극적 항변이 된다. 그러나 동 항변의 인정은 그러한 포기나 방지에 참여하지 아니한 공범자의 책임에 영향을 미치지 아니한다.
이 장의 의미상, 범의의 포기는 그것이 범행 당초에 존재하거나 명백하지 아니한 상황으로서 탐지나 체포의 가능성을 증대시키거나 범의의 완수를 더욱 곤란하게 하는 상황에 의하여 전체적으로 또는 부분적으로 유발되는 때에는 자발적이라 할 수 없다. 포기는 그것이 더 유리한 시기까지 범행을 연기하거나 범죄적 노력을 유사한 대상이나 피해자에게 전향하기 위한 판단에 의하여 유발되는 때에는 완전한 것이라 할 수 없다.

　미국 모범형법전 규정의 내용은 독일의 중지미수 조문과 그에 대한 논의와 매우 비슷하다. 즉, 행위자는 범죄실행노력을 포기하거나 실행을 방지한 경우 중지했다고 항변할 수 있으나, 이러한 항변은 일신전속적으로서 중지하지 않은 공범의 책임에는 영향을 미치지 않는다. 그리고, 중지미수는 피고인이 범죄의사를 자발적(voluntarily)이고 완전히(completely) 포기한 경우에만 인정할 수 있는데, 우리의 학술용어로 바꾸면 자의성과 포기의 종국성이다. 먼저 행위자가 진심으로 생각을 바꾸었거나 후회의 결과로 범행을 포기하였을 경우에는 자발적인 포기로 볼 수 있다. 반면에 예상치 못한 피해자의 저항, 범행도구의 부족, 체포가능성 또는 범행이 실패로 끝날 가능성을 증대시킬 사정 등 외적인 상황 때문에 범행을 중지한 경우에는 자발적인 포기가 아니다. 다음으로, 가령 행위자가 더 나은 기회를 위해 범행을 단순히 미룬 경우에는 완전한 포기로 볼 수 없다.[12]

---

12) *The American Law Institute*, Model Penal Code and Commentaries, I-2, 358 ;

미국모범형법전의 예에 따라서 자의적인 중지행위를 항변사유로 규정한 주법이 존재하며,[13] 상당수의 법원이 중지미수를 항변사유로 받아들이고 있으나,[14] 이러한 추세가 일반적이라고 말하기는 어렵다.[15]

중지미수에 대한 영미의 논의에서 두 가지가 드러난다. 먼저, 중지미수에 관하여 아무런 규정이 없을 때에도 행위자가 범행을 중지했다는 사실은 양형에서 고려될 수 있다. 다음으로, 중지미수에 관하여 아무 규정이 없는 법권에서는 중지미수에 관한 규정을 두려는 노력이 전개된다는 점이다.

하지만 중지미수에 관한 규정은 다양한 형태를 지니는데, 세 가지로 구분할 수 있으며, 그에 관하여는 다음 절에서 계속 검토한다.

Dressler, § 27.08.
13) *LaFave*, Criminal Law, § 6.1 (d).
14) 가령 United States v. Shelton, 30 F.3d 702, 706 (6th Cir. 1994). 또는 Pruitt v. State, 528 So.2d 828 (Miss. 1988).
15) *LaFave*, Criminal Law, § 6.3 (b).

제2절 미수범의 정의규정을 두는 법제에서의 중지미수

Ⅰ. 중지미수에 관한 논의의 전개

전통적으로 중지미수에 관한 논의는 미수범과 그 처벌여부에 관한 논의와 연결되었다.[1] 미수라는 일반개념의 설정과 미수범의 처벌이 중지미수 이론의 발전을 위한 전제조건이기 때문이다. 그러한 논의는 법조문의 제정과 형태에 영향을 미쳤다. 따라서 중지미수에 관하여 고찰하기 위해서는 미수범 개념이나 미수범의 처벌여부에 관한 논의가 어떠한 법체계에 존재했는지, 존재했다면 어떠한 형태였는지 우선 살펴볼 필요성이 있다.

1. 로마법에서의 미수 및 중지미수

로마법[2]에는 미수 개념이 없었다고 보이며,[3] 예비, 미수, 기수의 구

---

1) LK^{10}-*Vogler*, § 24 Entstehungsgeschichte.
2) 로마법 사료에서 형법에 관한 내용은 판덱텐(Pandecten) 47, 48권, 인스티튜티오넨(Institutionen) 4권 후반 및 5권 초반, 코덱스(Codex) 9권에 실려 있다. *Wächter*, Lehrbuch, S. 14. 형벌의 목적에 관한 로마법에서의 논의에 대해서는 *Wacke*, FS Weber, S. 155 이하 참조.
3) *Baumgarten*, Die Lehre vom Versuche der Verbrechen, S. 22 ; *Köstlin*, System, S. 233 ; *Mommsen*, Römisches Strafrecht, S. 95 ; *Wacke*, FS Weber, S. 159 ; *Zachariä*, Die Lehre vom Versuche der Verbrechen II, S. 270.

별도 없었다.4) 따라서 기수에 이르지 못한 범행은 일반적으로는 처벌되지 않았으나 몇몇 범죄의 미수는 그 자체로서의 범죄로 기수범과 같이 처벌되었다.5) 법률에 그에 대한 처벌규정이 있었는데, 가령 모살과 독살에 관한 코르넬리우스 법에 따르면 살인의 의도로 무기를 소지하고 숨어있거나 살인의 의도로 독물을 조합, 판매, 구입, 조달, 소지, 공여한 자는 추방형 및 재산몰수형에 처해졌다.6) 부연하면, 로마법에서는 개인에 대한 죄와 공공에 대한 죄를 구별해서 전자는 범죄의 결과가 발생하지 않았다면 문제가 되지 않았으며 결과가 발생한 경우에도 발생한 손해를 배상하는 방식으로 해결하였으나, 후자에서는 범행결의가 있었는지가 기준이 되며 형벌로써 대응하였다. 지금의 개념에 기대어 설명하면, 실행의 착수가 있기 전이라도 범행결의가 어떠한 형태로든 확인되면 처벌되며, 의도한 범행이 실현되지 않았다고 하더라도 감경사유로 고려될 뿐이었다.7)

미수범이라는 독자적인 범주와 그에 대한 처벌이라는 개념이 없었기 때문에 중지미수라는 개념도 있었다고 보기는 어렵다. 하지만 많은 학자들은 로마법에서도 중지미수가 인정되었기 때문에 중지미수에 대한 불처벌의 역사는 매우 오래되었다고 설명하는데 그 근거가 바로 D. 48, 10, 19 pr이다.8) D. 48, 10, 19 pr은 다음과 같다. "위조동전을 두드

---

4) *Robert v. Hippel*, Deutsches Strafrecht I, S. 71.
5) *Schaffstein*, Lehren, S. 157.
6) *Müller*, Entwicklung, S. 23 ; 野村 稔, 未遂犯の硏究, 4頁.
7) *v. Bar*, Gesetz und Schuld II, S. 493f ; *Berner*, Lehrbuch, S. 139 ; *Goldschmidt*, Die Lehre vom unbeendigten und beendigten Versuch, S. 2 ; *Mommsen*, Römisches Strafrecht, S. 95ff.
8) *Allfeld*, Frank-FG II, S. 74 ; *v. Bar*, Gesetz und Schuld II, S. 547 ; *Bloy*, Die dogmatische Bedeutung, S. 148 ; *Liszt/Schmidt*, Lehrbuch, S. 210 ; *Mommsen*, Römisches Strafrecht, S. 98 ; *Müller*, Entwicklung, S. 25 ; *Müntzer*, Beiträge, S. 14 ; *Wächter*, Lehrbuch, S. 143. 반대견해로 *Zachariä*, Die Lehre vom Versuche

려 만들던 자가 그 동전의 완성을 의도적으로 중지했을 경우, 정당한 후회로 인하여 모든 처벌을 면한다." 여기서의 중지(poenitentia)는 범행의 결과나 손해발생의 방지를 의미하는 단어로서, 오늘날의 중지미수에 해당한다. 하지만 이를 중지미수의 출발점이라고 볼 수는 있어도 로마법에서 중지미수가 일반적인 법제도로 인정되었다고 하기는 어렵다.[9] 예를 들어 종교범죄의 범죄자가 형의 집행 전까지 회심하였다면 처벌하지 않았고 그를 위해 30일의 유예기간을 주기도 했으나,[10] 이는 오늘날의 의미에서의 중지미수는 아니다.[11]

로마법에서는 범죄 이후의 후회도 처벌에 영향을 주지 못했다.[12] 예를 들어 D. 47, 8, 5는 "강도가 훔친 물건을 재판이 시작하기 전에 주인에게 돌려주었다고 하더라도 처벌에는 영향이 없다"고 하며, 절도범인 노예가 훔친 물건을 돌려주었어도 절도범이라는 D. 47, 2, 66도 비슷한 내용이며, D. 21, 1, 17, 1에 따르면 도망노예는 스스로 돌아왔다고 하더라도 도망자임에는 영향이 없다. 그리고, Cod. 9. 22. 8은 "네가 황제 앞에 기소하는 자가 위조문서를 만들었다고 주장한다면, 만약 그들이 스스로 이 문서를 사용하지 않았다고 말한다고 하더라도 기소를 면할 수는 없다. 왜냐하면 위조자로 지칭되지 않았으나 문서사용을 위태롭게 한 자에 대해서만, 문서를 사용하지 않았다는 점이 이익이 되기 때문이다. 하지만 범죄의 방법으로 문서를 직접 만들었으며 그로 인해 코르넬

---

der Verbrechen II, S. 270ff.
9) *Mommsen*, Römisches Strafrecht, S. 98 ; *Baumgarten*, Die Lehre vom Versuche der Verbrechen, S. 52도 참조. 반면 로마사법에서의 poenitentia는 법률행위의 해제 (Rücktritt)로서 큰 의미가 있었다(*Wacke*, FS Weber, S. 182 Fn. 131).
10) *Mommsen*, Römisches Strafrecht, S. 438, 1044.
11) *Mommsen*, Römisches Strafrecht, S. 1044 ; *Müller*, Entwicklung, S. 26. 반대견해로 *Robert v. Hippel*, Deutsches Strafrecht I, S. 71.
12) *Mommsen*, Römisches Strafrecht, S. 98 ; *Müller*, Entwicklung, S. 27.

리우스 법을 위반한 자는, 문서를 사용하지 않았다는 이유로 기소를 면할 수 없다"라고 하였다.

2. 미수범의 일반이론의 발전

미수범의 일반이론은 중세 이탈리아의 주석학파에 의해서 발전되기 시작하였다.13) 미수범의 처벌감경은 랑고바르드법에서 기원하였고, 미수와 예비가 구분되었으며 불능미수는 처벌하였고 중지미수는 처벌하지 않았다.14) 중세 후기 이탈리아의 형법전에 따르면, 중지가 있었을 때는 행위자가 더 이상 행위할 수 없었을 경우에만 미수행위가 처벌되었다. 또한 자의적으로 범행을 중지한 행위자는 처벌하지 않았는데, 다른 구성요건이 이미 실현되었다면 그에 관한 처벌에는 영향이 없었고 미수범 부분만 처벌되지 않았다. 이러한 규정은 중지미수에 관한 독일 형법규정과 매우 유사하다.15)

미수론의 다른 분야에서와 마찬가지로, 중지(poenitentia)와 그 효과에 관한 이탈리아의 이론은 후세의 이론발전의 출발점이 되었으며, 다양한 논의를 이미 발견할 수 있다.16) 그 중 중지미수의 유형의 구별은 주석학파인 아쿠르시우스(Accursius)에 의해 발전되었다.17) 그는 행위자

---

13) *Rüping/Jerouschek*, Grundriß, S. 21.
14) *Robert v. Hippel*, Deutsches Strafrecht I, S. 97 ; *Wächter*, Lehrbuch, S. 143.
15) *Dahm*, Das Strafrecht Italiens im ausgehenden Mittelalter, 1931, S. 196 (*Müller*, Entwicklung, S. 40에서 재인용).
16) *Baumgarten*, Die Lehre vom Versuche der Verbrechen, S. 22 ; *Müntzer*, Beiträge, S. 34.
   poenitentia라는 개념에는 법과 도덕이 혼용되어 있다(*Köhler*, AT, S. 472).
17) *Baumgarten*, Die Lehre vom Versuch der Verbrechen, S. 70 ; *Heinitz*, JR 1956, 249 ; *Zachariä*, Die Lehre vom Versuche der Verbrechen II, S. 283.

가 범행을 완수하기를 원하지 않았던 자의적인 중지미수와 범행을 완수할 수 없었던 비자의적인 중지미수를 구별하였다. 그리고 오돌프레두스(Odolfredus)는 자의적인 중지와 범행의 우연적인 저지를 구분하여, 전자는 처벌하지 말고 후자는 몇몇 중하지 않은 범죄에서만 처벌하지 말아야 한다고 보았다.18) 알베르투스 디 간디우스(Albertus de Gandius)는 오돌프레두스를 인용하면서 자의적인 중지와 범행의 우연한 저지에 관한 이론을 발전시켰는데, 비자의적인 중지의 처벌에 관한 그의 이론은 그 이후의 수많은 이탈리아의 입법에 받아들여졌다.19) 중지미수의 효과에 관하여는 일부는 불처벌을 주장하였고 일부는 형의 감경을 주장하였으나, 종료미수 이후의 후회는 의미가 없다고 보았다.20)

II. 미수범에 관한 정의규정을 두는 법제에서의 중지미수

1. 프랑스형법전에서의 미수범규정

미수범에 관한 정의규정만 두는 대표적인 법제는 프랑스형법이며, 그 외에 카롤리나형법전과 오스트리아구형법 등도 있다. 프랑스구형법은 그 이후 독일 각 란트의 형법전에 영향을 끼쳤으며 일본구형법도 프랑스구형법의 예를 따랐으며, 현재의 프랑스형법의 미수범규정도 프랑스구형법과 같은 형태이다.

---

18) *v. Bar*, Gesetz und Schuld II, S. 547 ; *Baumgarten*, Die Lehre vom Versuch der Verbrechen, S. 72f ; *Heinitz*, JR 1956, 249.
19) *Heinitz*, JR 1956, 249.
20) *Zachariä*, Die Lehre vom Versuche der Verbrechen II, S. 283ff.

원래 프랑스법의 미수범 처벌은 로마법의 영향 아래 있었으며 이탈리아 학자들의 로마법 해석이 큰 영향을 주었다. 그 외에 법관이 재량권을 행사할 여지가 많았다.21) 프랑스 혁명 직후의 1791년 법이 관습법을 대체하고 법관의 재량권을 제한하였으나 미수범의 처벌에 관한 일반규정을 두지는 않았다. 따라서 원칙적으로 미수범은 처벌되지 않았으나, 예외적으로 모살, 독을 사용한 모살 및 탈옥원조죄에 관하여 미수범을 처벌하는 규정을 두었다. 특히 모살의 경우에 실행미수(délit manqué)는 기수와 동일하게 처벌하였고, 독을 사용한 모살은 착수미수도 처벌하였으나 행위자가 스스로 중지한 경우에는 처벌하지 않았다.22) 1794년 6월 10일의 법률이 처음으로 미수범에 관한 일반적인 처벌규정을 두었다.23) 이 조문은 표현을 약간 바꾸어, 나폴레옹형법전이라고도 불리는 프랑스구형법에 받아들여졌다. 1810년 제정되어 1811년 1월 1일에 발효된 프랑스구형법은 그 이후의 유럽각국의 형법전의 모범이 되었으며, 독일형법에도 영향을 미쳤다.24)

프랑스구형법(1810)
제2조 실행에 착수된 모든 중죄의 미수는 범인의 자의와는 무관한 사정으로 인하여 중지되거나 그 결과가 발생하지 아니한 경우에는 이를 중죄 자체로 본다.

---

21) *Herzog*, Rücktritt vom Versuch und thätige Reue, S. 65ff.
22) *Berner*, Gerichtssaal 17 (1865), 104 ; *Frank*, Vollendung und Versuch, S. 176 ; *Herzog*, Rücktritt vom Versuch und thätige Reue, S. 66 ; *Müntzer*, Beiträge, S. 62 참조.
23) *Berner*, Gerichtssaal 17 (1865), 104 ; *Heinitz*, JR 1955, 249 ; *Herzog*, Rücktritt vom Versuch und thätige Reue, S. 132 참조. 1794년 6월 10일[공화국 4년 목월(牧月: prairial. 혁명력 9월) 22일] 법률의 역사적 배경에 대한 설명으로 알베르 소부울(최갑수 역), 프랑스 대혁명사 하, 두레, 1993, 42면 이하.
24) 아래 프랑스구형법의 번역은 형사법개정특별심의위원회, 프랑스형법(형사법개정자료 V), 1985에 따랐다.

1994년 3월 1일부터 새로운 프랑스형법전이 발효되었다.25) 프랑스 형법 제121-4조와 제121-5조가 미수범처벌에 관한 조항인데, 제121-4 조는 정범에 관한 정의규정이며, 중지미수와 관련이 있는 규정은 제 121-5조로서 프랑스구형법의 미수범규정을 이어받았다.26)

> 프랑스형법(1994)
> 제121-4조 범죄의 정범은 1. 범죄의 구성요건을 실행하였거나, 2. 중 죄 또는 법문에 명시된 경죄의 실행을 시도한 자를 말한다.
> 제121-5조 실행의 개시에 의하여 표출된 미수는 행위자의 의사에 무관 한 사정에 의하여 중단되었거나 결과가 발생하지 아니한 때에 성립 한다.

2. 중지미수에 관한 프랑스의 해석론

프랑스형법에서도 처벌되지 않는 예비행위와 처벌되는 미수의 구별 이 필요하며, 그에 관해서 제121-5조는 실행의 개시를 요구하고 있다. 프랑스법의 특징은 미수범을 기수범과 동일하게 처벌한다는 점인데, 이 러한 조문에도 불구하고 실무에서는 일반적으로 미수범을 기수범보다 가볍게 처벌하고 있다.27)

그리고, 프랑스형법의 미수범 규정은 실행미수와 착수미수와 유사한 방식으로 미수의 형태를 구별하고 있으며,28) 결과의 불발생은 행위자

---

25) 프랑스형법의 개정경과에 관해서는 *Zieschang*, ZStW 106 (1994), 647 이하 참조.
26) *Jescheck/Weigend*, AT, S. 527.
27) *Bremer*, Das deutsche und französische Steuerstrafrecht und Verfahrensrecht im Vergleich, S. 159.
28) 이는 tentative와 délit manqué에 대한 전통적인 구별에서 기인한다. 미수범에 대 한 이러한 방식의 규율형태에 관한 설명으로 *Frank*, Vollendung und Versuch, S. 227f.

의 의사에 무관한 사정에 기인해야 한다. 하지만, 중지미수에서는 행위자의 의사와 관련된 사정에 의하여 범행이 기수에 이르지 못하였으므로 프랑스형법에서의 미수의 개념에 포함되지 않는다고 보아야 할 것이고,[29] 행위자가 스스로 결과발생을 방지하였을 경우에는 가벌성은 문제가 되지 않는다.

해석론으로, 중지미수는 행위자 스스로의 몫으로 돌릴 수 있어야 하며(자의성), 그때 동기가 무엇이었는지는 문제되지 않는다. 행위자가 겁을 먹었던 경우에는 중지가 행위자의 의사에 기인한다고 보기 어려울 때가 많으나, 공포심이 있었다는 이유만으로 중지가 행위자의 의사와 무관하다고 보아서는 안 된다. 다만 범행현장에 경찰이 있었기 때문에 범행의 기수가 방해된 경우는 자의적이라고 볼 수 없다. 또한, 범행의 기수 이후의 능동적 후회에 관한 필요적 감경은 법률적으로 인정되지는 않으나, 일반적으로 후회가 없었던 경우의 형보다는 감경된다.[30]

---

29) 같은 견해로 백원기, 미수론연구, 150면 ; 주석형법 II(김종원), 52면 ; 김봉태, 형사법강좌 II, 590면 ; *Fletcher*, Rethinking Criminal Law, 185 ; *Frank*, Vollendung und Versuch, S. 228 ; *Müntzer*, Beiträge, S. 62.
30) *Bremer*, Das deutsche und französische Steuerstrafrecht und Verfahrensrecht im Vergleich, S. 163.

제3절 미수범의 정의규정과 중지미수에 관한 규정을 구별하는 법제에서의 중지미수

프랑스형법에서는 중지미수에 관한 명시적인 규정이 없으며, 미수범에 관한 정의규정의 반대해석을 통하여 중지미수의 존재를 인정할 수 있다. 하지만, 미수범에 관한 정의규정과 구별하여 중지미수에 관한 규정을 따로 둔 법제도 존재한다. 형법 제26조가 이러한 형태이며 그 외에 독일제국형법과 독일형법, 오스트리아형법, 일본형법, 중화민국형법, 미국모범형법전 등이 그러하다.

한국형법(1953)
제26조(중지범) 범인이 자의로 실행에 착수한 행위를 중지하거나 그 행위로 인한 결과의 발생을 방지한 때에는 형을 감경 또는 면제한다.

독일제국형법(1871)
제46조 행위자가 1. 스스로의 의사와 무관한 상황에 의해 범행의 실행이 방해되지 않음에도 불구하고 의도했던 범행의 실행을 포기하거나, 2. 범행이 아직 발각되지 않은 시점에서 중죄 또는 경죄의 기수에 속하는 결과의 발생을 스스로의 행위를 통해 방지한 경우에는 미수범으로 처벌되지 않는다.

독일형법(1975)
제24조(중지미수) (1) 자의로 범죄의 계속적인 실행을 포기하거나 그 범죄의 기수를 방지한 자는 미수로 벌하지 아니한다. 범행이 중지자의 기여없이 기수에 이르지 아니한 경우에 중지행위자가 자의로 진지하게 그 기수를 방지하려고 노력한 때에는 벌하지 아니한다.

(2) 수인이 범행에 참가한 경우에 자의로 그 기수를 방지한 자는 미수로 벌하지 아니한다. 다만, 범행이 중지행위자의 기여없이 기수에 이르지 않거나 중지행위자의 이전의 행위분담과 관계없이 행해진 때에는 범행의 기수를 방지하기 위한 자의적이고 진지한 노력이 있으면 그 중지행위자를 벌하지 아니한다.

오스트리아형법(1975)

제16조 행위자가 자의로 범행의 실행을 포기하든지, 수인이 범죄에 관여한 때에 그 실행을 저지하거나 자의로 범죄를 방지하는 때에는, 미수 또는 미수의 공범으로 처벌하지 아니한다. 실행 또는 결과가 행위자의 조력 없이 이루어지지 않은 때에, 행위자가 그 정을 모르고 자의로 그 실행을 저지하거나 결과를 방지하기 위하여 진지하게 노력하였으면, 처벌하지 아니한다.

일본형법(1907)

제43조 범죄의 실행에 착수하고 이를 완수(完遂)하지 못한 자는 그 형을 감경할 수 있다. 단 자기의 의사에 의하여 이를 정지한 때에는 그 형을 감경 또는 면제한다.

중화민국형법(1929)

제27조(중지범) 이미 범죄행위를 실행에 착수하였으나 자의로 중지하거나 그 결과의 발생을 방지한 경우에는 그 형을 감경 또는 면제한다.

이러한 법제들 중 한국, 독일, 오스트리아, 일본이 어떠한 역사적인 변화를 거쳐 그 형태를 갖추었는지는 제3부에서 좀더 다루겠다.

제4절 착수미수와 실행미수를 구별하는 법제에서의 중지미수

미수범에 관한 정의규정과 분리하여 중지미수 규정을 두는 법제에서 한 걸음 더 나아가, 미수범에 관한 처벌을 착수미수와 실행미수에 따라 다르게 하고 중지미수에 관한 규정을 이에 연결시키는 법제가 있다. 스위스형법이 그 예이다.

Ⅰ. 스위스형법에서의 중지미수 규정

1. 스위스구형법의 중지미수 규정

스위스구형법은 제21조 이하에서 중지미수에 관하여 규정하였다. 중지미수에 관한 스위스구형법의 특징은 착수미수와 실행미수에 관하여 나누어 규율하고 있으며 그 법적 효과도 서로 다르다는 점이다.

> 스위스구형법(1937)
> 제21조(착수미수, 중지행위) 1. 행위자가 중죄 또는 경죄의 실행에 착수한 이후 그 가벌적인 행위를 다 하지 않은 때에는 형을 감경할 수 있다(제65조). 2. 행위자가 스스로 가벌적인 행위를 다 하지 않은 때에는 법관은 행위자에 대한 미수범처벌을 면제할 수 있다.

19세기의 스위스형법전은 일반적으로 중지미수를 형벌면제사유로 보았다.[1] 실행중지와 결과발생방지는 1908년 초안까지는 불처벌이었으나, 1916년 초안과 1918년 초안에서는 이 둘을 구별하여 중지미수에 관한 불처벌은 유지되었으나 결과발생방지를 위한 행위자의 노력은 법관의 재량에 따라 형벌을 감경할 수 있도록 하였다.[2] 그러나 의회에서의 논의과정에서 분명하지 않은 이유로 중지미수의 효과가 지금과 같은 형태가 되었고, 그로 인하여 중지미수의 실질적 효과는 줄어들었다.[3]

2. 스위스신형법에서의 중지미수 규정

2007년 1월 1일부터 시행된 스위스신형법에서 중지미수에 관한 규정에 변화가 있었다. 가장 큰 변화는 더 이상 착수미수의 중지와 실행미수의 중지의 효과를 구별하지 않는다는 점이다.[4] 착수미수의 중지와 실행미수의 중지에 관한 내용은 제23조 제1항에 함께 규정되었다. 그리고 행위자의 결과발생방지와 무관하게 범행의 결과가 발생하지 않은 경우에도 행위자의 생각에 따라 능동적 후회에 해당하는 행위를 했을 때에는 중지미수로 인정한다(제23조 제3항).

또한 구형법과는 달리 공범의 중지미수에 관한 규정도 제23조 제2항에 새로 두었다. 그에 따르면 공범은 중지미수로 인정받기 위해서 범

---

1) 그 예로 1853년의 스위스연방형법(Bundesgesetz über das Bundesstrafrecht der schweizerischen Eidgenossenschaft) 제16조는 범행이 중지된 경우 형벌을 감경하거나 처벌하지 않을 수 있다고 규정하였다. *Herzog*, Rücktritt und Reue, S. 114.
2) *Westfahl*, Versuch, S. 296.
3) *Stratenwerth*, Schweizerisches Strafrecht, AT I, § 12 Rn. 52.
4) *Trappe*, Allerei zum neuen Allgemeinen Teil des Strafgesetzbuches, in: Bänziger/Hubschmid/Sollberger (Hrsg.), Zur Revision des Allgemeinen Teils des Schweizerischen Strafrechts und zum neuen materiellen Jugendstrafrecht, S. 13 ; *Stratenwerth*, Schweizerisches Strafrecht AT I, § 12 Rn. 71 ; *Stratenwerth/Wohlers*, Schweizerisches Strafgesetzbuch, S. 110 참조.

행기수의 방지에 스스로 참여해야 한다. 다른 이유로 인해 결과가 발생하지 않았을 경우라면 중지행위가 있었다면 범행기수가 방지되었을 것으로 족하며(제23조 제3항), 공범의 행위기여부분과 관계없이 범행이 기수에 이르렀다면, 중지미수 인정을 위해서는 범행기수의 방지를 위해 진지하게 노력했어야 한다(제23조 제4항).

II. 중지미수에 관한 스위스의 해석론

스위스의 통설에 따르면 중지미수는 스위스구형법 제21조 제2항과 제22조 제2항의 법률효과에 비추어 보았을 때, 인적 처벌감경사유 또는 면제사유이다.[5] 중지미수에서 형을 감면하는 근거에 관해서는 최근 독일에서와 마찬가지로 미수범 처벌에 관한 인상설에 기반한 형벌목적설이 유력하다.[6]

제21조 제2항의 중지미수(착수미수의 중지)는 행위자가 자신의 행위의 종료가 가능하다고 생각함에도 불구하고 자의로 더 이상의 행위를 하지 않은 경우를 말하며, 그 결정의 이유는 문제가 되지 않는다.[7] 하지만 행위자가 실제적인 장애 또는 그의 판단에 비추어 볼 때 극복하기 어려운 장애가 존재한다고 생각하여 더 이상의 행위를 하지 않은 경우는 중지미수로 볼 수 없다(BGE 119 IV 227). 그리고 범죄실행의사를 포기했는지 여부는 법률문제가 아니라 사실문제이며, 중지미수를 인정할 때 법관은 형벌을 면제하는 대신 재량으로 감경할 수 있다(BGE 92

---

5) 스위스구형법의 중지미수규정은 단계화된 양형규정이다(*Jescheck/Weigend*, AT, S. 538).
6) *Seelmann*, AT, S. 103 참조.
7) *Donatsch/Flachmann/Hug/Wede*, StGB, S. 78.

IV 114). 제22조 제1항(실행미수)의 적용범위는 결과범에 제한된다. 하지만, 제22조 제2항의 중지미수(실행미수의 중지)는 객관적으로 결과발생가능성이 없는 경우에도 적용할 수 있으며(BGE 77 IV 163 ; BGE 112 IV 67), 중지행위자가 타인의 강박 하에 행위한 경우에는 자의성은 존재하지 않는다.8) 그리고 실행미수에서는 행위자가 결과발생을 방지하였다고 하더라도 형벌을 감면할 수는 없으며, 작량감경만이 가능하다. 착수미수와 실행미수를 구별하는 기준에 관해서는 독일에서와 마찬가지로 최후의 실행행위 직후의 시점에서의 행위자의 생각을 기준으로 하는 중지행위기준시설이 다수설이나, 스위스연방대법원은 BGE 119 IV 154 판결에서 보호법익에 관한 본질적인 침해가 아직 발생하지 않은 경우를 착수미수로 봄으로써 객관적 기준을 따랐다고 하겠다.9)

중지미수의 자의성 여부를 판단하기 위하여 스위스연방대법원은 프랑크의 공식을 사용하여왔다. BGE 83 IV 1 판결10)에서 스위스연방대법원은, 자의성은 중지행위를 하게 된 동기에 대한 윤리적인 평가와는 무관하게 판단할 수 있다고 하였으며, 하지만 그 동기가 무엇인지가 형이 감경 또는 면제되는지 여부에 영향을 미쳐야 한다고 하였다. 이 판결은 범행이 발각될 공포 때문에 의해 중지한 경우 자의성을 인정할 수 없다고 하였으며, 자의성 요건에 대하여 엄격한 기준을 설정하였다고 볼 수 있다.11) 그 이후 스위스연방대법원은 중지행위자가 자기결정의 주

---

8) *Donatsch/Flachmann/Hug/Wede*, StGB, S. 79 ; BGE 108 IV 104.
9) *Seelmann*, AT, S. 104.
10) 이 사건의 피고인은 아프지 않았음에도 불구하고 자신의 보험회사에게 사고가 났다고 알리고 보험금을 청구하였으나, 청구에 필요한 사고기록을 첨부하지 않았다. 보험금신청이 보험회사에 도달한 이후 보험회사 직원이 피고인을 잠시 방문하였고, 같은 날 피고인은 (보험회사의 요청은 없었음에도) 서면으로 보험금 신청을 포기하겠다고 통지하였다. *Westpfahl*, Versuch, S. 357 참조.
11) *Seelmann*, AT, S. 106 ; *Westpfahl*, Versuch, S. 356.

체로서 외적인 강제상황을 통하여 범행실행에 방해받지 않거나 심리적인 압박으로 인해 범행실행이 불가능하지 않았음에도 중지한 경우에 중지미수를 인정하고 있으며, 이러한 판례의 입장은 확고하다고 하겠다.[12]

스위스구형법에서의 중지미수의 해석론은 독일형법에서의 해석론과 큰 차이가 없다. 비록 법문이 착수미수와 실행미수의 구별을 미수범의 처벌 조항에서 관철하고, 중지행위의 양태를 착수미수와 실행미수와 직접 연결하였다고 하더라도 그 점에 착안하여 중지미수에 관하여 어떠한 다른 설명을 하고 있지는 않다. 그렇기 때문에 독일형법이나 오스트리아형법과 유사한 형태로 스위스신형법이 개정된 다음에도 기존의 해석론은 특별히 달라지지 않았다.[13]

---

12) BGE 108 IV 104 ; BGE 118 IV 167 ; *Seelmann*, AT, S. 105 참조.
13) 그 예로 *Stratenwerth/Wohlers*, Schweizerisches Strafgesetzbuch, S. 109 이하.

제5절 중간결론

Ⅰ. 비교법적 고찰의 결과

 중지미수에 관한 각국의 입법례를 중지미수와 미수범과의 관계를 중심으로 정리하면 다음과 같다.
 중지미수에 관하여 따로 규율하지 않고 미수범의 정의규정만을 두는 법제가 먼저 존재하였다. 그 예인 카롤리나형법전, 프랑스구형법, 프랑스형법, 오스트리아구형법이나 일본구형법 등에서 중지미수는 미수범의 정의규정의 예외로서 해석을 통해 도출되며 인정되었다. 이러한 법제에서 중지미수는 독자적인 법제도가 아니다.[1] 그 후 미수범에 관한 조문과 구별하여 중지미수에 관한 조문을 두기 시작한 예로 오스트리아형법, 독일형법, 스위스형법, 일본형법 등이 있다.
 중지행위의 양태는 크게 나누어 범행실행의 중지와 범행의 결과발생 또는 범행기수의 방지가 제시되었다. 그 외에 행위자의 진지한 노력을 중지행위로 인정하는 법제로 독일형법 및 오스트리아형법, 스위스신형법 등이 있다. 독일형법이나 일본형법, 프랑스형법 등에서는 해석론을 통하여 범행실행의 중지는 착수미수와, 결과발생의 방지는 실행미수와 연결된다고 이해하고 있다. 착수미수의 중지와 실행미수의 중지를 구별하더라도 중지미수의 효과는 동일하게 보는 법제가 대부분이나, 예외적으로 스위스구형법은 실행중지와 결과발생의 방지를 미수범의 발현형태인 착수미수와 실행미수와 명시적으로 연결하여 규정하면서, 효

---
1) *Rau*, Ernsthaftes Bemühen, S. 28.

과도 형의 임의적 면제와 감경으로 나누어서 구분한다.

중지가 자의적이어야 한다고 요구한다는 점도 일반적이나 자의성에 대한 표현방식은 다양하며, 자의성 이외에 범행포기의 종국성을 요구하는 법제도 있다.

영미의 보통법에서도 중지미수는 양형에 참작되고 있다고 보이며 중지미수를 형법전에 규율한 경우 그 효과는 불처벌에서부터 형의 감경이나 면제까지 다양하다. 따라서 중지미수와 그와 유사한 행위자의 행동은 형벌에 영향을 미친다. 중지미수에 관한 조문을 둔 법제에서는 중지미수에 관한 불처벌을 고수하거나 따로 효과를 규정하였는데, 한국형법과 비슷한 효과를 부여하는 예로 스위스형법과 일본형법, 중화민국형법이 있다.

II. 중지미수에 관한 논의의 판단대상

형법 제26조와 유사한 형태로 중지미수를 규정하고 있는 다른 나라의 형법의 해석론은 한국형법의 이해에 도움을 줄 수 있다. 살펴보아야 할 요소는, 중지미수에 관한 각국의 형법조문을 비교할 때 척도로 이용했던 미수범조문의 규정형태, 중지미수의 효과, 중지미수의 요건인 중지행위와 자의성의 규정방식이다.

이때, 한국형법에서의 중지미수의 법률효과가 다른 나라의 형법에서의 중지미수의 효과와 다르다는 사실이 논의에서 고려되어야 한다는 점은 분명하다. 하지만, 중지미수의 법률효과도 미수범조문의 규정형태, 중지행위와 자의성의 규정방식과 마찬가지로 타당한 해석을 위해 검토해야 할 하나의 요소일 뿐이다.[2]

부연하면, 형의 필요적 감경 또는 면제라는 중지미수의 효과는 적절하다고 보인다. 중지미수를 아예 인정하지 않는 법제는 문제가 있다고 하겠지만, 중지미수에서 책임이 감소되었다고 볼 여지가 많음에도 불구하고 완전한 면책으로 하기는 어렵기 때문이다.3) 즉, 중지미수가 형벌에 영향을 미쳐도, 중지미수의 효과에는 다시 미수와 종료에 대한 다양한 당벌성판단이 반영될 것이기 때문에 중지미수의 효과가 반드시 불처벌일 필요는 없다.4) 중지미수의 효과는 각각의 형법전이 다르게 결정할 문제인데, 중지미수에 대한 형의 필요적 감면은 중지미수를 처벌하지 않는 법제와 양형에서만 인정하는 법제의 절충적 형태라고 하겠으며, 비슷한 형태를 지닌 다른 형법도 존재한다.

---

2) 예를 들어 이정원·류석준, "중지미수에서의 실행미수와 착수미수", 178면은 중지미수를 처벌하지 않는 독일형법도 결과발생방지행위와 결과의 불발생 사이의 인과관계를 요구하지 않는데, 중지미수를 형의 필요적 감면으로 규정하는 한국형법의 해석에서 이를 요구함으로써 중지미수의 범위를 엄격하게 제한할 필요가 없다고 한다. 하지만, 독일형법은 한국형법과 다르게 중지행위의 양태로 결과의 불발생과 인과적일 필요가 없는 '진지한 노력'을 규정하고 있다.
반면, 이정원·류석준, "중지미수에서의 실행미수와 착수미수", 186면에서는 포기가 종국적이어야 한다고 본다. 하지만, 이때도 통설처럼, 중지미수의 효과가 형의 필요적 감면이기 때문에 독일형법처럼 엄격하게 중지미수의 범위를 제한할 필요가 없다고 보지 못할 이유는 없다.
3) *Ashworth*, 465.
4) *Ulsenheimer*, Grundfragen, S. 71.

제3장 중지미수 규정의 역사적 변천

제1절 논의의 시작

Ⅰ. 논의의 출발점

형법 제26조와 비슷한 형태의 중지미수 규정을 둔 형법전이 존재함을 앞에서 확인하였다. 미수범에 관한 처벌규정과 구별하여 중지미수에 관한 규정을 둔 독일, 오스트리아, 일본 등의 형법전이 그러하다. 중지미수에 관한 기존의 논의도 이러한 바탕에서 독일이나 일본 등의 중지미수 논의를 참고함으로써 그 내용을 풍부하게 했다고 보인다. 하지만, 지금까지의 논의가 중지미수에 관한 외국의 '현재'의 법조문 및 이론에 관한 연구를 통하여 형법 제26조를 어떻게 이해하는지에 관하여 해명하려고 시도하였으나, 지금의 이론과 조문은 그 역사적 변화과정에 대한 검토없이 정확하게 이해하기 어렵다. 공시적인 연구방법뿐만 아니라 통시적인 연구방법의 도움을 받아야 중지미수 규정의 타당한 해석에 이를 수 있다.[1]

그렇기 때문에 이 장에서는 역사적 접근법을 통해 형법 제26조를 이해하려고 시도한다. 먼저 형법 제26조 제정 당시의 논의와 개정노력을 살펴본 후, 형법 제26조에 영향을 준 다른 나라의 중지미수 규정의 변천사를 살펴본다.

---

[1] 중지미수에 관한 역사적 연구의 의의가 제도의 존재유래를 이해하고 논의의 혼란을 정리하는 데 있다는 野澤 充, 中止犯論の歷史的展開－日獨の比較法的 考察－ (一), 1603頁 以下 참조.

II. 형법 제26조의 제정

1. 형법 제26조 제정 당시의 논의

입법자는 형법을 제정하면서 "세계각국의 현행법과 형법개정초안, 특히 독일형법 및 독일 1930년 형법초안을 많이 참고로 하였고, 제정역사가 새롭고 국정이 우리나라와 유사한 중국형법을 참작하였"으며, "형법학설의 화려기발함에 경도됨을 피하고 그 건전중정함을 택하여서 현실에 적합하도록 하였다. 따라서 세계각국의 입법례와 특히 새로운 형법초안을 광범위로 참고하였다."[2)]

입법자가 형법의 제정에 참고하였다고 밝힌 독일제국형법 및 1930년 형법초안의 중지미수 규정은 형법 제26조와 비슷하지만 동일하지는 않다. 독립된 중지미수 규정을 두었다는 점은 같으나, 독일제국형법은 형법 제26조와 중지미수의 효과가 다르며, 자의성에 관한 규정방식도 다르다. 1930년초안 제27조도 중지미수의 효과가 다르며, 그 외에도 1930년초안 제27조는 그 이전에 나온 여러 초안의 연장선상에 서 있어 한국형법의 입법자가 특히 1930년초안을 참고했다고 설명하기 어렵고, 1930년초안에서 규정한 불능미수에서의 중지미수 및 공범의 중지미수에 관한 내용을 형법 제26조에서는 찾을 수 없다. 독일에서 중지미수의 효과로 형의 감경 및 면제를 규정한 사례로 1933년 형법초안이 있으나, 이때의 감경 및 면제는 필요적이 아니라 임의적이다. 스위스구형법의 중지미수에서도 형벌이 임의적으로 감경되거나 면제되나, 스위스구형법 제22조는 실행미수의 중지는 법관이 작량감경할 수 있다고 규정할

---

2) 형법제정자료집, 86-7면.

뿐 형의 면제는 인정하지 않았다.

형법 제26조와 같은 내용으로 중지미수를 규정한 형법전으로 중화민국형법이 있다.3) 그러므로, 중국형법을 참조하였다는 입법자의 설명은 설득력이 있다고 보인다. 다만, 중화민국형법 제25조는 실행미수와 착수미수를 구별하지 않고, 불능범에 관한 중화민국형법 제26조도 한국형법의 불능범조문과 다르다.

> 중화민국형법(1929)
> 제25조(미수범) (1) 이미 범죄행위의 실행에 착수하여 수행하지 아니한 경우에는 미수범이다. (2) 미수범의 처벌은 특별규정이 있는 경우에 한한다.
> 제26조(미수범과 불능범의 처벌) 미수범의 처벌은 기수범의 형에 비추어 이를 감경할 수 있다. 다만 그 행위가 범죄의 결과의 발생이 불가능하고 또한 위험이 없는 경우에는 그 형을 감경 또는 면제한다.
> 제27조(중지범) 이미 범죄행위를 실행에 착수하였으나 자의로 중지하거나 그 결과의 발생을 방지한 경우에는 그 형을 감경 또는 면제한다.

다른 한 편으로, 중지미수에 관한 "명확한 규정을 둘 것"이 한국형법의 미수범 조문의 특징 중 하나라는 지적이 형법제정 당시에 있었다.4) 형법 제26조를 의용형법, 즉 현행 일본형법의 중지미수 규정과 비교함으로써 이 지적의 의미를 알 수 있다. 일본형법 제43조는 미수범의

---

3) 중화민국형법은 중국 옛 형률의 사상을 유지하는 동시에 서양 근세형법의 조직을 계수하였으며, 일본형법도 참고하였고 그 이후의 유럽 각국의 형법초안에 영향을 받았다. 특히 스위스 1918년 형법초안, 오스트리아 1921년 형법초안, 독일 1927년 형법초안, 일본 1931년 형법초안과 이탈리아 1930년 형법전, 소련 1926년 형법전을 도입하였다. 최대용, "중화민국형법(1)", 법정 1946/9, 26면 참조. 중화민국형법의 번역은 허일태·황순동 공역, "중화민국형법", 동아법학 제22호(1997), 557면 이하에 따랐다.
4) 엄상섭, "형법요강해설", in: 신동운·허일태(편저), 효당 엄상섭 형법논집, 51면.

처벌과 중지미수를 같은 조문에서 본문과 단서로 규정하였으며 착수미수의 중지와 실행미수의 중지의 구별도 법문에서는 찾기 어렵다.[5] 반면에 입법자는 의용형법과 달리 형법 제26조를 미수범처벌규정과 독립시켰으며, 착수미수와 실행미수의 구별을 제25조에서 명시하였고, 실행의 중지 및 결과발생의 방지라는 중지행위의 두 가지 형태도 제26조에 규정하였다.[6] 그렇지만 착수미수와 실행의 중지, 실행미수와 결과발생의 방지를 연결하여 규정하지도 않았기 때문에 형법 제26조는 스위스구형법과 같은 형태가 아니다.

2. 규정형태의 유지

1980년대 후반에서 1990년대 초반에 걸쳐 형법개정을 위한 노력이 있었다. 당시 형사법개정특별심의위원회는 "현행법상 제27조 불능범의 모순없는 해석적용을 위해 미수범은 3종류라고 해석하는 견지에서 일반적 의미의 미수인 장애미수와 특별한 미수로서 불능미수와 중지미수를 정면으로 인정하여 취급을 달리하는 것이 타당하다"는 입장에서 출발하였다.[7]

중지미수에 관해서 당시 분과위원회 심의에서 준중지범 규정 신설과 예비의 중지에 관한 규정 신설이 논의되었으나 표결에서 부결되었으며,[8] 형사법개정특별심의위원회가 제시한 형법법률개정안에서의 중지미수 규정은 다음과 같다.

---

5) 하지만 일본에서는 결과발생의 방지를 중지범의 기술되지 않은 요소로 인정한다. 그에 관해서 金澤眞理, 中止未遂の本質, 228頁 以下.
6) 같은 해석으로 이형국, 형법총론, 242면.
7) 형사법개정특별심의위원회, 형법개정의 제논점, 13면.
8) 형사법개정특별심의위원회, 형법개정요강소위원회심의결과, 55면 이하.

형법법률개정안(1992)
제26조(중지미수) 자의로 실행에 착수한 행위를 중지하거나 결과의 발생을 방지한 때에는 형을 감경 또는 면제한다.

이 조문은 현행형법 제26조와 같은 취지로, 중지미수도 미수범의 일종임을 명확히 하기 위해 표제를 '중지미수'로 고치고 현행형법의 '범인이'와 '그 행위로 인한'이란 표현은 불필요하다고 보아 삭제했으나 의미상 변동은 없다.9) 따라서 앞으로 형법개정이 있어도 중지미수규정은 지금의 형태를 유지할 것이라고 예상된다.

III. 중지미수에 관한 역사적 고찰에서 밝힐 점

형법 제26조와 비슷한 형태인 독일, 오스트리아, 일본, 중화민국형법의 중지미수 조문에서의 미수범조문의 규정형태와 중지미수의 요건에 대한 규정내용은, 중지미수의 효과와 결과발생방지를 위한 진지한 노력을 중지행위로 인정하는지 여부를 제외하고는 크게 다르지 않다. 그리고 형법 제26조는 일본형법 제43조를 '명확'하게 규정한 형태이며, 뒤에서 밝히겠지만 일본형법의 중지미수 규정은 독일의 영향을 받았다. 중화민국형법전도 독일과 일본형법전의 영향을 받았으며 오스트리아형법은 독일형법과 같은 계통이다. 그러므로, 형법 제26조가 어떠한 과정을 거쳐 이러한 형태를 갖추게 되었는지는 독일, 오스트리아 및 일본의 입법사에 대한 검토를 통해 답할 수 있으며, 학설사에 대한 검토도 도움을 준다고 생각한다.

다음으로 외국의 입법사 및 학설사를 검토함으로써 형법 제26조가

---

9) 법무부, 형법법률개정안 제안이유서, 41면.

왜 불처벌이 아니라 형벌의 필요적 감면을 중지미수의 효과로 하였는지에 관한 실마리도 찾을 수 있다고 보인다. 따라서 이 장에서는 독일, 오스트리아 및 일본에서의 중지미수에 관한 논의 및 입법의 전개를 살펴보겠다.

제2절 독일형법에서의 중지미수

Ⅰ. 중지미수에 관한 논의의 전개과정

1. 게르만법에서의 미수 개념

여기에서도 중지미수에 관하여 고찰하기 위해서는 미수범에 관한 이론 및 조문이 존재했는지를 먼저 살펴보아야 한다. 게르만인이 미수와 기수의 처벌을 구별하지 않았기 때문에 중지미수에 관한 논의도 없었다는 견해도 있다.[1] 하지만 대부분의 학자들은 게르만법에서도 미수의 개념은 알려져 있었으나 처벌되지 않았을 뿐이라는 견해이다. 에버하르트 슈미트(Eberhard Schmidt)는 게르만법이 결과책임의 원칙에 입각해 있었기 때문에 어떠한 범죄가 미수단계에 그쳤을 경우 책임의 근거가 없다고 생각했다고 설명하면서, 게르만법이 미수개념의 추상화를 할 수는 없었다고 본다.[2] 뤼핑과 예루섹(Rüping/Jerouschek)도 당시의 형법은 결과형법이었기 때문에 외적인 결과만이 처벌의 근거가 될 수 있었고, 행위자의 악의만으로는 이에 해당하지 않았다고 한다.[3] 결국 미수범이 처벌되지 않는다면, 중지미수에 관하여 논의할 필요가 없었을 것이다.

---

1) *Zachariä*, Die Lehre vom Versuche der Verbrechen Ⅱ, S. 282.
2) *Schmidt*, Strafrechtspflege, S. 34. 이러한 구체적 사고방식은 범죄자를 행위자(Täter)가 아니라 살인범, 강도범 등으로 묘사했다는 점에서도 나타난다. 박상기, 독일형법사, 39면.
3) *Rüping/Jerouschek*, Grundriß, S. 4 ; *Schaffstein*, Lehren, S. 157.

2. 중세법에서의 미수 개념

 프랑크왕국이나 그 이후의 중세의 법에서도 결과책임이 원칙이었으므로 미수범개념은 존재하지 않았다.4) 미수행위는 그로 인해 외적으로 인식가능한 결과가 야기되었을 경우에만 처벌되었으나, 이때의 처벌은 행위자가 의욕했던 결과가 아니라 실제로 발생한 결과에 따랐다.

 하지만 오늘날의 관점에서 미수범의 구성요건을 실현했거나 중죄의 예비행위로 볼 수 있는 행위 중 일부는 그 자체로서의 범죄로 처벌되었다.5) 미수범죄(Versuchsverbrechen)와 현행범행(Handhafte Tat)이 그러하다. 어떠한 범죄를 실제로 의도했는지와 무관하게, 외적으로 인식가능하며 범죄실현에 전형적인 행위를 미수범죄라고 하였는데, 오늘날의 의미에서의 전형적인 미수행위와 예비행위가 이에 해당한다. 특히 다른 사람을 생명의 위험에 빠뜨리는 데 적합한 행위를 말하는데, 가령 칼을 뽑거나 다리나 둑에서 다른 사람을 밀어서 물속에 빠뜨리는 행위가 그러하다. 이때는 미수행위 이외에도 살인죄의 고의가 필요한데, 랑고바르드법에 따르면 아직 실행의 착수에 이르지 않았다고 하더라도 다른 사람을 살해하려고 계획한 자는 벌금을 지불해야 했다. 타인의 뜰에 침입하거나 부인의 정조를 특정한 방식으로 침해한 경우도 미수범죄에 해당하는데, 후자의 경우에도 악의가 있어야 했다.6) 다음으로 현행범행

---

4) *Robert v. Hippel*, Deutsches Strafrecht I, S. 118 ; *His*, Das Strafrecht des deutschen Mittelalter I, S. 167 ; *Köstlin*, System, S. 216 ; *Malitz*, Der untaugliche Versuch beim unechten Unterlassungsdelikt, S. 133 ; *Müller*, Entwicklung, S. 28 ; *Schmidt*, Strafrechtspflege, S. 72.

5) *His*, Das Strafrecht des deutschen Mittelalter I, S. 168, 188 ; 박상기, 독일형법사, 46면도 참조.

6) HRG-Versuch, Sp. 836f ; *Schmidt*, Straftrechtspflege, S. 34.

은 행위자가 범죄를 행한 당일 도주하던 중 체포된 경우를 말한다.[7] 미수범의 처벌에 관해서는 다양한 입장이 있었는데, 감경하거나 기수범과 마찬가지로 처벌되었고, 범행에서 드러난 범의나 일반예방적 목적으로 인하여 기수범보다 중하게 처벌되기도 하였다.

1230년경의 작센슈피겔에도 미수범에 관한 언급은 없으며, 현재의 의미에서의 미수개념은 14-15세기의 각 도시의 입법 및 판결에서 처음으로 나타나기 시작했다.[8] 그 예로 14세기 초의 함부르크법에서, 행위자가 자신의 의사에 반하여 범행의 기수에 방해되어야 한다는 가벌적인 미수범의 요건을 찾을 수 있다.[9] 사실, 이미 1205년의 밤베르크법전(Summa Bambergensis)에서 기수 이전의 중지에 대한 불처벌과 기수 이후의 후회에 대한 처벌을 찾을 수 있었다. 여기에서는 D. 48, 10, 19를 인용하면서, 범행이 후회로 인하여 기수에 이르지 않았다면 처벌하지 않으며 범행이 기수에 이른 후에는 후회해도 처벌한다고 하였다.[10] 하지만, 이러한 입법례는 예외적이며, 일반적으로 중세시대에는 미수범에 관한 논의가 없었기 때문에 중지미수에 관한 이론을 적용할 여지도 존재하지 않았다.[11] 그 후 주석학파에 의해 미수범이론이 발전되면서 중지미수에 관한 논의도 전개되었으며 미수범에 관한 정의규정이 법전에 포함되었다.

---

7) HRG-Handhafte Tat, Sp. 1965.
8) *Robert v. Hippel*, Deutsches Strafrecht I, S. 148, 206 ; *His*, Das Strafrecht des deutschen Mittelalter I, S. 192 ; *Schmidt*, Strafrechtspflege, S. 68.
9) *John*, Das Strafrecht Norddeutschlands zur Zeit der Rechtsbücher, 1858, S. 183 (*Müller*, Entwicklung, S. 38에서 재인용).
10) *Müller*, Entwicklung, S. 35 참조.
11) *Müller*, Entwicklung, S. 32.

3. 카롤리나형법전 및 보통법에서의 중지미수

카롤리나형법전(Constitutio Criminalis Carolina)은 미수범행의 처벌(Straff vnderstandner missethatt)이라는 제목의 제178조에서 가벌적인 미수범은 행위자의 의사에 반하여 기수에 이르지 않았어야 한다고 하였다. 행위자의 의사에 기한 기수의 방지는 오늘날의 개념으로 볼 때 중지미수이므로, 카롤리나형법전에 의하면 중지미수에 해당할 때에는 가벌적인 미수가 존재하지 않게 된다. 즉 카롤리나형법전에서의 중지미수는 부정적 구성요건요소로 볼 수 있다.[12]

> 카롤리나형법전(1532)
> 제178조 범행의 실현에 기여할 수 있는 어떠한 외적인 일을 실행하였으나, 그 범행의 실현이 다른 수단에 의해 행위자의 의사에 반하여 저지된 때, 외적인 일을 통하여 존재한 행위자의 의사는 형법적으로 처벌된다.

카롤리나형법전 제178조에서 처음으로 미수의 본질적인 요소들, 즉 범행의 실현을 의도한 고의, 실행의 착수, 결과의 불발생이 추상적이고 분명하게 기술되었다.[13] 다만 카롤리나형법전 제178조에서는 로마법과 다르게 미수범처벌에서의 공사범죄의 구별을 두지 않았으며[14] 착수미

---

12) *Jescheck/Weigend*, AT, S. 512 ; *Rau*, Ernsthaftes Bemühen, S. 28 ; *Schaffstein*, Lehren, S. 168.
13) *Berner*, Lehrbuch, S. 143 ; HRG-Versuch, Sp. 838 ; *Müller*, Entwicklung, S. 42.
14) *Wächter*, Lehrbuch, S. 140. 이에 관해서는 의견이 엇갈린다. 가령 *Berner*, Lehrbuch, S. 139는 독일보통법에서는 Peinliche Verbrechen의 미수만을 처벌했는데 이는 카롤리나형법전 제178조에서 유래했으며, 이탈리아법학자들도 Delicta atrocia에서만 미수범처벌을 인정했다고 한다.

수와 실행미수의 구별을 찾을 수 없으며,[15] 행위자가 어떠한 동기에서 범행을 다하지 않았는지는 문제가 되지 않았다. 소송법적으로 특이한 점은 카롤리나형법전의 문언을 살펴볼 때, 기수에 이르지 못한 범죄에서 행위자의 후회가 추정된다는 사실이다.[16]

보통법 시대에는 미수의 개념과 요건이 좀 더 자세하게 밝혀졌으며, 모든 범죄에서 미수범을 처벌하기는 했으나 감경하였다.[17] 그리고 16세기를 그 출발점으로 삼을 수 있는 독일형법학은 중심과제를 카롤리나형법전의 해석으로 삼았다.[18]

하지만 중지미수에 관해서 카롤리나형법전 제178조는 큰 영향을 미치지 못했다. 카롤리나형법전의 주석자들 사이에서는 중지미수가 형벌을 감경하는지 아니면 면제하는지에 대하여 의견이 일치하지 않았다. 감경설이 다수설이었는데,[19] 카롤리나형법전 제178조가 불처벌에 대한 언급을 아예 하고 있지 않다고 보았거나 아니면 형법적인 처벌(Peinliche Strafe)만을 면한다고 규정하고 있다고 보았기 때문이다.[20] 전자의 예는 카르프조프(Carpzov)로 절도죄에서의 절취물의 반환이나 문서위조죄에서의 후회가 형감경사유라고 하였고, 방화죄에서는 처벌하지 않는다고 보았으나, 중지미수의 일반원칙에 관하여는 언급하지 않았다.[21] 카르프조프의 이러한 설명은 기수 이후의 후회는 처벌에 영향을 미치지 않는

---

15) 또는 실행미수의 중지(결과발생방지)는 규정하지 않았다고 설명할 수 있다. Herzog, Rücktritt vom Versuch und thätige Reue, S. 57.
16) *Müller*, Entwicklung, S. 43.
17) *Rüping/Jerouschek*, Grundriß, S. 55.
18) *Robert v. Hippel*, Deutsches Strafrecht I, S. 222ff.
19) *v. Bar*, Gesetz und Schuld II, S. 547 ; *Müntzer*, Beiträge, S. 45 ; *Zachariä*, Die Lehre vom Versuche der Verbrechen II, S. 304 참조.
20) 형법적인 처벌에 관해서는 HRG-Peinliche Strafe, Sp. 1574 ; HRG-Strafe, Sp. 2014 참조.
21) *v. Bar*, Gesetz und Schuld II, S. 547 Fn. 102 ; *Müller*, Entwicklung, S. 48ff.

다는 로마법 이후의 원칙과는 일치하지 않는다는 점에서 흥미롭다.

하지만 나중에는 형벌면제사유설이 다수설이었는데 형사정책적인 이유 때문이었다.22) 18세기 후반의 뵈머(Böhmer), 크비스토르프(Quistorp), 클라인(Klein), 그롤만(v. Grolmann), 클라인슈로트(Kleinschrod)와 티트만(Tittman) 등 대부분의 학자도 중지미수를 감경사유로 보았고, 각지의 형법전에서도 이러한 경향을 찾을 수 있다.23) 하지만 당시에도 중지미수는 처벌되지 않아야 한다는 견해가 있었으며, 이는 현대의 중지미수 논의의 출발점이 되었다고 평가할 수 있다.

II. 중지미수 규정의 도입

1. 독일의 란트법에서의 중지미수

1) 들어가며

카롤리나형법전 이후 독일제국형법 제정 전까지 독일 각 란트의 형법전에서 중지미수와 관련된 규정을 찾을 수 있는데, 대부분은 그 효과로 불처벌을, 일부는 형의 감경을 택하였다.24) 그리고, 1851년 프로이센형법전과 1861년 바이에른형법전은 프랑스구형법의 영향을 받았으나, 불처벌을 규정한 대부분의 다른 란트법전은 자의적인 중지를 미수범의 예외가 아니라 형벌면제사유로 규정하였으며 독일제국형법은 이를 따랐다고 보인다.25)

---

22) *Zachariä*, Die Lehre vom Versuche der Verbrechen II, S. 304.
23) *Herzog*, Rücktritt vom Versuch und thätige Reue, S. 55 ; *Köstlin*, System, S. 238 참조.
24) *Liszt/Schmidt*, Lehrbuch, S. 210f.

2) 프로이센과 바이에른형법에서의 중지미수

(1) 프로이센형법에서의 중지미수

1794년의 프로이센일반란트법의 제2부 제20장이 형법과 관련된 부분이다. 미수범처벌에 관해서는 제39조에서 제43조가 규정하고 있으나, 일반규정은 찾아볼 수 없는데, 일반규정을 명문화하기 어려움을 인식한 입법자가 미수범처벌에서 중요한 개별적인 요점을 나열하는 방식을 택했다고 볼 수 있다.[26]

기수범처벌에 관한 규정에 따르면 어떠한 중죄를 실제로 실현한 자만이 정규형으로 처벌받는다. 행위자가 범죄실행에 필요한 행위를 다 하였으나 우연에 의해 범행의 결과가 발생하지 않았다면 그 다음 단계의 정규형으로 처벌된다.[27] 이때는 다시 행위자가 단순한 우연 때문에 범행실현에 필요한 최후의 행위를 하지 못했는지, 아니면 우연이 가벌적인 범행의 예비단계에 개입했는지에 따라 형벌이 달라진다. 그리고 제43조가 중지미수에 관한 규정이다.

> 프로이센일반란트법(1794)
> 제2부 제20장 제43조 중죄의 실행을 예비하였으나 예비만으로는 위법한 결과가 발생할 수 없었던 경우 스스로의 행동으로 중죄의 실행을 중지하였거나, 공범과 그 행위를 발각되게 함으로써 중죄의 실행을 방지한 자는 사면을 청구할 수 있다.

---

25) *Frank*, Vollendung und Versuch, S. 195 참조.
26) *Mümtzer*, Beiträge, S. 59. 프로이센일반란트법의 형법전과 그 적용에 관한 설명으로 *Schwennicke*, in: 200 Jahre ALR, S. 79 이하.
27) 프로이센일반란트법 제40조 참조. 이 조문에 대한 평가로 *Goldschmidt*, Die Lehre vom unbeendigten und beendigten Versuch, S. 9.

프로이센일반란트법에 따르면 중지미수는 이미 존재하는 형벌을 면제하는 효과를 가질 뿐이므로 법률설의 입장이 아니라 형사정책설의 입장에서 파악해야 할 것이다.28) 그리고 기수 이후의 능동적 후회에 관한 규정은 없었다.

그 이후 19세기 초부터 법학자들은 프로이센일반란트법의 형법조문을 개정하자고 주장하기 시작했으며, 1827년, 1830년, 1833년, 1836년 및 1843년에 형법전초안이 나왔다. 이들 초안에서의 미수범규정은 프로이센일반란트법의 미수범처벌조항에서 출발했으나, 예비행위의 개념을 도입했으며 프랑스구형법 제2조의 규정형태를 참고하였다. 따라서 미수범규정은 "중죄의 미수범은 의도한 범죄의 실행의 착수로 볼 수 있는 행위가 외적으로 표명된 경우에 처벌한다"였다.29)

프로이센형법전(1851)
제31조 미수는 실행의 착수를 포함하고 있는 행위를 통하여 드러나고 행위자의 의사와 무관한 외적인 상황에 의해 방해되거나 결과의 발생이 없었던 경우에만 처벌할 수 있다.

이 조문의 규정형태는 밤베르크형법전 제204조와 유사하였다. 즉, 프랑스구형법의 영향을 받아, 범행이 "외적인, 행위자의 의사와 무관한 상황에 의해 방해되거나 결과가 발생하지 않은 경우"에만 가벌적인 미수가 존재한다고 하였다.30) 그리고, 입법자는 중지미수를 처벌하지 않

---

28) 이 규정에 관하여 *Zachariä*, Die Lehre vom Versuche der Verbrechen II, S. 311은 법률설의 입장에서, 중지미수의 불처벌에는 이미 법률의 근거가 있기 때문에 은사라는 선물로는 볼 수 없다고 비판한다.
29) 1827년 초안 제77조, 1830년 초안 제48조, 1833년 초안 제46조, 1836년 초안 제50조, 1843년 초안 제55조.
30) *Berner*, Gutachten, S. 129 ; *Goltdammer*, Materialen, S. 252 ; *Jescheck/Weigend*, AT, S. 512 ; *Liszt/Schmidt*, Lehrbuch, S. 211; MK-*Herzberg*, § 22 Rn. 25 ;

는 근거를 형사정책적인 이유에서 찾았으며,31) 중지미수가 부정적 구성요건요소라는 데 당시의 학설이 일치하였다.32) 프로이센형법전 제31조는 자의성 요건에 관하여 자의성을 배제하는 사유로서의 외적인 상황에 대해서만 언급하였다.33)

(2) 바이에른형법에서의 중지미수

바이에른형법전(1751)
> 제1장 제1절 제22조 고발 또는 특별한 소송절차 이전의 자의적인 범행의 착수가 행위자 스스로의 후회 또는 행위자의 부모 때문에 행위자가 법정에 출석함으로써 중지되었다면 그 형을 감경하며 중범죄에서는 중한 사형 또는 부가형을 면한다. 또한 자의적이고 정직한 진술이 공공이나 국고에 큰 이익이 되었거나 진술을 통해 위험한 공범이 발각되었다면, 진술자는 형의 감경뿐만 아니라 보상을 받을 만하다.

이 형법전의 이유서는 자수하여 스스로의 진술로 국가를 이롭게 하거나 손해를 방지한 자는 처벌하지 말아야할 뿐만 아니라 보상받을 가치까지 있다고 보았는데, 이러한 생각은 중지미수에 관한 보상설과 매우 유사하다.34) 그 후 1802년의 바이에른형법전초안 제58조는 "범죄에 착수했으나 그 기수를 자의적으로 중지하였을 때, 법관은 법원에 대하여 근접미수를 지시할 수 있다"라고 하였다.

하지만 1813년의 바이에른형법전 제58조 및 제59조는 중지미수의

Schwarze, Commentar, S. 92는 프로이센형법전 제31조가 프랑스구형법 제2조의 '개선된 복사판'이라고 설명한다. *Berz*, Tatbestandsverwirklichung, S. 19 ; *Herzog*, Rücktritt vom Versuch und thätige Reue, S. 67f, 201도 참조.
31) *Goltdammer*, Materialen, S. 253.
32) *Reinhard v. Hippel*, Untersuchungen, S. 35.
33) *Krauthammer*, Der Rücktritt vom Versuch, S. 37.
34) *Müller*, Entwicklung, S. 46 참조.

효과로 불처벌을 규정하였다.35) 제58조는 다음과 같다.

> 바이에른형법전(1813)
> 제58조 행위자가 범행의 실행에서 외적인 장애, 무능력 또는 우연에 의해서가 아니라 양심의 발현, 동정심 또는 처벌에 대한 두려움 때문에 자의적으로 범행의 기도를 중지한 경우에는 모든 처벌을 면하며, 이때 자의성 여부는 추정되지 않는다. 행위자가 자의적으로 범행 실현을 중지하였다고 하더라도, 다른 시간, 다른 장소, 다른 사람 또는 다른 범행방식으로 범행을 실현하려는 의도로 중지하였다면, 행위자의 의사에 반하여 범행이 중지된 경우와 동일하게 처벌된다.
> 제59조 사형, 금고형, 징역형 또는 노역장형으로 처벌되는 미수를 중지한 행위자에 대하여는 경찰의 감시를 명한다.

중지미수의 불처벌의 근거는 한편으로 자의적으로 중지행위를 한 자에게 관용을 베풀고, 다른 한편으로는 불처벌을 통하여 행위자가 마음을 돌리도록 자극하려는 점에 있다. 하지만 이러한 법조문에 따르더라도 가중적 미수는 처벌되었는데, 자의적인 중지미수는 '이미 기수인 중죄나 경죄를 구성하는 다른 행위가 되지 않은 경우에만' 처벌되지 않기 때문이다.36)

제58조 제1문에서는 자의성 요건은, 한편으로는 외적인 장애, 무능력, 우연 등의 부정적 표지, 다른 한편으로는 양심의 발현, 동정심, 형벌에 대한 두려움 등의 긍정적인 표지를 통하여 표현되었다. 형벌에 대한 두려움 때문에 중지한 경우도 자의적인 중지로 보았다는 점이 흥미로운데, 이는 '형벌권력을 두려워해 범행을 중지한 자에 대한 처벌은 형

---

35) 1813년의 바이에른형법전이 그 이후 독일의 각 란트법에 미친 영향에 대해 *Herzog*, Rücktritt vom Versuch und thätige Reue, S. 71f.
36) Anmerkungen zum Strafgesetzbuche für das Königreich Baiern nach den Protokollen des königlich geheimen Raths, 1813, S. 181(*Müller*, Entwicklung, S. 51에서 재인용).

벌권력 자체의 모순'이라고 한 포이어바흐(Feuerbach)의 이론의 영향이다.37) 그리고, 법문에 따르면 자의적인 중지는 추정되지 않기 때문에 행위자가 스스로의 자의성을 입증해야 한다.38) 제58조 제2문은 범행의 포기가 완전하고 종국적이어야 한다고 규정하고 있다. 흥미로운 점은 제1문과 마찬가지로 규정방식이 일반조항의 형태가 아니라 사안별로 규정되어 있으며, 범행의 대상이 다른 사람으로 바뀐 경우에도 종국적인 포기로 보지 않았다는 사실이다.

제59조에 관하여는, 이미 예방적 측면이 입증되었음에도 불구하고 다른 범죄의 방지를 위하여 경찰이 중지행위자를 감시할 필요는 없고, 경찰의 감시를 통해 완전한 불처벌이라는 중지미수의 효과가 훼손된다는 문제가 있다고 지적되었다.39) 교사범 및 방조범에 대한 중지미수 규정은 없었고, 공동정범에 관하여는 제93조에서, 범행실현에 직접 참여하지 않고 사법당국에 미리 신고한 자는 처벌되지 않는다고 규정하였다.

1827년의 바이에른형법초안 제80조도 바이에른형법 제58조 제1문과 비슷한 내용으로,40) 미수범규정은 1851년 프로이센형법전 제31조와 같은 형태였다.41) 또한 이 초안 제91조는 현재의 독일형법 제31조와 유

---

37) *Feuerbach*, Kritik des kleinschrodischen Entwurfs zu einem peinlichen Gesetzbuche für die Chur-Pfalz-Bayerischen Staaten, 2. Teil, 1804, S. 104(*Ulsenheimer*, Grundfragen, S. 280 참고).
38) 자의성에 관한 입증책임의 전환규정은 1848년 8월 29일의 법률에 의해 폐지되었다. *Herzog*, Rücktritt und Reue, S. 101 참조. 비슷한 형태의 규정으로 1841년 헤센형법전 제69조 ; 다름슈타트형법전 제69조(*v. Bar*, Gesetz und Schuld II, S. 550 ; *Berner*, Lehrbuch, S. 150 참조).
39) *Zachariä*, Die Lehre vom Versuche der Verbrechen II, S. 315.
40) "의도된 범행의 기수가 우연, 불가능성, 또는 외적인 장애 때문이 아니라 행위자가 자발적으로, 즉 양심의 발현, 동정심 또는 처벌에 대한 공포로 인해 중지했을 때 미수는 처벌되지 않는다." 이 규정은 1822년 바이에른 형법초안 제97조와 거의 같다(*Müller*, Entwicklung, S. 53).
41) 당시 비슷한 형태의 규정으로 1863년의 뤼벡형법전(Strafgesetzbuch für Freie und

사한 내용이다.42)

바이에른형법전(1861)
제47조 행위자가 범행을 저지를 의도로 실행의 착수를 포함하는 행위를 했고 범행이 행위자의 의사와 무관한 상황에 의해 기수에 이르지 못한 경우 범행의 미수가 존재한다.

3) 중지미수에 관한 다른 란트의 법규정

하노버형법초안(1827)
제39조 제2호 가벌적인 미수가 실제로 존재하나 행위자가 범행의 종료 이전에 외적인 장애나 우연에 의해 방해되지 않음에도 자의적으로 완전히 중단하였으며 이러한 점이 외적인 행위를 통해 드러난 때에 범행의 실행을 의도한 행위는 불처벌이다.

이 조문에서는 중지미수의 가능성을 착수미수의 중지에 제한했으며, 자의성이 그에 상응하는 행위를 통하여 외적으로 드러나야 한다고 규정했다는 특징도 있다.43) 1840년의 하노버형법전도 착수미수의 중지만을 규정했으며, 자의성이 외부적으로 드러나야 한다고 규정하지는 않았으나 범행을 완전히 중단해야 한다고 하였다.44)

Hansestadt Lübeck) 제29조 ; *Ulsenheimer*, Grundfragen, S. 28 참조.
42) "범행실행을 위해 타인에게 명령 또는 위임을 하거나 그를 위해 보상을 주거나 약속한 자가, 범행이 실행되기 전에 명령 또는 위임을 명시적으로 철회한 경우에도 마찬가지이다."
43) *Müller*, Entwicklung, S. 57 ; *Zachariä*, Die Lehre vom Versuche der Verbrechen II, S. 319.
44) 반면 실행미수의 중지에 관해서는 방화죄(제187조) 등에서 개별적으로 규정하였다. *Herzog*, Rücktritt und Reue, S. 99 참조.

하노버형법전(1840)
제34조 범행의 실행을 의도한 행위는 다음의 경우 불처벌이다.
(3) 착수미수가 이미 존재하나 행위자가 외적인 상황이나 우연에 의해 방해받지 않음에도 자의적으로 범행을 완전히 중단한 경우.
   하지만 미수범행에 이미 다른 범죄가 포함되어 있다면 그 범죄는 처벌한다.

작센형법전(1838)
제28조 이미 착수한 행동을 외적인 상황에 의한 장애 없이 자의적으로 중지한 자는, 범죄의 실행을 위해 이미 한 행동이 그 자체로 범죄행위를 포함하며 중한 처벌의 대상이 되지 않을 경우에는 최대한 1년의 노역장형에 처한다.

노역장형은 다른 형법전에서는 찾기 어려운 내용이나, 제28조 후단의 반대해석을 통하여 여기에서도 원칙적으로 중지미수에 관하여 처벌하지 않을 수 있다는 취지를 도출할 수 있다.

작센형법전(1855)
제42조 실행미수도 다음의 경우에는 착수미수와 마찬가지로 처벌한다.
(1) 행위자가 스스로의 행동을 통하여 그 행동이 없었으면 일어났을 결과를 방지한 때
(2) …
제44조 행위의 실현이 외적인 상황에 의해 방해받지 않음에도 행위자가 자신의 행위를 완전히 포기한 때 범행의 착수미수(제40조)는 처벌하지 않는다. 행위자가 의도한 범행의 실행을 위해서 한 행위에 가벌적인 행위가 포함되어 있다면, 이 규정에 따라도 가벌적인 행위의 처벌은 배제되지 않는다.

다만 1855년의 작센형법전은 실행미수에서도 행위자가 스스로 결과발생을 방지한 경우 처벌하지 않는다고 하여, 독일제국형법 및 독일형법의 중지미수 규정과 유사한 형태를 보여준다.

2. 중지미수 조문에 관한 독일제국형법 제정시의 논의

독일제국형법의 제정을 위해 준비위원회[45]에 처음 상정되었던 1869년 프로이센초안 제37조는 1851년 프로이센형법 제31조와 비슷했다.

> 프로이센초안(1869)
> 제37조 가벌적인 미수는 중죄나 경죄의 실행을 위한 결의가 실행의 착수를 포함하는 행위를 통하여 드러나고, 중죄나 경죄의 기수가 외적인, 행위자의 의사와 무관한 상황에 의해 방해되거나 발생하지 않은 때에 존재한다.

준비위원회는 표결을 통해 4 : 3으로 중지미수를 형벌면제사유로 보아야 한다고 결정했으며, "행위자가 의도했던 행위를 자의적이고 완전히 중지했을 때 미수 자체는 불처벌이다"는 제안이 그 기초가 되었다. '완전히'라는 단어를 삭제하자는 안과 '의도했던 결과의 발생을 방지했을 때'를 추가하자는 안은 부결되었으며, 표결을 통하여 '자의적'이라는 단어는 삭제되었다. 결국 1차독회에서의 최종안은 "행위자의 의사와 무관했던 상황에 의하여 범행의 완수가 방해되지 않았음에도 불구하고 의도했던 범행의 완수를 완전히 포기했을 때 미수는 불처벌이다"이었다. 2차독회에서는 1차독회의 최종안과 거의 같은 표현의 초안 제43조 제2항[46]이 검토의 대상이 되었는데, 위원회의 위원이었던 프리덴베르크(Friedenberg)와 슈바르체(Schwarze)의 제안으로 '미수 자체(Der Versuch als solcher)'라고 표현이 바뀌었으며 결국 독일제국형법 제46조의 모양

---

45) 그에 관해서 Schubert, GA 1982, 195ff 참조.
46) "자신의 의사와 무관한 상황에 의해 범행의 실행에 방해받지 않았음에도 행위자가 의도한 범행의 실행을 포기했을 때 미수는 불처벌이다."

을 갖추게 되었다.

3. 독일제국형법에서의 중지미수

이러한 과정을 거쳐 1870년의 북독일연방형법전이 1871년의 독일제국형법이 되었으며 제46조가 단독범의 중지미수에 관한 조문이다.

독일제국형법(1871)
제46조 행위자가
1. 스스로의 의사와 무관한 상황에 의해 범행의 실행이 방해되지 않음에도 불구하고 의도했던 범행의 실행을 포기하거나,
2. 범행이 아직 발각되지 않은 시점에서 중죄 또는 경죄의 기수에 속하는 결과의 발생을 스스로의 행위에 의해 방지한 경우에는 미수범으로 처벌되지 않는다.

독일제국형법 제46조의 바탕이 된 입법례는 프랑스구형법 제2조와 프로이센형법전 제31조를 들 수 있으나,[47] 이들과는 달리 미수범처벌 규정과 중지미수에 관한 규정을 나누었는데, 그 주된 이유는 증거법에서의 문제때문이었다. 중지미수 여부를 결정하기 위해서는 자의성이 존재하는지를 판단해야 하는데, 이때 입증되어야 할 대상은 자의성이 존재하지 않았다는 사실이다. 그럼에도 불구하고 기존의 법조문들에서는 자의성의 비존재가 미수범처벌의 전제조건으로 되어 있어서 자의성의 존재를 입증해야 중지미수를 인정하는 경향이 실무에서 있었기 때문에 배심원들에 대한 질문을 간명하기 위해서 이러한 형태를 택하였다.[48]

---
47) *Krauthammer*, Der Rücktritt vom Versuch, S. 37.
48) *v. Bar*, Gesetz und Schuld II, S. 550 ; *Frank*, Vollendung und Versuch, S. 197 ; *Herzog*, Rücktritt vom Versuch und thätige Reue, S. 205ff ; *Krauthammer*, Der

제정이유서에 따르면 범행의 자의적인 중지는 형사정책적 이유로 이미 실현된 형벌을 배제하는 사유로 이해할 수 있으며, 중지미수 규정을 제정한 이유는 침해당한 법익을 보호하기 위하여, 범행을 실행하는 중이나 구성요건의 완전한 실현 이전의 단계에 있는 행위자에게 영향을 주기 위해서이다.[49] 종료미수에서의 자발적 후회에 대해서도 처벌하지 않겠다는 규정을 새로 넣었다는 점도 중요한 변화이다.[50]

4. 독일형법개정초안에서의 중지미수

1) 예비초안과 반대초안에서의 중지미수

독일형법전예비초안(1909)
  제77조 행위자가 스스로 범죄실행을 중지하거나 범행의 기수에 속하는 결과를 방지하였을 경우, 미수범의 가벌성은 탈락된다.

1909년 초안 제77조의 목표는 법조문 표현의 단순화였으며, '범행의 발각' 요건은 그에 대한 비판으로 인해 삭제되었다. 초안은 중지미수를 인적 형벌면제사유로 보면서 불처벌의 근거를 보상설에서 찾았다.[51]
1911년 칼(Kahl), 릴리엔탈(v. Lilienthal), 리스트(v. Liszt) 및 골트슈미트(Goldschmidt)가 제시한 예비초안에 대한 반대초안에서, 중지미수에 관한 제30조는 예비초안 제77조와 동일하였다. 다만 이들은 반대초안 각칙의 개별구성요건에서 예비행위를 처벌하는 경우 제30조를 적용하

Rücktritt vom Versuch, S. 54f ; *Schwarze*, Commentar, S. 93.
49) *Bockelmann*, in: Strafrechtliche Untersuchung, S. 177 ; *Olshausen*, Strafgesetzbuch, S. 183 ; *Schwarze*, Commentar, S. 108 ; *Ulsenheimer*, Grundfragen, S. 68 참조.
50) *Schwarze*, Gerichtssaal 22 (1870), 179f.
51) *Müller*, Entwicklung, S. 80f ; *Schoetensack*, FS Binding I, S. 425 참조.

도록 여러 번 명시하였는데, 이로써 예비죄에 자동적으로 제30조가 유추적용된다고 해석될 가능성을 배제하려고 했다고 보인다.52)

2) 바이마르공화국 시대의 형법초안에서의 중지미수 규정

형법전초안(1919)
제25조 스스로 범행실행을 포기한 자는 미수범으로 처벌되지 않는다. 스스로 범행의 기수에 속하는 결과발생을 방지한 자도 미수범으로 처벌되지 않는다. 미수행위가 기수에 이를 수 없었을 경우, 결과발생을 방지하기 위한 진지한 노력으로 족하다.

1919년 초안 제25조에서는 불능미수의 경우에 결과발생을 위한 진지한 노력이 있었을 경우 중지미수를 인정할 수 있다는 독일형법 제24조 제1항 제2문의 내용을 명문화했다는 점이 특징이다. 이는 결과발생이 불가능한 불능미수의 중지가 가능미수의 중지보다 불리하게 다루어지는 결과를 피하기 위해서이다.53) 그리고 '불처벌이다(bleibt straflos)'가 아니라 '처벌되지 않는다(wird nicht bestraft)'라고 표현을 바꿈으로써 중지미수가 형벌면제사유임을 분명히 하는 효과도 있었다.54)

라드브루흐초안(1922)
제24조 스스로의 행위로 범죄실행을 중지하거나 방지한 자는 미수범으로 처벌되지 아니한다. 스스로의 행위로 범행의 기수에 속하는 결과를 방지한 자도 미수범으로 처벌되지 아니한다. 미수행위가 기수에 이를 수 없었거나 이미 실패한 경우는, 행위자가 이를 알지 못하고 결과발생방지를 위해 진심으로 노력함으로 족하다.

---

52) *Müller*, Entwicklung, S. 82f.
53) *Ebermayer*, Der Entwurf eines Deutschen Strafgesetzbuches, S. 22.
54) *Delaquis*, Der untaugliche Versuch, S. 26.

형법전초안(1925)

제24조 자발적으로 범행실행을 중지하거나 저지한 자는 미수범으로 처벌되지 않는다.
범행의 기수의 결과를 자발적으로 방지한 자도 미수범으로 처벌되지 않는다. 범행이 기수에 이를 수 없었거나 이미 실패한 경우, 행위자가 이러한 점을 알지 못하고 결과발생방지를 위하여 진지한 노력을 함으로써 족하다.

1919년 초안 제25조와 비교해서 1925년 초안의 중지미수규정은 합목적적이라고 평가되었다.[55] 즉, 초안은 '정범(Täter)'이 아니라 '행위자(Wer)'라는 단어를 사용함으로써, 중지미수의 효과가 정범에만 미치는지 아니면 교사범과 방조범에도 미치는지의 문제를 입법적으로 해결하려고 시도하였다. 다음으로 불능미수를 실패한 미수와 같다고 봄으로써 불능미수에도 중지미수를 인정하려고 했는데, 그렇지 않을 경우 정의에 반한다고 보았기 때문이다.[56]

독일형법전초안(1927)

제27조 자발적으로 범행실행을 중지하거나 다수가 참가한 범죄의 경우 실행을 저지한 자는 미수범으로 처벌되지 않는다.
범행의 기수에 속하는 결과를 자발적으로 방지한 자도 미수범으로 처벌되지 않는다. 미수행위가 범행기수에 이를 수 없었던 경우이거나 이미 실패하였을 경우에는 행위자가 이러한 정을 알지 못하고, 결과발생방지를 위하여 진지한 노력을 함으로써 족하다.

이 초안에서는 1925년 초안 제24조와 마찬가지로 '정범'이 아니라 '행위자'라는 단어를 써서, 중지미수가 인적 형벌면제사유임을 표현했

---

55) *Gerland*, Der Entwurf 1925 Allgemeiner Teil, S. 50.
56) E 1925, Begründung, S 24 참조.

을 뿐만 아니라, 행위자의 중지미수가 공범에게 유리하게 적용되지 않으며 범행에 가담한 모든 공범이 중지미수를 통해 불처벌될 수 있음을 밝혔다.57) 불능미수의 중지미수에 관해서도 기존의 초안과 같은 입장이었다.58) 그리고 범죄단체의 구성원은 실행의 착수가 없다면 범행을 방지할 수도 없기 때문에, 아직 실행에 착수하지 않았다면 범행을 포기(zurücktreten)함으로써 처벌되지 않을 수 있다.59)

1930년 초안 제27조는 1927년 초안 제27조와 같다.

3) 나찌스 시대의 형법초안에서의 중지미수 규정

(1) 중지미수에 관한 형법초안

나찌스가 집권한 이후에도 독일제국형법을 개정하기 위한 노력은 계속되었다. 비록 이러한 노력이 형법의 개정으로 실현되지는 않았으나, 이 당시의 작업은 독일형법사의 이해에 중요한 의미가 있다. 1933년부터 1936년까지의 형법개정노력은 그 이전의 작업, 즉 바이마르 공화국의 형법초안과 직접적으로 연결되어 있으며 2차대전의 종전 이후의 1954년부터 1960년의 독일법무부 형법대위원회의 개정작업에서도 나찌스 시대의 형법초안들을 참조하였기 때문이다.60)

---

57) Entwurf eines allgemeinen Deutschen Strafgesetzbuchs, S. 25. 이러한 표현의 변화는 이미 1919년 초안, 1924년의 라드부르흐 초안에서도 나타난다. *Krauthammer*, Der Rücktritt vom Versuch, S. 64.
58) *Kemsies*, Schuldaufhebungsgrund, S. 8.
59) 1925년 초안 제183조 제3항, 1927년 초안 제198조 제2항 참조.
60) Einleitung, in: Quellen, Abt. II(NS-Zeit), Bd. I. 1. Teil, 1985, X 참조. 그 외에 위원회의 구성원도 바이마르 공화국 당시와 나찌스 집권 당시에 큰 차이가 없었다. 개정작업의 경과에 관해서는 Einleitung, in: Quellen, Abt. II(NS- Zeit), Bd. I. 1. Teil, 1985, XV ff 참조.

형법전초안(1933)

제32조b 자의적으로 범행의 실행을 포기하거나, 다수가 범행에 참가한 경우 범행의 실행을 저지한 자는 미수범으로 처벌되지 않는다. 자의로 범행의 기수에 해당하는 결과발생을 방지한 자도 마찬가지이다.
범죄가 중지행위자의 기여 없이 실행되지 않았거나 결과가 발생하지 않은 경우, 행위자가 그 정을 모르고 범행실행을 저지하거나 결과발생을 방지하기 위하여 진지하게 노력했다면 처벌되지 않는다.

형법전초안(1934)

제34조b 행위자가 자의적이고 종국적으로 범행의사의 실행을 포기하거나 범행결과를 저지했다면, 법관은 형을 감경하거나 면제할 수 있다. 행위자의 기여없이 결과가 발생하지 않은 경우 행위자가 이를 모르고 결과발생을 방지하지 위해 진지하게 노력한 때에도 이와 같다.

이 조문에서는 중지미수의 효과가 형벌의 임의적 감경 또는 면제라는 점이 중요하다. 분과위원회는, 중지미수와 대비하여 범행의 결과가 발생한 후 행위자가 손해를 원상회복한 때에 형이 감경 또는 면제되어야 하는지, 그렇다면 어느 정도여야 하는지의 문제는 양형에 관한 규정에서 해결할 것이라는 관점에서 출발하였다.[61]

독일형법전초안(1933/1934)

제360조 행위자가 자의적이고 종국적으로 범행의 계속적인 실행을 포기하거나, 범행에 다수가 참가했을 경우 범행의 기수를 방지했다면, 법원은 자유재량으로 형을 감경하거나 면제할 수 있다. 이는 행위자가 자의적이고 종국적으로 결과발생을 방지한 경우에도 동일하다. 행위자의 기여없이 범행의 실행이 방해되거나 결과가 발생되지 않았을 때, 행위자가 이러한 정을 모르고 범행의 기수나 결과발생을 방지하기 위해 진지하게 노력했을 경우로 족하다.

---

61) Quellen Abt. 2(NS-Zeit), Bd. 1 Teil 1., S. 89.

제안설명에 따르면, 단독범의 착수미수에서는 결과발생의 방지를 생각할 수 없기 때문에 제360조 제1항 제1문은 기존의 조문의 표현을 바꾸었으며, 실행미수에도 능동적 후회를 적용할 수 있게 하였다.62) 이 조문에서도 중지미수의 효과는 불처벌이 아니라 형의 임의적 감면에 그친다. 반면에 완전한 불처벌만이 법질서가 원하는 중지미수를 하도록 행위자에게 자극을 준다는 사실을 간과했다는 지적도 있었다.63) 중지미수의 인정을 위해 종국적으로 범행을 포기해야 한다고 법문에 명시되었다는 점도 돋보인다.

형법전초안(1935. 7. 15)
제11조 행위자가 자의적이고 종국적으로 이미 착수한 범행의 실행을 포기하고 기수를 방지하였다면, 법원은 자유재량에 따라 형을 감경하거나 면제할 수 있다. 행위자가 자의적이고 종국적으로 결과발생을 방지한 때에도 이와 같다.
형이 면제된 때에도 실행의 착수를 통해 이미 실현된 다른 범행의 처벌에는 영향이 없다.
공범의 기여없이 범행이 실행되지 않았거나 결과가 발생하지 않았을 때는 범행의 기수나 결과를 방지하기 위한 자의적이고 진지한 노력으로 족하다.

형법전초안(1936. 5. 1)/형법전초안(1936. 7. 1)
제10조 정범이나 공범이 이미 착수한 범행의 실행을 자의적이고 종국적으로 포기하였거나, 다른 공범이 범행에 참여하고 있을 때 범행의 기수를 저지한 때, 법원은 자유재량에 따라 형을 감경하거나 면제할 수 있다. 정범이나 공범이 결과의 발생을 자의적이고 종국적으로 저지한 때에도 이와 같다.

---

62) Entwurf eines Deutschen Strafgesetzbuchs (Entwurf der amtlichen Strafrechtskommision, 1. Lesung 1933/34, zusammengestellt nach den von der Redaktionskommision überarbeiteten Vorschlägen der Unterkommision), S. 82 (Quellen, Abt. 2. Bd. 1. Teil 1. 1988, S. 144. *Müller*, Entwicklung, S. 92도 참조).
63) *Schoetensack*, in: Denkschrift, S. 69.

정범이나 공범이 범행의 기수나 범행결과를 방지하기 위해서 자의
적이고 진지하게 노력하였다면, 다른 상황으로 인해 범행이 실현되
지 않았거나 결과가 발생하지 않은 때도 위와 같다.
형이 면제되어도 실행의 착수를 통하여 이미 실현된 다른 범죄의 처
벌에는 영향이 없다.

이러한 과정을 거쳐서 만들어진 1936년의 독일형법전초안 제10조가
중지미수를 규정하였다.64)

독일형법전초안(1936)

제10조 행위자 또는 공범이 이미 착수한 범행의 실행을 자의적이고
완전히 포기하거나, 다수가 참가한 범죄의 기수를 방지한 때, 법관은
그 형을 자유재량에 따라 감경 또는 면제할 수 있다. 행위자가 범행
의 결과를 자의적이고 완전히 방지한 때에도 마찬가지이다.
행위자 또는 공범이 범행의 기수 또는 범행결과의 방지를 위해 자의
적이고 진지하게 노력했을 때는, 행위자의 노력이 아니라 다른 상황
으로 인해 범행의 기수나 범행결과가 이루어지지 않았다고 하더라
도 제1항과 같다.
행위자가 실행의 착수를 통하여 다른 형법조문을 위반하였으나 법
익침해가 중하지 않을 경우, 법관은 이에 대해서도 유리하게 판단할
수 있다.

1936년 초안은 의사형법(Willensstrafrecht)에 바탕을 두고 있었기 때문
에, 중지미수도 범죄자의 범의가 약화되었음을 보여주는 징표로 해석되었
다. 중지미수에는 행위자에게 중지하려는 자극을 주려는 형사정책적인 고
려도 있었으나, 그렇다고 하더라도 중지한 행위자를 항상 처벌하지 않을
경우 의사형법에 반한다고 보았다.65) 반면에, 미수범처벌은 기도범
(Unternehmensdelikt)을 기초로 하기 때문에 기수방지만이 가벌성에 영

---

64) 이 초안에 관한 설명으로 Werle, NJW 1988, 2865.
65) E 1936, Begründung, S. 18f ; Müller, Entwicklung, S. 94.

향을 미칠 뿐, 실행중지에서는 이미 한 행위가 기도범에 해당하므로 가벌성에 영향을 미칠 수 없고 실행중지도 중지미수로 인정하지 않아야 한다는 주장이 있었다.66) 그러나, 이러한 입장은 그 후 이론과 실무 어디에서도 관철되지 못했다.67) 가중적 미수에 관한 제3항은 중지미수의 효과가 이미 실현된 기수범죄에 대해서도 영향을 줄 수 있도록 규정했다는 점에서 흥미롭다.68)

1938년과 1939년의 형법전초안 제10조도 1936년 초안 제10조와 거의 같다.

(2) 중지미수에 관한 당시의 논의

1933년부터 1939년 사이의 법무부형법위원회의 회의록을 통해 중지미수에 관한 당시의 논의내용을 알 수 있다.69) 회의에서 먼저 나글러(Nagler)는 실질적으로 종료되지 않은 모든 범죄에 중지미수가 적용되어야 한다고 주장하였다. 그 외에도 나글러는 자의성뿐만 아니라 중지의 종국성도 법문에 명시해야 한다고 보았는데, 더 나은 기회에 범죄를 하려고 지금 중단한 행위자는 보호할 가치가 없다는 이유에서였다. 중지미수의 효과에 관해서는 형의 감경이 아니라 불처벌이 낫다고 하였다.

토론에서 당시 법무장관이었던 귀르트너(Gürtner)는 중지미수를 법적으로 고려해야 하는지에 관한 질문에 대하여, 의사형법의 입장에서 결과발생방지에 존재하는 선한 의사는 행위자에게 유리하도록 고려되어야 한다는 이유로 긍정하였다. 반면 클레(Klee)는 중지미수에 대해 불

---

66) *Freisler*, in: Denkschrift, S. 74.
67) *Vogel*, ZStW 115 (2003), 659 Fn. 123.
68) 그에 관하여 *Bockelmann*, in: Strafrechtliche Untersuchungen, S. 163.
69) Quellen, Abt. II (NS-Zeit), Bd. II. Protokolle der Strafrechtskommission des Reichsjustizministeriums, S. 55ff. *Müller*, Entwicklung, S. 95ff도 참조.

처벌을 보장할 것이 아니라 법관이 형의 감경과 불처벌 중 선택할 수 있어야 한다고 보았으며, 실행미수의 중지에서는 법관은 형의 감경을 선택할 수 있을 뿐 불처벌을 하게 해서는 안된다고 설명하였다.

프라이슬러(Freisler)는 행위자가 실제로 결과발생을 방지한 경우에만 "사회평화의 보조자"로서 중지미수를 인정해야 한다고 보았고, 결과발생방지를 위한 노력만으로는 충분하지 않다고 주장하였다.

메츠거(Mezger)도 의사형법의 입장에서 행위자는 이미 범죄의사를 기도범의 형태로 표현했기 때문에 중지했다고 해서 불처벌할 수는 없다고 주장하였다. 담(Dahm)도 중지미수에 대해서는 형의 감경만 인정하자고 주장하였다. 그리고, 범행을 종료하였으나 발각되기 이전에 절취한 물건을 피해자에게 돌려준 자를 절도를 중지한 자와 다르게 취급할 이유가 없다는 근거로 원상회복과 연결하면 범행의 종료 이후의 중지도 인정해야 한다는 입장이었다.

그에 관하여 귀르트너는 중지미수에 대한 보상(honorieren)이 일반국민감정에 상응한다는 입장이었고, 클레도 중지미수의 효과를 감경으로 해야 하는지 불처벌로 해야 하는지에 대한 토론이 필요하다고 덧붙이면서, 실제로 가중적 미수가 있기 때문에 행위자에 대한 완전한 불처벌은 거의 없다고 지적하였다.

섀퍼(Schäfer)는 형사정책적 이유로 법적 평화를 유지하기 위해서 중지미수를 법률에 규정해야 하며, 효과는 불처벌로 하자고 제안했다. 바그너(Wagner)도 정의의 관점에서 보면 중하지 않은 사안에서는 불처벌의 가능성을 열어주어야 한다고 보았다.

반면 프라이슬러는 불처벌인지 감경인지는 결국 법관이 결정해야 할 문제라고 하면서 클레의 견해에 동조하였다. 담과 콜라우쉬(Kohlrausch)는 형의 감경이라는 법률효과는 형법전의 양형 부분에 규정되어야 한다는 입장이었다. 결국 귀르트너는 독일형법총칙에서의 중지미수 부분을 개정해야 한다는 지적으로 토론을 마무리하였다.

4) 제2차세계대전 이후 독일형법 이전의 형법초안에서의 중지미수 규정

제2차세계대전이 끝난 후에도 독일형법을 개정하려는 노력은 계속되었다.

1956년 초안

제27조 (1) 자의로 범행의 계속적인 실행을 중지하거나 범행의 기수를 저지한 자는 미수범으로 처벌되지 아니한다.
(2) 범행에 다수가 가담한 때에는 자의로 범행의 기수를 방지한 자는 미수범으로 처벌되지 아니한다.
(3) 중지행위자의 기여 없이 범행이 기수에 이르지 못하거나 범행이 중지행위자의 사전의 행위와 무관하게 행해진 때에는 범행의 기수를 방지하기 위한 자의적이고 진지한 노력으로 족하다.

이 규정의 목적은 다양한 문제들을 분명히 하며 독일제국형법에서의 불만족스러운 결과, 특히 불능미수의 중지미수에 관한 문제를 해결하기 위해서였다. 범행이 발각된 이후에는 자의성이 없다고 추정하였던 독일제국형법의 문언을 삭제하고, 행위자의 주관적인 생각에 따라 자의성이 인정되어야 하는지의 문제를 사실심법관이 확정하도록 하였다. 또한 중지미수의 동기에 관한 평가도 의식적으로 회피하였다.[70]

1960년의 개정초안 제28조는 1956년 초안 제27조의 문언을 거의 그대로 받아들였으며, 독일형법 제24조의 기초가 된 1962년 초안 제28조는[71] 1960년 초안 제28조와 같다.

---

70) *Müller*, Entwicklung, S. 100 참조.
71) LK^{10}-*Vogler*, § 24 Entstehungsgeschichte 참조.

대체초안(1966)

제26조 (1) 자의적으로 범행의 계속적인 실행을 중지하거나 그 기수를 방지한 자는 미수범으로 벌하지 않는다.
(2) 범행에 여러 명이 가담했을 경우, 자의적으로 자신의 범행기여부분을 포기하거나 기수를 방지한 자는 미수범으로 벌하지 않는다.
(3) 범행이 다른 이유로 인해 기수에 이르지 못하거나 이미 행한 범행기여부분의 효력이 없을 경우, 중지하려고 자의적이고 진지하게 노력한 자는 불가벌이다.

제33조 (1) 자의로 타인으로 하여금 중죄를 결의하도록 하는 시도를 포기하고 또한 그 타인이 행위를 수행할 현존의 위험을 방지한 자는 벌하지 아니한다.
(2) 행위가 중지행위자의 기여없이 행하여지지 않거나 행위가 중지자의 이전의 행위와 관련없이 행하여진 때에는 그 범행을 방지하려는 자의적이고 진지한 노력이 있을 경우 중지행위자를 벌하지 아니한다.

대체초안 제26조 제1항은 단독범의 중지미수에 관한 규정으로 표현이 간단해졌음을 제외하고는 1962년 초안 제28조와 달라진 점이 없다. 제2항에서는, 1962년 초안이 독일제국형법과는 달리 공범의 중지미수를 중지행위자가 범행의 기수를 방지한 때에만 인정하려고 했음에 비하여, 요건을 강화할 필요는 없다고 하였다. 그리고 대체초안 2판에서 '기수의 방지'라는 문구가 추가되었는데, 이는 공범이 비록 자신의 범행기여부분을 포기하지는 않았지만 다른 형태로 범행을 방지할 수 있기 때문이며, 이러한 경우에 중지미수의 인정을 위해 단독범의 중지미수보다 강화된 요건을 요구할 필요는 없다고 보았기 때문이다. 제3항은 1962년 초안과 비교했을 때 표현이 달라졌을 뿐이다.

대체초안 제33조는 공범의 중지미수에 관한 특별규정으로서, 1962년 초안 제36조 제1항 제1호, 제2항과 같다. 1962년 초안 제36조 제2항 및 제3항은 1962년 초안 제35조 제2항의 삭제로 인해 대체초안에는 들어가지 않았다.

5. 독일형법에서의 중지미수 규정

독일형법 제24조 제1항은 단독범의 중지미수에 대한 규정이며 제2항은 공범의 중지미수에 관한 내용이다. 제31조도 공범의 중지에 관한 특별규정이다.

독일형법(1975)
제24조(중지미수) (1) 자의로 범죄의 계속적인 실행을 포기하거나 그 범죄의 기수를 방지한 자는 미수로 벌하지 아니한다. 범행이 중지자의 기여없이 기수에 이르지 아니한 경우에 중지행위자가 자의로 진지하게 그 기수를 방지하려고 노력한 때에는 벌하지 아니한다.
(2) 수인이 범행에 참가한 경우에 자의로 그 기수를 방지한 자는 미수로 벌하지 아니한다. 다만, 범행이 중지행위자의 기여없이 기수에 이르지 않거나 중지행위자의 이전의 행위분담과 관계없이 행해진 때에는 범행의 기수를 방지하기 위한 자의적이고 진지한 노력이 있으면 그 중지행위자를 벌하지 아니한다.
제31조(공범미수의 중지) (1) 자의로
1. 타인으로 하여금 중죄를 결의하도록 하는 시도를 포기하고 또한 그 타인이 행위를 수행할 현존의 위험을 방지한 자,
2. 중죄를 범할 의사를 표명한 후 그 계획을 포기한 자 또는
3. 중죄를 범할 것을 약속했거나 중죄를 범하라는 타인의 제의를 수락한 후 그 범행을 방지한 자는 제30조(공범의 미수)에 따른 처벌을 받지 아니한다.
(2) 행위가 중지행위자의 기여없이 행하여지지 않거나 행위가 중지자의 이전의 행위와 관련없이 행하여진 때에는 그 범행을 방지하려는 자의적이고 진지한 노력이 있을 경우 중지행위자를 벌하지 아니한다.

단독범의 중지미수와 관련해서 독일제국형법과 독일형법의 중지미수 조문은 크게 달라지지 않았다. 독일형법 제24조 제1항 1문은 독일제

국형법 제46조와 표현은 달라졌으나, 착수미수의 실행미수의 구별에 따라서 중지행위를 다르게 규정하고 있음은 물론이며 착수미수와 실행미수의 구별에 관한 기준도 달라지지 않았다.[72] 이는 독일형법 제24조가 본질적으로 독일제국형법 제46조를 따랐기 때문이다.[73] 자의성 요건에 대한 표현이 달라졌으나, 이는 내용이 달라져서가 아니라 표현을 짧고 분명하게 하기 위해서였다.[74] 다만 불능미수나 객관적으로 실패한 미수의 경우에도 행위자가 진지하게 노력했을 때 중지미수를 인정하겠다는 내용의 제24조 제1항 제2문이 형법전에 처음으로 도입되었다.

원래 독일제국형법에는 공범의 미수를 처벌하는 규정이 없었으며 1876년 2월 26일의 개정법률에 의해 제49조a가 도입되었다.[75] 그러나 제49조a에는 중지미수에 관한 규정이 없었기 때문에 이러한 문제를 중지미수의 일반원칙에 의해 해결해야 하는지에 대해 논란이 있던 중 1943년 5월 29일의 명령에 의해 제49조의a 제4항에 처음으로 중지미수 규정이 도입되었다.[76] 하지만 그 불명확성 때문에 이 조항은 1953년 8월 4일의 형법개정법에 의해 다시 개정되었다.[77]

독일제국형법
제49조a (3) 자의로서 다음의 행위를 한 자는 전2항에 의하여 처벌되지 아니한다.
1. 타인이 중죄로 처벌되는 행위를 결의하도록 시도하거나 그러한 행

---

72) *Blei*, JA 1975, 233 ; *Gössel*, ZStW 87 (1975), 6f.
73) *Ulsenheimer*, Grundfragen, S. 4.
74) LK^{10}-*Vogler*, § 24 Rn. 82 참조.
75) 도입의 역사적 배경에 관해서는 *v. Bar*, Gesetz und Schuld II, S. 839ff ; LK-*Roxin*, § 30 Entstehungsgeschichte 참조.
76) "자의적이고 종국적으로 범행의 실행을 중단하고 범행의 실행 또는 결과를 방지한 자는 이 조문에 따라 처벌되지 않는다."
77) LK-*Roxin*, § 31 Entstehungsgeschichte.

위를 하도록 하는 타인의 제의를 수락한 후에 그 행위를 방지한 자.
2. 중죄로 처벌되는 행위를 약속한 후 자신의 행동을 포기하고 그 행위를 방지한 자.
3. 중죄를 범할 의사표시를 밝힌 후 철회한 자.
(4) 범죄가 행위자의 더 이상의 관여 없이도 중단되거나 행위자의 선행행위와 관계없이 행해진 경우에는 그 범행을 방지하려는 행위자의 자의적이고 진지한 노력으로 충분하다.

자신의 행위기여부분의 포기로는 충분하지 않다고 하여 공범의 중지미수의 인정을 위한 요건을 강화하였는데, 이는 다중이 참여한 범죄형태의 위험성 때문이다.[78] 그리고 독일형법 제31조는 협의의 공범, 즉 교사범과 방조범에 대하여 중지미수의 특례를 규정하였다. 이 규정은 1962년 초안 제36조를 따랐으며, 독일제국형법 제49조a와 비교해 볼 때 두 가지 차이가 있다. 먼저 교사의 미수의 중지에서 독일제국형법 제49조a 제3항 제1문이 범행의 방지를 요구했음에 반해, 독일형법 제31조는 피교사자에게 영향을 미치려는 시도를 그만둠으로써 족하다고 하였다. 그리고 범행에 동참하겠다는 의사를 밝힌 경우 독일제국형법 제49조a 제3항 제3문은 의사의 철회를 요구했으나 독일형법 제31조 제1항 제2문은 범행계획의 포기로 족하다고 규정하였다.

---

78) 88. Sitzung des Sonderausschusses für die Strafrechtsreform(Bonn, 29. November 1967), S. 1763f ; *Bottke*, Beteiligung, S. 16 ; *Kühl*, AT, § 16 Rn. 91; *Wessels /Beulke*, AT, Rn. 648.
독일형법 제24조 제2항에 대한 형사정책적 시각에서의 비판으로는 *Meyer*, ZStW 87 (1975), 620ff. *Lenckner*, FS Gallas, S. 305도 참조.

제3절 오스트리아형법에서의 중지미수

I. 오스트리아형법에서의 중지미수 규정

1. 오스트리아형법의 중지미수 규정의 변화

오스트리아형법에서의 중지미수 규정도 독일과 같은 역사적 변화를 거쳤다.

테레지아형법전(1768)
제13장 제2조 행위자가 외적인 형태로 범행을 실행하였으나 스스로의 후회, 무능력 또는 외적인 장애로 인해 기수에 이르지 못한 경우는 범행의 미수이다.
제5조 각각의 미수에서는 범행계획이 발각되었다는 인식, 타인의 경고에 기인하지 않고 미수범의 진정한 후회와 자의적인 중지로 인해 범행의 실행이 유예되었는지 또는 범행의 실행이 미수범의 의사에 반하여 중단되었는지를 먼저 판단해야 한다.
제6조 전조의 경우 경한 범죄만 존재하고 미수범이 조기에 범행계획을 중지하였다면 법관의 자유재량에 따라 전체형벌을 면하거나 실제의 비난이 있는 경우 벌금형이나 다른 경한 형벌로 처벌한다.

요셉2세형법전(1787)
제9조 범의와 내적인 악한 범행계획만으로는 중죄가 아니라, 중죄를 위해서 범행이 실제로 실행될 필요는 없다. 행위자가 범행의 진정한 실행을 하려고 했고, 범행계획이 외적인 징표와 행위를 통해 드러났으나 범행이 행위자의 무능력, 행위 도중의 외적인 장애의 개입 또

는 우연에 의해 실현되지 않았을 때는 범행의 미수는 중죄이다.

오스트리아구형법(1852)
제8조 중죄를 위해서 범행이 실제로 실행될 필요는 없다. 행위자가 진정한 실행으로 연결되는 행위를 하였다면 이미 어떠한 범죄의 미수는 중죄이다. 하지만 중죄의 기수가 행위자의 무능력, 행위 도중의 외적인 장애의 개입 또는 우연에 의해 실현되지 않았을 때가 미수에 해당한다.

1852년의 오스트리아구형법의 미수범조문은 1803년 형법전의 조문을 받아들였다.1) 오스트리아구형법은 중지미수에 관한 규정을 두고 있지 않았으나 판례와 학설은 오스트리아구형법 제8조 제1항의 반대해석을 통하여 중지미수를 도출해냈다.2) 중지미수는 범행의 완수가 행위자의 무능력, 행위 도중의 외적인 장애, 또는 우연이 아니라 행위자의 자발적인 의사에 의해 저지된 경우라고 보았으며, 이러한 규정의 형태 때문에 "중지미수는 형벌조각사유 또는 형벌면제사유가 아니라 구성요건 자체와 관련이 있다"는 판례3)도 나올 수 있었다.

2. 오스트리아형법의 중지미수 규정

현행 오스트리아형법에서 처음으로 중지미수에 관한 규정을 두었는데, 제16조는 1964년 초안 제17조와 거의 같으며, 1968년 초안 제15조와 동일하다.4)

---

1) *Herzog*, Rücktritt und tätige Reue, S. 110 ; *Westpfahl*, Versuch, S. 138f.
2) 즉, 중지미수에 대한 이론 및 논쟁은 오스트리아형법에 중지미수에 관한 조문이 존재하기 오래 전부터 있었다. *Tipold*, Rücktritt und Reue, S. 16.
3) OGH EvBL 1975, 11 (*Triffterer*, AT, S. 368 참조). *Reinhard v. Hippel*, Untersuchungen, S. 40 ; *Westpfahl*, Versuch, S. 264도 참조.
4) 개정경과에 관해서 *Westpfahl*, Versuch, S. 264ff, 359ff.

오스트리아형법(1975)

제16조 행위자가 자의로 범행의 실행을 포기하든가, 수인이 범죄에 관여한 때에 그 실행을 저지하거나 자의로 범죄를 방지하는 때에는, 미수 또는 미수의 공범으로 처벌하지 아니한다. 실행 또는 결과가 행위자의 조력 없이 이루어지지 않은 때에, 행위자가 그 정을 모르고 자의로 그 실행을 저지하거나 결과를 방지하기 위하여 진지하게 노력하였으면, 행위자를 처벌하지 아니한다.

II. 오스트리아형법의 중지미수에 관한 해석론

미수범에 대한 오스트리아의 논의는 독일과 크게 다르지 않다.[5] 중지미수에 관한 오스트리아형법 제16조도 독일형법 제24조와 비슷하기 때문에, 해석론도 독일학설과 큰 차이가 없다.

중지미수의 본질에 관한 설명으로는 황금의 다리 이론, 은사설,[6] 형벌목적설[7] 외에 법률설의 하나인 약화설(Infirmitätstheorie)이 있다. 중지미수를 인적 형벌면제사유로 본다는 점[8]도 동일하고 중지미수의 개별요건인 착수미수와 실행미수의 구별, 실패한 미수 개념, 중지행위로서 실행의 포기, 결과발생의 방지, 진지한 노력 등과 자의성 요건에 대

---

5) *Westpfahl*, Versuch, S. 135.
6) *Kienapfel*, AT, Z 23/6.
7) *Triffterer*, AT, S. 368.
8) *Bundesministerium für Justiz*, Entwurf eines Strafgesetzbuches samt Erläuterungen, AT, S. 32 ; *Kienapfel*, AT, Z 23/24 참조. *Westfahl*, Versuch, S. 363이 설명하듯이 이러한 규정은 불법비난을 근거지우는 법익침해의 위험이 이미 발생한 경우에는, 중지미수를 통해서라도 이러한 위험은 없었던 것으로 만들 수 없다는 관점에서 출발하고 있다.
중지미수를 책임과 연관시키는 오스트리아 학설은 찾기 힘들다(*Tipold*, Rücktritt und Reue, S. 26).

한 설명도 큰 차이가 없다.9)

오스트리아대법원은 결과발생을 위해 행위자의 행위가 더욱 필요한 때가 착수미수라고 하여 착수미수와 실행미수의 구별에 대한 객관설을 따랐다고 보이나, 이 사건에서는 강도가 아직 물건을 훔치지 않았기 때문에 객관설이나 주관설 중 어떤 견해를 따르는지와 상관없이 착수미수로 볼 사안이었다. 반면에 착수미수는 '범행계획에 따라 범행결과의 야기를 위해 더 이상의 행위가 필요하지 않은 경우'라고 하여 주관설에 따른 판례도 있으며 이것이 원칙적으로 판례의 입장으로 보인다.10) 그리고 판례는 중지미수의 요건 중 특히 자의성의 문제에 집중하였으며 프랑크의 공식을 판단기준으로 사용하였다.11)

---

9) 같은 지적으로 *Kadel*, ÖJZ 1989, 269. 그러므로, 착수미수와 실행미수의 중지를 다르게 다루는 입법례의 하나가 오스트리아형법 제16조라는 설명(하태훈, "미수범 체계의 재정립", 239면)은 잘못되었다.
10) 전자의 예로 OGH, 13 Os 162/82 vom 2. 12. 1982 (EvBl 1993, 140) ; 13 Os 9/88 vom 24. 3. 1988, 후자의 예로 OGH, 15 Os 46/94 vom 5. 5. 1994 등 (*Tipold*, Rücktritt und Reue, S. 71ff, 78 참조).
11) *Tipold*, Rücktritt und Reue, S. 108 참조. 학설로는 *Kienapfel*, AT, Z 23/14.

제4절 일본형법에서의 중지미수

Ⅰ. 일본형법에서의 중지미수 규정의 변화

1. 일본구형법에서의 중지미수

일본구형법(1880)
제112조 죄를 범하려고 이미 범행을 행하였으나 의외의 장애 또는 착오로 인하여 미수에 그친 때에는 기수범의 형의 1등 또는 2등을 감한다.

　일본구형법은 브와소나드(Boissonade)의 조언에 따라 작성되었기 때문에 1810년의 프랑스구형법의 영향을 받았다. 일본구형법 제112조는 프랑스구형법 제2조와 유사한 형태로 미수범처벌에 관하여 규정하고 있다. 하지만 브와소와드는 프랑스구형법과는 달리 미수범의 효과를 형의 감경으로 하였는데, 다른 나라의 형법을 참조한 결과 미수범과 기수범 사이에는 공익을 해하는 정도의 차이가 있다는 이유에서였다.[1]
　일본구형법에서의 중지미수는 범죄의 성립과는 무관한 사유를 고려하여 형사정책적인 이유로 인정한다는 설명이 우세하였다. 미야기 코조(宮城浩藏)는 사람을 죽이려고 독약을 먹인 후 피해자가 괴로워하는 모습을 보고 해독제를 준 사례를 들면서, 이러한 경우는 사회에 해롭지 않다고 설명하였으며 중지미수를 가벌적인 미수의 예외사유로 보았다.[2] 법률고문으로서 일본구형법의 제정에 관여한 브와소나드는 구형

---

[1] 金澤眞理, 中止未遂の本質, 6頁.

법의 개정을 위한 주석3)에서 후회에 기한 중지와 형벌에 대한 공포에 기인한 중지를 구별하였으나 이유가 무엇이든 중지미수가 인정된다고 하였다. 법률의 목적은 이미 발생한 사회의 손해를 감소하거나 없애는 것이기 때문에, 이에 해당하면 범인에게 이익을 주어야 한다는 이유에서였다. 일본구형법의 개정심의에 관여하였던 토미 마사키라(富井政章)도 일본구형법의 문언이 '의외의 장애 또는 착오로 인하여 미수에 그친 때'라고 하는 이상 자신의 의사에 기해 중지한 경우는 미수범에 해당하지 않음이 분명하다고 하였다. 그 이유는 중지미수를 요구하는 목적에서 도출된다고 설명했는데, 이는 범죄의 중지를 장려하는 의미이므로 형사정책설을 취했다고 볼 수 있다.4)

2. 일본형법 제정 단계에서의 중지미수에 관한 논의

일본구형법의 개정을 위하여 브와소나드개정안(1885)과 명치24년초안(1891)이 나왔으나 명치34년초안(1901)의 미수범규정이 현행 일본형법에 영향을 끼쳤다.5)

---

2) 宮城浩藏, 刑法講義(1887), 653頁. 미야기 코조는 1874년에 브와소나드로부터 형법강의를 들은 후, 1876년에 프랑스에서 공부하였고 귀국 이후 검사, 판사 등을 역임한 후 1890년에는 형법개정안기초위원으로 일했다. 金澤眞理, 中止未遂の本質, 6, 25頁 참조.

3) 司法省, ボワソナード氏刑法草案註釋上卷(1886), 540頁(金澤眞理, 中止未遂の本質, 26頁에서 재인용).

4) 富井政章, 訂正再版刑法論綱(1895), 87頁(金澤眞理, 中止未遂の本質, 6頁에서 재인용).

5) 香川達夫, 中止未遂の法的性格, 3頁 ; 野村 稔, 未遂犯の硏究, 70頁. 일본구형법 이후 일본형법 제정까지의 중지미수에 관한 형법초안의 변화에 대하여 野澤 充, 中止犯論の歷史的展開－日獨の比較法的考察－(二), 立命館法學 弟281号(2002), 32頁 以下 참조.

명치34년초안(1901)
제55조 범죄의 실행에 착수하고 이를 이루지 못한 자는 그 형을 감경할 수 있다. 단 자기의 의사에 의하여 이를 정지한 때에는 그 형을 감경 또는 면제한다.

이 조문은 구형법과 1891년 초안의 규정과 여러 차이가 있다. 먼저 미수범의 처벌을 필요적 감경이 아니라 임의적 감경으로 규정하였다. 그리고 미수범처벌에 관한 규정에서 착수미수와 실행미수를 구별하지 않았는데, 한편으로는 독일형법의 예를 따르고, 다른 한 편으로 미수범의 처벌이 임의적 감경인 이상 법관의 판단에 맡기면 되기 때문에 착수미수와 실행미수의 구별은 의미가 크지 않다는 이유에서였다.[6] 중지미수에서는 착수미수의 중지와 실행미수의 중지를 구별하지 않고, 효과도 불처벌이 아니라 필요적 감면으로 하였다. 중지미수에 대한 처벌은 당시 학계에서 주장되기 시작한 내용을 따랐다고 설명하였으며, 형법의 목적이 공공질서의 유지에 있기 때문에 중지미수에 해당하는 사례를 처벌할지 여부는 각각의 사정을 참작하여 법관의 재량에 맡길 일이라는 이유도 제시하였다.[7] 그리고 중지한 경우에는 사회에 대한 해악이 적으며 범인에게도 동정받을 여지가 있기 때문에, 형을 감경하는 미수범의 처벌과 비교해 볼 때 형의 면제를 두어야 한다고 설명하였다. 하지만 중지미수의 효과를 형의 필요적 감면으로 한 이유는 분명하지 않다.[8]

---

[6] 野村 稔, 未遂犯の研究, 70頁.
[7] 野村 稔, 未遂犯の研究, 71頁 ; 金澤眞理, 中止未遂の本質, 6頁.
[8] 香川達夫, 中止未遂の法的性格, 5頁 ; 野村 稔, 未遂犯の研究, 71頁.

3. 일본형법의 중지미수 규정

1) 일본형법 제43조의 내용

일본형법(1907)
제43조 범죄의 실행에 착수하고 이를 완수(完遂)하지 못한 자는 그 형을 감경할 수 있다. 단 자기의 의사에 의하여 이를 정지한 때에는 그 형을 감경 또는 면제한다.

일본형법 제43조는 중지미수를 장애미수의 예외로 보고 있다. 미수범처벌에 관한 내용과 중지미수에 관한 내용을 같은 조문에 규정하고 있는데, 본문은 '범죄의 실행에 착수하고 이를 완수하지 못한 자'라고 하여 통상의 미수범, 즉 장애미수를 규정하고 있음에 반해 단서는 본문의 예외규정으로서 '자기의 의사로 정지한 경우'에 특별한 효과를 부여하고 있다.9) 둘째, 제43조 본문의 장애미수는 형의 임의적 감경임에 반하여 중지미수가 인정될 경우에는 필요적 감면이다. 셋째, 일부 입법례와는 달리 착수미수와 실행미수의 중지를 구별해서 규율하고 있지 않다. 즉, 제43조 제2문은 '자기의 의사에 의하여 이를 정지한 때'라고 하여, 착수미수의 중지만을 규정하고 있다고도 볼 수 있다.10)

일본형법의 중지미수 규정의 특징은 일본구형법과의 비교를 통해서

---

9) 中山研一, アブストラクト刑法, 185頁 ; 前田雅英, 刑法總論講義, 141頁 ; 野澤 充, 中止犯論の歷史的展開－日獨の比較法的 考察－ (一), 立命館法學 弟280号(2001), 1616頁.
10) 그렇기 때문에 이 조문이 착수미수와 실행미수의 양자를 규정하고 있는지가 논쟁의 대상이 되었다. 団藤重光, 刑法綱要總論, 361頁 ; 野澤 充, 中止犯論の歷史的展開－日獨の比較法的 考察－ (一), 1617頁. Delaquis, Der untaugliche Versuch, S. 309도 참조. 중지미수 규정에 관한 일본형법과 다른 나라 형법의 비교로 香川達夫, 中止未遂の法的性格, 1-38頁.

도 확인된다. 법조문을 비교해 보면, 미수범과 중지미수의 관계에 관한 이해가 서로 다르다는 점이 드러난다. 일본구형법 제112조에 의하면 중지미수에서는 미수범이 성립하지 않으나 일본형법 제43조에 따르면 중지미수가 있더라도 이미 성립한 미수범에는 영향이 없다. 그러므로 중지미수의 효과도 서로 다른데, 일본형법 제43조에 의하면 형의 필요적 감면인데 반하여 일본구형법 제112조의 해석에 따르면 중지한 자는 처벌하지 않는다.11)

2) 일본형법의 중지미수 규정의 변화와 일본형법 제정 당시의 논의

역사적·비교법적 고찰을 통하여 일본형법에서의 중지미수 규정이 달라진 원인을 찾을 수 있다. 일본구형법이 프랑스구형법의 영향을 받았음에 반해, 일본형법을 제정하기 위해 세계 각국의 형법전이 비교검토의 대상이 되었으나 특히 독일(제국)형법과 독일형법이론의 영향을 많이 받았다.12) 그 결과로 일본형법의 중지미수 규정은 독일과 오스트리아와 같은 역사적 변화를 겪었다고 평가할 수 있다.

일본형법의 중지미수 규정이 일본구형법의 중지미수 규정과 달라진 이유에 관하여 제시되었던 근거는 1901년 초안에서와 유사하다. 즉, 중지미수를 처벌하지 않는 법제와 처벌하는 법제 중 일본형법의 중지미수 규정은 후자를 따랐으며, 중지미수에서는 사회에 대한 해악이 적고 범인에게 동정받을 여지가 있기 때문에 미수범에 대한 감경 이외에 상황에 따라서 그 형을 면제하는 경우를 두어 형의 불균형을 방지하려고 한다는 설명이다. 일본구형법에서는 정범이 중지한 경우에 미수범이 성

---

11) 野村 稔, 未遂犯の硏究, 76頁 ; 金澤眞理, 中止未遂の本質, 7頁.
12) 野村 稔, 未遂犯の硏究, 75頁 ; 野澤 充, 中止犯論の歷史的展開－日獨の比較法的 考察－ (一), 1618頁 ; 金澤眞理, 中止未遂の本質, 6頁.

립하지 않았으나, 그렇다고 하더라도 정범에 대한 교사범과 종범에 대해서도 범죄가 성립하지 않는 것은 아니라는 지적도 조문의 형태를 바꾼 이유가 되었다.13)

4. 일본형법의 개정노력에서의 중지미수 규정

형법개정예비초안(1927)

제22조 (1) 범죄의 실행에 착수하여 이를 완수하지 못한 자는 미수범으로 그 형을 감경할 수 있다.
(2) 범죄의 실행에 착수한 자가 자기의 의사에 의하여 그를 중지하거나 결과의 발생을 방지한 경우에는 그 형을 감경 또는 면제한다.
(3) 결과의 발생이 불가능한 경우 또는 행위는 종료하였지만 결과가 발생하지 아니한 경우 행위자가 결과를 방지하기 위한 진지한 노력을 한 경우에도 전항의 예에 의한다. 단 범인이 그 사정을 알았던 후에는 이에 해당하지 않는다.

중지미수에 관한 예비초안 제22조 제2항에서는 착수미수의 중지와 실행미수의 구별을 명문화하였다. 제3항에서는 불능미수 또는 행위는 종료했으나 결과가 발생하지 않았을 때 행위자가 그 사정을 모르고 결과발생방지를 위해 진지하게 노력한 경우 중지미수를 인정하였다. 그 외의 중지미수의 요건은 별로 달라지지 않았으며 형벌의 필요적 감면이라는 중지미수의 효과도 유지하였다.14)

예비초안 제22조 제3항은 중지미수에 관한 규정이 주관화되는 모습

---

13) 野澤 充, 中止犯論の歷史的展開 － 日獨の比較法的 考察 － (二), 40頁 以下 참조. 중지미수와 공범에 관한 일본구형법 당시의 학설대립에 관하여 野澤 充, 中止犯論の歷史的展開 － 日獨の比較法的 考察 － (三), 222頁.
14) 예비초안의 성립과정에 관하여 林 弘正, 改正刑法假案成立過程の硏究, 56頁 以下 참조.

을 보여주는데, 이러한 경향은 그 이후의 형법개정작업에서 더욱 두드러진다.15) 형법개정기초위원회가 만들어서 1931년 형법및감옥법개정조사위원회에 제시한 개정안의 중지미수 규정은 다음과 같다.16)

> **형법개정기초위원회개정안(1931)**
> 제23조 (1) 자기의 의사에 의하여 범행의 실행을 중지하거나 결과의 발생을 방지한 자는 그 형을 감경 또는 면제한다. 후회로 인한 때에는 이를 벌하지 아니할 수 있다.
> (2) 결과의 발생이 불가능한 경우 또는 행위는 종료하였지만 결과가 발생하지 아니한 경우 행위자가 그 사정을 알지 못하고 결과를 방지하기 위해 진지한 노력을 한 때에는 전항의 예에 의한다. 결과가 발생한 경우에 행위자가 그 사정을 알지 못하고 결과를 방지하기 위해 진지한 노력을 한 경우에도 마찬가지이다.

예비초안과의 중요한 차이는 중지가 후회(悔悟)로 인한 때 벌하지 않겠다는 규정이었다. 그리고 예비초안에서는 불능미수와 결과가 발생하지 않은 경우에 대한 진지한 노력을 중지미수로 인정하였으나, 형법개정기초위원회의 개정안은 제23조 제2항에서 결과가 발생하였어도 행위자가 그 사정을 모르고 결과발생방지를 위한 진지하게 노력한 경우도 중지미수로 인정하였다. 제23조 제2항은 형법개정기초위원회에 형법기초위원으로 참여하였으며 미수범에 관한 주관설을 주장한 마키노 에이치(牧野英一)의 영향을 강하게 받았으나, 예비초안과 달라진 부분에 대한 비판이 많았다.17)

---

15) 野澤 充, 中止犯論の歷史的展開-日獨の比較法的 考察- (三), 251頁.
16) 당시 심의과정의 경과 및 위원회의 구성에 관하여 野澤 充, 中止犯論の歷史的展開-日獨の比較法的 考察- (三), 251頁 以下 ; 林 弘正, 改正刑法假案成立過程の硏究, 63頁 以下 참조.
17) 野澤 充, 中止犯論の歷史的展開-日獨の比較法的 考察- (三), 252頁.

일본개정형법가안(1931)

제23조 (1) 자기의 의사에 의하여 범행의 실행을 중지하거나 결과의 발생을 방지한 자는 그 형을 감경 또는 면제한다. 후회로 인한 때에는 이를 벌하지 아니할 수 있다.
(2) 결과의 발생이 불가능한 경우 또는 행위는 종료하였지만 결과가 발생하지 아니한 경우 행위자가 그 사정을 알지 못하고 결과를 방지하기 위해 진지한 노력을 한 때에는 전항의 예에 의한다.

일본형법 제44조와 다르게, 개정형법가안 제23조는 착수미수의 중지와 실행미수의 중지를 구별하였고, 진지한 노력도 중지행위로 인정하였다. 그리고, 중지미수가 자의적이었을 뿐만 아니라 행위자가 후회로 인하여 중지했을 경우 '벌하지 아니한다'라고 규정하여 가벌성에 영향을 미치는 사유로 보았다.18) 제2차세계대전 이후의 개정노력은 다음과 같다.

일본개정형법준비초안(1960)

제24조 (1) 자기의 의사에 의하여 범죄의 실행을 중지하거나 또는 결과의 발생을 방지한 자는 그 형을 감경 또는 면제한다.
(2) 행위자가 결과의 발생을 방지할 만한 진지한 노력을 한 때에는 다른 사정에 의하여 결과가 발생하지 아니한 경우에 있어서도 전항과 같다.

---

18) 개정형법가안에서 '벌하지 않는다'는 표현은 중지미수 이외에 심신상실(제14조), 형사미성년(제16조), 공포・경악・흥분 또는 낭패에 의한 과잉방위(제18조 제3항), 불능범(제22조) 등에 사용되었다. 반면 '죄가 되지 않는다'는 표현은 정당방위(제18조 제1항) 및 정당행위(제17조)에서 사용하였다. 이에 착안하여 오노 세이치로(小野淸一郎)는 '죄가 되지 않는다'는 위법성조각사유이고 '벌하지 않는다'는 도의적 책임조각사유라고 구별하였으며, 후회에 의한 중지는 도의적 책임으로 인해 범죄의 성립을 부인하는 경우라고 설명하였다. 기무라 카메지(木村龜二)도 후회에 의한 중지규정은 위법성소멸사유인 동시에 책임소멸사유인 특수한 경우라고 설명하였다. 野澤 充, 中止犯論の歷史的展開－日獨の比較法的 考察－(三), 255頁. '벌하지 않는다'는 표현은 주관적인 이유에 기한 경우에 사용한다는 지적으로 牧野英一, 改正刑法假案とナチス刑法綱領, 268頁도 참조.

일본개정형법초안(1974)

제24조 (1) 자기의 의사에 의하여 범죄의 실행을 중지하거나 결과의 발생을 방지하였기 때문에 이를 완수하지 못한 자는 그 형을 감경하거나 면제한다.
(2) 행위자가 결과의 발생을 방지하기에 족한 노력을 한 때에는 결과가 발생하지 아니한 것이 다른 사정에 의한 경우라 하더라도 전항과 같다.

일본형법 제정 이후의 개정노력에서도 형의 필요적 감면이라는 중지미수의 효과는 달라지지 않았다.[19] 다만 일본형법 제43조가 '자기의 의사에 의하여 이를 정지한 때'라고 하여, 착수미수의 중지에 관하여만 명문화하고 있음에 반하여 초안에서는 모두 착수미수 이외에 실행미수의 중지에 관하여도 규정하였다.[20] 또한, 불능미수의 중지와 관련하여 행위자가 결과발생에 필요한 노력을 다하였을 경우에도 중지미수의 효과를 인정하는 준중지범규정을 새로 넣었다.[21] 다만 그 요건과 관련하여 개정형법가안 제23조와 개정형법준비초안 제24조는 '진지한 노력'을 요구하였으나, 개정형법초안 제24조는 '결과의 발생을 방지하기에 족한 노력'을 요구하였다.

하지만 이러한 개정노력은 적어도 형법총칙 부분에서는 큰 성과를 거두지 못하였고, 중지미수에 관한 일본형법 제43조는 변화없이 유지되

---

19) 그 예로 마키노는 일본형법가안에 대한 설명에서, 중지범에 대한 처벌은 일본형법의 특색으로서 일본형법가안은 이를 유지하였다고 한다. 牧野英一, 改正刑法假案とナチス刑法綱領, 99頁. 다만 그는 중지미수에 관하여 형의 감경 또는 면제를 허용하는 방식은 행위자의 권리라는 관점에서 타당하지 않다고 비판한다 (100頁).
20) 이는 착수미수와 실행미수의 구별에 따라 중지범의 형태에도 차이가 있는 것을 명확하게 하기 위해서였다. 형사법개정특별심의위원회, 일본형법개정작업경과와 내용, 109면.
21) 野村 稔, 未遂犯の硏究, 80頁 참조.

고 있다.22)

II. 중지미수에 관한 일본의 해석론

1. 중지미수의 본질

일본에서의 중지미수에 관한 논의는 한국에서와 마찬가지로, 형감면의 근거에 관한 학설을 정리한 후, 그를 바탕으로 임의성(자의성)의 문제와 예비의 중지미수의 문제를 논의하는 방식이 일반적이다.23)

전통적으로 일본에서는 형사정책설에 따라 중지미수를 설명하였다. 하지만 그 이후 일본형법에 의하면 중지미수가 인정될 경우에도 그 효과는 독일형법과는 달리 처벌의 감경 또는 면제에 불과하다는 점을 이유로 고전적인 형사정책설이 일본형법의 규정에 맞지 않는다는 비판이 제기되었다.24) 중지미수로 인하여 형을 감경하는 경우와 면제하는 경우의 근거를 달리 보아야 한다는 지적도 있었다.25) 현재도 한 가지 이론으로는 중지미수의 효과인 형벌의 감경 및 면제를 완전히 설명하기 어렵다는 이유로 많은 일본학자들은 절충설을 주장한다.26)

중지미수에서 형을 감면하는 근거를 중지미수의 법적 성격에 관한

---

22) 일본형법의 개정노력에 관하여 오영근·최종식, "일본 개정형법가안에 관한 일 고찰", 108면 이하; 형사법개정특별심의위원회, 일본형법개정작업경과와 내용, 9~36면 참조.
23) 大谷 實·前田雅英, エキサイティング 刑法總論, 219頁.
24) 이렇게 지적한 학자로 오노 등이 있다. 金澤眞理, 中止未遂の本質, 10頁.
25) 대표적으로 団藤重光, 刑法綱要總論, 361頁.
26) 위법·책임감소설로 金澤眞理, 中止犯, in : 刑法の爭點, 92頁 ; 井田 良, 刑法總論の理論構造, 283頁 ; 山口 厚, 刑法總論, 240頁 ; 林 幹人, 刑法總論, 372頁.

논의로 다루었다는 점27)도 한국의 논의와 비슷하다. 하지만 최근 독일의 논의의 영향으로, 중지미수에서의 형감면의 근거와 범죄론체계에서의 위치를 구별해야 한다는 주장이 제기되고 있다.28)

2. 중지미수의 요건

중지미수의 본질에 대한 형사정책설을 따르는 학설의 영향으로 중지미수의 요건에 관한 논의에서도 중지행위보다는 임의성을 중시하는 경향이 있다. 단순히 물리적 장애에 의한 것 이외에 모두 중지미수라는 견해, 미수가 후회에 의한 경우에만 중지미수라는 견해, 미수의 원인이 범죄의 기수에 통상 방해가 되는 경우에는 장애미수이고 그 외에는 중지미수라는 견해로 임의성 판단의 학설을 구분하는 방식은 마키노에 의해 처음으로 제시되었다.29) 현재 임의성 판단의 기준으로는 일반의 경험적 표준에 비추어 범행중지의 계기가 되었던 사실이 범죄의 기수를 방해할 성질이 있었는지에 따라 판단하는 객관설30)과 외부적 장애의 인식이 행위자의 중지의 동기에 영향을 미쳤는지에 따라 판단하는 주관설,31) 넓은 의미의 후회가 있을 때 임의성을 인정하는 한정적 주관설, 합리적인 가치에서 일탈한 불합리한 결정이 있었을 때 임의성을 인정하는 불합리결단설32) 등이 있다. 판례도 임의성을 중요한 요소로 심사하는데, 주관설을 따르는 모습33)을 보이다가 객관설을 따라 임의성

---

27) 이러한 지적으로 山口 厚, 刑法總論, 240頁.
28) 대표적으로 城下裕二, 中止未遂における必要的減免について, 北大法學論集 36卷 4号(1986), 1411~1475頁.
29) 野澤 充, 中止犯論の歴史的展開－日獨の比較法的 考察－ (二), 46頁.
30) 前田雅英, 刑法總論講義, 167頁.
31) 山口 厚, 刑法總論, 247頁 以下.
32) 山中敬一, 中止未遂の研究, 75頁 以下.

을 부인하기도 하였으며,34) 최근에는 특정한 외부적 사실이 있을 경우에 임의성을 배제하는 방식을 일반적으로 사용하고 있다.35)

중지행위에 관해서는 한국이나 독일형법과 마찬가지로 착수미수와 실행미수의 구별을 주로 논하고 있다. 부작위로 족한 착수미수의 중지와 결과발생방지를 요구하는 실행미수의 중지라는 두 가지 형태가 존재한다는 이유로, 중지행위의 판단기준을 실행행위의 중지시기와 관련해서 논의하는 경향이 예전에 있었으나 최근에는 어떠한 중지행위가 필요한가를 실질적으로 논의해야 한다는 문제의식으로부터 중지행위를 인정하는 기준을 도출해야 한다는 견해가 유력하다.36) 중지행위가 주요쟁점으로 문제된 최고재판소판례는 아직까지 찾을 수 없으나, 東京地判昭化40年4月28日判決이 피해자를 방치한 사건에서 '사망의 결과가 발생할 가능성'을 언급한 이후 비슷한 경향을 보이고 있다.37)

예비단계에서의 미수나 실패한 미수 등의 문제에 관해서는 그다지 많은 논의를 찾을 수 없다.

---

33) 大判大正2年11月18日判決, 刑錄19輯1212頁 ; 大判昭和12年3月6日判決, 刑集16卷272頁.
34) 이러한 판례로 大判昭和12年9月21日判決, 刑集16卷1303頁.
35) 最高裁昭和24年7月9日判決, 刑集3卷8号1174頁 ; 最高裁昭和32年9月10日決定, 刑集11卷9号2202頁 ; 金澤眞理, 中止行爲の任意性, in: 刑法判例百選 I, 138頁 ; 井田 良, 刑法總論の理論構造, 291頁 참조.
36) 金澤眞理, 中止犯, in: 刑法の爭點, 93頁.
37) 和田俊憲, 實行未遂と着手未遂, in: 刑法判例百選 I, 141頁.

제5절 소결론

Ⅰ. 비교법적·역사적 고찰의 결과

중지미수에 관한 형법 제26조는 중화민국형법 제27조와 동일한 형태로서 일본형법 제46조의 내용을 명확히 한 규정이다. 그리고 이 규정의 이해에는 중지미수에 관한 독일, 오스트리아 및 일본의 입법사와 학설사가 도움을 준다.

원래 독일, 오스트리아 및 일본의 형법전에 중지미수에 관한 규정은 없었으며 미수범에 관한 정의규정을 반대해석함으로써 중지미수를 도출하였다. 그러한 상황이 존재했던 이유는 독일과 오스트리아에서는 처음에는 주석학파가 발전시킨 미수범의 일반이론에 따라 미수범에 관한 정의규정만을 형법에 두었기 때문이며, 그 이후에는 프랑스구형법의 영향을 받았기 때문이다. 일본구형법이 중지미수에 대한 규정을 따로 두지 않았던 이유도 프랑스구형법의 영향이었다.

그 후 중지미수에 관한 규정을 두었는데, 독일형법과 오스트리아형법에서는 중지미수가 인정될 경우 미수범처벌을 면한다. 이는 중지미수에 관한 규정을 따로 두지 않고 미수범에 관한 정의규정만 존재하던 때에 반대해석을 통해서 인정되던 중지미수의 효과를 중지미수에 관한 규정에서 그대로 유지하였기 때문이다. 즉, 중지미수에 관한 불처벌은 논리적인 자명함 때문이라기보다는 결과범이라는 특정한 범죄유형을 대상으로 하는 역사적인 발전의 결과이다.[1] 그리고, 이미 1930년대의

---

1) *Lagodny*, Strafrecht vor den Schranken der Grundrechte, S. 490, 499.

형법초안이 그랬듯이 중지미수의 효과를 형의 임의적 감경 또는 면제로 하는 편이 입법론적으로는 낫다는 주장을 독일에서도 종종 볼 수 있다.[2] 일본에서는 미수범의 처벌을 형벌의 임의적 감경으로 한 이후, 중지미수에 관한 규정을 두면서 법관의 재량에 따라 처벌 또는 면제하도록 규정하였으나,[3] 이때의 감면은 임의적이 아니라 필요적이다.

중지미수의 요건 중 중지행위가 문제가 된다. 독일형법과 오스트리아형법은 중지미수의 요건을 규정하였으나 언제 실행의 중지로 충분하며 언제 결과발생방지가 필요한지에 관해서는 밝히지 않았다.[4] 역사적으로도 착수미수와 실행미수의 구별이 자명하다고 보기 어려우며,[5] 미수범처벌에 관한 조문에서도 실행의 착수를 언급할 뿐 불능미수 또는 미신범을 제외하고는 미수의 종류에 관해서 따로 정하지 않았다. 독일제국형법의 제정에 중요한 역할을 한 슈바르체도 독일제국형법은 착수미수와 실행미수의 구별을 포기했다고 설명하고 있다.[6] 즉, 미수범의 처벌에 관한 착수미수와 실행미수의 구별은 독일형법 및 오스트리아형

---

2) *Bergmann*, ZStW 100 (1988), 353ff ; *Bottke*, BGH-FG IV, S. 175 ; *Burkhardt*, Rücktritt, S. 184ff ; *Lang-Hinrichsen*, FS Engisch, S. 372 ; *Ulsenheimer*, Grundfragen, S. 346f ; *Baumann/Weber/Mitsch*, AT, § 27 Rn. 17 Fn. 83도 참조. 그에 대한 반대 견해로 *Jäger*, Gefährdungsumkehr, S. 128 ; *Köhler*, AT, S. 471.
3) 牧野英一, 改正刑法假案とナチス刑法綱領, 100頁은 개정형법가안의 중지미수 규정이 독일제국형법과 스위스형법 중 새로운 입법례인 스위스형법의 중지미수 규정을 따랐다고 본다.
4) *Tipold*, Rücktritt und Reue, S. 37. *Puppe*, AT II, § 50 Rn. 10도 이 개념은 독일형법 제24조에서는 찾을 수 없으며, 이론적 도움을 주는 개념에 지나지 않는다고 한다. 반론으로 NK-*Zaczyk*, § 24 Rn. 9.
5) *Ulsenheimer*, Grundfragen, S. 148.
6) *Schwarze*, Commentar, S. 104(슈바르체에 관해서는 *Schubert*, GA 1982, 198f). *Goldschmidt*, Die Lehre vom unbeendigten und beendigten Versuch, S. 69도 독일형법이 착수미수와 실행미수의 구별을 가중처벌사유로 고려하지 않음으로써 실무에서 이 구별은 잊혀졌고 판례에서도 사라졌다고 한다. 이러한 견해에 관한 비판으로 *Berner*, Gutachten, S. 123.

법의 법조문에서는 찾을 수 없다. 다만 입법자는 미수범의 처벌이 아니라 불처벌에 관하여 착수미수와 실행미수의 구별을 고려함으로써 절충적인 방식을 택할 수 있으며, 실제로 독일제국형법 및 독일형법의 입법자는 착수미수의 중지와 실행미수의 중지를 구별하고 있다고 보인다.7) 오스트리아형법도 마찬가지이며, 일본형법 제43조는 본문에서 '완수' 개념을 사용하여 미수범을 정의하고 단서에서는 '자기의 의사에 의하여 이를 정지한 때'만을 논하고 있다. 그리고 독일 및 오스트리아형법에서는 범행중지 및 결과방지 이외에도 결과발생 또는 기수의 방지를 위한 진지한 노력을 중지행위로 보고 있다. 일본의 형법개정안에서도 결과발생방지를 위한 진지한 노력을 중지행위로 인정하고 있다.

자의성을 규정하기 위해 자의적(freiwillig) 등의 단어를 쓰면 입증의 문제점이 생기므로 독일제국형법의 규정방식이 낫다는 지적도 있었다. 자의성이라는 단어를 사용하면 행위자가 의사를 자발적으로 형성했는지를 판단하기 위해 법관이 결국 행위자의 동기가 무엇이었는지를 탐구해야 한다는 이유에서였다.8) 하지만 최근의 입법에서는 '자의적'이라는 단어를 사용하는 등 가치충진이 필요한 형태의 표현이 일반적이다.9)

---

7) *Lamm*, Gutachten, S. 152. "현행법(독일제국형법 제46조)과 마찬가지로 형법초안도 착수미수의 중지(제24조 제1항)와 실행미수의 중지(제24조 제2항)를 구별하고 있다."(E 1925, Begründung, S. 23f) E 1962, Begründung, S. 145도 "독일형법 제24조 제1항이 전통적인 방식에 따라 착수미수의 중지와 실행미수의 중지를 구별하고 있다"고 한다.

8) *Berner*, Gutachten, S. 133, 139ff. 베르너는 자의성을 이렇게 규정할 경우 착수미수에서보다 실행미수에서 더 큰 문제가 발생한다고 보았다. 행위자의 부작위가 문제가 되는 착수미수에서는 행위자가 외적인 장애나 행위자의 자발적인 결정 중 무엇 때문에 더 이상 행위하지 않았는지 쉽게 판단할 수 있음에 반해, 실행미수에서는 결과발생방지를 위한 작위행위가 요구되는데, 행위자의 작위는 외적인 상황에서 직접적으로 도출되지 않으며, 간접적으로, 즉 이러한 상황이 어떻게 동기로 변하였는지 다시 판단해야 하기 때문이다.

9) 스위스형법전 및 1896년 형법초안 등에서는 자의성을 '스스로의 동기로(aus eigenem

중지행위의 다양한 동기를 하나의 법조문에 남김없이 표현하기란 실질적으로 어렵기 때문에 자의성 개념에 대한 구체적인 정의를 내리기 어렵다는 판단 때문이며,10) 자의성 개념에 관하여 구체적으로 기술하려고 시도했던 독일제국형법의 규정형태가 실패하였다는 반성에서 기인한다. 독일제국형법의 자의성 개념을 객관적으로 해석할 여지가 있었음에도 주관적으로 해석되었다는 사실이 이를 보여준다고 하겠다. 오스트리아에서의 형법개정작업 중에도 자의성의 내용을 구체적으로 규정하자는 주장은 받아들여지지 않았다.11)

II. 독일의 논의를 검토할 필요성

독일, 오스트리아 및 일본형법의 중지미수 규정은 그 형태가 비슷할 뿐만 아니라 중지미수 규정을 두게 된 경과 및 중지미수 규정의 변화과

Antrieb)'라고 표현하였다. 하지만 이러한 규정형태보다 '스스로(freiwillig)'라는 규정이 낫다는 지적이 많았다. 예를 들어 A는 이미 범행의 실행에 착수한 친구 B에게 범행을 그만 두도록 충고하였다. 범행을 계속하더라도 A가 신고하지 않을 점이 분명하였기 때문에 B에게 도덕적 또는 심리적 강제는 없었으나, B는 다시 생각한 후 범행을 더 이상 실행하지 않기로 결심하였다. 이때 B가 스스로의 동기로 범행을 중지하였는지에 대해서는 긍정하거나 부정할 수 있으나, 자발적으로 그만두었다는 점은 분명하다고 한다. *Delaquis*, Der untaugliche Versuch, S. 310f.

10) 88. Sitzung des Sonderausschusses für die Strafrechtsreform(Bonn, 29. November 1967), S. 1757.
11) 오스트리아의 형법개정위원회(1961)에서 에르틀(Ertl)은 다음과 같이 자의성을 규정하자고 제안하였다. "범행의 기수에 이를 수 있거나 범행기수에 속하는 결과를 야기할 수 있다고 생각했음에도, 범행을 더 이상 실행하지 않거나, 다수가 범행에 관여했을 경우 범행을 저지하였거나, 범행의 결과에 속하는 결과를 방지한 행위자는 자발적으로 행동한 것이다. 이때 행위의 동기가 무엇인지가 고려대상이 되어서는 아니된다." *Westpfahl*, Versuch, S. 279 참조.

정도 비슷하다는 사실을 확인하였다. 그 중에서 특히 한국의 중지미수 규정의 입법 및 해석에 큰 영향을 끼친 일본의 입법례 및 학설은 중지미수에 대한 독일의 논의에서 큰 영향을 받았음을 알 수 있었다. 현재의 한국학설도 독일의 논의의 영향을 받았다는 점도 이미 지적하였다.

따라서 중지미수에 관한 논의의 기원 및 내용을 확인하고 그 결과를 한국형법의 중지미수를 해석하는 데 참고하기 위해 중지미수에 관한 독일의 논의를 살펴볼 필요가 있다고 생각한다. 이때 검토의 대상은 독일형법 제24조에 관한 현재의 논의뿐만 아니라 독일제국형법 제46조에 대한 논의와 그 이전의 중지미수에 관한 일반론 모두를 포함한다.

제4장 독일형법에서의 중지미수

제1절 중지미수에 관한 독일의 논의

I. 중지미수에 관한 독일의 논의의 특징

독일에서의 중지미수는 "수많은 논문들과 최고법원의 판결이 있었음에도 불구하고 여전히 논란의 여지가 많다."[1] 현재도 상황은 크게 달라지지 않았고, 오히려 시간이 지날수록 중지미수에 관한 이론은 "이론적으로 매우 과중하게" 되어 버렸다.[2] 중지미수에 관한 논의에는 정당한 논거와 명목상 논거가 섞여버렸으며,[3] 중지미수의 본질은 아직도 "어둠 속에 묻혀 있다."[4]

중지미수에 관한 독일의 판례도 다양한 모습이었는데, 판례의 변화에서 몇 가지 흥미로운 점을 발견할 수 있다.[5] 우선 판결의 양적인 측면이다. 1880년대 초반부터 1912년까지 중지미수에 관한 독일제국법원의 판결은 79건이며, 그 이후 1944년까지는 130건이다. 독일연방대법원이 생긴 이후에도 1974년까지 이미 100여 건에 이르는 중지미수 판례가 나왔으며, 중지미수에 관한 판결의 수가 지속적으로 늘어나면서 판결집에 수록되는 판례도 늘어나고 있다. 제국법원 시절에는 낙태죄가 중지미수 판결의 주된 대상이었음에 반해 독일연방대법원에서는 주로 살인죄가 쟁점이 되었다.[6] 또한 살인, 강간 등 소위 강력사건에서 많은

---

1) *Burkhardt*, Rücktritt, S. 16.
2) *Kienapfel*, FS Pallin, S. 206.
3) *Bergmann*, ZStW 100 (1988), 329.
4) *Jäger*, Gefährdungsumkehr, S. 62.
5) *Ulsenheimer*, Grundfragen, S. 15ff 참조.

경우 1심법원은 중지미수를 부인했음에도 불구하고, 독일제국법원과 독일연방대법원은 많은 경우 피고인에게 유리하도록 중지미수를 인정하는 판결을 내렸다. 이러한 경향은 착수미수의 중지의 적용범위를 확대하거나,[7] 독일제국형법 제46조 제2문을 불능미수나 실패한 미수에도 적용하거나, 자의성 표지와 관련해서는 독일제국형법 제46조 제2문의 '범행의 발각' 표지를 행위자에게 유리하게 해석하거나 입증의 정도를 낮게 요구하는 방법 등을 통하여 나타날 수 있었다.

중지미수에 관한 최근의 독일판례는 중지미수에 친화적이라는 기존의 특성과 함께, 학계의 논의를 적극적으로 반영할 뿐만 아니라 오히려 선도하고 있다는 점과 개별사안에서의 중지행위자의 인식에 초점을 맞춘다는 점도 지적할 수 있겠다.[8] 다른 특징으로 중지미수의 요건에 대하여 서로 다른 내용의 판결을 종종 볼 수 있다는 사실이다.[9] 행위자가 자신의 목적을 달성한 후 중지한 경우[10] 이외에도 중지행위의 정도, 즉 중지행위가 결과발생에 인과적이면 족한지, 아니면 결과발생을 방지하였어도 행위자가 최선을 다한 경우에만 중지를 인정할 수 있을지에 관해서도 판례의 대립이 있었다.[11]

---

6) *Fahrenhorst*, Jura 1987, 291 ; *Ulsenheimer*, Grundfragen, S. 15f.
7) *Geilen*, JZ 1972, 335 ; *Ulsenheimer*, Grundfragen, S. 17ff.
8) *Hassemer*, JuS 1989, 937 참조. 1975년 1월 1일, 즉 독일형법에서의 중지미수규정이 개정된 이후의 판례의 흐름에 관해서는 LK-*Lilie/Albrecht*, § 24 Rn. 44ff. 중지미수에 관한 독일연방대법원의 판례의 주된 쟁점에 관한 간략한 요약으로 *Heinrich*, AT I, S. 268.
9) 이미 독일구형법 시대에도 그러하였다. *Ulsenheimer*, Grundfragen, S. 5ff.
10) 이 쟁점에 대한 독일판례의 동향에 관해서는 우선 *Hauf*, JA 1995, 777f 참조.
11) 판례의 대립은 독일기본법에서의 법치국가원칙에 비추어 볼 때 문제라는 비판으로 *Müller*, Entwicklung, S. 16.

II. 중지미수에 관한 논의의 다양성의 이유

1. 독일형법 제24조와 중지미수의 본질

중지미수에 관한 독일의 학설과 판례가 이렇게 복잡하게 된 이유는 우선 독일형법 제24조이다. 이론적 명확성에 대한 고려보다는 형사정책적 필요성을 우선으로 하여 제정된 이 규정12)은 "이해하기 힘들고 쓸데없이 복잡해서",13) "잘 만들어진 규정이라고는 보기 어렵다"14)는 비판을 받는다.

하지만 독일형법 제24조와는 무관하게 중지미수에 관한 논쟁이 벌어지고 있다는 사실도 함께 지적할 수 있다.15) 가령 어떠한 법제도의 본질은, 예를 들어 중지미수에서의 불처벌은 법문에서 유래된다기보다는 법조문의 해석을 통해 도출할 수 있다는 주장이 있다.16) 독일형법 제24조의 해석보다는 '본질'에 관한 논의를 통하여 중지미수에 관한 이론을 구성할 수 있다는 생각이 이러한 견해의 바탕에 있다. 하지만, 중지미수에 관한 존재론적 고찰이 해석에 큰 도움이 되기는 어려우며,17) 중지미수규정의 문언의 한계는 항상 존중되어야 한다.18)

---

12) *Fedders*, Tatvorsatz und tätige Reue bei Vorfelddelikten, S. 11 ; *Grünwald*, FS Welzel, S. 701ff.
13) *Krey*, AT II, Rn. 451.
14) *Maiwald*, FS E.A. Wolff, S. 337. *Ulsenheimer*, Grundfragen, S. 69도 참조. 공범의 중지미수에 관한 비판으로 *Schröder*, JuS 2002, 139f.
15) *Bloy*, Die dogmatische Bedeutung, S. 149.
16) *Munoz-Conde*, ZStW 84 (1972), 765.
17) *Günther*, GS Armin Kaufmann, S. 542 참조.
18) *Küper*, GA 1982, 229.

2. 중지미수와 형법의 다른 제도와의 관계

중지미수를 고찰할 때는 다른 제도와의 연관성을 항상 고려해야 한다. 미수론과의 관계[19] 이외에도 죄수론의 판단기준 중 하나인 자연적 행위단일성(Natürliche Handlungseinheit)이 중지미수의 판단기준으로 사용될 수 있는지가 논의의 대상이다.[20] 제24조 제2항과 제31조와 관련해서 공범론도 문제가 된다.

중지미수와 부작위범의 관련성에 관해서도 독일의 학설은 엇갈리고 있다.[21] 행위자가 실행행위를 한 이후 결과발생의 가능성을 인식하였다면 행위자에게는 선행행위로 인한 부작위범의 보증인지위가 있고 그렇기 때문에 혹시 부작위범의 죄책을 지는 것이 아닌가 하는 문제이다. 중지미수와 부작위범의 연관성에 주목하는 학자들은, 실행미수의 중지에서 부작위범의 죄책을 면하기 위해서라도 중지행위자는 결과발생방지에 최선을 다해야 한다고 주장한다.[22]

사실 중지미수에서는 객관적 귀속, 고의, 양형이 모두 문제가 된다.[23] 문언해석과 관련하여 법해석의 일반원칙도 고려되어야 하며,[24]

---

19) 그에 관하여 *Lang-Hinrichsen*, FS Engisch, S. 370 ; NK-*Zaczyk*, § 24 Rn. 5 등.
20) *Otto*, Jura 1992, 429 외의 다수. 반대견해로 *Jakobs*, JuS 1980, 716.
21) 한편으로 *Bloy*, JuS 1987, 531ff. 다른 한편으로 *Jakobs*, ZStW 104 (1992), S. 96f. 이에 관해서 *Rau*, Ernsthaftes Bemühen, S. 105ff ; *Murmann*, Versuchsunrecht, S. 60ff ; *Römer*, MDR 1989, 947 ; *Seelmann*, JR 2004, 163 참조.
22) *Küper*, ZStW 111 (2000), 22 참조. "어떠한 법질서가 범행의 결과를 사후적으로 방지한 행위자를 처벌하지 않는다면, 비록 그가 최후순간에 또는 더 나은 기회를 의식적으로 회피하여 구조행위를 하였다고 하더라도, 언제 또는 어떻게든 스스로 결과발생을 방지한 행위자를 부작위범의 보증인지위를 이유로 미수범으로 처벌할 수는 없다"는 반론으로 *Puppe*, NStZ 1984, 490.
23) *Rau*, Ernsthaftes Bemühen, S. 18.
24) *Lampe*, JuS 1989, 612ff. 중지미수에서의 유추와 헌법합치적 해석의 문제는

형법전의 다른 유사한 제도, 가령 능동적 후회(tätige Reue)와 중지미수는 어떻게 구별되며 이러한 제도가 서로 어떠한 관계를 가지고 있는지도 논의대상이다.[25] 형사정책적인 논의도 이에 빠지지 않는다.[26]

3. 중지미수의 효과

마지막으로, 독일형법 제24조에 의한 중지미수의 효과가 중지미수에 관한 독일의 논의에서 매우 중요한 역할을 한다는 사실을 지적하지 않을 수 없다. 형법상의 논쟁의 결과가 무엇인지는 피고인의 유무죄 여부와 관계가 있을 경우 중요한데,[27] 독일형법에서의 중지미수가 바로 이에 해당한다. 예를 들어 독일형법 제211조의 모살죄가 문제가 되는 사건에서 중지미수가 인정되면 제24조에 의해서 무죄판결이 내려지겠지만, 중지미수가 인정되지 않는다면 제23조 제2항의 임의적 감경과 제49조 제1항 제1문에 의해도 3년 이상의 징역에 처해지게 된다. 그러므로, 피고인들은 많은 경우 중지행위를 했다고 주장하며, 중지미수는 독일 실무가들에게는 '일용할 양식'이 되었다고 하겠다.[28]

Guhra/Sommerfeld, JA 2003, 778ff 참조.
25) *Baumann/Weber/Mitsch*, AT, § 27 Rn.1 ; *Blöcker*, Die tätige Reue, S. 17ff ; *Freund*, AT, § 9 Rn. 4 ; *Jakobs*, AT, § 26 Rn. 2 ; *Kühl*, AT, § 16 Rn. 1 ; *Lesch*, GA 1995, 494. 이는 독일구형법 시대에서도 문제였다(*Frank*, Vollendung und Versuch, S. 167ff 참조).
26) 중지미수의 본질에 관한 독일의 학설의 전개와 형사정책이론과의 관계에 대한 간략한 논의로 *Neubacher*, NStZ 2003, 577.
27) *Göttlicher/Heise/Gerjet/Westerman*, MschrKrim 1996, 128 ; *Küper*, GA 1982, 229.
28) *Müller*, Entwicklung, S. 15.

제2절 중지미수의 본질

Ⅰ. 중지미수의 본질에 관한 논의

　독일형법에 따르면 중지미수가 인정되었을 때 행위자는 미수범으로 처벌되지 않는다. 그러나, 중지미수에 대한 관대한 취급에는 이유제시가 필요하다. 그렇기 때문에 중지미수에 관한 독일의 논의의 대부분은 중지미수의 본질이 무엇인지를 먼저 다룬다. 중지미수에 관한 형법조문을 해석하기 위해서는 왜 형법이 중지미수를 인정하는지를 먼저 파악해야 한다는 이유에서이다.[1] 하지만 중지미수의 본질의 문제는 '형법학자의 걱정거리'[2]로서 오랫동안 매우 다양한 견해들이 제시되어 왔다.

1. 형사정책설

1) 형사정책설의 기원

　중지미수의 불처벌에 관해서 다룬 가장 오래된 이론으로서 지금까지 영향을 미치고 있는 형사정책설은 포이어바흐에서 유래하였다. 포이어바흐는 "미수범을 기수범보다 감경해서 처벌하는 것만으로는 부족하다. 국가가 미수를 방지하기 위하여 스스로 범죄를 장려하려고 하지 않는다면, 특정한 상황에서는 형벌의 위하를 완전히 포기하여야 한다. 범

---

1) 이러한 논의로 *Bergmann*, ZStW 100 (1988), 334 ; *Heckler*, Rücktrittsleistung, S. 109 ; *Ulsenheimer*, Grundfragen, S. 33.
2) *Kemsies*, Schuldaufhebungsgrund, S. 9.

행이 행위자의 의사에 반하지 않고 기수에 이르지 않은 때, 즉 처벌에 대한 공포나 동정심의 발현, 양심이나 다른 내적인 원인 등으로 인하여 행위자가 자발적으로 불법의 길에서 정의의 길로 돌아선 경우가 바로 이에 해당한다. 국가가 이미 실행한 범행을 처벌하지 않음으로써 행위자가 뉘우치도록 하지 않는다면, 오히려 범행을 완수하라는 강요가 된다. 왜냐하면 미수행위를 저지르게 된 불행한 자는, 자신이 처벌된다면, 후회를 통해서 더 이상 얻을 게 없고 범행을 종료함으로써 특별히 더 잃을 것도 없다는 사실을 알기 때문이다"라고 했으며, 중지미수에서는 범행성향이 충분히 강하지 않다고도 설명하였다.[3]

황금의 다리 이론이 포이어바흐에서 기원한다는 설명이 일반적이나, 황금의 다리 이론이 그의 생각의 모든 부분을 포괄했다고는 볼 수 없다. 황금의 다리 이론의 출발점인 행위자를 처벌하지 않음으로써 중지하도록 자극한다는 생각은 포이어바흐의 설명에서 중요한 부분을 차지하고 있지 않기 때문이다. 그는 처벌에 대한 공포를 동정심이나 양심의 발현 등 다른 중지의 동기와 함께 논의하고 있지만, 황금의 다리이론에서 중지행위의 자극의 기초가 되는 동기는 전자에 한한다. 그렇기 때문에 포이어바흐의 견해는, 동기의 내용과 상관없이 중지미수를 처벌하지 않음으로써 중지하려는 행위자에 대한 장애를 없애야 한다는 주장으로 이해할 수 있다.[4]

중지미수의 본질을 형사정책적인 논거로 뒷받침하는 방법은 크게 두 가지로 나눌 수 있다. 적극적으로는 불처벌을 통하여 행위자에게 이

---

3) *Feuerbach*, Kritik des kleinschrodischen Entwurfs zu einem peinlichen Gesetzbuche für die Chur-Pfalz-Bayerischen Staaten, 2. Teil, 1804, S. 102ff (*Herzog*, Rücktritt vom Versuch und thätige Reue, S. 155f ; LK^{10}-*Vogler*, § 24 Rn. 8 ; *Roxin*, AT II, § 30 Rn. 16 ; *Ulsenheimer*, Grundfragen, S. 42에서 재인용).

4) *Bockelmann*, in: Strafrechtliche Untersuchung, S. 178 ; *Bloy*, Die dogmatische Bedeutung, S. 150.

미 실행에 착수한 행위를 포기하도록 하는 자극을 주기 위해서이고, 소극적으로는 행위자가 어쨌든 처벌될 것이라고 생각함으로써 중지행위를 하지 않거나 범행의 기수에 이르게 되는 상황을 방지하기 위해서 미수범을 불처벌한다는 것이다.5) 포이어바흐의 이론은 이중 후자에 가까우며, 범행성향에 대한 언급은 형벌목적설에 가깝다.

포이어바흐는 교과서에서 기수범과 미수범을 구별한다. 기수범은 범죄의 개념에 속하는 모든 요소가 실현된 경우로서, 이때 비로소 특정한 규범에 대한 완전한 위반이 있었다고 평가할 수 있다. 하지만 범행실현을 위한 외적인 행동도 그 자체로서 규범위반으로 처벌되는 경우가 있는데, 자율적인 의사변경 때문이 아니라 외적인 장애로 인하여 범행이 기수에 이르지 못한 경우와, 외적인 성질에 따라 특정범죄와 인과관계에 있는 어떠한 행위가 객관적으로 위험한 경우가 그러하다.6) 이때 미수범의 첫 번째 범주가 어떤 미수행위가 중지미수에 해당하지 않는 경우를 의미한다는 점은 그가 카롤리나형법전 제178조를 근거로 제시한 사실에서도 알 수 있다. 반면에 포이어바흐에 따르더라도 후회(Reue)나 자수(Freiwilliges Bekenntnis)는 감경사유에 지나지 않는다.7)

포이어바흐는 1824년에 바이에른형법전초안을 만들었는데, 그 중 중지미수에 관한 조문은 다음과 같다. "범행의 기수가 수단 및 도구의

---

5) *Ulsenheimer*, Grundfragen, S. 36, 42f 참조.
6) *Ders.*, Lehrbuch des gemeinen in Deutschland gültigen peinlichen Rechts, § 42. Feuerbach의 미수론에 관한 설명으로 *Maiwald*, FS Sellers, S. 434f 참조.
  하지만 그는 Kritik des kleinschrodischen Entwurfs zu einem peinlichen Gesetzbuche für die Chur-Pfalz-Bayerischen Staaten, 1804에서는 미수를 세 가지로 구분하였다. *Wächter*, Lehrbuch, S. 140 참조.
7) *Ders.*, Lehrbuch des gemeinen in Deutschland gültigen peinlichen Rechts, § 101. 포이어바흐는 그 외에도 손해배상 및 보상, 관습, 행위의 결과가 좋을 경우 등의 감경사유들이 인정되기는 하나 일반적이지는 않으며, 법적인 근거도 없고 대부분 사물의 본성에 반한다고 한다.

불가능성이나 우연, 폭력 또는 다른 외적인 원인에 의해 저지되거나 실패되지 않고, 행위자가 자발적으로, 동정, 후회 또는 처벌에 대한 공포로 자신의 범행을 중지하였다면, 제26조(가중적 미수 등)의 경우를 제외하고는 처벌되지 않는다."

2) 황금의 다리 이론

전통적인 설명에 따르면 황금의 다리 이론(Theorie von der 'goldenen Brücke')이 바로 형사정책설이다.8) 이 견해에 의하면 행위자는 구성요건을 실행하던 도중 중지함으로써 법에 충실해야 한다는 의무를 지켰다는 사실을 확인해 주며, 자신의 범행의 계속적인 실행을 중지하거나 임박한 결과의 실현을 스스로 방지함으로써 불처벌의 효과를 얻는다고 설명한다. 이 견해는 독일제국형법시대의 통설이었고,9) 독일제국법원도 '합목적성에 대한 고려'를 언급하면서 형사정책설을 따랐으며 초기의 독일연방대법원 판례도 마찬가지였다.10)

리스트와 슈미트(Liszt/Schmidt)는 다음과 같이 설명한다.11) "처벌되지 않는 예비행위와 처벌되는 실행의 착수 사이의 경계를 넘어선 시점에서 미수범에 대한 형벌도 실현된다. 이러한 사실은 달라질 수 없으며, '사후적으로 무효화'12) 될 수 없고, 세상에서 사라지지 않는다. 하지만

---

8) *Jescheck/Weigend*, AT, S. 538 ; *Wessels/Beulke*, AT, Rn. 626 참조.
9) *Allfeld*, Frank-FG II, S. 76 ; *Finger*, Lehrbuch, S. 319 ; *Frank*, Vollendung und Versuch, S. 242 ; *Kohlrausch-Lange*, StGB, S. 153 ; *Liszt/Schmidt*, Lehrbuch, S. 210 ; *Mezger*, AT, S. 217 ; *Schwarze*, Commentar, S. 108[*Hälschner*, Das gemeine deutsche Strafrecht I, S. 361은 이와 함께 정의감(Billigkeit)을 그 근거로 제시하는데, 이는 그가 원래 System des preußischen Strafrechts I, S. 200에서는 법률설을 주장했기 때문이다(*Frank*, Vollendung und Versuch, S. 241 참조)]. 최근에는 *Puppe*, NStZ 1984, 490 ; *Stratenwerth*, AT, § 14 Rn. 70.
10) RGSt 6, 341 ; 17, 243 ; 63, 158 ; 72, 349 ; 73, 53 ; BGHSt 6, 85 참조.
11) *Liszt/Schmidt*, Lehrbuch, S. 210.

입법자는 형사정책적 이유로 이미 처벌의 대상이 된 행위자에게 돌아올 황금의 다리(eine goldene Brücke zum Rückzug)를 부여할 수 있다. 입법자는 자의적인 중지미수를 형벌면제사유로 규정함으로써 이렇게 하였다."

황금의 다리 이론을 통하여, 왜 중지미수에 대하여 처벌하지 않는지를 잘 설명할 수 있으며, 중지미수의 기능이 행위객체와 보호법익의 보호라는 점을 분명히 할 수 있다.13) 하지만 이 이론에 대한 비판도 적지 않다. 황금의 다리 이론의 설명과 같은 형태의 자극을 주기 위해서는 범죄자에게 중지미수의 효과가 먼저 알려져 있어야 하는데, 실제로 그렇다고 보기는 어렵다.14) 혹시 이러한 사실이 알려져 있고 행위자의 모든 동기가 중지미수에 영향을 끼친다고 가정해도, 중지행위를 통하여 처벌을 면해보겠다는 생각이 과연 그런 역할을 하는지는 의심스럽다.15) 실제로 독일판례를 검토해 보아도, 행위자가 중지미수의 효과를 누리기 위하여 범행을 중지한 사례는 찾을 수 없다고 한다.16)

하지만 이러한 비현실성17)에도 불구하고, 법익의 침해를 최후까지 방지하기 위한 시도는 의미있다고 하지 않을 수 없다.18) 반면에, 독일

---

12) *Liszt/Schmidt*는 직접 인용하고 있지 않으나 이는 *Zachariä*, Die Lehre vom Versuche der Verbrechen II, S. 240에 대한 언급이다.
13) *Berz*, Tatbestandsverwirklichung, S. 47 ; *Gropp*, AT, § 9 Rn. 82.
14) 반면에 MK-*Herzberg*, § 24 Rn. 24는 "법률가가 아닌 사람들도 회심이나 원상회복을 통하여 처벌을 면할 수 있다는 사실은 매우 잘 알고 있다"고 한다. 비슷한 주장으로 *Heinitz*, JR 1955, 250.
15) *Jescheck/Weigend*, AT, S. 538f.
16) *Ulsenheimer*, Grundfragen, S. 274.
17) *Baumann/Weber/Mitsch*, AT, § 27 Rn. 7 ; *Bockelmann*, in: Strafrechtliche Untersuchungen, S. 180 ; *Ulsenheimer*, Grundfragen, S. 69 ; *Welzel*, AT, S. 196. 형사정책설이 상정하고 있는 인간상에 대한 비판으로는 *Hassemer*, Theorie und Soziologie des Verbrechens, S. 38.
18) *Kampermann*, Grundkonstellationen, S. 202 ; *Stratenwerth*, AT, § 11 Rn. 70. 이와

연방대법원이 형사정책적인 내용을 주장해야 한다고 생각한다면 구조행위가 어느 정도여야 하는지에 대한 기준도 도출하거나 알려주어야 하는데, BGHSt 48, 147 판결은 그렇게 하지 않는다고 야콥스(Jakobs)는 비판한다.19) 하지만, 독일판례의 저변에는 중지미수에 대해 엄격한 기준을 설정한다면 행위자가 범행을 포기하도록 하기 위한 자극이 적어지고 따라서 피해자의 구조기회가 줄어들지도 모른다는 염려가 깔려있다.20) 예를 들어 최근 독일의 중지미수 판례의 중심인 살인죄에서는, 행위자가 피해자를 살해함으로서 증인을 없애려고 할지도 모른다고 생각할 수 있다. 이러한 사태를 방지하기 위해서라도 행위자에게 중지할 수 있는 여지를 가능한 한 많이 열어주어야 하며, 결과발생이 불가피하기 전까지는 포기를 통해 중지할 수 있으며 결과방지를 통한 중지행위에도 가능한 한 완화된 요건을 요구함으로써 피해자를 보호할 수 있다고 하겠다.21) 행위자가 애초에는 계획하지 않았으나 범행을 은폐하기 위하여 하려고 했던 살인을 포기한 경우에 중지미수를 인정하여 이미 실현된 미수불법도 처벌하지 않으려는 BGH NStZ 1997, 593 등의 판례는 이러한 뜻으로 이해할 수 있다.

3) 피해자보호사상

많은 경우 피해자보호사상(Opferschutzgedanke)22)도 중지미수의 논거가 되며, '황금의 다리' 이론의 바탕에도 피해자보호사상이 있다.23)

관련하여 *Freund*, AT, § 9 Rn. 11 ; *Jakobs*, AT, 26/2도 참조.
19) *Jakobs*, JZ 2003, 745.
20) *Heckler*, Rücktrittsleistung, S. 11f ; *Kühl*, AT, § 16 Rn. 70 ; *Roxin*, AT II, § 30 Rn. 188 등 참조.
21) *Puppe*, AT II, § 36 Rn. 2.
22) *Kudlich*, JuS 1999, 241 ; *H.-W. Mayer*, MDR 1984, 289f ; *Otto*, AT, § 19 Rn. 2 ; *Tröndle/Fischer*, § 24 Rn. 2.

독일연방대법원도 "피해자를 더 이상 공격하지 않았을 경우 행위자가 처벌되지 않을 가능성을 열어놓는 방법은 특히 피해자보호를 위해 효과적일 수 있다"[24]고 판결하였다.

중지미수에서의 피해자보호사상의 출발점은, 형법의 이념인 법익보호에는 피해자보호도 포함된다는 생각이다. 피해자보호사상을 따름으로써 중지미수에서의 법익보호의 중요성이 전면에 부각될 수 있다.[25] 피해자보호사상에 의하면 중지미수를 인정하기 위해 행위자의 내적인 반성이나 규범위반에서의 회귀는 필요하지 않다.[26] 그리고, 피해자와 행위상황에 따라 어떠한 행위가 중지미수에서의 피해자보호를 위해 필요한지에 관한 다양한 결론이 있을 수 있기 때문에,[27] 피해자보호사상은 중지미수의 문제해결에 적절한 답을 얻을 수 있다는 장점이 있다.

하지만 중지미수에서의 피해자보호사상을 독일형법 제46조a의 피해자에 대한 배상과는 연결할 수 없는데, 독일형법 제46조a에서는 행위와 결과가 발생한 이후에 가해자가 피해자에게 한 행위가 문제가 되기 때문이다.[28] 피해자보호사상으로는 종료된 범죄에 대한 처벌의 면제를 설명할 수도 있기 때문에 중지미수의 본질의 해명에는 적합하지 않다는 비판[29]도 같은 맥락이다. 그 외에 모든 중지행위는 행위자의 자의성

---

23) 이러한 평가로 *Blöcker*, Die tätige Reue, S. 39 Fn. 120 ; *Heckler*, Rücktrittsleistung, S. 112 ; *Neubacher*, NStZ 2003, 577 ; *Puppe*, AT II, § 36 Rn. 2 ; *Stratenwerth*, AT, § 11 Rn. 69.
24) BGHSt 39, 221, 232. *Puppe*, AT II, § 36 Rn. 40은 늦어도 이 판결 이후로 피해자보호사상이 독일판례의 지도적인 원칙이 되었다고 평가한다.
25) LK-*Lilie/Albrecht*, § 24 Rn. 22.
26) *Tröndle/Fischer*, § 24 Rn. 2.
27) *Weinhold*, Rettungsverhalten, S. 31f.
28) LK-*Lilie/Albrecht*, § 24 Rn. 9.
29) *v. Heintschel-Heinegg*, ZStW 109 (1997), 41. *Nolden*, Wertungsfrage, S. 15f ; *Ulsenheimer*, Grundfragen, S. 67도 참조.

여부와 관계없이 새로운 위험으로부터 피해자를 보호하기 때문에, 피해자보호사상은 자의성 요건을 설명하기에 불충분하다는 지적도 있다.30) 또한 개별사안과의 연관성은 오히려 피해자보호사상의 단점으로 보이기도 한다.31) 그리고, 피해자보호사상은 처벌이나 불처벌의 근거가 되는 본질적인 요소는 아니라서,32) 피해자보호사상만으로 중지미수를 정당화할 수는 없다고 한다.33)

2. 법률설

1) 법률설의 역사적 전개

(1) 무효설

법률설(Rechtstheorie)의 출발점은 차샤리애(Zachariä)에서 찾을 수 있다.34) 그는 중지미수의 불처벌은 '현명함이라는 이유가 아니라 법적인 이유'에 기인해야 한다고 하는데, 이때의 현명함은 합목적성 또는 형사정책설을 뜻한다. 차샤리애는 중지미수의 본질에 관하여 무효설(Annullationstheorie)35)을 주장한다. 미수범으로 처벌하기 위해서는 외적인 행동과 형벌법규 위반을 의도한 악의가 필요한데 후자가 본질적인 요소이며,

---

30) *Nolden*, Wertungsfragen, S. 16.
31) *v. Heintschel-Heinegg*, ZStW 109 (1997), 41.
32) *Köhler*, AT, S. 470 ; NK-*Zaczyk*, § 24 Rn. 5.
33) *Puppe*, JZ 1993, 362 ; *dies.*, JR 2000, 72 ; *dies.*, AT II, § 36 Rn. 4는 행위자가 이미 구성요건실현 이외의 자신의 목적을 달성한 사례를 들어 피해자보호사상이 근시안적이며 현실과 동떨어졌다고 지적한다.
34) *Zachariä*, Die Lehre vom Versuche der Verbrechen II, S. 239ff.
35) 일본학자들은 이 이론을 폐기설로 번역하며, 무효설은 루덴(Luden)의 Nullitätstheorie 의 번역어로 쓴다(香川達夫, 中止未遂の法的性格, 47, 61頁 ; 町田行男, 中止未遂の理論, 22頁). 취소설로 번역하기도 한다(김봉태, 형사법강좌 II, 593면).

둘중 어느 하나가 사후적으로 무효화(annulliert)된다면 형벌은 당연히 줄어들어야 하며, 이 경우 이미 존재했던 악의는 의미가 없다는 설명이다.

하지만 그도, 외적인 행동에 관해서는 사후적인 무효화가 불가능하다고 한다. 이미 발생한 사실은 없었던 일로 할 수 없기 때문이다. 행위자가 이미 자신의 행위의 목표를 달성했거나, 의사와 그에 기인한 외적인 행위, 또는 범행의 결과에 의하여 완결된 전체라고 볼 수 있는 행위가 존재한다고 보아야 하는 경우에도 의사가 무효화된다고 할 수 없다. 반면 행위를 실행하던 중에 자신의 지금까지의 행보를 이끌었던 의사를 변경하거나 포기할 경우에는 이미 존재했던 의사는 사후적으로 의미가 없어진다. 계속적으로 존재하는 악의만이 위험하다고 볼 수 있으며, 그에 대해서만 형벌이 필요하다. 자의적으로 범행의 완수를 중지한 자에게는 비록 확정적이고 계속적으로 존재하는 악의가 있었고 잠시 감각적인 동기를 따르기는 했으나 합법적인 행동이 불가피하다는 시각이 결국 그의 내부에서 승리하였고, 이러한 사람에게는 법적 상태의 위험을 염려할 필요가 없으며 전체의 안전에 대한 위협도 잠시 존재하기는 했으나 진정한 위협은 없었다고 설명한다.

무효설의 바탕에는 미수범처벌의 근거가 될 수 있는 대상을 두 가지로 나누어, 주관적 측면이 사라졌을 경우 남아있는 객관적 부분만으로는 미수범의 가벌성을 근거짓거나 유지할 수 없다는 생각이 깔려있다.[36] 그리고 차샤리애의 생각의 출발점은 중지미수의 본질에 관한 지금의 학설과 비교해 보았을 때 큰 차이가 없다.[37] 다만 무효설은 실행미수의 중지를 설명하기 어렵다는 문제점이 있다.[38]

---

36) 같은 지적으로 *Herzog*, Rücktritt vom Versuch und thätige Reue, S. 152.
37) *Bloy*, Die dogmatische Bedeutung, S. 150 ; *Ulsenheimer*, Grundfragen, S. 36. BGHSt 9, 52도 참조.
38) *Mayer*, AT, S. 295.

(2) 약화설

약화설(Infirmitätstheorie)에 따르면 중지미수는 행위자의 범죄의사의 강도와 지속성이 약해졌음을 보여주기 때문에 처벌되지 않는다고 한다. 미수범처벌의 근거가 되는 범죄의사가 약해졌다면, 예외로서의 미수범처벌에 대한 새로운 예외가 발생했다고 보아서, 결국 처벌확장의 이유가 처음부터 존재하지 않았거나 탈락했다는 이유에서이다.39)

중지미수가 부정적 구성요건요소라면 이 이론은 설득력이 있을 것이다. 약화설은 중지미수에서 행위자가 범행의 기수를 목표로 실행에 착수하도록 하는 범죄의사가 약화되었다고 하는데, 범죄의사는 미수범의 구성요건 단계에서 판단하기 때문이다.40) 하지만 약화설은 행위자가 결과발생을 방지하려고 시도했으나 실패한 때, 즉 실패한 중지행위의 경우에도 그의 범죄에너지가 약화되었음에도 불구하고 왜 중지미수를 인정하지 않는지를 설명할 수 없다.41)

(3) 전체고찰설

전체고찰설(Einheitstheorie)을 처음 주장한 사람은 루덴으로, "미수를 스스로 중지한 자에 대한 불처벌은 미수의 개념 및 본질 자체에서 유래한다. 이 경우에는 기수의사로 행해져야 할 행위가 없으므로 법적인 의미에서의 행위는 없고, … 범행 전체는 그 착수부터 종료까지 분리되지 않는 하나의 행위이기 때문이다"라고 설명하였다.42) 미수개념은 기수

---

39) *Heinitz*, JR 1955, 251. 불확실설이라고 번역하기도 한다(町田行男, 中止未遂の理論, 22頁).
40) *Tipold*, Rücktritt und Reue, S. 19.
41) *Tipold*, Rücktritt und Reue, S. 20 ; *Triffterer*, AT, S. 367.
42) *Luden*, Handbuch des teutschen gemeinen und partikularen Strafrechts I, 1847,

의사를 전제로 하는데, 행위자가 범행을 포기하였다면 범행을 전체적으로 보았을 때 기수의사는 존재하지 않는다는 의미에서이다.

하지만 전체고찰설의 입장으로서 그 이후의 학설에 큰 영향을 미친 학자는 빈딩(Binding)이다. 이미 존재하는 미수범의 가벌성이 사후적으로 없어진다고 보았다는 점에서는 기존의 법률설과 차이가 없으나, 다만 미수와 중지미수를 하나의 행위로 보아야 한다는 주장에서 새로운 점을 찾을 수 있다. 행위자의 행동은 법적으로 문제되는 결과와 관련하여 단일하기 때문에, 이를 분리해서 고찰하는 방식은 법적으로 전혀 받아들일 수 없다고 빈딩은 주장한다. 법이 위법한 결과의 야기를 금지하였음에도 불구하고 행위자가 결과발생을 위해 행위하기 시작했다면, 범행의 착수가 있다. 하지만 행위자는 결과발생을 위해 했던 일을 무해화(paralysieren)할 수 있으며 그로써 결과가 발생하지 않게 할 수 있다. 그러므로 행위자가 자의적인 중지를 통하여 범행결과의 발생을 위한 요건들을 제거했다면, 그의 행동은 전체적으로 보았을 때 해로운 결과에 대한 인과성을 잃게 되므로 더 이상 위법한 행위가 아니고 미수범도 아니라고 한다. 공범처벌과 관련해서는 중지미수에서 위법성이 탈락되기 때문에 교사범이나 방조범도 처벌되지 않는다고 보았다.[43] 빈딩은 교과서에도, 공동정범에서 한 명이 중지했다고 하더라도 다른 행위자가 처벌된다는 점은 부인될 수 없으나, 교사범과 방조범은 가중적 미수의 경우 외에는 처벌되지 않는다고 하였다.[44]

루덴과 빈딩은 중지미수에서 범행의사가 문제가 된다고 보았다는 점에서는 차샤리애와 동일하나, 차샤리애는 중지행위에 의해 범행의사가 사후적으로 사라진다고 본 반면 루덴 및 빈딩은 중지미수를 법률적

S. 420 (*Herzog*, Rücktritt vom Versuch und thätige Reue, S. 152f 참조).
43) *Binding*, in: Abhandlungen, S. 125f.
44) *Binding*, Grundriß, S. 138.

으로 평가했을 때 범행의사가 존재하지 않는다고 보았다. 하지만 중지미수에서 범행의사가 존재하지 않는다고 해도 미수범의 처벌이 완전히 탈락해야 하는지는 의문이다. 범행의 객관적 측면은 남아 있기 때문이다.

2) 법률설의 내용

법률설은 중지미수에는 미수범처벌을 저지하는 법률적 요소가 존재하기 때문에 범죄론체계의 논리적 불가피성에서 중지미수의 불처벌이 도출되며, 그렇기 때문에 중지미수에서는 미수범의 구성요건해당성, 위법성 또는 책임이 없다는 설명이다.[45] 차샤리애, 루덴, 빈딩 외에도 베르너는 범행결의 중 아직 실현되지 않은 부분은 중지행위에 의하여 되돌려지며, 중지의 자의성으로 인하여 범행의사도 더 이상 존재하지 않는다고 하였으며,[46] 헤글러(Hegler)도 범죄를 행하겠다는 결정이 실현되기 이전, 그 반대행위(contrarius actus)가 있음으로써 주관적으로 정의되는 위법성이 전체적으로 반사회성을 상실한다고 본다.[47] 그리고 형사정책설은 중지미수라는 제도에 법적·이론적 이유가 있음을 침묵하고 있다고 법률설의 주장자들은 비판했다.

법률설에는 개념지향적이며, 형법도그마틱과 형사정책의 경계를 분명히 설정하며, 어떠한 이론적 구조의 정당성을 그 결과가 아니라 개념구조의 논리정연함에서 찾는 법학적 사고방식이 반영되어 있다.[48] 그리고 미수와 중지미수를 연관해서 파악한다는 측면에서 이 이론의 장점을 찾을 수 있다.[49]

---

45) *v. Bar*, Gesetz und Schuld II, S. 549 ; *Herzog*, Rücktritt und tätige Reue, S. 196ff ; *Köstlin*, System, S. 238 ; *Schoetensack*, FS Binding I, S. 426.
46) *Berner*, Lehrbuch, S. 169.
47) *Hegler*, Frank-FG I, S. 329 Fn. 2.
48) *Hassemer*, in: Nutzen, S. 234.

하지만 이 이론의 지지자는 현재는 찾기 어려운데,[50] 다음의 몇 가지 단점 때문이다. 우선 중지미수를 처벌하지 않는 이유는 어떤 논리 때문이 아니라 입법자의 의사가 그러하기 때문이다.[51] 그리고, 미수와 중지미수가 서로 연관된다고 인정하더라도 중지미수를 법률설의 방식처럼 설명할 필요는 없다. 중지미수에서는 범행의 고의가 탈락하기 때문에 위법성이 없다는 설명이 대부분의 법률설인데, 현재의 용어로 바꾸면 구성요건고의가 없거나 탈락하기 때문에 불법이 없다는 의미이다. 하지만, 이미 실행의 착수가 있었기 때문에 미수범의 불법은 존재하고 존재하는 미수범의 불법은 사후행위로도 탈락하지 않는다. 다른 한편으로 법률설은 범행에 함께 참여했으나 중지행위를 하지 않은 공범의 처벌을 근거지우기 어렵다.[52] 예비죄와 위험범, 기도범 등을 처벌하는 규정이 있기 때문에 이러한 흠결은 큰 문제가 되지 않는다는 반론이 있지만,[53] 처벌 자체를 근거짓기 어렵다는 법률설의 난점에 대한 설득력있는 방어라고 보기 어렵다. 그리고, 현재 독일형법의 중지미수조문은 법률설로 해석하기 어려운 형태이다.[54] 사실 법률설은 중지미수의 본질에 관한 근거제시라기보다는 중지미수의 법적 성격에 관한 설명이라고 보인다.[55]

---

49) *Maurach/Gössel/Zipf*, AT II, § 41 Rn. 8f ; NK-*Zaczyk*, § 24 Rn. 5 ; *Roxin*, AT II, § 30 Rn. 11.
50) *Reinhard v. Hippel*, Untersuchungen, S. 37도 법률설과 형사정책설의 대립은 사실상 끝났다고 지적한다.
51) *Jescheck/Weigend*, AT, S. 538 ; LK^{10}-*Vogler*, § 24 Rn. 7.
52) *Roxin*, AT II, § 30 Rn. 2f. *Reinhard v. Hippel*, Untersuchungen, S. 65도 인정하듯이, 이는 법률설에 대한 모든 비판의 출발점이다.
53) *Reinhard v. Hippel*, Untersuchungen, S. 41f.
54) 이는 *Reinhard v. Hippel*, Untersuchungen, S. 34ff가 법률설을 뒷받침하기 위해서 1851년의 프로이센형법 등 예전의 입법례를 제시하고 있음을 보면 분명해진다.
55) *Bloy*, Die dogmatische Bedeutung, S. 151.

3. 은사설 또는 보상설

황금의 다리 이론이 행위자가 중지행위를 하도록 자극하려는 의도임에 반해서, 은사설(Gnadentheorie) 또는 보상설(Prämientheorie)은 중지행위를 한 행위자에 대한 보상에 주목한다.56) 그러므로 이 이론에서는 피해자보호보다는 행위자의 특성이 관심의 대상이다.57)

보켈만(Bockelmann)에 따르면 중지미수는 '법관의 은사의 한 형태'이다. 행위자는 미수범행을 중지함으로써 미래에는 더 이상 나쁜 행동을 하지 않을 것이라는 희망을 사람들에게 갖게 한다. 그리고, 보상받을 만한 반대행위를 통하여 책임비난의 정도가 감소하는데, 이러한 사실은 중지미수에 규정된 자의성 개념을 통하여 표현된다고 한다. 이러한 측면에 비추어 볼 때 행위자에게 은사를 주어 처벌하지 않는 것이 적당하다고 주장한다. 예셱과 바이겐트(Jescheck/Weigend)의 설명에 따르면 보상설이 '새로운 이론'으로서 '오늘날 압도적 다수설'인데, 자의로 중지하거나 기수를 방지하거나 기수방지를 위해 진지하게 노력한 자는 자신의 범행에 대한 공동체의 법동요적 인상을 부분적으로 상쇄시키며 그로써 관용을 얻게 된다. 그 외에도 미수범의 불법은 보상받을 행동과 균형을 이룸으로써 어느 정도 해소된다고 본다. 하지만 법률은 중지미수의 자의성을 요구할 뿐이므로 중지미수의 동기가 특별히 윤리적일 필요는 없다고 부연한다.

---

56) 보상설의 주장자로 *Jescheck/Weigend*, AT, S. 539 ; *Schröder*, JuS 1962, 81. 은사설은 *Bockelmann*, in: Strafrechtliche Untersuchung, S. 178ff ; *Heinitz*, JR 1955, 249. 은사설과 황금의 다리 이론의 관계에 관해서는 한편으로 LK-*Lilie/Albrecht*, § 24 Rn. 40 ; 다른 한 편으로 *Ulsenheimer*, Grundfragen, S. 75 참조.
57) *Heinrich*, AT I, Rn. 761. 이를 명확하게 보여주는 예로 *Bockelmann*, in: Strafrechtliche Untersuchung, S. 180.

은사설은 중지미수에서의 자의성이나 실패한 미수의 개념,[58] 또는 독일이나 오스트리아형법에서의 '진지한 노력' 조문[59]을 잘 설명할 수 있다는 장점이 있다. 하지만 이러한 장점에도 불구하고 은사설은 중지미수 규정을 설명하는 이론이 아니라 그 규정의 변형에 불과하다고 비판받는다.[60] 왜냐하면 이제는 왜 법률이 중지행위를 '은사' 또는 '보상'하는지에 대한 설명이 필요한데, 이러한 설명을 찾기는 쉽지 않기 때문이다. 예섹과 바이겐트처럼, 범행에 관한 법동요적 인상이 중지미수를 통해서 성공적으로 제거되기 때문에 중지미수를 특별히 취급해야 한다고 설명한다면, 보상설은 형벌목적설과 비록 출발점은 다르나 본질적인 내용의 차이는 없다. 그리고, 형벌목적설과의 유사성은 은사의 대상을 행위자의 행동으로 보는 한 당연한 귀결이기도 하다.[61] 보상설로는 중지미수에 대한 보상이 어느 정도여야 하는지, 즉 중지미수의 법률효과에 대하여 설명하기도 어렵다.[62]

하지만 보상설의 내용이 불명확하다는 점은 당연한데, 보상(Prämie)은 기대되는 작위 또는 부작위에 대한 자극처럼 미래에 대한 것일 수도 있고 과거의 행위에 대한 보상(Belohnung)처럼 과거에 기초할 수도 있기 때문이다.[63] 그렇기 때문에 보상설은 새로운 이론일 수 없으며 예전

---

58) *Kudlich*, JuS 1999, 241.
59) *Tipold*, Rücktritt und Reue, S. 20. 가령 *Fuchs*, AT I, § 31 Rz. 7은 오스트리아형법 제16조 제2항('진지한 노력')의 중요성 때문에 중지미수는 은사설로 설명해야 한다고 한다.
60) *Baumann/Weber/Mitsch*, AT, § 27 Rn. 7 ; *Bergmann*, ZStW 100 (1988), 334 ; *Berz*, Tatbestandsverwirklichung, S. 48f ; *v. Heintschel-Heinegg*, ZStW 109 (1997), 40 ; *Roxin*, AT II, § 30 Rn. 23 ; *Schünemann*, GA 1986, 323 ; *Stratenwerth*, AT, § 11 Rn. 69 ; *Ulsenheimer*, Grundfragen, S. 77.
61) *Lenckner*, FS Gallas, S. 306도 예섹의 견해가 은사설이라고 설명하나, 그 서술내용은 오히려 형벌목적설에 해당한다.
62) *Jakobs*, JuS 1980, 718.

의 법조문도 보상설로 설명할 수 있다.64) 은사설은 미수범의 처벌근거에 대한 주관설을 바탕65)으로 해서만 주장할 수 있다는 지적도 있다.66)

4. 형벌목적설

이 학설은 특별예방에 중점을 둔 BGHSt 9, 48 판결에서 그 기원을 찾을 수 있다. "행위자가 이미 착수한 미수행위를 자발적으로 중지한다면, 이는 그의 범죄적 의사가 범죄행위의 실현에 이를 만큼 충분하지 않았음을 보여준다. 미수행위를 통해 표출된 행위자의 위험성은 사후적으로 매우 감소하였다. 그렇기 때문에 형법은 미수행위 자체를 처벌하지 않는 것이다. 행위자의 장래의 범죄행위의 방지, 일반인에 대한 위하나 침해된 법질서의 회복 무엇을 위해서도 행위자를 처벌할 필요가 없다고 보이기 때문이다."67) 이 판결을 기반으로 발전된 형벌목적설(Strafzwecktheorie) 또는 단초설(Indiztheorie)은 현재 독일의 통설이다.68)

형벌목적설에 따르면 행위자는 중지미수를 통하여, 자신의 범죄의사가 범죄행위의 기수에 이를 만큼 충분하지 않음을 보여준다고 한다. 그

---

63) *Ulsenheimer*, Grundfragen, S. 75.
64) *Bloy*, Die dogmatische Bedeutung, S. 155 ; LK^{10}-*Vogler*, § 24 Rn. 16은 프로이센 일반란트법이 보상설의 기원이라고 설명한다.
65) *Bockelmann*, in: Strafrechtliche Untersuchungen, S. 183.
66) *Haft*, AT, S. 240 ; Schönke/Schröder-*Eser*, § 24 Rn. 2a ; *Ulsenheimer*, Grundfragen, S. 76.
67) BGHSt 9, 48. BGHSt 37, 346도 참조.
68) *Baumann/Weber/Mitsch*, AT, § 27 Rn. 8 ; *Bloy*, Die dogmatische Bedeutung, S. 157ff ; *Ebert*, AT, S. 129 ; *Gropp*, AT, § 9 Rn. 84 ff ; *Haft*, AT, S. 240 ; *Krey*, AT II, Rn. 455 ; *Lagodny*, Strafrecht vor den Schranken der Grundrechte, S. 489ff ; *Lackner/Kühl*, § 24 Rn. 2 ; *Maurach/Gössel/Zipf*, AT II, § 41 Rn. 14 ; *Roxin*, AT II, § 30 Rn. 6ff ; *Schmidhäuser*, AT, 15/69 ; SK-*Rudolphi*, § 24 Rn. 4.

렇기 때문에 행위자와 같은 부류의 다른 범죄자를 위하하기 위해서도, 규범의 효력을 강화하기 위해서 또는 행위자가 장래 다른 범죄행위를 하지 못하도록 하는 목적을 위해서도 형벌은 필요하지 않다고 한다. 이 이론은 중지미수에 관한 다양한 규정들을 쉽게 설명할 수 있을 뿐만 아니라,69) 미수범 처벌에 대한 이론과도 조화를 이룬다는 장점70)이 있다고 형벌목적설의 지지자들은 주장한다.

하지만 형벌목적설에 의해도 왜 미수범의 처벌근거가 중지미수로 인해 사라지는지는 분명하지 않다. 어떠한 행위가 당벌적이지 않거나 일반예방이나 특별예방 어느 측면에서도 형벌이 필요하지 않다고 보이기 때문에 실제로도 처벌되지 않는다는 주장은 설명이 아니라 자명한 이야기의 반복에 지나지 않는다.71) 그리고 형벌목적설의 주장이 옳다고 일단 가정해도, 이제 형벌목적설은 왜 중지미수에서 당벌성이 탈락되는가를 설명해야 한다. 하지만, 지금까지의 노력에도 불구하고 형벌의 목적의 본질이 무엇인가 하는 질문에 대하여 대답하기란 미수와 중지미수의 본질에 관한 해명보다도 더욱 어렵다.72)

형벌목적설의 내용이 불분명하다는 문제도 있다. 형벌목적설은 그 주장자에 따라 내용이 다양하여 통일적으로 설명하기는 매우 어렵다는 점을 특별예방의 역할에 관한 독일학계의 논쟁이 보여준다. 사실 중지미수의 본질에 관한 형벌목적설을 주장하면서도 특별예방을 포함하지 않으면서 설명하려는 입장이 많은데, 황금의 다리 이론에 관한 설명에서 보았듯이 특별예방은 부적절한 '형사정책적인 낙관론'에 기인하고

---

69) *Bergmann*, ZStW 100 (1988), 335.
70) *Roxin*, AT II, § 30 Rn. 8.
71) *Ulsenheimer*, Grundfragen, S. 79. *Jakobs*, AT, 26/6 ; *Stratenwerth*, AT, § 11 Rn. 69도 참조.
72) *Fahl*, JA 2003, 759 ; *Köhler*, AT, S. 470f. 이미 이러한 지적으로 *Lamm*, Gutachten, S. 158.

있기 때문이다.73) 예를 들어 행위자가 실행에 착수했던 범행을 중지했으나 중지의 이유가 더욱 큰 이익이 될 것 같은 범행을 하기 위해서라면, 특별예방에 비추어 볼 때 중지미수를 인정하기는 어렵다.74) 행위자는 더 나은 범행이익을 얻기 위해 움직였을 뿐, 행위자의 위험성이 감소했기 때문에 애초 계획했던 범행을 포기한 것은 아니기 때문이다. 즉 어떠한 행위자가 이번에 범행을 중지하였다고 하더라도 다음에 또 범행을 중지하리라는 보장은 없다.75) 그렇기 때문에 범죄를 실행하려는 행위자의 의지가 약해졌다는 사실 한 가지만으로 중지미수를 처벌하지 않는 근거를 설명하기는 어려우며,76) 이러한 이유 때문에 형벌목적설을 주장하는 독일의 몇몇 학자들은 중지미수의 본질에 관한 설명에서 특별예방을 제외하려고 한다.77) 하지만 일반예방에만 의지해 중지행위를 설명하는 기준을 도출해내기는 어렵다.78)

그리고 형벌목적설은 너무 추상적이라서 중지미수의 개별문제의 해결에도 큰 도움이 되지 않는다.79) 예를 들어 실패한 미수 여부를 판단하는 기준인 개별행위설(Einzelaktstheorie)이나 종합판단설(Gesamtbetrachtungslehre) 중 어느 쪽도 형벌목적설의 입장에서 주장할 수 있다.80) 다른 예로 독

---

73) *Herzberg*, NStZ 1989, 50. *Lang-Hinrichsen*, FS Engisch, S. 370에 따르면 이는 '지나치게 과감한 범죄학적 예측'이다.
74) BGHSt 35, 184 ; *Herzberg*, FS Lackner, S. 329 ; ders., JuS 2005, 7 ; *Weinhold*, Rettungsverhalten, S. 19.
75) *Puppe*, AT II, § 32 Rn. 6.
76) 이러한 지적으로 *Berz*, Tatbestandsverwirklichung, S. 29 외 다수.
77) *Bergmann*, ZStW 100 (1988), 336 ; *Kampermann*, Grundkonstellationen, S. 199 ; *Nolden*, Wertungsfrage, S. 21f ; *Ranft*, Jura 1987, 532 ; *Streng*, JZ 1984, 654 Fn. 23 ; *Ulsenheimer*, JZ 1984, 853 참조. 반대견해로는 *Burkhardt*, Rücktritt, S. 112.
78) *Weinhold*, Rettungsverhalten, S. 21.
79) *Jakobs*, JuS 1980, 718.
80) *Nolden*, Wertungsfrage, S. 22.

일형법 제24조 제2항이 새로 도입된 당시에 과연 이 조문이 중지미수의 본질에 비추어 타당한지에 관한 검토가 있었는데, 제24조 제2항이 중지미수의 인정을 위해 자신의 행위분담의 제거뿐만 아니라 기수의 방지를 요구한 점을 형벌목적설로 설명할 수 있다는 견해[81]와 그렇지 못하다는 견해[82]가 엇갈렸다.

5. 책임이행설

헤르츠베르크(Herzberg)에 따르면, 중지미수는 다양한 관점에서 설명할 수 있음에도, 기존의 논의는 특정한 상황에 초점을 맞춘 나머지 법률에 규정되어 있는 불처벌의 모든 경우를 분명히 설명해 주지 못했다. 그러면서 그는 중지미수의 일반적인 근거로서 미수에 의한 법적인 채무(Rechtsschuld)의 변제가 문제된다고 주장한다. 행위자의 불법적인 행동에 대한 강제적인 위하로 형법에서는 형벌이 있으며, 중지미수는 행위자가 그에게 귀속할 수 있는 급부를 통하여 불법적인 행동을 끝내고 원상회복해야 하는 자신의 의무를 다하였을 경우 강제적인 위하는 끝난다는 일반적인 법원칙에 따랐다는 설명이다.[83] 이 법원칙은 민법이나 행정법 등 형법 이외의 다른 법영역에서 도출되는데, 채무자가 스스로의 급부로 채무를 변제했을 경우 제재하지 않는다는 내용으로서 책임이행설(Schulderfüllungstheorie)의 기본생각이다.[84] 이때의 책임은 실행에 착수

---

81) *Grünwald*, FS Welzel, S. 711.
82) *Lenckner*, FS Gallas, S. 306은 사회에 대한 법동요적인 인상은 행위분담의 제거만으로 탈락하기 때문에 은사설로 제24조 제2항을 설명하기 어렵다고 하며, 제24조 제2항은 형벌목적설로도 설명할 수 없다고 본다.
83) *Ders.*, FS Lackner, S. 325ff 참조.
84) '책임보상설'로 부르는 견해(김일수, 한국형법 II, 197면)도 있으나, 번역어로 '채무변제설'이 적당하다는 생각이다. 물론 일본학자들도 이 이론을 책임이행설이라

한 범죄행위를 원상회복시키는 책임이므로 범죄론체계에서의 책임 개념과는 다르다.[85]

헤르츠베르크의 견해는 중지미수를 다른 법영역의 제도나 형법의 다른 제도와 연결해서 이해할 시사점을 준다.[86] 하지만 책임이행설은 중지미수에 관한 독일형법 제24조에 대한 설명이라기보다는 변형에 지나지 않는다.[87] 그리고 책임이행설을 통해서 독일형법 제24조를 설명한다고 해도, 책임이행이라는 개념을 통해서 중지행위가 결과에 관련되어야 하는지(책임이행의 결과의 문제), 아니면 행위에 관련되어야 하는지(최적의 책임이행행위 요구)를 확정하기는 어렵다.[88]

이론적으로도 책임이행설이 형벌목적설과 큰 차이가 없고, 오히려 그 구체화에 지나지 않는다고 볼 수 있다. 책임이행설도, 중지미수에 대한 한계사례의 해결, 즉 어느 경우에 중지미수를 인정해야 하는지 여부를 형벌목적에 관한 사상을 통하여 확정하려고 하기 때문이다.[89] 그리고 헤르츠베르크의 설명을 형법에서 과연 받아들일 수 있는지도 의심스럽다. 사후적인 원상회복이 이미 존재하는 가벌성을 0으로 축소시킬 수 있다는 원칙은 형법에 존재하지 않기 때문이다.[90]

고 번역하기는 하지만(山中敬一, 中止未遂の研究, 51頁; 町田行男, 中止未遂の理論, 30頁 등), 이 이론에서의 Schuld는 형법이 아니라 예를 들어 민법에서의 사실관계에서 끌어왔기 때문이다. 민법에서의 Schulderfüllung이 생각의 단초가 되었다면 '책임이행'보다는 '채무변제'라는 번역이 적절하다.

85) 같은 지적으로 김성천·김형준, 형법총론, 488면 ; 최우찬, 중지미수, 65면.
86) *Herzberg*, FS Lackner, S. 366은 중지미수를 공소시효의 완성이나 고소취하와 비교한다.
87) *Jescheck/Weigend*, AT, S. 539 ; SK-*Rudolphi*, § 24 Rn. 3a ; *ders*, NStZ 1989, 511.
88) *Nolden*, Wertungsfrage, S. 18 ; Otto, AT, § 19 Rn. 4.
89) *Bergmann*, ZStW 100 (1988), 337 ; *Lampe*, JuS 1989, 616.
90) *Roxin*, AT II, § 30 Rn. 26. 이미 *Radbruch*, Frank-FG I, S. 161.

6. 위험감소설

독일학계에서 최근 중지미수를 설명하려는 주목할 시도는 위험개념과의 연결이다. 예거(Jäger)는 법익위태화로부터의 후퇴(Umkehr der Rechtsgutsgefährdung)가 중지미수를 인정하는 근거라고 주장한다. 위태화로부터의 후퇴라는 요청은 법익침해의 위험이 실제로 존재하는지 아니면 행위자의 생각 안에서만 존재하는지와 관계가 있다. 그리고 중지미수란 중지행위자가 법익위태화를 중단하거나 실제적인 침해로 이르지 않도록 한 경우를 의미한다. 따라서 필요한 중지행위가 무엇인지는 각각의 경우에 문제가 되는 위태화가 무엇인지에 따라 구별해야 한다는 설명이다.[91] 헤클러(Heckler)도 미수범의 처벌근거가 그 반대행위인 중지행위를 통하여 무력화되며, 따라서 중지미수에서는 위태화에 대한 고려가 중요한 의미를 가진다고 설명한다.[92]

위험감소설은 중지미수에 관한 실질적인 기준을 제시할 수 있으며,[93] 법익보호에 이바지한다는 점 또한 분명하다.[94] 다만, 착수미수 단계에 있는 행위자는 아직 결과발생을 위해서 충분한 상태에 있지 않다고 생각했음에도, 이 견해에 따르면 중지미수의 인정을 위해서는 단순한 중지가 아니라 적극적인 결과발생의 방지를 요구할 수 있다는 점이 문제로 지적될 수 있다.[95] 그리고, 중지행위자가 결과발생방지를 위한 진지한 노력을 했으나 성공하지 못하고 중지미수의 효력이 발생하

---

91) *Ders.*, Gefährdungsumkehr, S. 63. *Roxin*, AT II, 30 Rn. 34ff도 참조.
92) *Ders.*, Rücktrittsleistung, S. 14. 이미 이러한 입장으로 *Hegler*, Frank-FG I, S. 329 Fn. 2.
93) *Roxin*, AT II, § 29 Rn. 34ff.
94) *Heckler*, Rücktrittsleistung, S. 123.
95) *Küper*, ZStW 112 (2000), 2 Fn. 6.

지 않는 상황을 상정하면 위험감소설은 독일형법 제24조 제1항 제2문의 '진지한 노력' 요건을 설명하기 어렵다는 비판96)이 있다.

7. 절충설 또는 결합설

중지미수의 본질에 관한 다양한 견해가 있기 때문에, 절충설 또한 종종 찾을 수 있다.97) 가령 울젠하이머(Ulsenheimer)는 중지미수가 면책사유라고 하면서 은사설, 보상설, 형벌목적설이 각각 근거가 될 수 있다고 본다.98) 형벌목적설, 피해자보호, 응보적 책임청산(vergeltende Schuldausgleich)의 결합으로 중지미수를 설명하기도 한다.99)

II. 미수와 중지미수의 관계

1. 학설의 분류

중지미수의 본질에 관한 논의는 어떠한 분류기준을 정하는지에 따라 다양하게 나눌 수 있다. 우선 중지미수를 처벌하지 않는 이유가 이미 법과 법해석에 선재해 있다고 보는지, 아니면 보충적으로 다른 근거를 제시해야 한다고 보는지에 따라 법률설과 재량설(Ermessenstheorie)로

---

96) LK-*Lilie/Albrecht*, § 24 Rn. 32.
97) *Boß*, Der halbherzige Rücktritt, S. 34f ; *Kudlich*, JuS 1999, 241 ; *Lampe*, JuS 1989, 616 ; LK-*Lilie/Albrecht*, § 24 Rn. 38, 57 ; Schönke/Schröder-*Eser*, § 24 Rn. 2b. 그에 대해 *Berz*, Tatbestandsverwirklichung, S. 26ff ; *Ulsenheimer*, Grundfragen, S. 46ff.
98) *Ulsenheimer*, Grundfragen, S. 105.
99) LK-*Lilie/Albrecht*, § 24 Rn. 57.

나눌 수 있는데, 재량설을 전통적으로 형사정책설이라고 불렀다.100) 중지미수의 효과를 중지행위 시점과 연결해 설명하는 '중지행위기준설'과 판단 시점과 연결해 설명하는 '판단기준설'로 나눌 수도 있다.101)

하지만 미수와 중지미수의 관계에 대해 어떤 입장을 취하는지에 따라 구별하면, 미수와 미수범의 처벌근거를 중지미수의 설명에 연결시키는지에 따라 전체평가설(Einheitstheorie)과 분리고찰설(Trennungstheorie)로 나눌 수 있다.102) 법률설이 미수와 중지미수를 전체적인 관점에서 하나의 행위로 보았고, 현대에는 전체평가설이 이러한 입장이다.103)

2. 전체평가설

전체평가설의 출발점은 미수와 중지미수에 대한 규범적인 종합평가이며, 현대에는 랑-힌릭센(Lang-Hinrichsen)이 이러한 논의를 '재발견'했다. 사실, 범행결과를 목표로 하는 행동은 목적적으로는 하나의 행동이므로 총의 장전이나 겨냥 등의 개별행위는 살인죄의 구성부분으로서만 금지되며, 단편적이 아니라 가치적이고 목적지향적으로 해석하면 행위자가 중지한 경우에는 유책한 행위가 없다는 주장104)은 이미 루덴이나 빈딩에서도 찾을 수 있다.

---

100) *Boß*, Der halbherzige Rücktritt, S. 15ff.
101) 전자에는 황금의 다리 이론이 속하며, 후자에는 은사설, 형벌목적설 등이 있다 (*Gropp*, AT, § 9 Rn. 81ff).
102) *Burkhardt*, Rücktritt, S. 49f, 103ff ; *Kolster*, Qualität, S. 5 ; *Lang-Hinrichsen*, FS Engisch, S. 374.
103) 그에 관한 상세한 설명으로 *Lang-Hinrichsen*, FS Engisch, S. 370ff. *Bloy*, Die dogmatische Bedeutung, S. 169ff도 참조.
104) *Schoetensack*, FS Binding I, S. 426. 중지미수를 통하여 위법성의 전체가 반사회성을 잃는다는 *Hegler*, Frank-FG I, S. 329도 참조.

랑-힌릭센에 따르면 중지행위 이전에 있었던 미수행위는 가치평가를 위한 한 단면에 불과하고, 완전한 가치평가를 위해서는 그 이후의 행태도 함께 고려되어야 한다. 즉, 처음에는 법익침해를 목표로 표출되었던 의사가 법익침해의 방지를 목표로 하는 법준수적 의사로 자의적으로 바뀌는 역동적인 과정 전체를 평가해야 한다. 미수행위와 중지미수는 심리적으로 구별됨에도 불구하고 가치평가의 시각에서 보면 단일하기 때문에 하나의 행위를 이룬다. 이렇게 봄으로써 미수와 중지미수는 법률적으로 단일한 평가의 대상이 되는데, 행위자의 행위를 미수와 중지미수로 구분하는 것은 단편적이며, 사후적으로 긍정적인 행위가 있음으로써 기존의 부정적인 행위를 새롭게 평가할 가능성이 생기기 때문이다.[105]

전체평가설이 중지미수에 관한 이해와 중지미수조문의 해석에 크게 기여했다는 점은 부인할 수 없다.[106] 그러나 전체평가설은 주장하는 사람에 따라 서로 다른 다양한 논거와 결합하며, 전체평가설만으로 중지미수를 설명하려는 시도는 지금까지 볼 수 없었다.[107] 그렇기 때문에 "전체평가설을 받아들여서 전체의 과정을 단일한 '행위'로 파악한다면 무효화(Annullierung), 추정(Präsumption), 약화, 범행잠재성의 결여, 황금의 다리, 보상, 은사, 단초 등등의 이론무더기는 불필요할 것이다"라는 평가[108]에는 따르기 어렵다. 전체평가설은 '생각의 방법론적 단초일 뿐, 가치평가에 중요한 실질적인 기준과는 전혀 관계가 없기' 때문이다.[109] 그리고 전체평가설의 행위개념을 따를 경우 결국 미수구성요건

---

105) *Lang-Hinrichsen*, FS Engisch, S. 372.
106) *Rau*, Ernsthaftes Bemühen, S. 27.
107) *Kolster*, Qualität, S. 11 ; *Ulsenheimer*, Grundfragen, S. 58 ; *Walter*, Rücktritt, S. 24.
108) *Lang-Hinrichsen*, FS Engisch, S. 373. 여기서의 추정은 헤르초크(Herzog)의 추정설을 의미한다.

의 상대화가 나타나게 될 것이다.110)

중지미수는 개념적으로 가벌적인 미수의 존재를 전제로 하기 때문에 중지미수의 본질과 요건은 미수범처벌의 근거와 분리해서 생각할 수 없다. 그렇다고 해도 전체고찰설이 하듯이 미수와 중지미수를 하나의 행위로 보아야 할 이유는 없다.

3. 형벌목적설과 결합된 전체평가설

형벌목적설의 지지자 중 다수는, 미수와 중지미수가 하나의 행위라는 중지미수의 본질에 관한 존재론적 설명이 아니라 형벌목적설이 미수범처벌근거에 관한 학설과 조화를 이루기 때문에 중지미수를 잘 설명할 수 있다고 주장한다.111) 물론 이때에도 미수와 중지미수의 관계가 논의의 출발점이 되지만, 법률설과 전체평가설이 미수와 중지미수의 구조에 착안했던 것과는 달리 형벌의 목적이나 미수범의 처벌근거를 중시한다. 예를 들어 루돌피(Rudolphi)는 미수범에 대한 불가피한 대응으로서의 형벌의 요건을 규정한 독일형법 제22조 및 제23조가 실현되었음에도 예외적으로 형사정책적 요청에 기인해 형벌을 부인할 수 있는 경우를 독일형법 제24조가 규율하고 있으며, 이러한 관점에서 보면 미수와 중지미수는 평가에서의 단일성을 이룬다고 한다.112) 여기에서도 행위자의 행동 전체를 사후적으로 평가한다는 시각을 찾을 수 있기 때문에, 많은 경우 전체평가설로 분류된다. 하지만 이는 랑-힌릭센이 주장

---

109) *Ulsenheimer*, Grundfragen, S. 78.
110) *Schmidhäuser*, AT, 15/68 ; *Walter*, Rücktritt, S. 25f.
111) *Bergmann*, ZStW 100 (1988), 334 ; *Haft*, AT, S. 240 ; *Roxin*, AT II, § 30 Rn. 8ff ; Schönke/Schröder-*Eser*, § 24 Rn. 2b 외의 다수.
112) SK-*Rudolphi*, § 24 Rn. 5. *Roxin*, AT II, § 30 Rn. 29도 이와 비슷하다.

한 전체평가설과는 다르며, 중지미수의 본질에 관한 형벌목적설과의 결합을 통하여 변형된 전체평가설이라고 보인다. 어쨌든, 형벌목적설이 별 문제없이 다른 이론과 연결될 수 있는 가능성을 지니고 있기 때문에113) 형벌목적설과 전체평가설의 결합은 놀랄 만한 사실은 아니다.

원칙적으로 전체평가설은, 중지미수를 불법이나 책임, 또는 형벌의 어느 영역과 연결해 설명하느냐의 문제, 즉 중지미수의 범죄론체계에서의 위치와는 무관하게 주장할 수 있음에도 불구하고114) 전체평가설을 주장하는 많은 학자들은 중지미수를 책임과 연관시키려고 한다.115) 중지미수에서 소위 기능적 책임개념이 문제가 된다고 보거나,116) 중지미수에서는 기존의 의미에서의 책임은 아니지만 형법적으로 의미있는 책임이 떨어져 나간다는 설명 등이 그것이다.117) 이러한 입장에서 결국 책임이나 답책성 중 어느 개념을 통해 중지미수의 본질을 구체화하는지는 부차적이기 때문에 면책사유나 답책성배제사유 무엇으로도 중지미수를 설명할 수 있다는 견해도 존재한다.118)

그와 반대로 중지미수를 인적 형벌면제사유로 보는 통설은, 중지미수를 통해서도 미수범의 불법이 달라질 수는 없다는 설명을 그 출발점으로 삼는다. 그리고, 행위자에 대한 처벌의 필요성과 관련이 없는 불처벌근거는 범죄론체계에서는 항상 처벌조각사유 또는 형벌면제사유에

---

113) 같은 지적으로 *Kudlich*, JuS 1999, 241.
114) *Burkhardt*, Rücktritt, S. 103. 그러므로, 전체고찰설에 의하면 중지미수를 양형에 영향을 미치는 요소로 파악할 수밖에 없다는 지적(LK^{10}-*Vogler*, § 24 Rn. 16 ; *Hassemer*, in: Nutzen, S. 234)은 잘못되었다.
115) *Heckler*, Rücktrittsleistung, S. 133은 형벌목적설을 바탕으로 중지미수를 설명할 때는 독일형법 제24조를 범죄체계 내부, 특히 책임과 연관된다고 보아야 적절하다고 한다.
116) *Streng*, ZStW 101 (1989), 324.
117) SK-*Rudolphi*, § 24 Rn. 6.
118) *Heckler*, Rücktrittsleistung, S. 133.

위치시킬 수 있으며, 중지미수가 이에 해당한다고 본다. 이러한 입장을 전체평가설과 대비해서 분리고찰설이라고 부르겠다.

4. 사후행위로서의 중지미수

1) 사후행위로서의 중지미수

전체평가설과 분리고찰설의 구별을 통해서, 중지미수의 존재와 중지미수와 미수와의 관계설정이 중지미수의 본질과 범죄체계에서의 위치를 파악하는 데 영향을 미친다는 사실을 확인할 수 있었다. 미수범과 중지미수의 관계를 올바로 파악하기 위해서는 무엇보다도 그 구조에 대해 주의를 기울일 필요가 있다고 많은 학자들은 생각하는데, 이러한 입장을 '미수내재적 접근'이라고 부를 수 있다.[119]

중지미수의 본질과 유리한 취급의 근거는 미수범처벌의 근거와 본질과 떼어서는 생각할 수 없으며,[120] '미수범으로 처벌하지 않는다'는 독일형법의 문언은 이를 뒷받침한다. 그러므로 중지미수에 대한 논의에서는 미수범을 고려한 전체적인 평가가 필요한데, 동일한 대상을 미수와 중지미수의 전체적 조망,[121] 미수와 중지미수의 평행관계,[122] 미수와 중지미수의 거울상관계[123]라는 다른 명칭으로 부르고 있을 뿐이다.

---

119) 그에 관하여 *Jakobs*, ZStW 104 (1992), 83ff ; *v. Heintschel-Heinegg*, ZStW 109 (1997), 41ff. *Köhler*, AT, S. 468ff도 참조.
120) *Gössel*, ZStW 87 (1975), 25 ; *Lagodny*, Strafrecht vor den Schranken der Grundrechte, S. 491.
121) *Bottke*, JR 1980, 441 ; *Kampermann*, Grundkonstellationen, S. 199 ; *Ranft*, Jura 1987, 532.
122) *Bauer*, NJW 1993, 2591 ; *Kienapfel*, FS Pallin, S. 215.
123) *Heckler*, Rücktrittsleistung, S. 121 ; *v. Heintschel-Heinegg*, ZStW 109 (1997), 37 ; Schönke/Schröder-*Eser*, § 24 Rn. 2b.

하지만 중지미수는 미수와 연결되어 존재하기 때문에 그 본질에 관한 어떤 특별한 이론을 취하지 않아도 이러한 접근방식은 가능하다. 즉 중지미수에 대하여 생각하기 위해서는 미수범의 처벌근거가 무엇인지 먼저 확인해야 하며, 이는 중지미수에 관한 모든 논의에서 동일하다.[124]

중지미수는 미수행위에 연결되는 사후행위(Nachtatverhalten)이다.[125] 미수행위는 그 이후에 중지미수가 따른다고 해도 미수행위이기 때문에, 중지미수가 이미 미수행위로 인해서 발생한 사태를 사후적으로 되돌려 없었던 일로 만들 수는 없다.[126] 미수행위의 불법 때문이며, 사후적인 상황이 존재해도 미수행위에 따른 책임비난이 없어지지도 않는다.[127] 그리고 범죄론체계에는 불법과 책임의 존재에 관련이 있는 요소만이 포함된다.[128] 그렇기 때문에 미수행위와 중지미수의 관계는 사태에 대한 단일한 평가과정이 아니라 법적이며 둘로 나누어지는 평가과정이다.[129]

하지만 중지미수는 형법의 다른 사후행위와 다르다.[130] 중지미수는 범행의 기수 이후가 아니라 실행의 착수 이후의 행위이기 때문이다. 행위가 아직 미수단계에 이르지 않았을 경우에 원칙적으로 중지미수는 문제가 되지 않으며, 최소한 미수범의 불법구성요건이 충족되었다고 볼 수 있는 다음에야 미수와 중지미수는 처음으로 연관성을 갖게 된다.[131]

---

124) *Jakobs*, ZStW 104 (1992), 82.
125) BGH NStZ 1989, 114.
126) *Bottke*, BGH-FG IV, S. 162 ; *Roxin*, AT II, § 30 Rn. 12 외의 다수.
127) *Baumann/Weber/Mitsch*, AT, § 27 Rn. 5 ; *Rau*, Ernsthaftes Bemühen, S. 26 ; *Ulsenheimer*, Grundfragen, S. 121 외 다수.
128) *Frisch*, in: 140 Jahre Goltdammer's Archiv für Strafrecht, S. 12.
129) 사실 중지미수에 관한 형벌목적설도 이러한 시각을 취하고 있다. *Walter*, Rücktritt, S. 26.
130) 독일형법의 사후행위에 관한 설명으로 *Torka*, Nachtatverhalten und Nemo tenetur, S. 38ff.
131) *v. Heintschel-Heinegg*, ZStW 109 (1997), 43 ; *Rengier*, JZ 1986, 966 ; *Walter*,

둘째로 중지미수는 비록 실행의 착수 이후에 존재하기는 하나 중지행위 시점까지는 범행이 기수에 이르지 않았기 때문에, 기수 이후의 다른 사후행위와 구별된다. 따라서 기수의 의미에 대해 살펴보아야 하는데, 기수는 두 가지 관점에서 파악할 수 있다.132) 형식적 관점에서는 형법전에 규정되어 있는 개별구성요건요소의 완전한 실현이며, 결과범에서는 구성요건이 실현되어 보호법익의 실제적 침해가 있어야 기수이다.

중지미수에서는 범행의 기수 또는 결과의 발생이라는 요소가 특별한 의미를 갖는다. 어떠한 범죄행위가 이러저러한 이유로 인하여 미수에 그친다면, 형벌을 근거지우는 기능을 갖는 결과가 의미있는 정도로 탈락하였다고 볼 수 있다.133) 그리고 법익의 종국적인 침해 또는 위태화, 즉 구성요건의 실현이 행위자의 사후행위를 통하여 방지될 수 있었다는 사실은 결과가치(Erfolgswert)의 실현으로서 행위자의 처벌에서 충분히 고려되어야 한다.134) 구성요건적인 행위반가치 또는 결과반가치가 완전히 실현되지 않았기 때문에 미수범의 불법은 기수범의 불법과 다르게 평가해야 하며,135) 중지미수에서는 결과와 관련된 측면이 우선 관심의 대상이 된다. 이는 법조문의 이해를 위해서도 필요한데, 예를 들면 실행미수는 행위불법의 완전한 형태이다.136) 결과에 대한 고려가 없이는, 실행미수를 통하여 이미 행위불법이 완전히 실현되었음에도 불구하고 왜 독일형법이 중지미수를 미수범으로 처벌하지 않는지 설명할

Rücktritt, S. 26.
132) *Zaczyk*, Unrecht, S. 194. *Wessels/Beulke*, AT, Rn. 608 ; *Blöcker*, Die tätige Reue, S. 17도 참조.
133) *Ulsenheimer*, Grundfragen, S. 94.
134) *Rau*, Ernsthaftes Bemühen, S. 138ff ; *Ulsenheimer*, Grundfragen, S. 93ff.
135) *Murmann*, Versuchsunrecht, S. 30 Fn. 101.
136) *Struensee*, GS Armin Kaufmann, S. 523 ; *Zielinski*, Handlungs- und Erfolgsunwert im Unrechtsbegriff, S. 216 등.

수 없다.

　이러한 설명에 대한 비판도 존재한다. 먼저, 불법과의 투쟁에서 모든 우연이 배제되어야만 진정한 법익보호가 가능하기 때문에 형법은 가능한 한 우연을 배제할 수 있도록 개입해야 한다고 생각할 수 있다.[137] 하지만 이로써 중지미수의 본질을 설명하기는 어렵다고 보인다. 실패한 중지행위에서 볼 수 있듯이 범행의 결과가 우연히 발생하지 않기도 하나, 결과가 발생하지 않은 경우를 결과가 발생한 경우와 반드시 동일하게 처벌해야 할 이유는 없기 때문이다.[138] 우연이 행위자에게 유리하게 작용해서는 안 된다는 형법의 원칙이 존재하지도 않으며, 미수나 과실범처벌에 대한 형법규정이 보여주듯이 우연도 경우에 따라서는 행위자에게 유리하게 작용한다.[139] 그리고 중지미수에서 범행결과가 발생하지 않았다는 사실은 단순한 우연이 아니라 행위자 스스로의 몫으로 귀속시킬 수 있는 결과이다.[140] 우연이란 결정자와 관계없이 존재하는 바를 말하는데[141] 중지미수는 이에 해당하지 않는다.

　중지미수를 인정하기 위해서는 중지행위자의 행위의 외적 결과보다는 그 행위방식이 중요하다는 주장[142]도 우연성논거에 기반을 두었다고 볼 수 있다. 이러한 견해에 따르면 중지미수를 처벌하지 않는 근본적인 이유는 행위자가 스스로 결과발생을 방지했기 때문이 아니라, 결과발생의 방지가 행위자의 진지한 노력의 결과이기 때문이다. 하지만

---

137) *Frisch*, Vorsatz und Risiko, S. 272 ; *Kratzsch*, JA 1983, 427. 사실 이러한 생각은 가령 *Freisler*, in: Denkschrift, S. 71에서도 볼 수 있다.
138) 이러한 주장으로 *Roxin*, ZStW 116 (2004), 938 외의 다수.
139) *v. Bar*, Gesetz und Schuld II, S. 549 ; *Bergmann*, ZStW 100 (1988), 342 ; *Jakobs*, JuS 1980, 715.
140) *Hruschka*, GS Zipf, S. 253 ; *Rau*, Ernsthaftes Bemühen, S. 147 ; *Ulsenheimer*, Grundfragen, S. 96.
141) *Schliebitz*, Erfolgszurechnung, S. 102.
142) 예를 들어 *Walter*, Rücktritt, S. 128ff.

독일형법 제24조 제1항 제2문의 '진지한 노력'은 그 근거가 될 수 없다. 독일형법은 범행이 기수에 이르지 못할 경우에도 행위자가 결과발생방지를 위해 진지하게 노력했다면 중지미수를 인정한다. 이러한 행위상황은 중지행위 시점에서 기수의 위험이 존재하지 않기 때문에 범행이 법익침해에 이를 수 없었던 경우인 불능미수와 객관적으로 실패한 미수이다. 하지만 독일형법의 입법자는 예외적으로 중지행위자의 진지한 노력을 요구하고 있다. 행위자의 주관적인 생각만으로 미수가 된다면, 결과가 발생하지 않을 경우, 즉 비인과적인 중지미수에서도 행위자의 생각이 중지미수를 근거지울 수 있어야 하기 때문이다.[143] 하지만 독일형법 제24조 제1항 제2문에서 높은 수준의 행위가치를 요구하고 있는 이유는 이 규정의 적용대상에서 중지행위를 통한 결과가치가 존재할 수 없기 때문이며,[144] 이 조문은 중지미수의 원칙규정이라기보다는 중지미수의 가능성을 확장하는 특수사례에 지나지 않는다.[145]

그리고 행위자는 결과범인 구성요건에서는 결과를 방지해야 중지미수로 인정될 수 있기 때문에, 독일형법 제24조 제1항 제1문의 두 번째 사례군이 결과발생의 방지가 아니라 기수의 방지를 요구하고 있을 뿐이라는 견해[146]는 받아들이기 어렵다. 독일형법의 중지미수를 이렇게 이해한다면, 제24조 제1항 후단과 제24조 제1항 제2문에서 동일하게 실행미수의 상황임에도 왜 중지미수를 인정하기 위하여 다른 행위를 요구하는지 설명하기 어렵기 때문이다.[147] 법익을 효과적으로 보호하기 위해서는 중지행위자의 행위가 효과적이어야 할 필요성이 있다고

---

143) *Roxin*, AT II, § 30 Rn. 265f 외 다수.
144) *Rau*, Ernsthaftes Bemühen, S. 140.
145) *Heckler*, Rücktrittsleistung, S. 147 ; *Puppe*, NStZ 1984, 490 ; Schönke/Schröder-*Eser*, § 24 Rn. 69.
146) 그 예로 *Nolden*, Wertungsfrage, S. 16 ; *Schliebitz*, Erfolgszurechnung, S. 136.
147) *Jäger*, Gefährdungsumkehr, S. 65.

볼 수도 있지만,148) 독일형법의 법문에 따르면 중지행위가 결과발생방지와 인과관계를 가지면 중지미수로 보기에 충분하며,149) 이는 행위자에게 중지미수의 기회를 최대한 보장함으로써 피해자보호에 최선을 다하기 위해서이다.150) 즉, '가능한 한' 범행기수를 방지하는 것이 중지미수 규정의 목표이며,151) 독일형법은 원칙적으로 피해의 결과가 발생하지 않을 경우 행위자를 처벌하지 않을 준비가 되어있다고 하겠다.152)

2) 중지행위자에게 귀속시킬 수 있는 일로서의 중지미수

지금까지 중지미수와 결과의 관계를 중심으로 중지미수의 구조에 관하여 논의하였다. 하지만 미수범처벌이 사후행위를 통하여 탈락될 수 있다는 독일형법에서의 '중지미수의 근본적인 모순점'153)은 완전히 해결되지 않았다. 이러한 모순을 해결하기 위해서는 범행의 결과가 발생하지 않은 원인이 우연인지 아니면 행위자의 행동 때문인지의 문제에 관심을 돌릴 필요가 있다.154) 다시 말하면 행위자의 측면에서도 중지미수로 인한 불처벌을 설명할 근거가 있어야 한다.

중지미수를 인정받기 위해서 행위자는 스스로 중지행위를 해야 한다. 중지행위의 결과로서 중지미수에서의 본질적인 요소인 범행결과발생의 방지가 일어난다. 즉, 중지미수에서의 결과가치는 중지행위자의 행동을 통한 균형이라는 결과이다.155) 중지미수를 인정하기 위해서는

---

148) *Jakobs*, ZStW 97 (1985), 756.
149) SK-*Rudolphi*, § 24 Rn. 27c.
150) LK-*Lilie/Albrecht*, § 24 Rn. 105 참조.
151) 88. Sitzung des Sonderausschusses für die Strafrechtsreform(Bonn, 29. November 1967), S. 1760.
152) *Schröder*, FS H. Mayer, S. 388.
153) *Puppe*, NStZ 1984, 490.
154) *Ulsenheimer*, Grundfragen, S. 96.

범행기수의 방지라는 결과가 있어야 하며 그와 관련된 행위가 객관적으로 행위자의 몫으로 볼 수 있어야 한다. 중지미수는 행위자에게 귀속시킬 수 있는 행동(Leistung)이며,156) 귀속의 기준은 형벌의 기초가 되는 행위와 형벌을 면하는 행위에 원칙적으로 동일하게 적용된다고 하겠다.157) 즉 범행이 행위자에게 불리하게 귀속되듯이, 중지미수는 유리하게 귀속시킬 수 있어야 한다.

범행이 기수에 이르기 전에는 법익이 아직 구체적이고 실질적으로 침해되지 않았으므로158) 행위자가 다르게 행위할 수 있는 여지가 아직 남아있으며, 기수시점까지 행위자는 스스로의 손에서 사태의 진행을 아직 떠나보내지 않았거나 사태를 지배할 가능성을 지니고 있다. 이때 행위자는 상황에 대하여 영향을 미칠 수 있으며 이러한 의미에서 자신의 행동을 바꿀 수 있다.159) 또한 사후행위인 중지행위는 원래의 범행실현 행위인 미수행위와 시간적으로 밀접하게 연결되어 크게 떨어져 있지 않다. 비록 실행의 착수와 그로 인하여 나타난 미수행위의 객관적 부분은 다시 돌릴 수 없다고 하더라도, 행위자는 스스로의 중지행위를 통하여 합법화로 돌아올 수 있으며,160) 장래의 상호간의 인정관계에 대한 스스로의 명확한 입장을 보여준다.161)

중지행위자가 스스로의 결정을 통하여 법적 관계의 실현에 다시 참

---

155) *Ulsenheimer*, Grundfragen, S. 102. 중지미수에 관한 규정의 역사적 발전과정도 이를 보여준다(*Zieschang*, GA 2003, 354ff).
156) *Jäger*, Gefährdungsumkehr, S. 93 ; *Jakobs*, AT, 26/1 ; MK-*Herzberg*, § 24 Rn. 122 ; NK-*Zaczyk*, § 24 Rn. 8.
157) *Bloy*, JuS 1987, 533 ; *Boß*, Der halbherzige Rücktritt, S. 147 ; *Jäger*, Gefährdungsumkehr, S. 64. 반대견해로 LK-*Lilie/Albrecht*, § 24 Rn. 194.
158) *Kohlrausch-Lange*, StGB, S. 153.
159) *Jakobs*, AT, 26/2.
160) 이러한 견해로 NK-*Zaczyk*, § 24 Rn. 5 외 다수.
161) *Kühl*, AT, § 16 Rn. 1 ; *Jakobs*, AT, 26/2 ; *Murmann*, Versuchsunrecht, S. 31ff.

여한다는 점을 분명히 한다는 사실도 지적해야 한다. 미수행위로 인해 발생한 신뢰의 파괴상태는 중지행위를 통하여 완전히 사라지지는 않는다고 하더라도 현저히 약화된다.162) 법적 관계는 주체 상호간의 규범적 관련성으로 이해되며 법적 관계 안에서 주체가 서로 같은 권리와 영향력을 지닌 것으로 존중받게 되는데, 중지행위를 통해 이러한 법적 관계가 지켜짐을 보여주게 된다.163) 이를 통해서 중지미수에서는 행위가치가 존재함을 알 수 있다.

형법이 선한 행동을 요구하는 기능을 할 수 없다는 비판도 있으나,164) 형법은 이미 중지미수와 비슷한 형태로 양형사유를 규정하고 있으므로 이러한 비판은 설득력이 없다.165)

3) 중지미수와 형벌의 관계

지금까지의 고찰에서 중지미수를 형벌의 관점에서도 파악할 수 있음이 드러난다. 형벌은 행위자의 범행에 대한 대응으로서 전체행위, 즉 범행과 범행이 다른 사람과 사회에 미치는 영향을 대상으로 한다.166) 그리고 중지미수에서의 형벌의 탈락은 행위자의 행동이 작용한 결과이다.167) 스스로 행했던 미수행위를 교정했다는 점에서 중지행위자의 공적(Verdienst)이 있으며 중지미수의 본질에 관한 학설은 동일한 현상을 은사, 보상, 정의의 명령 또는 예방 등 다른 단어로 표현하고 있을 뿐이

---

162) *Murmann*, JuS 1996, 592 ; *ders.*, Versuchsunrecht, S. 29ff.
163) 그에 관해서 *Frisch*, in: Rechtsgutstheorie, S. 224 ; *Kahlo*, in: Rechtsgutstheorie, S. 27ff ; *Köhler*, AT, S. 22ff, 451ff ; NK-*Zaczyk*, § 22 Rn. 12 ; *Rath*, JuS 1998, 1008 ; *Zaczyk*, Unrecht, S. 255ff.
164) 예를 들어 *Nolden*, Wertungsfrage, S. 18.
165) *Triffterer*, AT, S. 367.
166) *Maiwald*, in: Wiedergutmachung und Strafrecht, S. 69.
167) 그에 관하여 *Burkhardt*, Rücktritt, S. 122 외 다수.

다.168) 중지미수의 출발점은 상쇄(Kompensation)의 원칙이다.169) 비록 중지행위가 어떤 특별한 공적이라기보다 의무이행에 지나지 않지만,170) 불처벌이라는 중지미수의 효과를 볼 때 중지행위는 미수범처벌의 근거를 충분히 약화시킨다고 보인다.171) 그렇기 때문에 어떤 행위가 중지미수규정의 적용을 받는다고 평가될 경우, 결과적으로는 이는 중지행위자의 '공적'이라고 말할 수 있다.

중지미수의 또 다른 요건인 자의성에서, 중지행위가 객관적으로 존재하며 행위자가 의식적으로 중지행위를 했다는 점 이외에 행위자의 내면에 대하여 평가할 수 있는 가능성이 존재한다. 이러한 의미에서 자의성은 부수적이며, 중지행위의 인과성과는 무관한 중지미수의 요건이다.172)

---

168) *Weinhold*, Rettungsverhalten, S. 37.
169) *Heckler*, Rücktrittsleistung, S. 121 ; *Kolster*, Qualität, S. 33ff ; *Krauß*, JuS 1981, 884.
170) *Jakobs*, JZ 1988, 519f ; *ders.*, AT, 26/2.
171) *Bottke*, JZ 1994, 73.
172) *Ulsenheimer*, Grundfragen, S. 103.

제3절 중지미수의 법적 성격 및 법률효과

Ⅰ. 중지미수의 법적 성격

1. 중지미수의 법적 성격에 관한 독일형법제정 이전의 논의

카롤리나형법전이나 프로이센형법 등에서는 미수범의 정의를 반대해석해 중지미수를 도출했음을 보았다. 이때 행위자의 의사에 반한 결과의 불발생으로 미수를 정의하면, 정범이 중지하였을 때 공범에게도 중지의 효과가 미친다고 해석할 여지가 있었다.[1] 독일제국형법은 이전의 입법례와는 다르게, 미수범의 정의규정과 중지미수규정을 나누어서 원칙적으로 미수를 처벌하고 예외적인 상황인 중지미수에서만 처벌하지 않도록 규정했기 때문에, 중지미수를 처벌하지 않음에도 불구하고 미수는 존재한다는 입장이다. 하지만, "미수 자체는 불처벌이다(Der Versuch als solcher bleibt straflos)"는 제46조의 문언 때문에 독일제국형법 제정 이전과 마찬가지로, 중지행위로 인해 정범의 미수범의 불법이 존재하지 않으므로 그에 대한 교사범이나 방조범도 처벌하지 말아야 하며, 그렇다면 중지미수가 모든 공범에게 적용되는 객관적 형벌면제사유(Objektiver Strafaufhebungsgrund)라고 볼 여지가 있었다.[2] 하지만, 당

---

1) 이러한 지적으로 *Berner*, Lehrbuch, S. 165 ; *Finger*, Lehrbuch, S. 319 ; *Frank*, Vollendung und Versuch, S. 195ff ; *Hälschner*, Das gemeine deutsche Strafrecht I, S. 362 ; *Herzog*, Rücktritt vom Versuch und thätige Reue, S. 260.
2) *Baumgarten*, Die Lehre vom Versuche der Verbrechen, S. 457.

시의 학설은 '미수(Versuch)'를 '행위자의 미수행위(Versuchhandlung des Täters)'로 해석하고, '미수 자체(Der Versuch als solcher)'를 '객관적인 미수행위'가 아니라, '미수가 기수가 아니라 미수인 경우에 한하여'라고 보았다.3) 그리고, '미수 자체'라고 기술한 이유는 가중적 미수에 대해서 중지미수의 효과가 미치지 않는다는 점을 표현하기 위해서라고 설명하였다.

이러한 해결방식은 형사정책적 고려의 결과이다. 원래 독일제국형법은 공범처벌에 관하여 극단적 종속형식을 취하였기 때문에 공범이 처벌되기 위해서는 정범의 행위가 구성요건해당성, 위법성, 책임을 모두 갖추어야 하였다. 그러므로, 정범이 중지행위를 했다고 하더라도 중지하지 않은 공범의 처벌에 영향을 끼치지 않기 위해서는 중지미수를 인적 형벌면제사유로 보아야 할 필요성이 존재하였다.4) 독일제국형법이 공범처벌에 관한 제한적 종속형식을 도입한 1943년 이후에는 이렇게 해석할 필요성이 줄어들었음에도 불구하고 중지미수가 인적 형벌면제사유라는 해석은 달라지지 않았다.5)

중지미수의 법적 성격에 대한 독일제국형법 시대의 다수설의 해석을 뒷받침하는 다른 근거는 중지미수에 내재한다. 중지미수에는 개개인의 의사결정내용에 따라 구별하여 법적 효과를 귀속시킬 수 있는 요건인 자의성 개념이 있다. 자의성을 강조하면, 스스로 범행을 중지하거나 결과발생을 방지한 자만이 중지미수의 효과를 누릴 수 있고, 스스로 그렇게 하지 않은 공범은 자의성이 없기 때문에 중지미수를 인정할 수 없다. 공범처벌의 필요성과 자의성이 결합되면 중지미수는 '특별히 일신전속적'이기 때문에 '인적 형벌면제사유'라고 설명하게 된다.6)

---

3) *Finger*, Lehrbuch, S. 319 참조. 독일제국형법 제46조는 불분명한 표현방식으로 인하여 비판받았다. *Olshausen*, Kommentar, S. 184.
4) 이에 관한 M. E. Mayer의 논의에 대하여 *Reinhard v. Hippel*, Untersuchungen, S. 39 참조.
5) *Ulsenheimer*, Grundfragen, S. 120.

2. 중지미수의 법적 성격에 관한 현재의 논의

1) 인적 형벌면제사유설

중지미수의 법적 성격에 관한 해석은 독일형법에서도 달라지지 않았다. 통설은 중지미수가 인적 형벌면제사유(Persönlicher Strafaufhebungsgrund)라고 보며,[7] 명시적으로 인적 형벌면제사유로 보지 않는 학자들도 이 입장의 결론에는 동의하고 있다.[8] BGHSt 7, 299 등의 독일판례도 같은 입장이다.

인적 형벌면제사유는 범죄행위로 인하여 이미 실현된 형벌이 사후적으로 사라지는(aufheben) 경우이므로, 면책특권처럼 범행 당시 이미 존재하는 상황을 원인으로 하는 인적 처벌조각사유(Persönlicher Strafausschließungsgrund)와 구별된다.[9] 중지미수를 인적 형벌면제사유로 보면 중지미수의 자의성도 독일형법 제28조의 특별한 인적 요건으로 파악할 수 있다. 그러므로 행위자가 스스로 중지하였다고 하더라도 독일형법 제28조 제2항에 따라 중지하지 않은 교사범이나 방조범의 처벌에는 영향이 없다.[10] 중지미수의 본질을 형사정책설로 설명하는 학자들에게

---

6) 예를 들어 *Krauthammer*, Der Rücktritt vom Versuch, S. 55.
7) *Baumann/Weber/Mitsch*, AT, § 27 Rn. 4ff ; *Ebert*, AT, S. 129 ; *Freund*, AT, § 9 Rn. 8 ; *Heinrich*, AT I, Rn. 763 ; *Gropp*, AT, § 9 Rn. 93 ; *Jescheck/Weigend*, AT, S. 548 ; *Krey*, AT II, Rn. 456 ; *Küper*, ZStW 112 (2000), 33 ; *Lackner/ Kühl*, § 24 Rn. 1 ; LK-*Lilie/Albrecht*, § 24 Rn. 43 ; *Nauke*, Strafrecht, § 7 Rn. 65ff ; *Otto*, AT, § 19 Rn. 5 ; Schönke/Schröder-*Eser*, § 24 Rn. 4 ; *Schmidhäuser*, AT, 15/68 ; *Stratenwerth*, AT, § 11 Rn. 71 ; *Tröndle/Fischer*, § 24 Rn. 2 ; *Wessels /Beulke*, AT, Rn. 626.
8) *Frisch*, in: 140 Jahre Goltdammer's Archiv für Strafrecht, S. 19 ; NK-*Herzberg*, § 24 Rn. 7f 참조.
9) LK-*Hirsch*, Vor § 32 Rn. 225.

이러한 결론은 자명한데, 중지미수의 요건은 미수 자체와는 관련이 없기 때문이다. 미수와 중지미수가 시간적으로 구분되고 미수행위의 불법은 중지행위 이전에 이미 발현되었기 때문에, 사후적으로 중지행위가 따른다고 하더라도 이미 존재하는 미수행위의 불법에는 영향을 미치지 못한다는 뜻이다.11)

인적 형벌면제사유에 관한 비판은 크게 두 가지이다.

미수론체계의 통일성을 중시하는 입장에 따르면, 인적 형벌면제사유설은 미수 일반과 중지미수를 엄격하게 분리하여 고찰하기 때문에 타당한 결론에 도달할 수 없다.12) 이러한 비판은 중지미수의 법적 성격을 범죄론체계에서의 불법 및 책임과의 관련에서 찾으려는 입장에서 주로 제기된다.

또는 인적 형벌면제사유와 인적 처벌조각사유 범주 자체에 대하여 문제를 삼기도 한다. 인적 형벌면제사유와 인적 처벌조각사유에는 매우 다양한 제도들이 속해 있기 때문에 이 범주는 결국 단순한 집합개념에 불과하고, 따라서 중지미수를 인적 형벌면제사유라고 설명한다고 해도 중지미수의 해석에는 아무런 도움이 되지 않으며, 결국 문제의 해결이 아니라 방치해 놓음에 불과하다는 비판이다.13) 인적 형벌면제사유나 인적 처벌조각사유 개념은 적극적으로 정의할 수 없으며, 형벌을 면하게 하는 사유 중 불법과 책임에 해당하지 않는 경우라고 부정적으로 서술할 수밖에 없다는 지적14)도 비슷한 입장이다. 하지만 이러한 비판은

---

10) *Jescheck/Weigend*, AT, S. 659. 다만 독일형법 제28조 제2항이 없어도 공범의 종속성에 관한 제한적 종속형식을 따르면 결론은 동일하다. *Roxin*, AT II, § 27 Rn. 54.
11) 이러한 설명의 예로 *Jescheck/Weigend*, AT, S. 548.
12) SK-*Rudolphi*, § 24 Rn. 6.
13) 이러한 견해로 *Burkhardt*, Rücktritt, S. 106 ; *Klöterkes*, Irrtum, S. 101ff. 이미 *Radbruch*, Frank-FG I, S. 170.

적절하지 않다. 추상화된 법률용어 에서는 실제로 어떤 문제를 어떻게 해결할지에 관한 결론을 도출할 수 없으므로, 인적 형벌조각사유 범주에 대한 이러한 비판은 결국 법률용어 전체에 대한 비판이 되기 때문이다.[15]

2) 중지미수를 범죄론체계 내부에 위치시키는 견해

중지미수가 구성요건,[16] 위법성, 책임[17]과 관련된다는 주장도 있다.[18] 그 중 대부분은 중지미수가 책임의 문제라고 보며, 책임감소사유(Schuldmilderungsgrund 또는 Schuldtilgungsgrund),[19] 면책사유(Entschuldigungsgrund),[20] 책임면제사유(Schuldaufhebungsgrund),[21] 책임배제사유(Schuldausschliesungsgrund) 등으로 설명한다.

하지만 이러한 견해는 중지미수와 미수의 시간적 관계를 정확히 반영하지 못한다는 단점이 있다. 중지행위는 미수행위보다 시간적으로 뒤에 이루어지는데, 책임판단은 이미 미수행위를 대상으로 하기 때문이다.[22]

---

14) *Reinhard v. Hippel*, Untersuchungen, S. 56.
15) MK-*Herzberg*, § 24 Rn. 8 참조.
16) 부정적 구성요건요소(negatives Tatbestandsmerkmal)로 보는 *Reinhard v. Hippel*, Untersuchungen, S. 66. 형벌면제구성요건(Strafbefreiungstatbestand)이라는 *Jäger*, Gefährdungsumkehr, S. 127 ; *Jakobs*, AT, 26/2도 참조.
17) 이미 *Sauer*, Allgemeine Strafrechtslehre, S. 115 ; *Welzel*, AT, S. 196.
18) 중지미수에서는 당벌성(Strafwürdigkeit)이 없다는 견해로 *Lang-Hinrichsen*, FS Engisch, S. 374 ; *Munoz-Conde*, ZStW 84 (1972), 777.
19) *Streng*, ZStW 101 (1989), 322ff.
20) *Gropp*, AT, § 9 Rn. 85 ; *Haft*, AT, S: 240 ; *Klöterkes*, Irrtum, S. 111ff, 132 ; SK-*Rudolphi*, § 24 Rn. 6 ; *Ulsenheimer*, Grundfragen, S. 90ff ; *ders.*, FS Bockelmann, S. 416.
21) *Köhler*, AT, S. 470 ; NK-*Zaczyk*, § 24 Rn. 5f.
22) *Baumann/Weber/Mitsch*, AT, § 27 Rn. 5 ; *Nauke*, Strafrecht, § 7 Rn. 67 ; *Weinhold*, Rettungsverhalten, S. 37. 중지미수에서 책임이 감소한다는 견해와 법률설의 유사성에 관해서는 *Bloy*, Die dogmatische Bedeutung, S. 151.

고의와 마찬가지로 책임은 행위시점에 확정되어야 하며, 행위자의 사후적인 회심이 고의를 조각시킬 수 없듯이 책임을 조각시킬 수도 없다. 이러한 견해는 범죄론체계에 대한 일반론과 상응한다고 보기 어렵다.[23]

3) 소결론

미수와 중지미수의 관계에 대한 시각은 중지미수의 법적 성격에 관한 각각의 학설에 반영된다. 중지미수가 형벌을 조각하는지 아니면 책임과 관련이 있는지는 원래 공범의 중지미수와 관련한 문제였으나, 스스로 중지행위를 한 사람만이 중지미수의 효과를 누릴 수 있다는 결론은 현재의 모든 이론에서 같다. 그렇기 때문에 중지미수의 법적 성격에 관하여 어떠한 특별한 견해를 따른다고 하더라도 실질적으로 다른 결과가 나오지는 않는다.

그리고 중지미수를 범죄론체계 내부에서 파악하려는 견해에서 적절히 지적하듯이, 인적 형벌면제사유설은 왜 독일형법의 중지미수가 범죄론체계에서 그러한 위치인지에 관하여 설명하려는 시도를 거의 하지 않는다.[24] 그러한 예의 하나로 통설의 결론에 동의하는 헤르츠베르크는 "범행의 시도 이후 기수를 방지했다는 사실이 양형에서 중요하다는 점은 자명하며, 더 이상 근거지울 필요도 없다. 이러한 사실이 행위자에게 유리하게 작용할 경우 더욱 그러하다"고 하면서, 결국 중지미수에서 "정의의 명령"이 문제되기 때문이라고 말한다.[25] 그리고, 중지미수가 범죄론체계에서 불법과 책임 이후의 범주에 해당하는지에 대하여 의문을 가질 여지도 있다. 인적 형벌면제사유나 객관적 처벌조건 등에서는

---

23) *Freund*, AT, § 9 Rn. 7.
24) *Roxin*, AT II, § 30 Rn. 31 ; *Stratenwerth*, AT, § 11 Rn. 71.
25) MK-*Herzberg*, § 24 Rn. 10. 비슷한 설명으로 *Hassemer*, in: Nutzen, S. 239.

처벌의 필요성보다 형법 외적인 목적설정이 우위에 서나, 중지미수는 이미 형법적인 문제라는 이유에서[26] 독일형법에서의 중지미수가 인적 형벌면제사유가 아니라고 볼 수 있기 때문이다.

하지만, 중지미수가 사후행위라는 관점에서 출발한다면 통설의 결론이 옳다고 생각한다. 행위자의 사후행위는 전통적인 범죄론체계에서의 불법과 책임에 포섭시키기 어렵기 때문이다. 범죄론체계에서의 불법 및 책임의 외부에 위치하는 이러한 사례는 형법에서 상대적으로 적으며, 따라서 체계론적으로도 지금까지 충분히 다루어지지 않았다.[27] 하지만 중지미수에서 책임이 없다거나 유책한 행위가 없다고 볼 수는 없는데,[28] 이러한 견해는 미수와 중지미수의 구조와 맞지 않기 때문이다.

II. 중지미수의 법률효과

1. 중지미수의 효과

1) 중지미수에 관한 소송법적 내용

어떠한 사건에서 중지미수가 존재하는지 여부는 직권으로 조사해야 하며,[29] 피고인 또는 그의 변호인이 중지미수를 주장하였다면 독일형사소송법 제267조 제2항에 따라 그에 대한 법원의 판단은 판결에 명시

---

26) *Bloy*, Die dogmatische Bedeutung, S. 224ff ; *Roxin*, AT I, § 23 Rn. 21ff. *Jescheck /Weigend*, AT, S. 551f도 참조.

27) *Frisch*, in: 140 Jahre Goltdammer's Archiv für Strafrecht, S. 11ff. *Maiwald*, FS Sellers, S. 452f도 참조.

28) *Frisch*, in: 140 Jahre Goltdammer's Archiv für Strafrecht, S. 19 Fn. 87 ; *Tipold*, Rücktritt und Reue, S. 27.

29) LK-*Lilie/Albrecht*, § 24 Rn. 343.

되어야 한다. 사건에서 중지미수가 처음부터 배제되지 않았다면 법원은 착수미수와 실행미수 중 어느 형태가 문제가 되는지 판단해야 하며, 사실심에서 이에 대한 판단이 없었다면 파기환송되어야 한다.30)

중지미수가 인정되면 중지미수를 인적 형벌면제사유로 보는 통설에 따르더라도 독일형사소송법 제267조 제5항에 따라 무죄판결을 해야 한다.31) 소송법에서의 유죄의 문제(Schuldfrage)는 실체법에서의 책임(Schuld) 개념보다 훨씬 포괄적으로서 판결의 실체법적인 모든 요건, 즉 범죄론 체계에서의 구성요건해당성, 위법성, 책임과 객관적 처벌조건 및 인적 처벌조각사유 등이 유무죄판단의 대상이 되며,32) 실체판결에는 유죄판결 또는 무죄판결 외의 다른 형태가 없기 때문이다.

2) 가중적 미수의 문제

가중적 미수(Qualifizierter Versuch)는 어떠한 미수행위 속에 이미 기수범이 포함되어 있다면 기수부분에는 중지의 효과가 미치지 않는다는 의미이다. 기수에 해당하는 범행은 중지미수에도 불구하고 처벌된다.33) 행위자가 이미 일어난 사태에 대해서 마땅히 책임을 져야 하기 때문이며, 독일형법 제24조도 이를 분명히 하였다. 즉, 중지미수가 인정되어도 행위자는 '미수범으로' 처벌되지 않을 뿐, 전체범행에 관한

---

30) LK-*Lilie/Albrecht*, § 24 Rn. 343 ; Schönke/Schröder-*Eser*, § 24 Rn. 115a.
31) *Volk*, Strafprozeßrecht, § 14 Rn. 5 참조.
32) *Krahl*, Tatbestand und Rechtsfolge, S. 234.
33) 반대견해 없는 독일의 통설이다. *Baumann/Weber/Mitsch*, AT, § 27 Rn. 2 ; *Ebert*, AT, S. 130 : *Haft*, AT, S. 240 ; *Heckler*, Rücktrittsleistung, S. 13 Fn. 2 ; *Jescheck /Weigend*, AT, S. 549 ; *Kudlich*, JuS 1999, 451 ; *Lackner/Kühl*, § 24 Rn. 23 ; LK[10]-*Vogler*, § 24 Rn. 195 ; *Lund*, Mehraktige Delikte, S. 273 ; *Schmidhäuser*, AT, 15/99 ; Schönke/Schröder-*Eser*, § 24 Rn. 109 ; *Seier*, JuS 1989, 105 Fn. 25 ; SK-*Rudolphi*, § 24 Rn. 43 ; *Stratenwerth*, AT, § 14 Rn. 94.

무죄가 아니다.

그리고, 이미 기수가 된 범죄의 양형에서 형을 가중하는 요소로 중지미수로 인하여 처벌되지 않는 범죄를 끌어들여서는 안 된다. 예를 들어, 강도죄의 중지미수를 인정했음에도 행위자가 재물을 빼앗기 위해 피해자에게 폭력을 행사했다는 점이 협박죄의 형을 가중하는 요소로 작용해서는 안 된다.34) 피고인이 유효하게 중지하지 않았다면 범행을 반복했으리라고 가정하여, 다른 범죄와 관련하여 피고인에게 불리하게 판단해서도 안 된다. 기수범으로 처벌되는 범죄가 경미할 때에는 독일 형사소송법 제153조, 제153조a에 따라 기소하지 않을 수 있다.35)

결과발생방지를 위한 행위자의 노력에도 불구하고 결과가 발생하였다면 중지미수는 인정되지 않으나 양형에서 이를 고려해 형을 감경할 수 있다.36) 즉, 행위자의 중지가 중지미수의 요건을 완전히 충족하지 못했어도 양형에 영향을 미칠 수 있다.

2. 결과적 가중범의 중지미수 및 부분적 중지미수

1) 결과적 가중범의 중지미수

결과적 가중범의 중지미수는, 기본범죄는 미수에 그쳤으나 그 미수행위로 인하여 이미 중한 결과가 발생했을 때 기본범죄의 실행을 중지했다는 이유로 중지미수의 효과를 인정할 수 있는지의 문제이며, BGHSt 42, 158에서 처음으로 판결의 판단대상이 되었다. 이 사건에서 피고인

---

34) LK-*Lilie/Albrecht*, § 24 Rn. 344 ; NK-*Zaczyk*, § 24 Rn. 131.
35) LK[10]-*Vogler*, § 24 Rn. 204 ; LK-*Lilie/Albrecht*, § 24 Rn. 347 ; NK-*Zaczyk*, § 24 Rn. 131 ; Schönke/Schröder-*Eser*, § 24 Rn. 110.
36) BGH MDR 1986, 271 ; LK[10]-*Vogler*, § 24 Rn. 207 ; LK-*Lilie/Albrecht*, § 24 Rn. 346 ; NK-*Zaczyk*, § 24 Rn. 131 ; Schönke/Schröder-*Eser*, § 24 Rn. 115.

들은 물건을 털기 위해서 집에 침입하였는데, 그 중 A는 권총을 소지하고 있었다. 반항을 제압하기 위해서였는데, 필요하면 사람에게도 겨누려고 했으나 범행계획에 따르면 마루나 또는 천장에 총을 쏘려고 하였다. 하지만 집의 거주자인 B를 보고 놀라서 A는 총을 B에게 겨누고 쏘았으며 B는 죽었다. A는 큰 충격을 받았으며 다른 피고인들은 A를 비난하였고 그들 모두는 물건을 훔치지 않은 채 집을 빠져나왔다. 또는 강간죄에서 행위자가 성교에는 이르지 않았으나 폭행·협박의 결과로 상해나 사망이 발생하거나, 피해자가 강간을 피하려고 하다가 이러한 결과가 생겼을 때도 결과적 가중범의 중지미수에 해당한다.

독일의 판례와 통설은 이때에도 중지미수를 인정한다.37) 독일형법 제24조의 중지의 대상은 행위(Tat)이지 범행의 결과가 아니기 때문이며, 결과적 가중범의 미수범을 처벌하는 전제는 기본범죄의 미수인데 행위자가 기본범죄를 중지했다면 결과적 가중범으로 처벌할 근거가 탈락하기 때문이다. 그러므로 법문에 기술되어 있는 중한 결과가 기본범죄의 미수의 과실에 의하여 발생했을 때 전체구성요건의 중지미수를 인정할 수 있으며, 행위자가 결과에 대하여 과실이 아니라 고의가 있었을 때에도 결과적 가중범의 중지미수의 적용이 배제되지는 않는다.38)

2) 부분적 중지미수

반대로 부분적 중지미수(Teilrücktritt)는 행위자가 범행 중에 가중적

---

37) BGHSt 42, 158 ; BGH NStZ 2003, 34 ; *Anders*, GA 2000, 76 ; *Jakobs*, AT, 26/49 ; *Kudlich*, JuS 1999, 355 ; *Kühl*, AT, § 17 Rn. 56ff ; LK-*Lilie/Albrecht*, § 24 Rn. 316 ; SK-*Rudolphi*, § 18 Rn. 8a ; Schönke/Schröder-*Eser*, § 24 Rn. 26. 반대견해로 *Jäger*, NStZ 1998, 161 ; *Roxin*, AT II, § 30 Rn. 289ff ; *Ulsenheimer*, Bockelmann-FS, S. 413ff.

38) BGH NStZ 2003, 34.

구성요건의 실행을 포기하였으나 기본구성요건은 이미 기수에 이른 경우를 말한다.[39] BGH NStZ 1984, 216에서 피고인은 피해자를 협박해 돈을 받기로 한 약속장소에서 기다릴 때 등 강도에 준하는 공갈의 미수 단계에서 권총을 소지하고 있었다. 하지만 갑자기 기분이 나빠져서 범행에 권총을 이용하지는 않기로 했으나, 권총을 쓰지 않더라도 범행의 목적이었던 돈은 계속 원했다. 지방법원은 이 사건에서 부분적 중지미수를 인정하여 행위자를 강도에 준하는 공갈의 미수로 처벌하였으나 독일연방대법원은 사건을 파기환송하였다.[40]

부분적 중지미수에 관해서는, 가중적 구성요건이 완전히 실현되지 않았다면 행위자는 중지할 수 있고 그에 따라 가중적 구성요건의 미수범이 아니라 기본범죄의 처벌만이 문제된다고 보는 견해가 다수설이다.[41] 다수설에 따르면 기본범죄의 기수에 이르기 전에는 행위자는 가중적 구성요건을 실현하지 않음으로써 중지할 수 있다. 왜냐하면 독일형법 제24조의 행위를 구체적 구성요건으로 본다면 범행결과가 발생하기 이전에는 구성요건의 실행을 중지할 수 있다고 해야 할 것이며, 가중적 구성요건을 제정한 입법자의 취지를 고려하더라도 가중적 구성요건요소로 발생하는 위험을 행위자가 제거했다면 그 구성요건으로 처벌할 필요성이 없기 때문이다.

---

39) *Roxin*, AT II, § 30 Rn. 295.
40) 이 사건에 관하여 *Zaczyk*, NStZ 1984, 217 참조.
41) *Günther*, Armin Kaufmann-GS, S. 550 ; *Kühl*, AT, § 16 Rn. 48 ; LK[10]-*Vogler*, § 24 Rn. 208 ; NK-*Zaczyk*, § 24 Rn. 79 ; Schönke/Schröder-*Eser*, § 24 Rn. 113 ; SK-*Rudolphi*, § 24 Rn. 18b ; *Streng*, JZ 1984, 654 ; *Wessels/Beulke*, AT, Rn. 643.

3. 기수범, 예비죄와 기도범에서의 중지

범행이 기수에 이르면 중지미수 규정은 적용되지 않으나 기수에 이른 범죄에 대해서도 예외적으로 범행의 중지를 처벌하지 않는다는 규정이 독일형법의 각칙에 있다. 예를 들어 범죄불고지의 처벌면제(제139조 제4항 제1문), 보조금사기(제264조 제5항)와 투자사기(제264조a 제3항) 및 신용사기(제265조b 제2항), 방화죄(제306조e 제2항), 원자력에 의한 폭발야기 등(제314조a 제3항) 및 항공기 및 선박의 운항방해·파괴(제320조 제3항) 등에서는 범행의 기수시기를 앞당긴 대신 기수에 이른 범죄라고 하더라도 능동적 후회가 있었을 경우 처벌되지 않을 가능성을 열어놓고 있다. 결과발생방지를 위한 진지한 노력도 불처벌을 인정하기에 충분하다고 함께 규정한다. 반면, 내란죄(제83조a), 간첩죄(제98조 제2항), 범죄단체조직(제129조 제6항), 사고장소에서의 불법이탈(제142조 제4항), 돈세탁(제261조 제10항), 방화죄(제306조e 제1항) 등에서는 형을 감경 또는 면제한다고 규정하고 있다.[42] 내란예비죄(제83조a 제2항), 폭발물·방사선범죄의 예비죄(제314조a 제3항 2), 항공·선박에 대한 교통방해의 예비죄(제320조 제3항 2) 등 예비죄가 독자적인 구성요건으로 규정되어 있을 경우에 관한 능동적 후회규정도 존재한다.[43]

학설에서는 주로 이러한 각칙의 특별규정을 기도범(Unternehmensdelikt)의 중지에도 유추적용할 수 있는지, 또는 제24조를 기도범에 직접 적용할 수 있는지에 대하여 논의되었는데, 양자를 부인하는 견해[44]도 있으

---

42) 방화죄에서 중지로 인해 처벌되지 않는 경우는 실화죄에 한하며 나머지는 형의 감면에 그친다.
43) 정치적 약취·유인죄(제234조a)에 관한 판례(BGHSt 6, 87)는 이러한 조문이 각칙의 개별구성요건에 능동적 후회에 관한 규정이 없을 때 유추적용된다고 본다.
44) *Blöcker*, Die tätige Reue, S. 151ff ; *LK-Lilie/Albrecht*, § 24 Rn. 349 ; NK-*Zaczyk*,

며 구성요건이 기도범의 형태라고 하더라도 범행이 형식적으로는 종료되었으나 실질적으로 종료되지 않았다면 능동적 후회에 관한 개별규정의 유추적용을 찬성하는 견해도 있다.45) 그리고, 예비죄에 대한 독자적인 구성요건이 있으나 중지미수에 관한 개별규정이 없을 때, 공범의 중지에 관한 독일형법 제31조가 유추적용된다고 설명하는데, 피고인에게 유리한 유추적용은 금지되지 않기 때문이다.46)

---

§ 24 Rn. 132.
45) *Fedders*, Tatvorsatz und tätige Reue bei Vorfelddelikten, S. 63ff ; *Jescheck/Weigend*, AT, S. 548 ; *Köhler*, AT, S. 483f ; Schönke/Schröder-*Eser*, § 24 Rn. 116 ; *Stratenwerth*, AT, § 11 Rn. 98.
46) LK-*Roxin*, § 31 Rn. 2 ; *Roxin*, AT I, § 5 Rn. 44.

제4절 중지미수의 요건

Ⅰ. 들어가며

 독일형법 제24조는 중지미수의 요건을 자세하게 구분하여 규정하였다. 즉, 실행의 포기 및 기수의 방지뿐만 아니라 경우에 따라서는 기수방지를 위한 진지한 노력도 중지미수의 인정을 위해 요구된다.

 그렇다면 언제 실행의 포기, 기수의 방지, 진지한 노력이 필요한가? 중지행위시까지의 미수행위가 착수미수 또는 실행미수인지에 따라서, 전자에는 실행의 포기, 후자에는 기수의 방지가 중지행위로서 필요하다고 설명한다. 그리고, 불능미수에 대해서는 진지한 노력으로 충분하다고 설명하나, 이때의 불능미수는 실패한 미수와 구분된다고 한다. 이런 설명을 따르더라도 착수미수/실행미수, 실패한 미수 여부를 판단하기 위해서 어떤 기준을 적용하는지의 문제가 남는데, 독일학계는 미수범처벌에 대한 주관설을 바탕으로, 여기에서도 주관적 기준에 따라야 한다고 설명한다.[1] 주관적 기준에 따르면 행위자가 범행실현을 위해 필요한 행위를 아직 다하지 않았다고 생각했을 때 착수미수이며, 반면에 이미 필요한 행위를 다했다고 생각했다면 실행미수라고 본다. 그리고, 결과발생방지를 위한 진지한 노력도 제24조 제1항 제2문에 따르면 중지미수로 인정되는데, 이를 위해서는 행위자가 범행실현이 불가능하거나 이미 실패했다는 사실, 또는 범행결과가 자신에게 귀속될 수 없다는 점을

---

1) 착수미수와 실행미수의 구별에 대하여 주관설이 통설의 위치를 차지하게 된 이유는, 미수범의 처벌에 관한 객관설의 몰락 때문이다. *Ulsenheimer*, Grundfragen, S. 147.

알지 못하면서 진지하게 노력해야 한다.

II. 실패한 미수 개념

1. 개념의 내용 및 기능

행위자가 구체적 행위와 관련해서 자신의 목표를 더 이상 이룰 수 없음을 인식하거나 인용할 경우에 실패한 미수가 존재한다고 독일의 통설[2]은 본다. 통설에 따르면, 범행실현을 포기하거나 기수를 방지하는 행위는 구성요건적 결과를 야기할 수 있는 더 이상의 행위가 가능하거나, 그때까지의 행위를 통해 구성요건적 결과의 발생이 임박하다고 행위자가 생각한 경우에만 가능하다는 것이다. 하지만 실패한 미수에서는 이러한 생각이 존재하지 않으며, 따라서 "더 이상 실현할 수 없는 고의는 포기될 수도 없다."[3]

독일형법 제24조가 적용되지 않기 때문에 실패한 미수는 독립적인 사례군이라고 한다.[4] 실패한 미수의 개념은 이미 중지미수에 관한 독일형법 제24조의 요건, 즉 '포기', '방지', '진지한 노력'에서 도출할 수 있다고도 설명한다. 계속 실행할 수 있는 행위만이 포기될 수 있으며, 실현이 임박한 기수만이 그에 상응하는 노력을 통하여 방지될 수 있기 때

---

2) *Freund*, AT, § 9 Rn. 22ff ; *Jescheck/Weigend*, AT, S. 543 ; *Köhler*, AT, S. 473ff ; *Kühl*, AT, § 16 Rn. 9ff ; LK[10]-*Vogler*, § 24 Rn. 23 ; LK-*Lilie/Albrecht*, § 24 Rn. 61ff ; NK-*Zaczyk*, § 24 Rn. 25 ; *Otto*, AT, § 19 Rn. 10 ; *Roxin*, AT II, § 30 Rn. 77ff ; *Schmidhäuser*, AT, 15/77f ; Schönke/Schröder-*Eser*, § 24 Rn. 7ff ; SK-*Rudolphi*, § 24 Rn. 8ff ; *Tröndle/Fischer*, § 24 Rn. 6.
3) LK-*Lilie/Albrecht*, § 24 Rn. 64 ; SK-*Rudolphi*, § 24 Rn. 8.
4) LK[10]-*Vogler*, § 24 Rn. 26. BGHSt 35, 94 ; BGH NStZ 1989, 19도 이렇게 본다.

문이다.5) 독일의 판례도 이 개념을 인정하는데, BGHSt 39, 221에 따르면 결과발생이 객관적으로 불가능하거나 행위자가 결과발생이 가능하지 않다고 생각한 경우에 실패한 미수가 존재한다.

이 개념을 받아들이면 자의성 개념의 확정에 드는 노력을 아끼는 동시에 이론적 명확성을 확보할 수 있어서,6) 실무와 시험공부 모두에 도움을 준다고 한다.7) 왜냐하면 이 개념을 이용해 행위자에게 중지미수의 가능성이 없는 모든 사안을 독일형법 제24조의 적용범위에서 처음부터 제외하기 때문이다.8)

2. 불능미수와의 차이점

실패한 미수 여부를 정하는 기준은 결과실현의 객관적 가능성에 대한 행위자의 생각이다. 즉, 여기서도 주관적 기준이 쓰이며, 독일형법의 미수범규정이 주관설을 따르고 있기 때문에 실패한 미수 개념을 객관

---

5) *Freund*, AT, § 9 Rn. 22 ; *Nolden*, Wertungsfrage, S. 6 ; Schönke/Schröder-*Eser*, § 24 Rn. 7.
6) *Kampermann*, Grundkonstellation, S. 11 ; *Roxin*, AT II, § 30 Rn. 98.
7) *Gropp*, AT, § 9 Rn. 77. 실패한 미수 개념의 이러한 기능은 반대견해도 인정하고 있다. *Haft*, NStZ 1994, 537 ("유일한 존재의 이유") ; *Jäger*, Gefährdungsumkehr, S. 31.
8) *Jakobs*, JuS 1980, 715 ; SK-*Rudolphi*, § 24 Rn. 8. 독일문헌에서는 중지미수에 관한 심사를 다음과 같은 순서로 하라고 학생들에게 권하고 있다(*Gropp*, AT, § 9 Rn. 94ff ; *Kudlich*, JuS 1999, 240f ; *Kühl*, AT, 16/3a ; *Wessels/Beulke*, AT, Rn. 654a 참조).

중지미수 판단의 순서
1. 실패한 미수가 존재하는지 여부
2. 실패한 미수가 문제되지 않을 경우: 착수미수 또는 실행미수의 요건 판단
(1) 착수미수일 경우: 범행의 포기가 존재하는지
(2) 실행미수일 경우: 기수의 방지가 존재하는지
3. 중지미수의 자의성

적 기준에 따라 정의할 수는 없다고 설명한다.9) 따라서 행위자가 객관적으로 결과실현이 불가능하다는 사실을 인식하였거나 결과실현이 객관적으로 불가능하다고 잘못 생각한 경우에 이 개념이 문제가 된다.10) 그에 반하여 객관적으로는 결과실현이 불가능하여도 그 사실을 인식하지 못하였을 경우에는 행위자는 독일형법 제24조 제1항 제2문에 따라 진지한 노력을 함으로써 중지미수의 효과를 누릴 수 있다.

행위자가 더 이상 행위를 할 수 없다고 생각하고 포기한 경우에서 볼 수 있듯이 실패한 미수는 많은 경우 불능미수이다. 하지만 실패한 미수가 불능미수일 필요는 없으며 불능미수는 실패한 미수일 이유가 없다.11)

3. 실패한 미수의 유형

가장 일반적인 유형은 행위자가 더 이상 구성요건을 실현할 수 없었던 경우, 즉 구성요건실현의 불가능성이 문제되는 사례이다.12) 이때의 불가능성이란 행위자가 그 당시까지의 범행실행노력을 지속한다고 하더라도 구성요건을 실현할 수 없음을 의미하며, 사실적 불가능성 이외에 법적 불가능성도 포함된다고 한다.13)

---

9) *Bottke*, JZ 1994, 74 : *Feltes*, GA 1992, 401 ; *Gössel*, ZStW 87 (1975), 39.
10) *Kühl*, AT, § 16 Rn. 11 ; SK-*Rudolphi*, § 24 Rn. 8.
11) *Roxin*, AT II, § 30 Rn. 82 ; Schönke/Schröder-*Eser*, § 24 Rn. 8.
12) BGHSt 39, 221 ; BGH NStZ 2002, 311 ; *Kindhäuser*, LPK-Kommentar, § 24 Rn. 10 ; *Kühl*, AT, § 16 Rn. 13f ; LK-*Lilie/Albrecht*, § 24 Rn. 80 ; *Roxin*, AT II, § 30 Rn. 85.
13) *Kühl*, AT, § 16 Rn. 14 ; LK-*Lilie/Albrecht*, § 24 Rn. 89ff ; Schönke/Schröder-*Eser*, § 24 Rn. 9. 이는 법적 불가능성이 있었던 경우에도 중지미수를 인정하는 판례(BGHSt 39, 244)와는 다른 입장이다. 그에 관해서 *Bottke*, JZ 1994, 71ff ; *Roxin*, AT II, § 30 Rn. 90ff 참조.

구성요건실현이 사실적으로 불가능한 상황으로 범행수단의 불가능성, 행위자의 능력부족, 범행객체의 부존재 등을 들 수 있다. 먼저 범행에 사용한 수단으로 구성요건을 실현할 수 없었던 경우는 총이 발사되지 않은 때, 폭탄이 터지지 않은 때, 독이 효력이 없었거나 열쇠가 소용없었던 때 등이 있다. 행위자의 능력부족이 원인이 되는 경우로 행위자가 갑작스러운 심장발작으로 인해 범행을 실행할 수 없게 되었거나 강간범이 발기부전이었던 때, 행위자가 오히려 피해자에게 완력으로 제압된 때 등이 있다. 범행객체의 부존재는 살해하려고 했던 대상이 자리에 없었거나 강간하려고 뒤에서 쓰러뜨렸던 사람이 알고 보니 남자였거나 절도의 객체가 존재하지 않은 때 등을 말한다. 법적인 불가능성은 구성요건이 법익주체의 의사에 반해서만 실현될 수 있고 행위자의 양해가 구성요건해당성을 조각하는 경우에 문제가 된다. 이러한 예로서는 강간피해자가 폭행 또는 협박 때문이 아니라 다른 이유로 인해 성행위에 동의한 경우가 있다. BGHSt 39, 244에서 행위자의 폭행 때문에 쓰러진 피해자는, 자신이 오랫동안 남자와 성관계를 갖지 못했기 때문에 행위자는 '마치 부름을 받은 것처럼' 왔다고 속였다. 그 이후의 성교는 객관적으로 보았을 때 행위자의 승낙이 유효하지 않기 때문에 강간이지만, 행위자는 승낙에 대한 착오가 있었기 때문에 성교 당시에는 구성요건실행에 대한 고의가 없었고 따라서 강간죄의 기수로 보기는 어렵다.[14] 독일연방대법원은 이 사례를 실패한 미수로 보지 않았으나, 그에 대해서는 많은 비판이 있다.[15]

두 번째로 실제의 행위객체가 범죄계획에서의 행위객체와 다른 경우이다. 가령 나무공사건(RGSt 39, 37)에서, 행위자는 옆집 정원에 있는

---

14) 이 사건에서 행위자에게 고의가 없었는지에 관한 의문을 제기하는 *Bottke*, JZ 1994, 72 ; *Tipold*, Rücktritt und Reue, S. 112 참조.
15) *Roxin*, AT II, § 30 Rn. 91ff 참조.

공이 비싼 가죽공이라고 생각하고 훔치려고 했으나 자세히 보니 나무 공이라서 훔치지 않았다. 이 사건에서 판례는 행위자가 외적이며 행위자의 의사와 무관한 상황에 의해 방해받지 않았음에도 순전히 내적인 과정에서 진실한 사실관계를 파악함으로써 들게 된 생각에 따라 범행을 중지했다는 이유로 중지미수를 인정하였으나, 학설에서는 실패한 미수의 사례가 문제된다고 설명한다. A가 B를 쏘아 죽이려고 B의 뒤쪽에서 접근하였으나 마지막 순간 B가 아니라 C임을 발견하고 놀라서 총을 쏘지 않은 경우도 이에 해당한다고 한다.

세 번째로 재산범죄에서 흔히 있는 유형으로 행위자의 기대와는 달리 재물의 액수가 너무 적어서 훔치지 않은 경우도 실패한 미수에 해당한다. 예로 BGHSt 4, 56에서 피고인은 300마르크 정도가 필요해서 숙박시설을 털었으나 계산대에는 20~30마르크밖에 없어서 실망한 나머지 아무 것도 챙기지 않고 도망갔으며, 판례는 이 사건에서 자의성을 부정하였다. 학설은 이때 실패한 미수가 문제된다고 하면서도 이러한 사례군의 모든 경우가 실패한 미수는 아니며, 행위자가 처음부터 특정한 재물의 액수를 훔치려고 계획했는지를 살펴야 한다고 설명한다.16)

그리고 통설17)에 따르면 행위자가 자신의 목적을 이미 달성하였기 때문에 더 이상 실행행위를 하지 않은 경우도 실패한 미수이다. 범죄행위가 기수에 이르도록 노력할 동기가 더 이상 행위자에게 존재하지 않기 때문이다.18) 하지만 독일판례19)는 이때도 실패한 미수가 아니라 중지미수를 인정하고 있다.

---

16) *Roxin*, AT II, 30 Rn. 104. Schönke/Schröder-*Eser*, § 24 Rn. 11도 참조.
17) *Kühl*, AT, § 16 Rn. 15 ; *Lackner/Kühl*, § 24 Rn. 12 ; NK-*Zaczyk*, § 24 Rn. 53 ; *Roxin*, AT II, § 30 Rn. 47ff.
18) *Seier*, JuS 1989, 105.
19) BGHSt 39, 221. 학계에서 이에 찬성하는 견해로 *Hauf*, Diskussion, S. 40ff ; *Pahlke*, GA 1995, 76ff ; *Schroth*, GA 1997, 160.

반면 범행의 방법이 달라진 경우에도 실패한 미수로 보는 견해가 많으나, 이때에도 범행계획이 실현될 수 있다는 점은 동일하며 단지 그 방법만이 달라졌기 때문에 실패한 미수는 아니다.20)

4. 실패한 미수 개념에 관한 비판

실패한 미수 개념에 관한 비판도 있다.21) 행위자가 미수행위를 중지할 수 있는지 여부는 중지미수 규정의 요건을 충족시켰는지 여부에 따라 결정될 뿐이지 조문에도 없는 대체공식(Ersatzformel)이 문제가 되지는 않는다는 이유에서이다.22) 실패한 미수 여부를 중지미수의 다른 요건보다 먼저 판단하게 되면, 법률에 규정되어 있는 불처벌의 요건을 법적인 근거도 없이 부인하게 되기 때문이다.23)

독일의 통설에 따르면 실패한 미수를 판단하는 기준이 행위자의 생각이라는 점도 비판받는다. 원래의 범행목표가 실현되었거나 실패해서 행위자가 더 이상 범행할 의미가 없다고 생각하여 중지해도 실패한 미수라고 통설은 설명한다. 하지만 범행계획 당시의 모든 동기가 중지미수를 배제한다고 볼 수는 없으며,24) 통설의 논리를 계속 전개한다면 결국 행위자의 모든 주관적인 문제가 실패한 미수를 기초하게 되어 중지

---

20) *Roxin*, AT II, § 30 Rn. 108ff ; *Tipold*, Rücktritt und Reue, S. 121.
21) *Baumann/Weber/Mitsch*, AT, § 27 Rn. 12 ; *Berger*, Der fehlgeschlagene Versuch, S. 151ff ; *Jäger*, ZStW 112 (2000), 800ff ; *Haft*, AT, S. 241 ; *Heckler*, Rücktrittsleistung, S. 151ff ; *Otto*, AT, § 19 Rn. 10 ; *Ranft*, Jura 1987, 528f ; *Schlüchter*, FS Baumann, S. 82 ; *Stratenwerth*, AT, § 14 Rn. 76.
22) *v. Heintschel-Heinegg*, ZStW 109 (1997), 34 ; *Herzberg*, JuS 1990, 274 ; MK-*Herzberg*, § 24 Rn. 5.
23) *Heckler*, Rücktrittsleistung, S. 154 ; *Maurach/Gössel/Zipf*, AT II, § 41 Rn. 41 ; *Nolden*, Wertungsfrage, S. 6.
24) NK-*Zaczyk*, § 24 Rn. 25.

미수를 부정하게 될 것이다.25)

　세 번째로 실패한 미수 개념과 자의성의 관계이다. 실패한 미수에 관한 비판에 따르면, 실패한 미수 개념을 인정함으로써 자의성은 중지미수에서의 중요한 의미를 잃게 된다고 한다.26) 사실 자의성 개념이 중지미수에서 차지하는 위치는 그다지 중요하지는 않지만, 가령 나무공사 건처럼 범행객체가 행위자의 기대에 미치지 못해서 범행을 중지한 경우는 실패한 미수가 아니라 자의성 개념을 통하여 해결할 수 있다.27) 그리고 자의성에 대한 규범적 고찰방식을 통하여 실패한 미수의 문제를 설명할 수도 있다.28) 실제로 독일의 예전 판례도 이때 자의성이 문제가 된다고 보기도 하였다.29) 그렇기 때문에 법문에 존재하지 않는 새로운 개념을 도입해서 설명해야 하는 사례는 그다지 많지 않다.30)

　독일형법의 입법자가 불능미수를 처벌함으로써 범행이 결과발생에 실패했다는 이유만으로 처벌하지 않을 수는 없다는 일반적인 사상을 표현했고, 이러한 사고를 중지미수에 적용해 보면 실패한 미수의 존재가 인정된다는 설명도 있다.31) 하지만, 이러한 '일반적인 사상'이 존재하는지는 의문이며, 미수범을 반대해석하는 방식으로 불처벌의 가능성을 축소할 수 있는지도 의심스럽다.

---

25) *Jäger*, Gefährdungsumkehr, S. 70.
26) *Bauer*, NJW 1993, 2592 ; *Jäger*, Gefährdungsumkehr, S. 61.
27) 이러한 사례는 행위기초가 탈락한 경우(Wegfall der Geschäftsgrundlage)라고 설명한다. Schönke/Schröder-*Eser*, § 24 Rn. 11 참조.
28) *Gössel*, ZStW 87 (1975), 38.
29) RGSt 45, 6 ; 70, 1 ; BGHSt 4, 56. 그에 관하여 Baumann/Weber/Mitsch, AT, § 27 Rn. 12 Fn. 61 ; *Berger*, Der fehlgeschlagene Versuch, S. 52ff.
30) *Haft*, AT, S. 241 ; *Stratenwerth*, AT, § 11 Rn. 76.
31) *Kampermann*, Grundkostellationen, S. 39 ; *Nolden*, Wertungsfrage, S. 6.

III. 착수미수와 실행미수

1. 구별이유

많은 독일문헌은 착수미수(미종료미수: Unbeendeter Versuch)와 실행미수(종료미수: Beendeter Versuch)의 구별에서부터 중지미수에 대한 논의를 시작한다. 이는 독일형법 제24조의 중지미수의 본질적인 요건이 자의성(Freiwilligkeit)이 아니라 행위의 포기와 기수의 방지(Aufgeben/Verhindern)로 보고 있기 때문이다.[32] 법문은 착수미수와 실행미수를 명확히 구별하고 있지 않음[33]에도 불구하고, 통설에 따르면 이 구별은 중지미수 판단에서 매우 중요한 의미가 있다. 중지미수의 요건뿐만 아니라 중지미수의 기회도 이에 달려 있기 때문이다.[34]

그리고 착수미수와 실행미수를 구별하는 기준은 범행을 어느 정도 실현했는지에 대한 행위자의 생각이다.[35] 행위자가 범죄실현을 위해 필요하다고 생각했던 행위를 다 하지 않았다면 착수미수이며 행위자가 자신의 행위를 통하여 범행실현이 가능하다고 생각했다면 실행미수로서, 행위자가 어떠한 미수의 단계에 있었는지를 기준으로 하였다.[36] 미수의 단계를 확정한 이후에는 중지미수를 위해 어떠한 행위가 필요한

---

32) *Bottke*, JR 1980, 443f.
33) *Kühl*, AT, § 16 Rn. 2 ; *Küper*, ZStW 112 (2000), 2 ; *Ulsenheimer*, Grundfragen, S. 131.
34) *Jescheck/Weigend*, AT, S. 540f ; *Schröder*, JuS 1962, 81 이외의 많은 문헌 참조.
35) *Gropp*, AT, § 9 Rn. 52 ; *Kühl*, AT, § 16 Rn. 24 ; LK-*Lilie/Albrecht*, § 24 Rn. 96 ; Schönke/Schröder-*Eser*, § 24 Rn. 13 ; *Welzel*, AT, S. 196.
36) *Jescheck/Weigend*, AT, S. 540 ; *Lackner/Kühl*, § 24 Rn. 3 ; LK^{10}-*Vogler*, § 24 Rn. 34 ; LK-*Lilie/Albrecht*, § 24 Rn. 96ff ; SK-*Rudolphi*, § 24 Rn. 1.

지 판단해야 하는데, 행위의 단계가 착수미수라면 더 이상 행위하지 않으면 족하나, 실행미수라면 기수의 방지가 필요하다. 그리고 행위자가 지금까지의 범행의 단계에 관하여 아무런 생각이 없었다면 행위자의 생각이 판단의 기준이 될 수 없는데, BGHSt 40, 304에 따르면 이럴 때에는 실행미수로 보아야 한다.

2. 착수미수와 실행미수의 구별에 대한 역사적 고찰

1) 독일제국형법 제정 이전의 논의

(1) 미수범단계에서의 착수미수와 실행미수의 구별

착수미수와 실행미수의 구별은 원래는 중지미수의 문제해결을 위해서가 아니라 미수범처벌의 기준을 제시하기 위해서였다. 즉, 기수와 얼마나 떨어져 있는지를 기준으로 하여 실행의 착수 이후의 행위를 구분하고 그에 따라 각각 다른 형벌을 규정하기 위해서였다. 실행미수의 기원은 종료미수(delictum perfectum)인데, 종료미수는 '범죄의 개념규정을 위해 필요한 행위가 범행의 관점에서는 기수에 이르렀으나 효과의 관점에서는 아직 기수에 이르지 못한 경우'[37]라고 정의되었다. 오늘날의 개념으로는 결과반가치는 없으나 행위반가치가 완전히 실현된 경우로서 종료미수는 기수범과 미수범과 구별되는 특별한 처벌의 대상이었다.

착수미수는 미수와 예비행위의 구별을 통해 정의할 수 있으므로 실행미수를 어떻게 정의하는지가 문제가 되었는데, 이에 관한 견해는 세 가지로 나눌 수 있다.[38] 행위자의 입장에서 범죄의 완수에 필요했던 일

---

37) *Klein*, E. F., Grundsätze des gemeinen Deutschen Peinlichen Rechts, 2. Aufl., Halle 1799, S. 125 (*Weinhold*, Rettungsverhalten, S. 72에서 재인용).
38) *Baumgarten*, Die Lehre vom Versuche der Verbrechen, S. 442f ; *Berner*, Lehrbuch,

을 했을 때 실행미수라고 보는 견해인 객관설은 독일 대부분의 란트법전의 입장이었는데,[39] 객관설에 따르면 실행미수의 적용범위가 지나치게 좁아진다. 즉, 범죄완수에 필요했던 행위를 위해서는 범행의 객체와 수단을 올바로 확정해야 하며 인과과정을 옳게 판단하며 조종해야 하는데, 이러한 조건이 모두 갖추어졌다면 미수가 아니라 범행의 결과가 발생하였을 것이다. 다음으로 행위자가 스스로 필요하다고 생각했던 모든 일을 한 때 실행미수가 존재한다는 주관설은 쾨스틀린(Köstlin)[40]이나 1855년 작센형법전 제40조의 입장이나 실행미수의 범위가 너무 넓어지며, 베르너는 실체가 아니라 행위자의 생각이 판단의 기초가 된다면 법률적이지 않다고 비판한다. 주관설에 따라 착수미수와 실행미수를 구별할 때는 불능미수의 처벌에 관한 논의가 착수미수와 실행미수의 구별에 관한 논의에 섞이게 될 위험성이 있다는 지적도 있었다.[41] 행위자가 결과발생을 지향하는 행위를 했으나 결과가 발생하지 않은 때를 실행미수로 보는 견해는 절충설[42]로서, 범행이 여러 개별행위로 이루어져 있는 경우에는 행위자가 이 중 마지막 행위를 했으나 결과가 발생하지 않았을 때 실행미수가 존재한다고 설명한다.

하지만 독일제국형법의 미수범 규정은 착수미수와 실행미수의 구분에 대한 어느 이론도 따르지 않았는데, 착수미수와 실행미수라는 개념

S. 147f 참조.

39) *Bauer*, Entwurf eines Strafgesetzbuches für das Königreich Hannover, S. 387ff ; *Leuthold*, Gutachten, S. 183 ; *Olshausen*, Kommentar, S. 185 ; *Zachariä*, Die Lehre vom Versuche der Verbrechen II, S. 263ff. 그에 관하여 *Berner*, Gerichtssaal 17(1865), 84ff ; *Goldschmidt*, Die Lehre vom unbeendigten und beendigten Versuch, S. 57.

40) *Köstlin*, System, S. 239ff.

41) *Lamm*, Gutachten, S. 148.

42) *Baumgarten*, Die Lehre vom Versuche der Verbrechen, S. 443 ; *Berner*, Gerichtssaal 17(1865), S. 96 ; *ders.*, Gutachten, S. 113 ; *Lamm*, Gutachten, S. 148.

을 인정할 근거가 부족하고 이 두 가지를 구별하는 기준이 모호하기 때문이었다.43) 사실 이미 몇몇의 란트법전에서 착수미수와 실행미수를 구별하여 처벌을 달리하는 규정이 있었으나, 착수미수와 실행미수의 구별을 무리하게 관철함으로써 불합리한 결과가 발생했다. 1875년 독일제국의회에 제출된 형법개정안도 착수미수와 실행미수에 대하여 형벌의 상한선은 동일하게 하였으나 하한선은 실행미수가 더 중하도록 하였다.44) 개정안 제44조는, 독일제국형법이 제정된 이후 각지의 법원이 미수범처벌을 너무 가볍게 하여 실무에서 미수범의 가벌성이 경시되고 있다는 인상을 주었기 때문에 양형에 대한 법관의 재량을 제한하려는 의도45)에서 제안되었다.

형법개정안(1875)
제44조 중죄 또는 경죄의 미수범은 기수범보다 감경해서 처벌한다. 기수범에 대한 처벌이 사형 또는 종신징역형이면, 미수범은 3년 이상의 징역형으로 처벌한다. 하지만, 행위자가 범죄의 실행을 위해 필요한 모든 행위를 하였고 기수의 결과가 행위자의 의사와 무관한 상황에 의해 발생하지 않았다면(실행미수), 10년 이상의 징역형으로 처벌한다.
기수범에 대한 처벌이 종신금고형이면, 미수범은 3년 이상의 금고형으로 처벌한다. 하지만 종료미수가 존재할 때는 10년 이상의 금고형으로 처벌한다.
다른 경우에는 미수범은 중죄 또는 경죄의 기수범에 대한 자유형 또

---

43) *Goldschmidt*, Die Lehre vom unbeendigten und beendigten Versuch, S. 59 ; *Ulsenheimer*, Grundfragen, S. 142.
44) *Goldschmidt*, Die Lehre vom unbeendigten und beendigten Versuch, S. 70 ; *Leuthold*, Gutachten, S. 178f.
45) *Berner*, Gutachten, S. 126 ; *Leuthold*, Gutachten, S. 179 참조. 그에 관하여 *Berner*, Gutachten, S. 125ff는 양형에 관한 법관의 재량의 여지가 넓다는 점이 바로 독일제국형법의 특징이며, 미수범처벌에서 나타난 양형의 문제점은 형법전이 아니라 형법전의 의미를 명확히 파악하지 못한 법관들에게서 기인한다고 반박한다.

는 벌금형의 4분의 1로 감경해 처벌할 수 있다. 하지만 종료미수가 존재할 때에는 기수범에 대한 처벌의 4분의 3까지만 감경할 수 있다. 감경의 결과가 1년 이하의 징역형이면 제21조의 기준에 따라 감옥형으로 변경할 수 있다.

하지만 착수미수와 실행미수에서 특별한 질적 차이를 찾을 수 없으며, 어떤 차이가 있다고 해도 양형에서 고려되면 충분하다고 본 견해가 다수설이었기 때문에 이러한 제안은 법조문으로 실현되지 않았다.

(2) 중지미수에서의 착수미수와 실행미수의 구분의 의미

착수미수와 실행미수에서의 중지미수를 인정할 수 있는지에 관하여, 실행미수는 행위자의 입장에서는 기수범과 동일하기 때문에 실행미수 단계에서는 중지할 수 없다는 견해가 있었다. 행위자는 미수범의 한계를 이미 넘었기 때문에 미수의 자의적인 중지란 더 이상 생각할 수 없다는 의미에서이다.[46] 예를 들어 쾨스틀린은 실행미수를 '행위자가 필요하다고 생각한 모든 행위를 외부적으로 표출했으나 기수범의 결과가 행위자의 의사와 절대적 또는 상대적으로 무관한 자연적 원인 때문에 발생하지 않았고, 행위자가 외부상황이나 그에 작용하는 자연적 인과관계를 올바로 판단하거나 유도하지 않은 경우'라고 정의한다. 반면에, 행위자가 미수행위를 완수한 이후 결과발생을 방지했을 때가 실행미수이며 그에 관하여 형벌의 감경이나 불처벌을 인정하는 견해는 중지미수의 개념을 지나치게 좁게 보았다고 비판한다. 하지만 이 문제는 기수 이후 능동적 후회를 한 행위자에 대한 형벌감경 또는 불처벌과 혼동해서는 안 된다고 한다.[47] 베르너도 중지의 가능성은 착수미수의 특징적인 요

---

46) 이러한 취지의 오스트리아의 판례로 OGH ÖJZ 1960 EvBl. Nr. 169 (*Wespfahl*, Versuch, S. 269 참조).
47) *Köstlin*, System, S. 239ff.

소인 반면, 결과발생의 방지는 실행미수의 특징적인 요소가 아니며 실행미수에서 중지미수는 생각할 수 없다고 설명한다.[48] 실행미수에서는 결과발생의 방지를 위해서 좁은 의미의 중지가 아니라 완전히 새로운 행위를 해야 한다는 점이 그 이유이다.

이 논의가 있었던 원인은 중지미수(Rücktritt)라는 단어가 범행실행의 중지만을 의미했기 때문이다. 하지만 실행미수에서도 행위자가 범행기수의 방지를 위하여 노력하였으며 그로 인하여 범행의 기수가 방지되었다면 형사정책설이나 법률설 중 어떤 견해에 따르더라도 중지미수로 인정하지 못할 이유가 없다는 반론[49]에 직면하였다. 결국 이 문제는 중지(Rücktritt) 또는 미수의 중지(Absehen vom Versuche)라는 용어를 능동적 후회(Tätige Reue)나 결과발생의 방지(Abwendung des Erfolgs)라는 용어로 바꿈으로써 해결되었고,[50] 실행의 중지 이외에 결과발생의 방지도 중지행위의 양태로 규정하게 되었다.

반면에, 프라이슬러처럼 착수미수에서의 중지는 중지미수가 아니며 실행방지만이 중지미수로 볼 수 있다는 입장도 있었다. 착수미수의 중지에서는 행위자를 위해서 자의성이 추정됨에 반해, 실행미수에서는 행위자가 스스로의 행위 때문에 결과가 발생하지 않았다는 입증책임을 져야 한다는 견해도 있었다.[51]

---

48) *Berner*, Lehrbuch, S. 149 ; *ders.*, Gutachen, S. 111. *Bauer*, Entwurf eines Strafgesetzbuches für das Königreich Hannover, S. 381f ; *Baumgarten*, Die Lehre vom Versuche der Verbrechen, S. 462 ; *Goldschmidt*, Die Lehre vom unbeendigten und beendigten Versuch, S. 60도 참조.
49) *Berner*, Gutachten, S. 134ff ; *Zachariä*, Die Lehre vom Versuche des Verbrechens II, S. 256.
50) *Lamm*, Gutachten, S. 153.
51) *Goldschmidt*, Die Lehre vom unbeendigten und beendigten Versuch, S. 66 참조.

2) 독일제국형법시대의 논의

중지미수의 요건은 미수행위가 착수미수인지 아니면 실행미수인지에 따라 다르다고 설명하였으며,52) 이를 구별하는 기준은 주관설, 즉 행위자의 생각이라고 하였다.53) 그리고, 일반적으로 착수미수의 중지를 '중지', 실행미수의 중지를 '능동적 후회'로 구별하였으나,54) '후회'라는 단어는 도덕적인 회심을 연상시키기 때문에 부적절하다는 비판도 많았다.55) 결국, 착수미수와 실행미수의 구별은 미수범처벌에서는 더 이상 찾아보기 어려우며 중지미수와 관련해서만 의미를 갖게 되었다.56)

3) 현재의 논의

현재 독일의 논의도 독일제국형법 당시의 논의와 같은 맥락에 서 있다. 착수미수와 실행미수를 구별하는 기준은 범행을 어느 정도 실현했는지에 대한 행위자의 생각이며,57) 착수미수와 실행미수의 구별은 중지미수에서만 의미가 있다. 행위자가 범죄실현을 위해 필요하다고 생각했던 행위를 다 하지 않았다면 착수미수이고, 자신의 행위를 통하여 범

---

52) *Finger*, Lerhbuch, S. 320 ; *Frank*, StGB, § 46 I ; *Liszt/Schmidt*, Lehrbuch, S. 211f ; *Welzel*, Lehrbuch, S. 196.
53) *Frank*, StGB, § 46 I ; *Mayer*, AT, S. 296 ; *Mezger*, AT, S. 218 ; *Olshausen*, StGB, S. 185 ; *Welzel*, Lehrbuch, S. 196.
54) 예를 들어 *Frank*, StGB, § 46 I ; *Kohlrausch-Lange*, StGB, S. 154 ; *Mayer*, AT, S. 294 ; *Mezger*, AT, S. 217. 중지미수의 유형을 어떻게 지칭해야 하는지에 관한 학설대립에 관해서는 *Müntzer*, Beiträge, S. 7 참조.
55) *Allfeld*, Frank-FG II, S. 80 ; *Berner*, Gutachten, S. 132 참조.
56) *Baumgarten*, Die Lehre vom Versuche der Verbrechen, S. 444.
57) *Gropp*, AT, § 9 Rn. 52 ; *Kühl*, AT, § 16 Rn. 24 ; LK-*Lilie/Albrecht*, § 24 Rn. 96 ; Schönke/Schröder-*Eser*, § 24 Rn. 13 ; *Welzel*, AT, S. 196.

행실현이 가능하다고 생각했다면 실행미수이다.

그리고, 중지해야 하는 행위는 실체법적 구성요건으로서의 범죄행위이며,58) 그 중에서도 기수범만을 말한다. 만약 이때의 행위가 범행계획 전체를 말한다면, 행위자가 강도하기 위하여 살인한 경우처럼 하나의 행위를 통하여 여러 구성요건의 실현에 착수했다면 범행계획 전체를 포기해야만 중지미수로 인정될 수 있을 것이나, BGH NStZ 1985, 358이 지적하듯이 이러한 해석은 독일형법에 맞지 않는다. 그리고 '행위'에 미수범도 포함된다고 본다면, 결과적으로 실행미수에서의 중지는 불가능하게 될지 모른다.59) 그러므로 행위판단의 기준은 구성요건의 실현과 구성요건적 결과이다.

3. 구별기준에 관한 논의

구성요건적인 결과발생을 위해서 행위자가 여러 행위를 할 경우가 있다. 행위자가 결과발생을 위해서 모든 행위를 다 했을 때가 실행미수라면, 모든 행위를 다 했는지를 실행의 착수 이전의 범행계획에 기초해서 판단해야 하는지 실행행위 이후의 상황에 기초해 판단해야 하는지가 문제가 된다. 전자가 범행계획기준설, 후자가 중지행위시기준설이다.

독일의 논의에서 범행계획기준설/중지행위시기준설은 많은 경우 개별행위설/종합판단설과 섞여서 쓰이고 있음을 볼 수 있다. 엄밀하게 말하면 범행계획기준설/중지행위시기준설은 착수미수와 실행미수의 구별

---

58) *Günther*, GS Armin Kaufmann, S. 543 ; LK-*Lilie/Albrecht*, § 24 Rn. 124 ; *Maurach/Gössel/Zipf*, AT II, § 41 Rn. 49ff ; *Pahlke*, GA 1995, 73 ; *Wessels/Beulke*, AT, Rn. 642.
59) *Murmann*, Versuchsunrecht, S. 31 Fn. 104. 반대견해로 *v. Heintschel-Heinegg*, ZStW 109 (1997), 43.

에 관한 학설이며, 개별행위설/종합판단설은 중지행위가 가능한 미수와 실패한 미수의 구별에 관한 학설이기 때문에 두 개념쌍은 구별할 수 있다. 하지만 행위자가 여러 행위를 통해 범행을 실현하려고 한 경우, 범행계획기준설은 개별행위설과, 중지행위시기준설은 종합판단설과 같은 결론을 내며, 실제로도 이러한 사례가 가장 많이 문제가 되기 때문에 개별행위설/종합판단설과 범행계획기준설/중지행위시기준설은 큰 구별 없이 쓰이고 있다.60) 행위자가 개별사례에서 객관적 또는 주관적으로 볼 때 범행의 결과를 야기할 수 있는 인과진행을 아직 다 하지 않았다는 점에서 착수미수와 실패한 미수는 공통적이기 때문이다.61)

1) 범행계획기준설과 중지행위시기준설

(1) 범행계획기준설

범행계획기준설(Tatplantheorie 또는 Planshorizont)은 과거의 독일판례가 따랐던 입장이다.62) 이 견해에 의하면 행위자가 실행의 착수 당시 범행계획에 의해 어떠한 행위가 구성요건실현을 위해서 필요하다고 생각했고 실현하려고 했는지가 기준이다. 행위자가 자신의 범행계획에 따라 모든 행위를 다 했으면 실행미수이기 때문에 실행의 포기를 통해서는 중지할 수 없으며 결과발생을 방지해야 한다.

하지만 동일한 대상에 대한 여러 번의 공격이 하나의 착수미수의 계속인지 아니면 실패한 미수의 반복인지 판단할 때 범행계획만을 기준으로 할 수는 없다. 범행계획을 통해 행위자가 어떠한 행위를 포기했는지를 알 수 있기는 하지만, 중지행위의 판단은 규범적 문제이고 행위자

---

60) *Kudlich*, JuS 1999, 350f.
61) *Joecks*, § 24 Rn. 15.
62) BGHSt 4, 180 ; 10, 129 ; 14, 75 ; 21, 319 ; 22, 176 ; 23, 359.

가 자신의 범행계획을 고수한다는 규범적 기대가 존재하지 않기 때문에, 범행계획을 근거로 중지행위를 평가해야 할 이유는 없다.63) 그리고, 기수범에서의 구성요건적 결과의 평가와 귀속에는 행위자가 애초에 어떠한 행위를 계획했으며 실현했는지는 전혀 문제가 되지 않으며 행위자가 스스로의 생각에 따라 결과발생에 충분한 행위를 했다는 사실만이 중요한데, 결과가 우연에 의해 발생하지 않았다고 하여 이미 한 행위를 평가하기 위해 기수범과 다른 기준을 설정할 필요는 없다.64) 그러므로, "행위자가 특정한 실행행위를 실행의 착수 당시 계획했는지, 또는 행위자가 계획했던 모든 행위를 실행했는지, 일부를 다른 행위로 대체했는지, 아니면 계획했던 행위를 다 하지 못했는지 여부는 구성요건적 결과의 평가와 귀속에는 통상 큰 의미가 없다(BGHSt 31, 170)."

그리고 범행계획기준설을 따르면 자신의 범행에 대해 치밀하게 계산한 위험한 범죄자를, 첫 번째 시도로 범행에 성공할 것이라고 생각한 범죄자보다 유리하게 판단하게 된다.65) 하지만 이러한 결론은 행위의 위험성이나 비난가능성이라는 관점에서 보았을 때 납득하기 어렵다.66) 개별행위설을 바탕으로 범행계획기준설을 주장하면서 범행계획의 내용이 무엇인지에 따라 범행계획기준설을 수정하는 견해67)가 존재한다는

---

63) *Maurach/Gössel/Zipf*, AT II, § 41 Rn. 25 ; *Murmann*, Versuchsunrecht, S. 38.
64) *Kadel*, ÖJZ 1989, 270.
65) *Gropp*, AT, § 9 Rn. 58 ; *Jäger*, Gefährdungsumkehr, S. 45 ; *Stratenwerth*, AT, § 11 Rn. 75.
66) *Puppe*, NStZ 1986, 15f. 가령 BGHSt 22, 176에서 행위자는 피해자가 자신의 의도를 알까봐 염려해서 피해자의 머리를 한 번만 가격함으로써 피해자를 죽이려고 하였다. 행위자는 피해자에 대한 부끄러움 또는 염려 때문에 범행의 수단을 한정하였는데, 머리를 한 번 맞고 피해자는 정신을 잃었으나 죽지는 않았고 피고인은 더 이상 때리지 않았다. 독일연방대법원은 절대로 한 번 이상 피해자를 가격할 생각이 없었다는 행위자의 진술을 받아들이지 않음으로써 불합리한 결론을 피할 수 있었다. *Puppe*, AT II, § 36 Rn. 13 참조.
67) *Geilen*, JZ 1972, 337.

점도 범행계획기준설의 단점을 보여준다고 하겠다.

(2) 중지행위시기준설

중지행위시기준설(Rücktrittshorizontstheorie)[68]은 행위자가 실행의 착수 이후 중지행위 시점에 어떻게 결정했는지를 착수미수와 실행미수의 구별기준으로 삼는다. 이 견해는 행위자가 마지막 실행행위 이후 결과발생이 임박했다는 사실을 인식했거나 실행행위가 결과발생에 적합하지 못했다는 사실을 간과한 채 결과발생이 가능하다고 생각한 경우에 실행미수이며, 그 이전에는 착수미수라고 한다.[69]

중지행위시기준설은 범행계획을 지나치게 유리하거나 불리하게 평가하지 않는다는 장점이 있다.[70] 그리고 중지행위시기준설을 통해서, 단일한 생활과정을 자의적으로 두 개의 독립적 미수로 나누는 문제점을 피할 수 있게 된다.[71] 독일형법의 법문이 중지미수의 인정을 위해 필요한 사실관계를 어떻게 기술하였는지를 보아도 중지행위시기준설의 장점은 명백하다.[72]

2) 개별행위설과 종합판단설

실패한 미수에 해당하는 사례 중 하나로서, 행위자가 범행실현을 위해서 여러 행위를 하려고 생각했을 경우 어떠한 행위를 기준으로 삼아

---

68) 다른 표현으로 행위시기준설(Ausführungshorizont: *Otto*, Jura 1992, 425 ; *ders.*, Jura 2001, 342) 또는 중지시기준설(Abbruchsperspektive: *Kienapfel*, JR 1984, 73 ; *ders.*, FS Pallin, S. 213f ; *ders.*, AT, Z 23/4).
69) 중지행위시기준설에 따른 최근의 독일판례로 BGH NStZ 2004, 325 등 다수.
70) *Gropp*, AT, § 9 Rn. 60 ; *Kühl*, AT, § 16 Rn. 27ff.
71) *Jäger*, Gefährdungsumkehr, S. 46.
72) *Murmann*, JuS 1996, 591.

야 하는지가 문제가 되었다. 행위자가 계속적인 행위가능성과 그를 통한 범죄실현의 가능성을 인식하고 있음에도 불구하고 한두 번의 실행행위가 실패했다는 이유로 바로 실패한 미수라고 본다면, 중지미수를 인정할 수 있는 범위가 지나치게 좁아진다. 그렇기 때문에 실패한 미수의 한계를 어떻게 설정할지가 문제가 되는데[73] 그 기준으로 개별행위설(Einzelaktstheorie)과 종합판단설(Gesamtbetrachtungslehre)이 제시되었다.

(1) 개별행위설

개별행위설[74]에 의하면 행위자가 결과발생을 위해 아직 필요한 행위를 다하지 않았다고 생각했음에도 불구하고 더 이상 범행하기를 포기한 경우에만 착수미수이며, 그 이외의 경우에는 실행미수이다. 이 때 행위개념을 좁게 설정하면 각각의 개별행위가 새로운 행위가 되며 따라서 기존의 행위는 실패한 미수가 된다. 즉, 행위자가 결과발생을 위해 충분하다고 생각했던 수단이 실패하였다고 판단하였다면, 다른 행위를 통해 스스로 범행을 실현할 가능성이 아직 남아있다고 생각했다고 하더라도 이미 실패한 미수라는 설명이다.

예전의 독일판례도 개별행위설의 입장이었다. 가령 BGHSt 14, 75에 따르면 "행위자가 실행의 착수 당시 구성요건적인 결과를 달성하기 위해 어떠한 행위가 필요하다고 생각하고 행위하려고 했는지가 중요하다. 행위자가 이 행위를 하였다면 이미 종료미수이다. 행위자의 고의가 처음부터 한두 가지 혹은 특정한 실행행위로 제한되지 않은 경우, 그러니까 실행의 착수 이후의 사실관계에 따라 다르겠지만 피해자에게 결과발생을 야기하기 위해 필요한 한 많은 피해를 입히려고 한 경우에 한하

---

[73] *Kudlich*, JuS 1999, 242ff ; *Kühl*, AT, § 16 Rn. 16 ; LK-*Lilie/Albrecht*, § 24 Rn. 66.

[74] 또는 분리설(Isolierungstheorie: *Hillenkamp*, 32 Probleme, S. 122f).

여, 다음의 기준도 적용된다. 즉, 행위자가 행위여부를 결정할 시점에서 지금까지의 자신의 행위가 어떠한 작용을 일으킬 것이라고 생각했는지, 그리고 그가 계속적인 범행이 가능하다고 생각했는지 여부이다."75)

개별행위설에 따르면 하나의 고의에 의한 하나의 전체사건이 사후적으로 분리되어 개별행위로 나누어진다는 문제점이 있다.76) 그리고, 개별행위설은 중지행위의 가능성을 지나치게 제한하기 때문에77) 그 이론적 명확성78)에도 불구하고 형사정책적 고려79)나 법조문과의 일치 여부80)를 생각해 볼 때 받아들이기 어렵다.

이러한 단점 때문에 수정된 개별행위설이 주장된다. 최후의 행위가능성을 자발적으로 포기한 경우는 예방의 필요성이 감소한다는 설명81)도 있고, 독립적 미수(Verselbständiger Versuch)와 비독립적 미수(Nicht verselbständiger Versuch)로 구별하는 기준도 있다.82) 후자에 따르면 행위자가 어떠한 개별행위를 했으나 그 행위는 행위자가 보기에 결과실현을 위해서 아직 충분하지 않았다면 비독립적 미수이며 착수미수이다. 반면 행위자가 실행의 착수 당시 이미 자신의 행위가 추가적인 행위를 하지 않아도 결과발생에 충분하다고 생각하였으나, 반대행위를 통해 결과발생을 막을 수 있다고 생각했을 경우에는 실행미수이다. 행위자가

---

75) 독일제국형법시대의 판례와 학설도 그러하였다. *v. Bar*, Gesetz und Schuld II, S. 558ff ; *Frank*, Vollendung und Versuch, S. 238 ; RGSt 22, 60. 반대견해로 *Zachariä*, Die Lehre vom Versuche der Verbrechen II, S. 256.
76) *Kienapfel*, JR 1984, 72 ; *Kudlich*, JuS 1999, 243.
77) *Lesch*, GA 1995, 493.
78) 또는 '법적 안정성'(*Schlüchter*, FS Baumann, S. 82).
79) *Maurach/Gössel/Zipf*, AT II, § 41 Rn. 33.
80) *Kampermann*, Grundkonstellationen, S. 193.
81) *Bergmann*, ZStW 100 (1988), 343.
82) *Freund*, NStZ 2004, 327 ; Schönke/Schröder-*Eser*, § 24 Rn. 21. 그에 관하여 *Jäger*, Gefährdungsumkehr, S. 49 ; *Otto*, Jura 2001, 343.

외부세계에 영향을 끼칠 가능성을 상실한 때에는 자신의 행위로부터 분리되기 때문에 중지미수는 불가능하고 사후행위만 문제된다는 범행변경설(Tatänderungstheorie)[83]도 수정된 개별행위설과 비슷한 입장이다.

(2) 종합판단설

종합판단설은 미수행위의 단일성 판단에 관한 기준으로 일반적으로 결과의 단일성과 피해대상의 동일성을 제시한다.[84] 이 견해에 따르면, 개별행위가 실패했다고 하더라도 행위자가 지금까지의 사건과의 관련성에서 볼 때 계속 행위하면 결과가 발생할 수 있다고 생각했음에도 중지한 경우에는 실패한 미수가 아니고 중지미수이다. 반대로 행위자가 자신에게 가능한 모든 행위가능성을 소진하였다면 실패한 미수이다.[85] 독일판례도 기존의 입장을 변경하여 종합판단설을 수용하였다. "행위자의 생각에 따라 결과발생을 위해 필요하거나 충분한 행위를 실현하기 전에 더 이상의 행위를 포기한 경우만을 착수미수로 보아야 할 것이다. 그 판단은 실행의 착수시가 아니라, 행위실행 이후를 기준으로 하며, 따라서 이 시점에서의 행위자의 생각이 어떠했는지가 문제된다."[86]

종합판단설에서는 그 기준의 내용이 중요하다. 시간적, 장소적 연관성을 어떻게 이해하느냐, 즉 어떤 기준을 통하여 두 번째 행위가 첫 번째 행위의 연장이 되고, 그렇기 때문에 전체의 사건을 하나로 볼 수 있는지이다. 이에 관해서는 자연적 행위단일성, 또는 이미 행한 행위와 행위자가 포기한 새로운 행위가 단일한 생활과정에 속하는지 여부[87]가

---

83) *v. Heintschel-Heinegg*, ZStW 109 (1997), 48 ; *Jakobs*, ZStW 104 (1992), 88.
84) *Puppe*, NStZ 1990, 434.
85) *Krey*, AT II, Rn. 470 ; *Kühl*, AT, § 16 Rn. 22 ; *Roxin*, AT II, § 30 Rn. 180 ; SK-*Rudolphi*, § 24 Rn. 12b ; *Stratenwerth*, AT, § 11 Rn. 75.
86) BGHSt 31, 170 ; 33, 295 ; 35, 90 ; 36, 224.
87) *Gropp*, AT, § 9 Rn. 61a ; *Otto*, Jura 1992, 429 ; Schönke/Schröder-*Eser*, § 24

기준으로 제시되고 있다. 하지만 어느 견해를 따르더라도 각각의 행위가 수일에 걸쳐서 행해졌다면 행위 전체가 하나의 사건이 아니라 각각의 실행행위가 실패했다고 보아야 한다(BGHSt NStZ 1994, 535).

또한 착수미수가 실행미수로 바뀔 수 있고 실행미수가 착수미수로 바뀔 수도 있다.[88] 행위자가 마지막 실행행위를 한 직후에 지금까지의 실행행위를 통한 범행결과의 발생가능성을 잘못 판단했음을 알고 범행결과의 발생가능성에 대한 자신의 생각을 바꾸었을 때가 그 예이다. 택시강도사건[89]에서 피고인은 택시운전사에게서 돈과 자동차를 빼앗으려고, 피해자가 죽을 수도 있다고 생각하면서 칼로 찔러서 폐에 상처를 입혔는데, 바로 치료를 받지 않았다면 피해자는 죽게 될 상황이었다. 피해자는 택시에서 빠져나와 도망칠 수 있었는데, 그때 피고인이 '멈춰, 죽인다'라고 했다. 상처 때문에 더 이상 도망치지 못할 것을 안 피해자는 멈췄고, 돈이 모두 차 안에 있다는 대답을 들은 피고인은 택시를 몰고 떠났다. 독일판례는, 행위자가 실행행위 후 처음에는 자신의 행위가 범행결과의 실현에 충분하다고 판단하였으나 그 직후 필요한 행위를 아직 다 하지 않았다고 생각을 바꾸었으므로 중지미수를 인정하기 위해서는 범행의 포기로 족하다고 판결하였다. 하지만 이러한 판단의 전제로서, 밀접한 시간적·장소적 연관이라는 기준에 따라 두 번째의 생각과 그에 따른 행동이 새로운 범행으로 볼 수 없어야만 하며, 그렇지 않다면 범행실행의 포기만으로는 중지미수를 인정할 수 없다.[90]

개별행위설과는 다르게 종합판단설에서는 중지미수의 가능성이 개

Rn. 17c.
88) BGHSt 36, 224. 그에 관해서 *Kühl*, AT, § 16 Rn. 32 ; LK-*Lilie/Albrecht*, § 24 Rn. 116ff ; *Ranft*, JZ 1989, 1128 ; *Roxin*, AT II, § 30 Rn. 154 참조. 최근 판례로는 BGH NStZ 2005, 151.
89) BGH NStZ 1997, 573. 이에 관해서는 *Puppe*, AT II, § 36 Rn. 37ff.
90) LK-*Lilie/Albrecht*, § 24 Rn. 119.

별사례에서의 우연성이나 행위자의 심리적 상황 및 목표에 따라 좌우된다.[91] 그렇기 때문에 종합판단설을 따를 경우 지나치게 중지행위자에게 유리하게 된다고 지적할 수 있으나,[92] 종합판단설의 이러한 특성은 피해자보호와 상응한다.[93] 그리고, 종합판단설에 따르면 오히려 경솔하고 무모한 범죄자에게 이익이 된다는 비판[94]도 있으나, 이는 통설이 착수미수와 실행미수를 구별하는 기준으로 주관설을 따르는 이상 피할 수 없는 문제점이다.[95]

여기에서도 중지미수의 인정가능성의 지나친 확장을 막기 위한 수정설이 제시되고 있다.[96] 자연적 행위단일성의 관점인 시간적, 장소적 연관성 외에도 행위자가 스스로 판단했을 때 더 이상 행위할 수 있다는 가능성이 있음에도 포기했는지가 기준이 될 수 있다. 하지만 행위수단의 동일성 등 행위양태를 기준으로 삼을 경우[97]에는 중지미수의 가능성을 지나치게 제한하게 된다.

4. 관련문제

1) 행위자가 자신의 목적을 이미 달성한 경우의 중지

행위자가 자신의 목적을 달성하였기 때문에 더 이상 범행을 실행하

---

91) *Puppe*, JZ 1993, 362.
92) *Seier*, JuS 1989, 104.
93) *Haft*, AT, S. 246 : *Kühl*, AT, § 16 Rn. 20f ; *Roxin*, AT II, § 30 Rn. 188.
94) Schönke/Schröder-*Eser*, § 24 Rn. 18a.
95) *Kühl*, AT, § 16 Rn. 34 ; *Tipold*, Rücktritt und Reue, S. 85.
96) *Jäger*, Gefährdungsumkehr, S. 122ff ; *Kühl*, AT, § 16 Rn. 35ff ; *Roxin*, AT II, § 30 Rn. 187ff 참조.
97) *Kühl*, AT, § 16 Rn. 35 ff ; *Ulsenheimer*, Grundfragen, S. 320ff. 반대견해로 *Roxin*, AT II, § 30 Rn. 109ff.

지 않고 중지하였는데, 이때의 목적이 구성요건에 포섭할 수 없었던 경우 과연 행위자의 중지를 중지미수로 볼 수 있는지에 대해서 독일에서는 논란이 있었다. 소위 구성요건 외의 목적(Außertatbestandliches Ziel) 또는 1차적 목적의 문제이다. 행위자가 다른 범죄를 실행하기 위해 피해자를 항거불능상태로 만들려고 하였거나 아니면 기억에 남도록 쓴맛(Denkzettel)을 보여주려고 했던 경우가 주로 문제가 되며, 미필적 고의에서의 중지(Rücktritt bei dolus eventualis)라는 명칭으로 부르기도 한다.

(1) 독일판례의 입장

독일연방대법원의 각 재판부가 이 문제에 대하여 서로 다른 판결을 함으로써 논란이 되었다. 먼저 BGH NJW 1984, 1693에서 피고인은 스스로의 분노를 진정시키려고 살인에 대한 미필적 고의를 가지고 피해자의 배를 한 번 찔렀고, 계속 찌를 수 있었으나 피해자가 도망가도록 놓아두었다. 연방대법원 제1형사부는 피해자를 한 번 찌름으로써 피고인이 목적을 달성했다는 이유로 중지미수를 인정하지 않았다. 반면 BGH NStZ 1989, 317에서 피고인은 피해자에게 한 방 먹이려고 살인에 대한 미필적 고의를 가지고 칼로 등을 찔렀다. 그 후 더 찌를 수 있었음에도 그만두었는데, 제1형사부는 이 사건에서 미필적 고의를 가지고 행위한 자를 확정적 고의를 가지고 행위한 자보다 불리하게 다루어서는 안 된다는 점과 피해자보호를 이유로 중지미수를 인정하였다. BGH NStZ 1990, 30에서 피고인은 포커에서 잃은 돈을 찾으려고 가스총을 들고 피해자를 쫓아갔으나, 이 총이 가스총인지 아니면 실제 총인지는 알지 못한 상황에서 피해자의 얼굴에 총을 쏘았다. 비록 죽이려는 의도는 아니었고 저항하지 못하게 하려는 의도였으나 죽을지도 모른다는 생각은 있었고, 피해자가 쓰러지자 돈을 챙겨서 그 자리를 떠났다. 이 사건에서 제1형사부는 중지미수를 인정했는데, 피고인이 권총으로 머리를 때리거나 목을 조르는 등의 행위로 최적의 목표실현을 할 수 있었음에도 하지 않았기 때문이라는 이유였다. BGH NStZ 1990, 77에서 피고인은 공범과 함께 슈퍼마켓을 털고 나서 슈퍼마켓 주인에게 추격을 당했는데, 추격을 피하기 위해서 살인의 미필적 고의로 총을 다섯 발 쏘았고, 주인이 더 이상 추격하지 않자 더 이상 총을 쏘지 않았다. 이 사건에서 제2형사부는 보상할 만한 범행포기가 존재하지 않았다는 이유로 중지미수를 인정하지 않았다. BGH NJW 1991, 1189에서는 돈주머니를 빼앗아 도망치던 강도가 체포되어 물건을 빼앗기지 않으려고 추격하는 경찰에게 총을 쏘았으며, 더 이상 쏠 수도 있었으나 도주에 성공하였기 때문에 더 쏘지 않았다. 제5형사부는 더 이상의 총격은 새로운 범행이기 때문에 이를 포기하였다고 하더라도 중지미수로 볼 수 없다고 하였다. BGHSt (GS) 39, 221에서 피고인은 피해자에게 쓴맛을 보여주고, 자신이 반항을 용납하지 않는다는 점을 분명히 하려고 살인에 관한 미필적 고의로 피해자를 찔렀다. 더 이상 찌를 수도 있었으나 범행을 그만두었고, 피해자는 의사의 치료를 통하여 구조되었는데, 만약 치료가 없었다면 상처 때문에 죽었을 것이다. 대형사부는 이 사건에서 중지미수를 인정하였다. BGH NStZ 1994, 493에서는 피고인이 술집 주인이 자신을 추격하자 살인에 관한 미필적 고의로 총을 쏘았고, 팔에 총을 맞은 주인이 더 이상 추격하지 않자 피고인도 더 이상 총을 쏘지 않았다. 이 사건에서 제5재판부는 더 이상의 총격은 새로운 범행이라는 이유로 중지미수를 인정하지 않았다.

대형사부의 판결 이후에는 독일판례는 이러한 사안에서도 중지미수를 인정한다고 보인다. 예를 들어 BGH StV 1997, 128에서는 행위자가 디스코텍 입장이 거부된 이후에, 직원들에게 겁을 주려고 상해의 고의로 총을 네 발 쏘았으나 원래의 목적은 쓴맛을 보여주는 것이었기 때문

에 더 이상 총을 쏘지 않고 범행현장을 떠난 사건에서 상해죄의 착수미수를 인정하였다.98)

(2) 독일학설의 입장 및 평가

통설은 제24조 제1항 제1문 전단에 의한 중지미수를 부인한다. 그 근거로 우선, 행위자가 원하던 바를 다 이루었다면 위태화로부터의 후퇴란 있을 수 없다고 한다. 행위자가 더 이상의 범행을 하지 않았다고 해도 새로운 범행결의에 기인한 새로운 범행을 하지 않은 것일 뿐 원래의 범의를 철회했다고는 볼 수 없기 때문이다.99) 그리고, 형사정책설의 관점에서는 중지미수를 인정하기 위한 최소요건으로 행위자가 생각을 바꿔야 하는데, 자신의 범행계획을 모두 실현한 행위자가 미리 계획하지도 않았던 범행을 하지 않았다고 해서 중지미수를 인정하면 형사정책적으로 불합리하다고 한다.100) 행위자가 생각을 바꿔야 한다는 요구는 독일형법의 문언에도 상응한다고 한다. '결과발생의 방지'나 '진지한 노력'에 이미 이러한 요구가 표현되어 있고, '실행의 포기'와 관련해서도 사람은 자신이 원했으나 아직 이루지 못한 것만 포기할 수 있는데, 목표를 이룬 후 범행을 더 하지 않았다고 해서 포기라고 볼 수는 없다.101) 미수론의 관점에서 보아도 중지행위자는 범행실현의사로서의 고의를 포기하는데, 행위자가 자신이 바라던 바를 이루었다면 고의는 사라지며, 더 이상 포기할 대상이 남아있지 않다고 한다.102)

하지만 독일형법 제24조에서 말하는 '범행의 포기'에서의 범행은 구

---

98) 비슷한 취지의 판결로 BGH NStZ-RR 1998, 134도 참조.
99) *Roxin*, AT II, § 30 Rn. 59.
100) *Roxin*, AT II, § 30 Rn. 60f.
101) *Roxin*, AT II, § 30 Rn. 62f.
102) *Roxin*, AT II, § 30 Rn. 64. 반대견해로 *Jäger*, Gefährdungsumkehr, S. 117.

성요건적 행위와 구성요건적 결과의 실현을 의미하기 때문에, 이러한 의미에서의 범행이 포기되면 족하며 구성요건 이외의 목적이나 동기가 포기되었는지에 따라서 문제를 해결해야 할 이유는 없다.103) 그렇기 때문에 행위자의 고의에 대한 판단기준도 구성요건이어야 한다. 법익의 위태화나 위험도 구성요건이 보호하는 법익과 관련하여 판단하면 될 뿐, 행위자의 범행계획이 이를 판단하는 결정적인 기준으로 작용할 수 없으며, 중지미수를 형벌목적설의 관점에서 설명해야 하는지는 의심스럽다. 결국 이 사례에서도 행위자의 행위로 인하여 발생한 위험이 어느 정도인지를 기준으로 하여 중지행위로서 실행중지가 필요한지 결과발생방지가 필요한지에 따라 구별하여야 한다.

2) 부작위범의 중지미수

부작위범의 중지미수에서는 주로 부진정부작위범이 문제가 되며, 결과방지위험(Erfolgsabwendungsrisiko)과 관련하여 과연 부작위범에서도 착수미수와 실행미수의 구별이 가능한지에 관하여 논의되고 있다. 부작위범은 결국 적극적인 작위행위를 통해서만 중지행위를 할 수 있는데, 이는 작위범의 실행미수에서의 중지행위와 동일하기 때문이다. 이때 결과방지위험이란 적극적 중지행위가 효과가 없었을 경우의 위험을 말하는데, 부작위범의 중지미수에서 착수미수와 실행미수를 구별하는 견해는, 실행미수에서만 행위자가 결과방지위험을 지며 착수미수에서는 과실범의 책임에 한해서만 결과발생의 위험을 진다고 설명한다.

독일에서 이 구별이 문제가 된 사건은 BGH NStZ 1997, 485이다.

---

103) LK-*Lilie/Albrecht*, § 24 Rn. 124. *Roxin*, AT II, § 30 Rn. 94는 이와 반대로 중지미수는 구성요건실현의 포기가 아니라, 독일형법 제24조에 따르면 '범행'(Tat)의 포기라고 반론한다.

피해자는 피고인과 싸운 후 공포 때문에 오후 7시 경에 욕실에 숨었다. 하지만 피해자는 욕실의 구조로 인해 난방기에 붙어서 숨어있을 수밖에 없었는데, 피고인은 난방기의 온도를 최고인 섭씨 80도로 올리고 자러 가버렸다. 다음날 아침 7시에도 상황은 마찬가지였는데, 피해자는 이미 난방열 때문에 치명적인 상처를 입었음에도 피고인은 피해자를 돌보지 않았다. 이웃사람이 피해자의 신음소리를 듣고 강하게 요구하여 10시 30분경에 피해자는 풀려날 수 있었으나 결국 다음다음 날에 숨졌다. 사실심의 확정에 따르면 사건 당일 저녁 피고인은 이미 술에 취해 있었고 짧은 시간에 일어난 일이라 자신의 행위가 매우 위험하다는 사실을 인식하지 못했다. 그러므로 이 사건에서는 부작위범이 문제가 되며, 피고인이 상황을 인식했을 때는 이미 구조행위가 불가능했기 때문에 부작위는 결과와 인과관계가 없어서 기수범에 해당하지 않는다.

이 문제에 대하여, 독일의 판례 및 일부견해는 부작위범에서는 착수미수와 실행미수의 구별이 의미가 없다고 한다.[104] 미수단계에 있는 부작위범은, 자신의 생각에 따르면 위험이 바로 구성요건적 결과로 넘어갈 수 있기 때문에 처음부터 항상 작위범의 실행미수와 같은 주관적인 결정상황에 있기 때문이라고 판례는 보는 반면, 학설은 보증인의무에서 도출한 적극적인 결과발생방지의무 때문이라고 그 이유를 설명한다. 근거는 다르나 이러한 입장은 부작위범에서의 중지미수는 항상 실행미수의 중지인 것처럼 다루게 된다.[105]

반면에 독일의 다수설[106]에 따르면 부작위범에서도 착수미수와 실

---

104) BGH NStZ 1997, 485 ; BGH NJW 2000, 1730, 1732 ; *Bochert/Hellmann*, GS 1982, 444f ; *Freund*, AT, § 8 Rn. 67 ; *Kindhäuser*, AT, S. 490 ; *Köhler*, AT, S. 482 ; *Küper*, ZStW 111 (2000), 42 ; NK-*Zaczyk*, § 24 Rn. 47 ; *Puppe*, AT II, § 50 Rn. 10 ; *Roxin*, AT II, § 29 Rn. 269 ; *Tröndle/Fischer*, § 24 Rn. 14.
105) *Küper*, ZStW 111 (2000), 7 참조.
106) *Gropp*, AT, § 9 Rn. 72 ; *Heinrich*, AT I, Rn. 816f ; *Jescheck/Weigend*, AT, S.

행미수가 구별되는데, 착수미수는 행위자가 작위의무자로서 원래 필요한 행위를 함으로써 결과를 방지할 수 있다고 생각한 경우이며, 실행미수는 원래 필요한 행위를 함으로는 부족하며 그 이외의 다른 행위가 필요하다고 생각한 경우라고 한다. 작위범의 미수와 부작위범의 미수의 구조에 차이가 없기 때문에 부작위범의 미수에서도 실행미수와 착수미수를 구별해야 한다는 근거에서이다. 작위범의 구조를 부작위범의 설명에 적용해 보면, 행위자의 생각에 비추어 볼 때 범행의 기수에 필요한 모든 부작위를 아직 다 하지 않은 경우가 부작위범의 착수미수이며, 실행미수는 구성요건실행을 저지할 수 있는 모든 행위를 부작위한 경우라고 설명할 수 있기 때문이다.107) 그리고, 부작위범에서도 실패한 미수가 문제될 수 있는데, 행위자의 생각에 따르면 구조행위가 결과발생을 더 이상 방지할 수 없어서 자신의 부작위가 더 이상 결과에 인과적이지 않을 때가 그러하다.108)

하지만 부작위범에서의 착수미수와 실행미수의 구별은 실질적으로 큰 의미가 없다. 먼저 결과가 발생하지 않은 경우에는 부작위범에서의 착수미수와 실행미수의 구별은 이론적으로 아무런 기능이 없다.109) 결과가 발생하였다면 다수설과 같은 구별이 의미가 있을 수도 있다. 하지만, 다수설은 부작위범의 실행미수라는 범주를 설명하면서 상대적으로 장시간에 걸쳐 이루어지는 부작위를 상정하고 있는데, 실행미수에서의

---

638 ; LK[10]-*Vogler*, § 24 Rn. 142 ; LK-*Lilie/Albrecht*, § 24 Rn. 320ff ; Lönnies, NJW 1962, 1951 ; *Maurach/Gössel/Zipf*, AT II, § 40 Rn. 106 ; Schönke/Schröder-*Eser*, § 24 Rn. 27ff ; *Schröder*, JuS 1962, 86 ; *Wessels/Beulke*, AT, Rn. 743.
107) *Küper*, ZStW 112 (2000), 3 ; *Vehling*, Abgrenzung, S. 161 참조.
108) *Küpper*, JuS 2000, 228.
109) *Gropp*, AT, § 9 Rn. 72 ; *Küper*, ZStW 112 (2000), 22 ; *Roxin*, AT II, § 29 Rn. 270.

위험은 이미 부작위범의 실행의 착수단계에서 발생할 수 있으며, 다른 한 편으로 착수미수와 실행미수와의 구별과는 다르게 요구되는 행위는 처음부터 끝까지 동일할 수도 있다.110) 즉, 작위범의 착수미수와 실행미수를 구별하는 이유는 착수미수 단계에서는 결과가 행위자가 더 이상 개입하지 않아도 실현되도록 하는 위험상황이 존재하지 않아서 기수의 고의도 없다고 보기 때문인데, 부작위범의 미수에서는 위험상황은 항상 존재하면서 스스로 커지기 때문에 작위범의 착수미수에 상응하는 단계는 없다고 할 것이다.111)

즉, 작위의무자가 결과발생을 방지했다면 그의 이전의 부작위가 착수미수인지 실행미수인지와 상관없이 중지미수를 인정해야 한다. 그리고, 결과가 발생하였다고 하더라도 그 결과를 행위자에게 귀속할 수 없을 때는 행위자는 결과발생방지를 위한 노력을 통하여 중지미수의 효과를 누릴 수 있다.

IV. 중지행위

1. 중지행위의 전제

1) 중지행위와 착수미수/실행미수 구분의 연결

착수미수와 실행미수의 구별이 중지미수의 인정을 위해 어떠한 행위가 필요한지를 결정한다고 통설은 설명한다. 즉, 중지행위(Rücktrittsverhalten)로서 착수미수에서는 실행의 포기가, 실행미수에서는 기수의 방지가 필

---

110) *Küper*, ZStW 111 (2000), 25ff.
111) *Roxin*, AT II, § 30 Rn. 240 ; *Schliebitz*, Erfolgszurechnung, S. 160.

요하다고 한다.

2) 중지행위와 기수방지와의 관계

중지미수로 인하여 처벌되지 않으려면 범행이 기수에 이르지 않아야 한다. 그러므로, 실패한 중지행위(Misslungener Rücktritt)에서는 중지미수를 인정할 수 없다.

실패한 중지행위란 행위자가 기수의 방지를 위해서 노력했으나 결국 범행의 기수를 막지 못한 경우를 말한다.[112] 이때는 발생한 결과에 대해서 객관적 귀속이 부정될 때에만 중지미수를 인정할 여지가 생긴다. 그 예로 행위자가 피해자를 죽이려 하였으나 상처를 입히는데 그친 후 피해자를 병원으로 옮기게 하였으나 술에 취한 구급대원이 들것을 떨어뜨려 피해자의 목뼈가 부러진 경우를 생각할 수 있다. 다른 사례유형은 행위자가 실행의 착수 이후에 중지하려고 했고, 중지행위 당시 자신의 중지행위가 성과를 거두었다고 착오했으나 범행의 결과는 이미 발생한 경우이다.[113] 예를 들어 행위자가 점진적으로 독약을 음식에 넣어서 피해자를 살해하려고 하였고, 열 번에 나누어서 독약을 넣으려고 했으나 네 번째 이후 마음을 바꾸어 더 이상 독약을 넣지 않았으나 피해자는 이미 넣은 독약 때문에 사망한 경우이다. 만약 범행의 결과가 발생하지 않았다면 행위자가 잘못 생각했어도 문제가 되지 않으나 결과가 발생했을 경우에는 사정이 달라지며,[114] 통설은 이러한 착오는 인과관계의 착오에 지나지 않기 때문에 중지미수가 아니라 기수범이라고 본다.

---

112) *Kühl*, AT, § 16 Rn. 79ff ; *Roxin*, AT II, § 30 Rn. 113ff ; *Schliebitz*, Erfolgszurechnung 참조.
113) *Lackner/Kühl*, § 24 Rn. 15 ; MK-*Herzberg*, § 24 Rn. 57 ; *Ulsenheimer*, Grundfragen, S. 99 ; *Wessels/Beulke*, AT, Rn. 627.
114) *Schliebitz*, Erfolszurechnung, S. 25.

2. 중지행위의 내용

1) 중지행위의 의미

중지행위는 중지행위자의 에너지 및 신체의 투입이라고 정의할 수 있다.[115] 어떠한 범죄의 기수를 방지하기 위해 해야 할 행위가 무엇인지는 그때까지 실행한 미수행위가 얼마나 기수에 가까운지와 관련되어 있다.[116] 이때 요구되는 행위는 상황에 따라 다르지만 기수의 방지가 요구된다는 사실은 동일하다.[117]

2) 실행의 포기

행위자가 자신의 범행계획을 완전히 포기했을 때 실행의 포기(Aufgeben: 독일형법 제24조 제1항 제1문 전단)가 존재한다고 다수설과 판례[118]는 설명한다. 이때의 범행계획은 문제가 되는 구성요건의 보호법익과 금지되는 행위행태에 따라서 확정된다.[119] 범행계획에 여러 구성요건의 실현이 포함되어 있다면 각각의 구성요건의 실행이 포기되었는지를 나누어서 판단해야 한다(BGHSt 33, 144). 포기의 종국성을 판단할 때는 이미 실행한 미수행위가 범행계획에 따른 장래의 실행행위와 자연적 행위단일성 기준에 따라 하나의 행위인지가 문제가 된다.[120]

---

115) *Baumann/Weber/Mitsch*, AT, § 27 Rn. 14.
116) *Schönke/Schröder-Eser*, § 22 Rn. 37f ; *Stratenwerth*, AT, § 11 Rn. 73.
117) *Herzberg*, NJW 1991, 1633.
118) BGHSt 7, 296 ; *Jescheck/Weigend*, AT, S. 543f ; Schönke/Schröder-*Eser*, § 24 Rn. 40 ; SK-*Rudolphi*, § 24 Rn. 18a.
119) *Freund*, AT, § 9 Rn. 49ff ; LK-*Lilie/Albrecht*, § 24 Rn. 129 ; *Wessels/Beulke*, AT, Rn. 641.

하지만 실행을 포기하기 위해서는 행위자가 범행을 계속 할 것인지 아니면 포기할 것인지 선택할 수 있어야 하며, 그러한 가능성이 존재하지 않을 경우에는 포기라고 볼 수 없다.[121]

3) 기수의 방지

기수의 방지(Verhindern der Vollendung: 독일형법 제24조 제1항 제1문 후단)는 적극적 작위행위를 전제로 한다. 하지만 적극적 작위행위와 관해서도 행위자가 결과발생의 방지를 위해서 최선을 다 해야 하는지, 아니면 자신의 행위를 통해서 결과발생에 이르는 인과관계의 연결을 중단시키면 충분한지에 관해서 이견이 있다.

병원사건(BGHSt 31, 46)이 이러한 문제를 잘 드러내 준다.[122] 이 사건에서 피고인은 살인의 고의를 가지고 자신의 부인을 유리재떨이와 의자다리로 때렸다. 이로 인하여 부인은 심한 상처를 입었으며, 피가 나는 모습을 보자, 피고인은 부인을 병원에 데려가기로 결심했는데, 자신이 범죄혐의를 받게 될까봐 바로 병원에 데려가지 않고, 병원 출입구에서 약 100m 정도 떨어진 장소에 놓고는 혼자서 그 자리를 떠났다. 부인은 의식을 잃고 그 자리에 계속 쓰러져 있었는데 지나가는 행인이 이를 발견해서 병원에 데려갈 수 있었다. 피고인은 그 후 다시 현장으로 돌아왔는데, 부인이 병원에 실려갔음을 보고 집으로 돌아갔다. 판례는, 이 사건에서 피고인이 결과발생방지를 위해서 객관적으로 필요하거나 자신의 생각에 따라 충분한 노력을 하지 않았다는 이유로 중지미수를 부인하였다. 그러나, 적어도 피고인의 행위가 범행의 결과의 불발생과 인

---

120) *Roxin*, AT II, § 30 Rn. 160f ; *Stratenwerth*, AT, § 11 Rn. 80.
121) *Jakobs*, AT, 26/9 ; *Kühl*, AT, § 16 Rn. 49 ; *Otto*, AT, § 19 Rn. 22외 다수.
122) 이 판례에 대해서 *Bloy*, JuS 1987, 528 ; *Puppe*, NStZ 1984, 488.

과관계가 있었다는 점은 분명하다.[123]

중지미수를 넓게 인정하려는 견해는 중지행위가 결과의 불발생과 인과관계만 있으면 충분하다고 설명한다.[124] 이러한 독일통설은 결과지향적 고찰방식[125]인데, 독일형법 제24조 제1항 제1문 후단이 중지미수를 인정하기 위해 기수방지 이외의 다른 요건을 제시하지 않는다는 점을 주된 논거로 한다. 독일판례도 "침해된 법익을 구조하려는 피고인의 행위가 범행기수의 방지에 인과적이었기 때문에, 이 경우 독일형법 제24조 제1항 제1문 후단이 적용된다"[126]고 본다. 사실 이 문제와 관련하여 독일연방대법원의 각 부는 서로 다른 판결을 내려서 혼란한 법상태가 지속되었으나, 제2형사부의 질의에 다른 형사부가 모두 동의함으로써 입장이 분명해졌다. 따라서 결과발생의 방지를 위해 중지행위자가 중지행위 당시 더욱 노력할 수 있었던지 여부는 중지미수의 인정에 의미가 없다.

하지만 이 기준에 따르면서 인과관계의 확정을 위해서 조건설을 사용한다면 중지미수를 인정할 가능성이 무제한적으로 넓어진다는 문제점이 있다. 그렇기 때문에 최근 독일의 많은 학자들은 통설을 수정하여, 결과가 발생하지 않았다는 사실이 최소한 중지행위자의 몫(Werk)으로 돌릴 수 있어야 한다고 주장한다.[127] 이때의 귀속가능성이란 행위자가

---

123) *Römer*, MDR 1989, 946.
124) *Joecks*, § 24 Rn. 25 ; *Köhler*, AT, S. 475f ; *Maurach/Gössel/Zipf*, AT II, § 41 Rn. 88 ; LK[10]-*Vogler*, § 24 Rn. 120 ; LK-*Lilie/Albrecht*, § 24 Rn. 196ff.
125) 또는 '기회증대설(Chancenerhöhungstheorie: *Roxin*, AT II, 30 Rn. 221ff).'
126) BGHSt 48, 147. 이 판례의 의미에 관해서는 *Herzberg*, FS Kohlmann, S. 39ff ; *Jakobs*, JZ 2003, 743ff ; *Rotsch/Sahan*, JZ 2005, 206 ; *Seelmann*, JR 2004, 163. BGH Beschluss v. 27. 4. 2004 - 3 StR 112/04 (JZ 2005, 205)도 참조.
127) *Bloy*, JuS 1987, 528ff ; *Boß*, Der halbherzige Rücktritt, S. 60ff ; *Jäger*, Gefährdungsumkehr, S. 94 ; *Otto*, AT, § 19 Rn. 46 ; *Rau*, Ernsthaftes Bemühen, S. 151ff ; Schönke/Schröder-*Eser*, § 24 Rn. 66 ; SK-*Rudolphi*, § 24 Rn. 27b ; *Stratenwerth*, AT, § 11 Rn. 90f ; *Wessels/Beulke*, AT, Rn. 644.

위태화된 법익을 구조하기 위한 의미있는 기회를 기초하고 범행을 다하지 않음으로써 이러한 기회를 실현한다는 뜻으로서,128) 중지행위의 인과관계 확정을 위해 객관적 귀속의 기준을 적용하려는 시도이다.129)

다른 견해에 의하면 행위자는 결과발생의 방지를 위해서 최선을 다해야 한다.130) 하지만 최선행위설은 근거가 부족하다. 행위자가 중지미수의 효과를 누리기 위해서 노력해야 할 '구조의 기회(Rettungschance)'가 무엇인지는 중지미수 규정의 문언과 의미에 비추어 어떠한 구조행위가 요구되는지에 따라 결정되는데, 독일형법 제24조 제1항 제1문 후단은 '기수의 방지'에 관해서 어떤 특별한 제한을 두고 있지 않다.131) 그럼에도 불구하고 최선행위설처럼 추가적인 요건을 요구할 경우 처벌이 확대되므로 독일기본법 제103조 제2항에 반한다.132)

미수와 중지미수의 관계가 최선행위설의 근거라는 주장도 설득력이 없다. 미수범으로 처벌되기 위해서 행위자가 법익침해를 위해 스스로 이용할 수 있는 가장 위험한 수단을 선택할 필요는 없다. 자신의 생각에 따라서 어떠한 행위를 이용해도 처벌되며, 심지어 객관적으로 법익침해가 불가능한 수단을 사용해도 그러하다. 그렇다면 중지미수가 미수의 거울상이라고 하면서도 왜 중지행위자가 처벌을 면하기 위하여 최선의 수단을 선택해야 하는지는 의문이다.133)

---

128) *Rudolphi*, NStZ 1989, 511.
129) 반면에 중지미수에 객관적 귀속의 기준을 적용한다고 해도 얼마나 중지미수의 가능성이 줄어드는지는 의문이라는 지적으로 *Murmann*, Versuchsunrecht, S. 62 ; *Rau*, Ernsthaftes Bemühen, S. 97f ; *Weinhold*, Rettungsverhalten, S. 106.
130) '최선행위설(Bestleistungstheorie: *Roxin*, AT II, 30 Rn. 229ff)'로 *Heckler*, Rücktrittsleistung, S. 189 ; MK-*Herzberg*, § 24 Rn. 66 ; *ders.*, NStZ 1989, 49 ; *Murmann*, Versuchsunrecht, S. 65 ; *Schmidhäuser*, AT, 15/89ff ; *Tipold*, Rücktritt und Reue, S. 153ff ; *Walter*, Rücktritt, S. 128.
131) *Murmann*, Versuchsunrecht, S. 63 ; *Zieschang*, GA 2003, 360.
132) *Seelmann*, JR 2004, 163.

4) 진지한 노력

진지한 노력(Ernsthaftes Bemühen: 독일형법 제24조 제1항 제2문)도 중지행위이다. 통설에 의하면 행위자가 자신의 생각에 비추어 보았을 때 기수의 방지를 위해 적합한 노력을 해야 하지만, 이때의 노력이 기수방지를 위해 객관적으로 적합할 필요는 없다. 일반적으로는, 행위자가 자신이 보았을 때 결과발생방지를 위해 필요한 모든 행위를 하였을 경우에 진지한 노력이 있다고 설명한다.134)

독일의 판례도 통설과 같은 입장이다. 행위자는 자신이 알고 있으며 객관적으로 또는 적어도 자신의 시각에서 볼 때 기수의 방지를 위한 충분한 가능성을 남김없이 활용해야 하며(BGHSt 31, 50), 자신의 능력 하에서 스스로의 판단에 의해 결과발생방지에 필요한 모든 행위를 해야 한다(BGHSt 33, 302).

V. 자의성

1. 자의성의 위치

자의성(Freiwilligkeit)은 중지행위의 모든 형태에 공통적으로 요구되

---

133) *Bloy*, JuS 1987, 533.
134) LK-*Lilie/Albrecht*, § 24 Rn. 222 ; NK-*Zaczyk* § 24 Rn. 85 ; *Roxin*, AT II, § 30 Rn. 281ff ; Schönke/Schröder-*Eser*, § 24 Rn. 71f ; SK-*Rudolphi*, § 24 Rn. 30 ; *Wessels/Beulke*, AT, Rn. 647. 반대로 *Grünwald*, FS Welzel, S. 715 ; *Lenckner*, FS Gallas, S. 297ff는 제24조 제1항과 비교해 볼 때 행위자의 생각에 의하면 결과발생방지에 인과적인 행위이면 충분할 뿐 여러 행위 중 결과발생방지를 위해 가장 확실한 행위를 해야 할 필요는 없다고 한다.

는 요소이다. 다만 실패한 미수 개념을 인정하는 견해에 따르면, 자의성 요건에 대해 판단하기 위한 전제로써 미수가 실패하지 않았어야 한다.[135]

2. 자의성에 관한 규정방식

1) 외적인 상황을 통한 자의성의 규정

1851년 프로이센형법전 제31조나 1861년 바이에른형법전 제47조 등에서 볼 수 있듯이 과거의 여러 법전은 내적인 행위동기와 외적인 상황을 구분하여, 전자로 인해 범행을 중지하였을 때는 항상 자의성을 인정하였으나 후자로 인해 행위자가 자신의 의사에 반하여 범행을 계속 하지 않았을 때는 자의성을 인정하지 않았다.[136] 이는 자의성 판단에 대한 객관설의 입장과 상응한다.

반면에 처벌에 대한 공포 때문에 범행을 중지했을 때도 중지미수로 인정하는 예에서 볼 수 있듯이 중지미수의 동기가 윤리적이거나 도덕적일 필요는 없다는 견해가 독일제국형법 제정 이전에도 다수였다.[137]

2) 독일제국형법에서의 자의성

독일제국형법 제46조는 자의성이라는 단어를 쓰는 대신, 제46조 제1문에서는 세 개의 부정어(ohne, gehindert, unabhängig)를 사용하며 제2문에서는 객관적인 정황('범행의 발각')을 규정하였다.[138] 하지만 이러

---

135) LK-*Lilie/Albrecht*, § 24 Rn. 147 ; LK[10]-*Vogler*, § 24 Rn. 82.
136) *Ulsenheimer*, Grundfragen, S. 280 참조.
137) *Bauer*, Entwurf eines Strafgesetzbuches für das Königreich Hannover, S. 381 ; *Köstlin*, System, S. 239.
138) 하지만 입법자가 자의성이란 단어를 사용하지 않으려고 했음에 반해, 판결은

한 형태는 판례의 불일치를 유발하기 때문에, 실행중지와 결과발생방지의 요건을 형식적, 실질적으로 같게 규정해야 한다는 비판이 많았다.139) 그리고, 프로이센형법전 제31조와 달리 '상황(Umstände)'을 수식하는 '외적인(äußere)'이란 단어를 삭제함으로써, 내적인 장애가 있었을 경우에도 자의성을 인정하지 않을 수 있음을 분명히 하였다.140) 다만 '범행이 발각되지 않은 경우(zu einer Zeit, zu welcher die Handlung noch nicht entdekt war)'라는 규정은 불처벌이 우연에 좌우되도록 하였으며, 범행이 발각되었다고 해도 그로 인해 자의성이 배제되지 않았다면 범행결과를 되돌릴 수 있다(Aufheben)는 사실을 간과했다는 비판을 받았다.141) 제2문에서 '스스로의 행위에 의하여(durch eigene Tätigkeit)' 결과발생을 방지해야 한다고 규정함으로써 행위자가 제3자의 도움을 받지 않고 스스로의 노력만으로 결과를 방지해야 중지미수로 인정할 수 있는지에 관한 의문이 제기되었다. 하지만, 이 문언은 그러한 의미가 아니라 행위자가 개입하지 않은 타인의 행위와 자연력을 제외하는 뜻으로 이해해야 한다고 해석하였다.142)

중지미수의 자의성은 그 반대말인 '범행의 완수에 대한 사실적인 장애'를 통하여 정의되기 때문에143) 중지가 외적인 장애사유 없이 행해졌을 때 자의적이라고 보았으며, 프랑크의 공식을 이용하여 이를 판단하

이미 RGSt 1, 149부터 자의성이라는 단어를 사용하였다. *Graf zu Dohna*, ZStW 59 (1940), 541.
139) *Binding*, Grundriß, S. 138 ; *Graf zu Dohna*, ZStW 59 (1940), 541 ; *Kemsies*, Schuldaufhebungsgrund, S. 8.
140) *Baer*, Rücktritt und tätige Reue bei untauglichem Versuch, S. 10 ; *Frank*, Vollendung und Versuch, S. 235.
141) *Berner*, Gutachten, S. 141f ; *Kemsies*, Schuldaufhebungsgrund, S. 7.
142) *Frank*, StGB, § 46 II ; *Schwarze*, Commentar, S. 111.
143) *Baumgarten*, Die Lehre vom Versuche der Verbrechen, S. 460ff ; *Berner*, Lehrbuch, S. 150 ; *Liszt/Schmidt*, Lehrbuch, S. 211.

였다.144) 또한 자의성을 배제하는 상황에 대해서는 주관적 기준, 즉 이러한 장애사유가 행위자의 결정에 어떠한 영향을 미쳤는지에 따라 결정해야 하며, 그러한 사유가 실제로 존재했는지는 문제가 되지 않는다.145) 중지미수를 결정한 동기가 무엇인지도 중요하지 않았다.146) 따라서 윤리적이나 도덕적 동기가 없다고 하더라도 중지미수의 인정에 장애가 되지는 않았으나, 다른 한 편으로 법질서에 의해 긍정적으로 평가될 수 있는 동기가 존재했다면 일반적으로 중지미수를 인정하였다(RGSt 37, 402; BGHSt 7, 296). 개별사례에서 자의성을 인정해야 하는지에 관해서는 의견이 엇갈렸고, 특히 범행발각의 우려가 문제가 되었는데 일관되게 판단하기보다는 행위자가 범행발각에 대해 어떠한 의미를 부여했는지에 따라 구별하였다.147) 그 외에도 후회, 부끄러움, 메스꺼움148) 또는 저열한 동기149)에 따라 중지한 경우에도 자의성을 인정해야 한다고 보았다. 또한 제46조 제1호의 포기가 종국적이어야 하는지의 문제에 대해서는 구체적인 범행의 실행의 포기로 충분하며 범죄의사를 완전히 단념할 필요는 없다는 견해가 다수설이었다.150)

---

144) *Frank*, StGB, § 46 II ; *Welzel*, Lehrbuch, S. 197.
145) *Mayer*, AT, S. 297 ; *Mezger*, AT, S. 219 ; *Schröder*, JuS 1962, 83.
146) *Hälschner*, Das gemeine deutsche Strafrecht I, S. 361.
147) 이때 중지미수를 인정하는 견해로는 *Frank*, StGB, § 46 II ; *Krauthammer*, Der Rücktritt vom Versuch, S. 38 ; *Liszt/Schmidt*, Lehrbuch, S. 211 ; RGSt 47, 72. 반대견해로 *Binding*, Grundriß, S. 139 ; RGSt 37, 402.
148) 이러한 예로 임산부가 낙태약을 마실 수 있었으나, 맛이 역겨워서 먹지 않은 경우(RGSt 35. 102)가 있다. *Frank*, StGB, § 46 II.
149) 이러한 예로 훔치려고 했던 물건이 너무 싸서 훔치지 않은 경우를 들 수 있다. RGSt 45, 6과는 달리 RGSt 24, 222 ; *Frank*, StGB, § 46 II ; *Krauthammer*, Der Rücktritt vom Versuch, S. 38 ; *Liszt/Schmidt*, Lehrbuch, S. 212는 이때에도 자의성을 인정한다.
150) *Allfeld*, Frank-FG II, S. 79 ; *Frank*, StGB, § 46 II ; *Liszt/Schmidt*, Lehrbuch, S. 212 ; *Mezger*, AT, S. 219f ; *Schwarze*, Commentar, S. 110. 반대견해로는

제46조 제2호에서는 범행이 발각되지 않아야 한다는 표지의 해석이 주된 쟁점이었다. 범행이 발각되기 전이었다면 그 상황에서 자의성이 추정되기 때문에 이 단계에서 결과발생을 방지한 행위자는 항상 자의적으로 중지하였다고 보았다.151) 그리고, '발각'은 범행이 알려지지 않았다는 사실을 전제로 하기 때문에 공범이 범행사실을 알고 있다는 사실만으로 자의성이 배제되지는 않았다.152) 피해자가 범행사실을 알았어도, 공갈죄에서처럼 범행의 인식이 구성요건요소이거나 행위자가 결과발생방지를 위해 피해자에게 범행을 알려준 경우에는 중지미수를 인정할 수 있다고 보았다.153) 법문에 따르면 행위자는 중지미수의 인정을 위해서 스스로의 행위로 결과발생을 방지해야 하나, 이는 방지행위가 행위자에서 기인해야 함을 의미할 뿐이며 제3자가 결과방지에 기여했다고 하더라도 중지미수를 인정할 수 있다.154)

RGSt 42, 351 ; *Binding*, Grundriß, S. 139 ; *Mayer*, AT, S. 296 ; *Sauer*, Allgemeine Strafrechtslehre, S. 116.
151) *Binding*, Grundriß, S. 139 ; *Frank*, StGB, § 46 III ; *Schröder*, JuS 1962, 83. 반대견해는, 범행이 아직 발각되지 않았다고 하더라도 행위자가 범행이 발각되었다고 착각했다면 자의성이 배제될 수 있다고 보았다. RGSt 38, 404 ; 63, 158 참조.
152) 같은 맥락에서 의사에게 독약의 종류를 알려주었다면 결국 타인에게 범행이 발각된 것이 아니냐는 문제에 대해서도, 발각(Entdektsein)과 알려짐(Bekanntsein)은 구별되므로 중지미수를 인정해야 한다고 설명하였다. *Krauthammer*, Der Rücktritt vom Versuch, S. 51.
153) *Frank*, StGB, § 46 III ; *Herzog*, Rücktritt vom Versuch und thätige Reue, S. 250 ; *Liszt/Schmidt*, Lehrbuch, S. 212. 반대견해로 RGSt 1, 306 ; 26, 77.
154) *Baumgarten*, Die Lehre vom Versuche der Verbrechen, S. 463 ; *Berner*, Lehrbuch, S. 187 ; *Hälschner*, Das gemeine deutsche Strafrecht I, S. 362.

3. 자의성에 관한 현재의 논의

1) 심리적 고찰설

독일 판례와 다수설155)은 심리적 고찰설(Psychologische Betrachungsweise)에 따라서 자의성 개념을 판단하고 있다. 외적인 강제가 존재하지 않을 때 자의성이 있다고 보는 견해나 프랑크의 공식, 자율적/타율적 동기에 따라 판단하는 학설은 모두 심리적 고찰설로서, 명칭만 다를 뿐 실질적인 차이는 없다.156)

다수설은 행위자의 동기가 자율적(autonom) 또는 타율적(heteronom)인지에 따라서 자의성 여부가 결정된다고 한다.157) 그에 따르면 행위자가 자율적인 결정을 통해, 즉 외적인 강제상황 없이 범행을 그만 두었을 경우에는 자의적인 중지이며 행위자의 의지와 무관한 타율적인 장애사유 때문에 그만 두었을 경우에는 자의적인 중지로 볼 수 없다. 판례(BGHSt 7, 296)는, 행위자가 자기결정의 주체로서 범행계획의 실현

---

155) *Boß*, Der halbherzige Rücktritt, S. 168ff ; *Gropp*, AT, § 9 Rn. 73 ; *Heinrich*, AT I, Rn. 809 ; *Jescheck/Weigend*, AT, S. 544f ; *Lackner/Kühl*, § 24 Rn. 18 ; LK[10]*-Vogler*, § 24 Rn. 88ff ; *Otto*, AT, § 19 Rn. 37 ; *Schmidhäuser*, AT, 15/83ff ; *Schliebitz*, Erfolgszurechnung, S. 139ff ; Schönke/Schröder-*Eser*, § 22 Rn. 43ff ; *Schröder*, JuS 1962, 83 ; *Wessels/Beulke*, AT, Rn. 651ff.
156) *Ulsenheimer*, Grundfragen, S. 283f.
157) *Schmidhäuser*, AT, 15/84는 자율적/타율적이라는 단어가 철학적 윤리학의 엄격한 용어 사용에 제한을 받기 때문에 무가치성(Wertlosigkeit)이라는 단어를 쓰자고 주장한다. 하지만, 중지행위자에게는 원래 계획했던 행위의 실현은 중지행위와 비교해 볼 때 상대적으로는 항상 가치가 없기 때문에, 무가치성이라는 개념은 적절하지 않다. *Jäger*, ZStW 112 (2000), 785.
자의성 개념의 철학적 의미에 관해서는 *Gutmann*, Freiwilligkeit als Rechtsbegriff, 2001 참조.

이 아직 가능하다고 생각했을 때, 즉 범행을 마치는 데 장애가 되는 외적인 강제상황이나 심리적인 압박이 없었다고 본 경우에 자의성이 있다고 한다. 이러한 기준에 따라 자의성을 판단할 때 중요한 요소는 관련된 상황이 행위자에게 강제적인 장애로 작용했는지이다. 이렇게 보는 이유는, 판례에 따르면 독일형법 제24조의 문언 때문이다. 즉, "판례의 입장이 항상 올바른 결론을 내지는 않는다는 사실은 재판부도 잘 알고 있고, 그러한 이유로 인해 다수설은 판례의 심리적 고찰방식에 반대하며 중지동기에 대한 규범적 평가가 필요하다고 주장한다. 이 견해가 판례의 견해보다는 중지미수규정의 본질을 더욱 잘 고려하고 있기는 하다. 하지만, 다수설은 법문과 상응하지 않는다."158)

심리적 고찰설의 문제는 그 불명확성과 적용불가능성이다.159) 독일판례는 자의성을 심리적으로 판단해야 할 근거로 이 단어의 일상적 의미를 들고 있지만, 자의성의 일상적 의미에서 의미의 핵심부분(Bedeutungskern)은 지나치게 좁은 데 반해 의미의 주변부분(Bedeutungshof)이 너무 넓기 때문에,160) 이 기준이 문제해결에 도움이 되기 어렵다. 하나의 대상에 대한 평가가 달라지는 점도 문제로서, 가령 중지의 동기가 무엇이든 상관없이 행위자에게 강하게 작용할수록 중지의 자의성은 인정하기 어렵다.161)

심리적 고찰설의 입장인 독일판례가 개별사례의 해결에 관심을 기울이기 때문에 자의성 판단에 대한 이론적이고 구체적인 기준을 제시하지 않으며,162) 그렇기 때문에 결론도 일관적이지 않다는 점도 문제점

---

158) BGHSt 35, 184. 같은 지적으로 *Boß*, Der halbherzige Rücktritt, S. 168ff ; *Küpper*, Grenzen der normativierenden Strafrechtsdogmatik, S. 180.
159) *Maiwald*, GS Zipf, S. 263ff ; *Roxin*, AT II, § 30 Rn. 365ff.
160) *Schünemann*, GA 1986, 323.
161) *Ulsenheimer*, Grundfragen, S. 294ff.
162) *Weinhold*, Rettungsverhalten, S. 42.

으로 볼 수 있다.

2) 규범적 고찰설

심리적 고찰설에 반하여 규범적 고찰설(Normative Betrachtungsweise)은 중지행위의 동기에 윤리적인 평가, 합법성으로의 회귀나 보상할 만한 포기행위를 요구한다.[163] 규범적 고찰설의 지지자는 늘어나는 추세로,[164] 기준으로 '범죄자의 이성(Verbrechervernunft)',[165] '규범을 따를 충분한 준비가 되어 있는지(Hinreichende Normbefolgungsbereitschaft)',[166] '법의 길로 돌아왔는지(Rückkehr in die Bahnen des Rechts)'[167] 등이 제시되고 있다. 그리고, 극단적인 심리적 고찰설을 통하여 중지행위의 자의성을 확정할 때 나타나는 어려움을 피할 수 있다는 사실이 규범적 고찰설의 장점이라고 주장한다.[168]

하지만, 기준이 불명확하다는 지적에서 규범적 고찰설은 자유로울 수 없다. 예를 들면, '이성적인 범죄자'가 구체적인 상황에서 어떻게 생각하고 행동하는지는 아무도 모른다.[169] 물론 규범적 고찰설의 지지자는 이 이론이 규범적인 기준선을 제시할 뿐이라고 하나,[170] 실제의 적

---

163) *Baumann/Weber/Mitsch*, AT, § 27 Rn. 17 ; *Bochert/Hellmann*, GA 1982, 450 ; *Bottke*, JR 1980, 443ff ; *Ebert*, AT, S. 136 ; SK-*Rudolphi*, § 24 Rn. 25.
164) *Küpper*, Grenzen der normativierenden Strafrechtsdogmatik, S. 189 참조. MK-*Herzberg*, § 24 Rn. 144는 규범적 고찰설이 독일의 다수설이라고 한다.
165) *Bottke*, Beteiligung, S. 37ff ; *Roxin*, AT II, § 30 Rn. 383ff ; SK-*Rudolphi*, § 24 Rn. 25.
166) *Walter*, Rücktritt, S. 55f.
167) *Roxin*, AT II, § 30 Rn. 379ff ; *Ulsenheimer*, Grundfragen, S. 318.
168) LK-*Lilie/Albrecht*, § 24 Rn. 152. BGHSt 35, 184도 참조.
169) *Stratenwerth*, AT, § 11 Rn. 87 ; *Ulsenheimer*, Grundfragen, S. 306ff. 반론으로 *Bottke*, Beteiligung, S. 37.
170) *Roxin*, AT II, § 30 Rn. 385 ; SK-*Rudolphi*, § 24 Rn. 25.

용을 생각해 보면 문제가 되지 않을 수 없다. '범죄이성'은 범죄계획에 의해서 확정될 수밖에 없기 때문에 실제로 범행계획설과 비슷한 형태로 해석하게 된다는 점도 '이성적 범죄자' 이론의 문제점이다.171) 또한 록신(Roxin)은 중지가 범죄자의 관점에서 보았을 때 비이성적인 행동일 때 자의성을 인정할 수 있다고 하는데, 비록 비이성적인 행동이라고 하더라도 합법으로 돌아왔다고 보기 어려울 수도 있다. 예를 들어 범행을 그만두었다는 사실만으로, 근거없는 두려움 때문에 비이성적으로 범행을 그만 둔 행위자가 법질서를 존중하는 시민이라고 판단할 수는 없다.172) 이러한 불명확성은 '이성적 범죄자' 이론만의 문제가 아니라 다른 규범적 고찰설에도 존재한다.173) 예를 들어 울젠하이머가 제시한 '법의 길로 돌아왔는지'도 자의성의 설명이 아니라 중지행위를 다시 기술한 것에 불과한데, 중지한 행위자는 항상 법의 길로 돌아왔다고 보아야 하므로 부수적인 요건인 자의성을 설명하기 위해서는 이 기준만으로는 부족하다.174)

둘째로 규범적 고찰설에 따르면 법질서로 돌아오려는 행위자의 의지 이외의 모든 동기는 자의적이 아니라고 보아야 하나 이러한 결론을 따르기는 어렵다. 그리고, 자의적인 중지행위에 항상 형사정책적으로 보상되어야 할 동기가 필요하다는 해석은 '자의성'의 일상적 의미를 벗어나므로 위헌이라고 보인다.175)

결론적으로, 규범적 고찰설에서 흔히 볼 수 있듯이 미수범 처벌에 관한 인상설과 연결하여 자의성을 설명할 때에는 중지미수를 인정할

---

171) *Jäger*, ZStW 112 (2000), 791ff.
172) *Walter*, Rücktritt, S. 64.
173) *Küpper*, Grenzen der normativierenden Strafrechtsdogmatik, S. 186 ; LK-*Lilie /Albrecht*, § 24 Rn. 152 ; *Wessels/Beulke*, AT, Rn. 652.
174) *Walter*, Rücktritt, S. 66, 70ff.
175) *Bottke*, BGH-FG IV, S. 176.

범위가 지나치게 줄어든다.176) 미수범에 관하여 인상설이 옳다고 일단 가정해도, 중지미수의 자의성 판단에 인상설을 적용할 수 있을지는 의심스럽다. 자의성 판단에서 결정적인 질문은 행위자가 시도했던 범행을 '왜' 더 이상 하려고 하지 않느냐이지, 행위자가 이 범행 대신 '무엇을' 하려고 하는지가 아니기 때문이다.177) 즉, 행위자가 선택한 다른 행위가 법동요적 인상을 준다고 하더라도, 이는 이미 중지한 미수행위의 자의성 여부가 아니라 새로운 미수행위가 존재하는지 여부의 판단대상이 될 뿐이다.

3) 다른 견해들

자의성 여부의 확정을 위해서 형법의 다른 분야에서 발전된 이론의 기준을 끌어오려는 시도도 있다. 가령 헤르츠베르크는 독일형법 제35조의 면책적 긴급피난에서의 논의를 자의성에 원용하여, 중지행위가 면책적 긴급피난에서 말하는 위험하에서 행해졌을 경우 자의성을 부인하려고 한다.178) 강요된 범행이 행위자의 부자유 때문에 귀속되지 않으면서 강요된 범행의 포기가 행위자에게 '자의적'이라는 이유로 유리하게 적용하면 모순이라는 이유에서이다.179) 하지만 이 기준을 따르면 피해자가 행위자와 가까운 사람일 경우 자의성의 인정범위를 지나치게 제한하게 된다.180)

예거도 공범론에서의 행위지배이론이 자의성 여부를 확정하기 위한 유용한 기준을 제시해 줄 수 있다고 보면서, 면책적 긴급피난에서의 강

---

176) *Schünemann*, GA 1986, 326.
177) *Jakobs*, AT, 26/34a. *Herzberg*, JuS 2005, 7도 참조.
178) MK-*Herzberg*, § 24 Rn. 125.
179) *Herzberg*, FS Lackner, S. 352.
180) *Wessels/Beulke*, AT, Rn. 651.

박, 책임무능력, 범행목적에 대한 착오나 탈락의 경우에 자의성을 부인하자고 제안한다.[181] 하지만, 이러한 논의도 만족스럽지는 못하다. 가령 예거는 면책적 긴급피난에서의 강박과 관련하여, 행위자가 피해자를 죽이려고 하였으나 범행을 멈추지 않으면 행위자의 자동차를 부수겠다고 제3자가 말했기 때문에 범행을 멈춘 경우[182]에 자의성이 있다고 보며, 행위자가 자신의 집에 불이 난 사실을 발견하고 절도를 중지한 경우에는 비자의적이라고 한다.[183] 그러나, 소유권은 독일형법 제35조에서 열거하는 대상이 아니며, 후자의 사건에서 자의성을 인정하지 않아도 그 이유를 면책적 긴급피난으로 설명할 필요는 없다.[184]

그 외에 독일형법 제240조의 강요죄의 기준을 활용하려 하거나,[185] 면책사유가 존재할 때 자의성을 부정하려는 견해[186]도 찾을 수 있다.

---

181) *Jäger*, ZStW 112 (2000), 783.
182) 실제로 BGH NJW 1992, 516은 이러한 사실관계를 대상으로 하였으나 중지미수는 쟁점이 아니었다.
183) *Jäger*, ZStW 112 (2000), 795f.
184) *Jäger*, Gefährdungsumkehr, S. 100은 이 사례에서도 자의성을 인정한다.
185) *Küpper*, Grenzen der normativierenden Strafrechtsdogmatik, S. 190ff.
186) *Tipold*, Rücktritt und Reue, S. 208ff.

제5절 소결론

I. 독일의 중지미수 논의에 관한 평가

독일형법 제24조의 해석을 위해서 중지미수의 본질 및 법적 성격, 요건에 관하여 논의되어 왔다. 독일형법에 따르면 중지행위자는 미수범으로 처벌되지 않기 때문에 중지미수의 본질이 관심의 대상이 되었으며, 19세기 초반부터 형사정책설 및 법률설 등 다양한 견해가 제시되었다. 현재의 통설은 범행을 중지한 행위자에 대해서는 일반예방 및 특별예방의 관점에서 처벌이 필요하지 않기 때문에 독일형법 제24조가 중지행위자를 처벌하지 않으며, 법적 성격은 인적 형벌면제사유라고 설명하고 있다.

중지행위의 요건인 착수미수와 실행미수의 구별, 실패한 미수 개념, 중지행위의 정도, 자의성 등에서는, 공통적으로 행위자가 어떻게 생각했는지가 판단의 기준이 된다. 독일의 판례는 종합판단설 및 중지행위 시기준설, 자의성에 관한 심리적 고찰방식을 취함으로써 중지미수를 쉽게 인정하려고 한다. 독일의 학설은 한편으로 자의성에 관한 규범적 고찰방식을 취하거나 실패한 미수 개념을 확장함으로써 중지미수의 성립범위를 제한하려고 하며, 다른 한편으로 중지미수의 요건을 이론적으로 설명하기 위하여 간접정범이나 부작위범, 면책적 긴급피난 등 형법의 다른 영역에서 발전된 이론체계를 끌어들이기도 한다.

II. 한국형법 제26조와 독일형법 제24조의 비교

중지미수에 대한 비교법적 판단의 기준이 되었던 네 가지 중 중지미수의 효과와 중지행위의 양태에서 한국형법과 독일형법은 다르다.

미수범에 대한 처벌과 중지미수의 효과가 한국형법에서 '임의적 감경-필요적 감면'임에 반해 독일형법에서는 '임의적 감경-미수범으로 불처벌'이다. 즉, 독일형법에서의 결론은 '전부 또는 전무'[1]이며, 행위자는 중지미수가 인정됨으로써 유일한 기회를 얻게 된다.[2] 독일형법에서의 중지미수 규정의 효과가 중하기 때문에 어떠한 사건에서 중지미수를 인정해야 하는지 여부에 관해서 다양한 견해의 차이가 존재하며, 그렇기 때문에 중지미수에 관한 이론적인 뒷받침의 필요성이 커진다.[3] 중지미수에 관한 다양한 이론이 등장하게 된 주요한 이유는 중지미수에 관한 불처벌이라는 독일형법의 효과라는 점을 확인할 수 있다.

중지미수를 인정할 경우 행위자를 미수범으로 처벌하지 않는다는 독일형법은 중지미수를 지나치게 넓게 인정하게 되어 처벌의 흠결이 생긴다는 비판을 받을 수 있다. 하지만 다음의 몇 가지 이유 때문에, 독일형법에서도 지나친 흠결은 발생하지 않는다.[4] 중지미수를 인정해도 가중적 미수가 처벌되기 때문에 처벌의 큰 흠결이 생긴다고 보기는 어려우며, 피해자의 상태나 문제가 되는 구성요건 등의 구체적인 상황과 연결해서 중지미수를 판단할 단초를 찾을 수 있다.[5] 둘째, 독일의

---

1) *Burkhardt*, Rücktritt, S. 16 ; *Geilen*, JZ 1972, 335.
2) *Jäger*, NStZ 1998, 161.
3) *Freund*, AT, § 9 Rn. 15 ; NK-*Zaczyk*, § 24 Rn. 1.
4) 이 논거는 원래 *Rengier*, JZ 1986, 966이 개별행위설에 대하여 전체평가설을 옹호하기 위하여 주장하였다. *Küper*, JZ 1997, 233도 참조.
5) 이는 부분적 중지미수에 대한 논의에서 나타난다. *Günther*, GS Armin Kaufmann,

다수설과 판례는 실패한 미수 개념을 인정함으로써 지나친 불처벌을 방지하려고 하고 있다.6) 셋째로 많은 경우 행위자는 미수행위를 통하여 결과발생의 위험을 실현하고 스스로도 이를 인식하기 때문에, 중지미수로 인정받기 위해서는 실행의 중지가 아니라 결과발생을 방지해야 한다. 넷째, 자의성 심사도 통과해야 중지미수가 성립한다. 마지막으로 중지미수는 인적 형벌면제사유로서 실제로 중지한 행위자에게만 인정되며 중지하지 않은 공범의 처벌에는 영향이 없다.

중지행위자를 처벌하지 않음으로써 나타날 수 있는 부당한 상황을 방지하기 위한 다양한 장치가 있음에도 불구하고, 중지미수의 효과가 불처벌이기 때문에 독일의 학설은 중지미수의 요건을 엄격하게 해석하려고 시도한다. 그리고 독일형법에 따르면 중지미수는 '미수로 처벌되지 않기' 때문에 중지미수에서 왜 미수범의 불법과 책임이 탈락하는지를 설명할 필요성이 있는데, 미수범의 처벌에 관한 인상설과 결합한 형벌목적설이 그 예이다. 다음으로 독일형법은 실행의 중지와 기수의 방지 외에도 기수방지를 위한 진지한 노력을 중지행위로 규정하고 있다. 원래 기수방지를 위한 진지한 노력은 불능미수의 중지 등 중지행위가 기수방지와 인과관계를 가질 수 없는 상황에서의 중지행위자를 가능미수의 중지행위자보다 불리하게 다루어서는 안된다는 의도에서 중지미수 규정에 포함되었다. 하지만, 규정의도와는 다르게, 결과발생의 방지에도 최선을 다해야만 중지미수로 인정할 수 있다는 주장이 제기되는 등 진지한 노력이 다른 중지행위의 양태의 해석에도 영향을 미치게 되었다.7)

S. 542ff ; *Roxin*, AT II, § 30 Rn. 295ff ; SK-*Rudolphi*, § 24 Rn. 18c.

6) 오스트리아의 판례는 실패한 미수 개념을 인정하고 있기는 하나 그 개념의 적용에는 소극적인데, 이는 형벌면제사유의 적용범위를 확대하기 위해서가 아니라 문제의 해결을 자의성의 해석으로 미루기 위해서이다. *Tipold*, Rücktritt und Reue, S. 11, 131.

7) 하지만 '진지한 노력'에서의 기준을 실행미수의 중지에도 적용하는 해석은 유추해석금지에 반한다. *Rau*, Ernsthaftes Bemühen. S. 116.

제5장 중지미수의 본질 및 법적 성격

제1절 중지미수의 본질

Ⅰ. 논의의 출발점

형법 제26조에 관한 논의는 중지미수의 본질 및 법적 성격에 대한 질문에서 출발하겠다.

중지미수에 관한 논의에서 중지미수의 본질은 별로 중요하지 않다는 견해도 있다.[1] 하지만 중지미수의 본질을 무엇이라고 보는지는 중지미수의 개별문제에 대한 해석에 영향을 준다. 중지미수의 본질은 중지미수의 요건의 내용확정에 영향을 미치며 중지미수의 많은 복잡한 문제들에 대하여 해석의 기준을 제시해 줄 수 있는데,[2] 특히 범죄체계에서의 중지미수의 위치와 자의성의 내용이 그러하다.[3]

다음으로 중지미수의 인정을 위해서 요구되는 다양한 행위양태에는 각각 그에 맞는 본질론이 따로 존재한다고 볼 수도 있다. 실제로 다양한 요소의 결합으로 중지미수를 설명함으로써 중지미수의 개별적인 문제에 대해서 탄력적으로 대답할 수 있다.[4] 그러므로, 앞의 지적은 '본질에 관한 논의가 필요없다'가 아니라 '본질에 대한 좀더 자세한 탐구가 필요하다'는 의미일 수 있으며, 중지미수의 본질에 관해서 좀더 살펴볼

---

1) 배종대, 형법총론, 524면. '이 논쟁은 법률이 규정한 중지범의 해석·적용과 직접 관련되지도 않으며 중지미수를 필요적으로 감면처벌하게 된 입법동기를 묻고 있을 뿐인데, 하지만 입법동기는 항상 복합적'이라는 설명이다.
2) 이러한 지적으로 *Ulsenheimer*, Grundfragen, S. 33 외에 다수.
3) 오영근, 형법총론, 30/12; 이영란, 총론강의, 30/2.
4) *Stratenwerth*, Schweizerisches Strafrecht, AT I, § 12 Rn. 53.

필요가 있다고 하겠다.

사실 '중지미수의 본질'이라는 제목으로 논의되는 내용은 중지미수의 형을 감면하는 이론적 근거이나,[5] 간명함을 위하여 본질론이라고 부르도록 하겠다.

II. 한국형법의 중지미수

1. 중지미수와 법익보호

1) 형법과 법익보호

중지미수를 이해하기 위해서 형법의 기능에 관하여 생각할 필요가 있다. 형법은 법익보호를 그 기능으로 한다.[6] 법익보호가 형법에서 구체적으로 어떤 형태로 나타나고 있는지 보면, 법률해석의 한 방법으로 그 중요성을 더해가는 목적론적 해석에서의 '목적론적'은 법익보호를 의미한다.[7] 구성요건의 해석은 그 구성요건을 통해 보호되는 법익을 지향해야 하며, 따라서 법익은 목적론적 해석의 기초가 된다.[8] 형법도그마틱에서도, 다양한 형태로 나타나지만 모든 위법한 행태에 공통적인 실질적인 불법의 핵심(Unrechtskern)을 포착하며 문제를 해결하는 데 법익은 유익한 기능을 한다.[9] 형법규범을 제정할 때 입법자가 추구해야

---

5) 같은 지적으로 백형구, "미수범이론의 재구성", 24면.
6) 신동운, 형법총론, 4면 ; 이재상, 형법총론, 1/11.
7) 그에 관해서는 *Schmidhäuser*, FS Würtenberger, S. 94f 참조.
8) *Rudolphi*, FS Honig, S. 151. 그에 관한 비판으로 우선 *Koriath*, GA 1999, 575. 하지만 구성요건해석을 위해 법익보호를 포기할 수 없다는 사실은 법익보호에 비판적인 입장에서도 인정하고 있다고 보인다(예를 들어 *Schünemann*, in: Rechtsgutstheorie, S. 133).

할 유일한 목적은 법익보호로서, 법익개념은 입법에서도 그 역할을 찾아볼 수 있다.10)

법익보호사상이 형법의 개별문제의 해석에 영향을 미친다면 미수범도 여기에서 제외될 수는 없다. 그렇다면 미수범은 왜 처벌되는가? 법익을 효과적으로 보호하기 위해서, 법익의 침해 또는 위태화가 발생하기 이전에 형법이 개입하려는 의도에서이다.11) 이러한 형태로 미수범처벌 규정 이외에도 예비·음모죄 등 다양한 규정이 형법전에서 존재한다.12)

2) 중지미수와 법익보호

예비·음모죄 및 미수범의 처벌에서는 가능한 한 앞단계에서 형법이 개입하려고 하나, 중지미수에서는 그 반대이다. 즉, 중지미수 규정에는 법익침해 또는 위태화가 기수의 형태로 실현되기 이전까지는 형의 감면이나 불처벌이라는 효과를 통하여 그러한 상태를 방지해 보려는 입법자의 의사가 반영되어 있다. 그러므로, 중지미수 조문은 침해되거나 위태화된 법익에 대한 최후의 보호방법이다.13) 법익보호와 중지미수를 연결해서 설명하려는 시도는 예전에도 있었다. 예를 들어 중지미수에 관한 형감면은 법익침해에 관한 위험이 적기 때문이라는 설명이 그러하다.14) 하지만 법익보호라는 생각이 중지미수에서 어떻게 실현되

---

9) *Rudolphi*, FS Honig, S. 151.
10) 이러한 생각은 독일 대체초안 제2조에 표현되었다. *Hassemer*, Theorie und Soziologie des Verbrechens, S. 87 ; *Rudolphi*, FS Honig, S. 151.
11) *Platzgummer*, in: Vorverlegung, S. 36.
12) 다만 형법의 목적이 법익보호라면 보호되는 법익을 침해하거나 위태화하는 행태만이 형벌의 대상이 되므로, 예비행위에 대하여 지나치게 가벌성을 확장하는 법규범은 금지된다. SK-*Rudolphi*, Vor § 1 Rn. 11a.
13) *Krauthammer*, Der Rücktritt vom Versuch, S. 28.
14) 남흥우, 형법총론, 206면. 독일에서 이렇게 설명하는 예로 *Krauthammer*, Der

며 중지미수의 해석에 어떻게 영향을 미치는지에 대한 논의를 찾기는 어려웠다.

중지미수를 유리하게 취급하는 이유는 중지행위를 통해 법익침해가 사라졌기 때문이며,15) 중지미수의 본질에 관한 모든 논의의 바탕에는 법익보호사상이 깔려있다고 하겠다.16) 법익보호사상은 피해자보호와도 상응하는데, 피해자는 행위의 객체로서 법익의 한 부분이기 때문이다.17)

한국형법에서의 중지미수가 법익보호와 연결해서 해석할 근거는 형법 제26조이다. 형법 제26조에 따르면 중지행위가 범행의 결과방지와 인과적이어야 하며, 이는 결과발생을 방지하기 위한 진지한 노력도 중지행위로 인정하는 독일형법과 다르다.18) 중지행위가 인과적이지 않다면 원칙적으로 형법 제26조의 적용대상이 아니라는 점은 중지미수를 법익보호와 연결해 해석할 근거가 된다고 생각한다. 법익보호를 중지미수 해석의 출발점으로 삼는다면 중지행위의 인과성 외에도 다음의 몇 가지를 중지미수 해석의 기준으로 제시할 수 있다.

우선 중지미수의 판단에서는 행위자가 형법에서의 어떠한 구성요건을 실현했는지, 또는 그 구성요건의 실현을 중지 또는 방지했는지가 문제가 된다. 즉 중지행위 이전의 실행행위를 통하여 법익의 침해나 위태화가 있었는지 또는 있을지 여부를 살펴야 한다. 그렇기 때문에 행위자의 기존의 범행계획이 실현되었는지는 중지미수의 판단에서 큰 역할을 한다고 보기는 어려우며, 혹시 관련이 있다고 하더라도 문제가 되는 개

Rücktritt vom Versuch, S. 9f.
15) *Berz*, Tatbestandsverwirklichung, S. 51 ; *Blöcker*, Die tätige Reue, S. 40.
16) *Berz*, Tatbestandsverwirklichung, S. 47ff. 박상기, "중지미수의 성격과 자의성 판단", 309면도 형사정책설과 보상설, 형벌목적설은 법익보호를 주로 한 견해라고 지적한다.
17) *Zaczyk*, Unrecht, S. 198 Fn. 15.
18) 같은 생각으로 김성돈, 형법총론, 503면.

별구성요건과 그 실현여부에 관련해서일 뿐이다.

　이러한 시각은 행위자가 자신의 비구성요건적 목표를 실현한 후 더 이상 범행을 하지 않았을 때 중지미수로 볼 수 있는지의 문제에도 적용할 수 있다. 여기서도 본질적인 질문은, 행위자가 구성요건의 실현을 위하여 어떠한 행위를 했는지, 그리고 그가 자신의 행위를 통해 발생할 법익의 침해 또는 위태화를 인식했는지이다. 그렇기 때문에, 이러한 사례에서 중지미수를 인정하기 어렵다고 할지라도, 그 이유는 독일의 통설처럼 실패한 미수이기 때문이 아니라 행위자가 단순히 실행의 포기를 통해서는 중지미수의 요건을 충족시킬 수 없기 때문이다. 즉 이 사례는 실행미수의 중지에 해당하는 사례일 뿐이다.19) 범행계획과 관련된 중지미수의 다른 논점에 관해서도 논의하면, 중지미수의 인정을 위해 중지행위자가 어떠한 행위를 해야 하며 할 수 있는지를 결정하기 위해서는 어느 시점에서, 또한 어느 시점까지 중지행위를 할 수 있으며 필요한지의 문제가 중요하다. 그렇기 때문에 중지행위기준시설이 범행계획기준설보다 설득력이 있으며,20) 원칙적으로 결과발생 전까지는 중지할 수 있기 때문에 개별행위설은 받아들이기 어렵다.

　그리고, 중지행위는 범행의 결과방지와 인과적이면 충분하며 행위자가 결과발생을 방지하기 위하여 진지한 노력을 기울일 필요는 없다.21)

---

19) *Jäger*, Gefährdungsumkehr, S. 118 ; *Kampermann*, Grundkonstellationen, S. 219. *Puppe*, AT II, § 37 Rn. 11 ; *Roxin*, AT II, § 30 Rn. 191도 참조.
20) *Bergmann*, ZStW 100 (1988), 331 ; *Murmann*, JuS 1996, 591 ; *Otto*, Jura 2001, 345.
21) 소위 인과적 중지미수(Kausaler Rücktritt)에 관하여 *Baumann/Weber/Mitsch*, AT, § 27 Rn. 21 ; *Heckler*, Rücktrittsleistung, S. 146ff.

2. 한국형법의 중지미수의 본질

1) 중지미수와 다른 사후행위의 비교

한국형법에서의 중지미수도 실행의 착수 이후에 존재하는 사후행위이다. 그렇다면 한국형법에서의 중지미수와 다른 사후행위의 차이를 살펴볼 필요가 있다.

(1) 자수

한국형법
제52조 (자수, 자복) (1) 죄를 범한 후 수사책임이 있는 관서에 자수한 때에는 그 형을 감경 또는 면제할 수 있다.
(2) 피해자의 의사에 반하여 처벌할 수 없는 죄에 있어서 피해자에게 자복한 때에도 전항과 같다.

중지미수와 유사한 형법의 제도로 자수가 있다.[22] 의용형법과는 다르게 범행의 발각 이전에 자수하여야 한다는 제한을 두지 않았으므로, 비록 언론에 범행사실이 보도되었거나 수사가 개시되었거나 지명수배가 되었더라도 체포 전에 자수하면 자수에 해당한다.[23]

---

[22] 자수는 동양적 법제의 전통이라고 볼 수 있다. 권문택, 형사법연구, 261면. 자수에 관하여 고대의 중국형법과 독일형법을 비교한 짧은 설명으로 *Müller*, Entwicklung, S. 44f.

[23] 강용현, "형이 필요적으로 면제되는 공직선거및선거부정방지법상 자수의 범위", 146면.
대법원 1997.3.20. 선고 96도1167 전원합의체 판결도 "자수에 관하여 임의적이든 필요적이든 형의 감경 또는 면제의 사유로 삼는 이유는, 자수가 피고인이 개전의 정을 나타내는 징표가 된다는 측면과 다른 한편으로 자수가 범죄행위 및 범인의 발견과 처벌에 결정적으로 유용하다는 측면"에 있다고 하면서, 자수에 대

총칙의 자수는 모든 범죄에 적용되며 그 효과가 형벌의 임의적 감경 또는 면제임에 반해, 각칙의 개별구성요건에는 그보다 행위자에게 유리한 특별규정이 있다. 가령 형법 제90조 제1항은 내란죄(제89조), 내란목적살인죄(제88조)와 관련하여 "실행에 이르기 전 자수한 경우 형을 감경 또는 면제한다"라고 규정하고 있다. 제90조의 표제(예비·음모)와 '실행에 이르기 전'이라는 법문에서 알 수 있듯이 이 조문의 규율대상은 실행의 착수 이전의 행위이다. 그 외에도 외환의 죄에서의 제92조에서 제99조를 적용대상으로 하는 제101조 제1항, 폭발물사용죄(제119조)를 대상으로 하는 제120조 제1항, 방화와 실화의 죄(제164조 제1항, 제165조, 제166조 제1항, 제172조 제1항, 제172조의2 제1항, 제173조 1, 2항)에서의 제175조, 통화위조죄(제207조 제1, 2, 3항)에서의 제213조 등에 자수의 특례에 관한 조문이 있다. 자수의 특례규정은 "범죄로 인한 실해발생(實害發生)의 미연방지(未然防止) 및 범죄적발의 용이화의 조건이 될 수 있는 사전자수(事前自首)에 대하여는 형의 감경 또는 면제의 특전을 주도록 할 것"이라는 취지에서 형법에 규정되었다.[24] 그리고 범행의 실행에 이르기 전에 자수해야 한다고 규정하고 있으므로, 범행의 실행 이후에 자수하였다면 각칙의 자수 조항이 아니라 형법 제52

하여 형의 필요적 면제를 규정한 당시 공직선거및선거부정방지법 제262조에서의 자수를 선거법위반행위의 발견 전으로 한정할 수는 없다고 보았다.
24) 조선법제편찬위원회 기초요강(2) 형법, 형법각칙요강 (갑) 5(한국형사정책연구원, 형법제정자료집, 8면 ; 신동운·허일태 편저, 효당 엄상섭 형법논집, 214면에 재수록).
이 때 실제의 피해는 법익과는 구별된다고 보아야 하므로, 범행이 기수에 이르렀다고 하더라도 피해가 발생하지 않을 수 있으며 위증죄에서의 자수 및 자백에 대한 특례는 이러한 취지라고 이해해야 한다. 비슷한 형태로, 국가보안법 제16조 1호나 현행 공직선거및선거부정방지법 제262조는 범행이 기수에 이른 후에 자수해도 형의 필요적 감면을 인정한다. 다만 사후중지에서는 실제의 피해를 방지했음에도 형의 임의적 감면을 인정할 뿐이다.

조가 적용된다.

　위증죄(제152조)와 무고죄(제156조)에서는 공술할 사건의 재판 또는 징계처분이 확정되기 전에 자백, 자수할 경우에 형을 감경 또는 면제한다(제153조, 제157조). 위증으로 인한 오판을 미연에 방지하기 위한 형사정책적 규정이다.[25] 자수에 관한 다른 법조문들과의 공통점은 '자수'라는 법률용어의 사용 및 동일한 법률효과에 있다. 그리고 위증죄와 무고죄의 구성요건적인 특성 때문에 자백에도 자수와 같은 효과를 인정한다. 하지만, 각칙의 자수 조항은 예비 또는 음모 단계에서 자수한 범죄자에 적용됨에 반해서 위증죄와 무고죄에서의 자백 또는 자수는 위증죄와 무고죄의 기수범을 대상으로 한다. 일단 위증죄와 무고죄의 예비·음모에 관한 처벌조항이 존재하지 않으며, '공술할 사건의 재판 또는 징계처분이 확정되기 전'이라는 법문의 내용과 위증죄에 관한 해석을 볼 때 자백 또는 자수는 기수범에 적용됨이 분명하다고 하겠다. 반면 재판이나 징계처분 확정 후에 자수한 경우에는 위 조항이 아니라 형법 제52조에 의해 형을 감면할 수 있을 뿐이다.[26]

(2) 사후중지

　형법각칙에서 자수와 비슷한 형태의 조항으로 약취유인죄에 관한 제295조도 있다. 범죄가 기수에 이른 후에도 중지범의 특례를 인정하는 이 규정은 사후중지라고 설명할 수 있다.[27] 제295조에 의하면 약취유인죄(제287조~제292조)를 범한 자가 약취·유인·매매 또는 이송된 자를 안전한 장소로 풀어준 때에는 그 형을 감경할 수 있다. 이때 자의성

---

25) 신동운, 형법각론, 410면 ; 이재상, 형법각론, 46/31 ; 임웅, 형법각론, 904면.
26) 강용현, "형이 필요적으로 면제되는 공직선거및선거부정방지법상 자수의 범위", 147면.
27) 신동운, 형법총론, 494면.

은 요구되지 않는다. 그리고, 인질강요죄(제324조의2) 또는 인질상해·치상죄(제324조의3)를 대상으로 하는 제324조의6에 의하면 위의 죄를 '범한 자 및 그 죄의 미수범이 인질을 안전한 장소로 풀어준 때'에는 형을 감경할 수 있다. 제324조의6은 제295조와 규율대상으로 한 범죄의 양태가 유사할 뿐만 아니라, 동일한 법률효과(임의적 감경)를 위해서 필요한 행위(인질을 안전한 장소로 풀어주는 행위)도 차이가 없다.[28] 하지만 제295조는 '죄를 범한 자'라고 하여 미수범에 대해서는 따로 언급하지 않고 있는데, 이 조문은 피해자의 생명·신체를 우선적으로 보호하기 위한 양형상의 배려이므로 기수범도 적용범위에 포함된다.[29]

(3) 소결론

자수 및 사후중지에 대하여 형벌을 감경이나 면제할 것인지, 유리한 취급이 미수범에 한하는지 기수범도 포함되는지에 대하여 다양한 형태의 규정이 존재한다.

피해발생의 방지라는 관점에서 중지미수는 자수와 연결해 이해할 수 있다.[30] 자수나 사후중지가 인정되었을 때의 효과도 중지미수의 효과와 비슷하다. 하지만, 범행이 기수에 이른 이후의 사후행위와 아직 기수에 이르기 이전의 사후행위는 구별할 수 있다. 사후중지에 관해서는 형의 임의적 감경을 인정할 뿐이며 형의 필요적 감면을 인정하는 사전자수는 통상 실행의 착수 이전의 예비음모죄를 대상으로 하기 때문이다. 중지미수는 기수 이전의 사후행위로서 특별한 성격을 지니고 있고,

---

[28] 중지미수에 관한 논의에서 형법 제324조의6을 적시하는 신동운, 형법총론, 495면 ; 신양균, "판례에 나타난 중지미수", 71면 ; 정영일, "중지미수", 27면 이하 참조.
[29] 박상기, 형법총론, 363면 ; 신동운, 형법총론, 495면.
[30] 같은 견해로 송진현, "중지미수의 자의성", 450면.

미수범처벌조항이 있는 범죄에 일반적으로 적용된다.

다만, 통상의 사후행위가 독일형법 제46조 제2항에 따라 양형에서 고려될 뿐임에 반하여 미수 단계에서의 중지는 처벌하지 않기 때문에 중지미수는 특별한 사후행위라는 점이 중지미수를 사후행위로 보는 독일의 학설의 논의의 출발점이다.31) 그렇다고 하더라도 다른 사후행위와 비교해볼 때 중지미수만이 특별히 불처벌의 효과를 누려야 한다는 설명이 필연적이라고 보기는 어려우며,32) 입법자에게 중지미수의 효과를 불처벌로 규정해야 하는 의무도 존재하지 않는다.33) 이러한 관점에서, 한국형법의 중지미수는 형태가 특별한 사후행위이나, 효과가 특별한 사후행위라고 보기는 어렵다.

2) 중지미수의 형을 감면하는 근거

중지미수의 형을 감면하는 이론적 근거로 형사정책설,34) 보상설,35) 형벌목적설,36) 결합설37) 등의 주장이 있다.

---

31) 그 예로 *Jakobs*, AT, 26/2 ; *ders.*, JuS 1980, 716 ; *Kühl*, AT, § 16 Rn. 1.
32) 적절한 지적으로 *Jakobs*, AT, 26/4 ; MK-*Herzberg*, § 24 Rn. 6ff ; *Murmann*, Versuchunrecht, S. 31.
33) *Roxin*, AT II, § 30 Rn. 335.
34) 김성돈, "중지미수범의 성립요건", 273면 ; 신동운, 형법총론, 477면 ; 이건호, 형법총론, 196면 ; 정영일, 형법총론, 269면.
35) 박광민・송승은, "중지미수범의 성격과 자의성 판단", 275면 ; 이재상, 형법총론, 28/13 ; 정성근・박광민, 형법총론, 391면 이하.
주석형법 II(김종원), 57면 각주 13)은 이 학설의 명칭과 관련하여 報償說보다는 褒償說이 낫다고 한다. 포상설로 쓰는 견해로 신동운, 형법총론, 475면도 참조.
36) 김성천・김형준, 형법총론, 490면 ; 김일수・서보학, 형법총론, 535면 ; 백원기, 미수론연구, 169면 이하 ; 손동권, 형법총론, 24/10 ; 신양균, "판례에 나타난 중지미수", 66면 ; 유인모, "중지미수의 법적 성격", 369면 ; 장한철, "공범의 중지미수와 형법 제26조의 해석문제", 452면.
37) 보상설, 형벌목적설과 양형상의 입법적 배려가 결합한다는 박상기, 형법총론,

우월적 정상설(情狀說)[38])에 따르면 중지미수에서 형을 감경 또는 면제하는 이유는 자의에 의한 범행중지가 피해보상·자백·반성 등 형법 제53조의 작량감경사유나 자수·자복 등 형법 제52조의 임의적 감면사유보다 우월한 정상이기 때문이다. 이 견해가 중지미수를 다른 사후행위와의 관계 안에서 파악한다는 점은 타당하지만, 앞에서 살펴보았듯이 총칙상의 중지미수의 법률효과가 각칙에서의 자수나 자복보다 반드시 우월하다고 볼 수는 없다. 그리고, 범행중지를 정상자료(情狀資料)로 취급하고 있다는 점에서 법률설과 다르며, 범행중지를 공적으로 인정하지 않는다는 점에서 보상설과 다르고, 형의 감면의 이유를 형벌의 목적에서 찾지 않기 때문에 형벌목적설과도 다르다는 설명은, 우월적 정상설이 다른 학설과 다르다는 기술일 뿐 우월적 정상이란 무엇이며 왜 중지미수가 우월적 정상인지에 대한 설명은 아니다. 그리고, 이 견해는 중지미수의 본질에 관한 학설이라기보다는 법적 성격에 관한 설명이다.

형사정책설에 관하여 살펴보면, 중지미수를 형사정책설에 기반해서만 설명할 수 있다고 보기는 어렵다. 형의 필요적 감경 및 면제라는 법률효과가 형사정책설과 직접적으로 연결되지는 않기 때문이다. 역사적으로, 카롤리나형법전 제178조에 따르면 중지미수를 부정적 구성요건요소로 볼 수 있었으나, 그 이후의 대부분의 형법학자들은 중지미수를 형감면사유로 보았으나 불처벌까지는 인정하지 않았고, 독일에서는 포이어바흐 이후로 중지미수에 관한 불처벌이 다수설의 지위를 차지하게

349면 ; 이정원, 형법총론, 282면. 위법성·책임감소설과 형사정책설을 결합하는 오영근, 형법총론, 30/14 ; 이존걸, "중지미수에 관한 논점", 436면 ; 임웅, 형법총론, 352면, 진계호, 형법총론, 459면. 불법·책임감소설와 양형상의 보상, 형벌목적설을 결합하는 조준현, 형법총론, 343면. 책임감소와 형벌목적, 형사정책적 필요성을 결합하는 안동준, 형법총론, 189면.

38) 백형구, "미수범이론의 재구성", 29면. 형사정책설과 우월적 정상설을 결합하는 윤익수·이계호, "중지미수의 법적 성격", 445면.

되었다. 하지만 포이어바흐는 카롤리나형법전 제178조와 심리강제설을 연결하여, 형사정책설을 중지미수를 처벌하지 않는 근거로 주장하였다. 그렇기 때문에 한국형법에서의 중지미수의 효과에 비추어볼 때 중지미수의 본질은 황금의 다리 이론의 도움으로만 설명할 수 있다고 보기는 어렵다. 중지미수의 효과가 불처벌이 아니라 형의 감경 및 면제이기 때문에, 황금의 다리 이론에서 말하는 정도의 자극을 행위자에게 주기는 어렵다는 점도 지적해야 할 것이다.

'황금의 다리'라는 용어의 의미가 지나치게 과대평가된다는 점도 지적하고 싶다. 중지미수의 효과가 형의 감면 또는 면제이기 때문에 한국형법의 중지미수는 '황금의 다리'로 볼 수는 없다는 설명이 있다.39) 하지만, goldene Brücke bauen은 '누구에게 협상할 여지를 주다, 퇴로를 남겨주다'라는 의미에 지나지 않는다.40) 그렇기 때문에 한국형법에서의 중지미수의 효과가 형감면이라고 하더라도, '황금의 다리'를 '은빛 다리'라고 바꾸어 부를 이유는 없다. 덧붙여서, 형의 감면이라고 해도 '필요적'이라면 황금의 다리라고 못 부를 이유 또한 없다.

중지미수를 형벌목적설에 따라 설명하기도 어렵다. 독일에서의 형벌목적설은 미수범의 처벌근거에 관한 학설과 떼어서 생각하기 어렵다. 즉, 소위 법동요적인 인상이 중지미수에서는 여러 가지 이유로 인하여 사후적으로 탈락되기 때문에 중지행위자는 처벌되지 않는다는 설명이다. 하지만, 형법의 미수범규정을 인상설로 잘 설명할 수 있을지 의심스럽다.41) 그리고 왜 중지행위로 인하여 어떠한 국가의 형법에서는 행위

---

39) 그 예로 주석형법 II(김종원), 58면 ; 최우찬, "중지미수: 적법행위로 후퇴하기 위한 은빛 다리".

40) 모델 독한사전, 350면 ; 小學館 獨和大事典, 429頁 ; *Drosdowski*(Hrsg.), Das große Wörterbuch der deutschen Sprache I, 1976, S. 436 참조.

41) *Alwart*, Strafwürdiges Versuchen, S. 220 ; *Köhler*, AT, S. 454 ; *Stratenwerth*, AT, § 11 Rn. 20 ; *Weigend*, in: Strafrecht und Kriminalpolitik in Japan und Deutschland,

자의 가벌성이 사후적으로 소멸되며, 다른 국가의 형법에서는 가벌성이 사후적으로 완전히 없어지지는 않으나 형이 면제될 수 있으며, 다른 나라에서는 필요적으로 면제되는지에 관한 논거제시가 없다면, 형벌목적설은 동어반복에 지나지 않을 뿐 아니라 자세한 기준도 제시할 수 없는 학설이라는 비판을 피하지 못하게 되며, 구체적인 문제의 해결에 형벌목적설이 얼마나 도움이 되는지도 의심스럽다. 형벌목적설이 중지미수에서 책임이 감소하거나 소멸한다고 설명하면, 한국형법의 중지미수의 효과와 일치하지 않는다는 문제도 있다.[42]

보상설에는 형감면에 대한 규범적인 평가가 들어있기 때문에 단순한 은사가 아니라 책임감소·형벌목적·형사정책적 효과를 고려할 수 있으며, 형감면과 면제를 통일적으로 설명해야 하기 때문에 보상설이 타당하다고 한다.[43] 물론 중지미수가 행위자에게 유리하다는 점은 분명하나 그 점이 보상설을 취할 근거가 되기는 어렵다. 보상설은 중지미수에서 왜 형벌을 감경 또는 면제하는지에 대한 1차적인 근거가 아니라 다른 이론과 결합해서만 주장될 수 있기 때문이다.

많은 학자들은 중지미수에서의 형의 감경과 형의 면제의 근거가 다르다고 설명한다. 중지미수에서 자의적으로 중지행위를 했기 때문에 책임이 감소하며, 면제에는 형사정책적 고려와 함께 행위자에게 대한 보상도 존재한다는 설명[44]이 그 예이다. 지금까지 한 가지 이론만으로 중지미수의 본질을 설명할 수는 없었기 때문에,[45] 이러한 시도를 긍정적

S. 121f ; *Zaczyk*, Unrecht, S. 21ff 참조.
42) 형벌목적설을 중지미수의 체계적 지위에 관한 양형규정설과 결합시키는 견해로 박상기, 형법총론, 350면 ; 신양균, "판례에 나타난 중지미수", 66면 ; 장한철, "공범의 중지미수와 형법 제26조의 해석문제", 452면.
43) 정성근·박광민, 형법총론, 391면 이하.
44) 권오걸, 형법총론, 438면 ; 오영근, 형법총론, 30/14 ; 이형국, 형법총론, 246면 ; 진계호, 형법총론, 459면.

으로 평가할 수도 있다. 그리고 중지미수에 관한 각각의 이론이 그 자체로서 잘못되었기 때문에 비판받는다고 보기는 어렵다.[46] 하지만, 결합설에서 각각의 견해들의 결합이 긍정적으로 작용하는지 여부는 다시 한 번 평가해야 한다. 잘못된 견해를 결합한다고 해서 올바른 견해가 되지는 않기 때문이다.[47] 그 외에도 중지미수의 본질에 관한 견해들이 본질적으로는 같은 내용이고 주장하는 사람에 따라 구체적인 강조점만 달라지기 때문[48]에 절충설 또는 결합설이 주장될 수도 있다. 즉 많은 경우 어떠한 중지미수 상황이 관심의 대상이 되느냐에 따라서 주장하는 본질론도 달라진다.[49]

중지미수에서는 실행의 착수 이후 행위자의 중지행위를 통하여 범행의 결과발생이 방지되었다. 그리고 결과발생의 방지는 행위자의 자발적인 행동에 기인한다. 형법은 이러한 현상에 대하여 형벌의 감경 또는 면제로 대응하며, 그 결과는 행위자에게 유리하다.

이러한 서술에서, 중지미수에 관한 각각의 본질론에 상응하는 측면이 있음이 드러난다. 즉, 중지미수를 설명하기 위해서는 여러 가지 요소의 결합이 필요하다.[50] 그런데, 형법 제26조에 의하면 중지미수는 미수범과 구분되는 행위이며, 중지행위는 결과의 불발생에 인과적이어야 하고, 중지행위의 효과는 실제의 피해발생의 방지를 목표로 하는 사후행위와 유사하다. 그렇다면 한국형법의 중지미수의 해석에는 형사정책설,

---

45) 그에 관해서는 *Heckler*, Rücktrittsleistung, S. 121 ; *Kühl*, AT, § 16 Rn. 4 ; LK[10]-*Vogler*, § 24 Rn. 6, 20.
46) *Ulsenheimer*, Grundfragen, S. 105.
47) *Rau*, Ernsthaftes Bemühen, S. 129.
48) *Heinrich*, AT I, Rn. 763 ; *Otto*, AT, § 19 Rn. 4.
49) *Kühl*, AT, § 16 Rn. 4.
50) *Herzberg*, FS Lackner, S. 363. 그러나, 신동운, 형법총론, 477면은 범죄불성립의 이유를 설명하기 위해서 제시되었던 은사설, 보상설, 형벌목적설, 법률설은 형법 제26조의 해석지침이 될 수 없다고 한다.

그 중에서 피해자보호를 강조하는 입장을 우선적으로 적용할 수 있다고 생각한다.

이와 관련해 형사정책설에 대한 법률설의 비판을 다시 상기해 볼 필요성이 있다. 바(v. Bar)는 독일제국형법의 중지미수규정을 형사정책설에 따라 설명하면 범행기수 이후의 후회에도 중한 효과를 인정해야 하는데, 독일제국형법은 그렇게 보고 있지 않기 때문에 형사정책설은 따를 수 없다고 지적한다.[51] 그렇다면, 자수와 사후행위에 대한 감면규정을 쉽게 찾을 수 있는 한국형법에서의 중지미수 규정은 형사정책설로 설명하는 입장이 설득력이 있다고 보인다. 결과발생방지를 요구하는 독일형법 제24조 제2항은 형사정책설로 설명이 가능하다는 입장[52]도 이를 뒷받침한다.

---

51) *v. Bar*, Gesetz und Schuld II, S. 548.
52) *Lenckner*, FS Gallas, S. 705.

제2절 중지미수의 법적 성격 및 효과

Ⅰ. 중지미수의 법적 성격

1. 중지미수의 본질론과 중지미수의 법적 성격에 관한 논의의 관계

지금까지는 중지미수의 본질에 대한 논의에 중지미수의 법적 성격에 관한 논의가 섞여 있거나 본질에 대해 논의할 뿐 법적 성격에 관한 논의는 찾기 어려웠다.[1]

그러나 중지미수의 본질은 왜 중지행위를 한 행위자에게 유리한 효과를 부여하는지의 문제인 반면에, 중지미수의 법적 성격은 범죄론체계에서의 중지미수의 위치에 관한 질문이다. 그러므로, 이 두 가지는 구별할 수 있음[2]에도 불구하고 지금까지의 논의는 이를 간과하는 경우가 많았다. 중지미수의 본질에 관한 설명은 어디에서도 빠지지 않으나 범죄론체계에서의 중지미수의 위치에 관하여 따로 다루고 있는 문헌은 과거에는 그다지 많지 않았다.[3] 실제로는 중지미수의 형을 감면하는 근거를 다루면서도, 중지미수의 '법적 성격'이라는 제목으로 논의하는 예도 찾을 수 있다.[4]

---

[1] 같은 지적으로 박광민・송승은, "중지미수범의 성격과 자의성 판단", 271면 ; 백원기, 미수론연구, 160면 ; 유인모, "중지미수의 성격", 365면 이하.
[2] 박상기, 형법총론, 350면.
[3] 남흥우, 형법총론, 203면 ; 김종원, 신고 형법총론, 293면 ; 정영석, 형법총론, 224면 등에는 범죄론체계에서의 중지미수의 위치에 관한 설명은 없다.

하지만 이 두 가지는 구별되지만 서로 밀접한 연관성이 있다. 예전의 논의 중에서도 이에 대한 지적을 찾을 수 있었는데, "(중지미수) 규정 자체는 정책적 고려의 산물이겠지만, 그것에 관한 설명은 어디까지나 범죄론의 이론체계 전체와의 관련의 밑에서 시도되지 않으면 아니된다."[5)]

2. 학설의 검토

중지미수의 법적 성격에 관하여 위법성감소설만을 주장하는 견해는 찾기 쉽지 않으며, 인적 처벌조각사유설[6)]과 책임감소·소멸[7)] 혹은 책임조각사유설[8)]이 대립하고 있다. 책임감소·소멸설은 중지한 행위자의 반사회적 위험성이 장애미수보다 경미하므로 형벌이 필요적으로 감면되는데 이는 책임의 감소로 이해할 수 있다고 하며, 책임조각사유설은 일단 위법행위에로 나아갔지만 자의로 중지 또는 방지했다는 점에서 행위자에 대한 책임비난이 감소 또는 소멸한다고 한다. 이미 지적했듯이, 많은 학자들은 형의 감경과 면제를 구별하여 형의 감경에서는 책임이 감소하거나 소멸하며 형의 면제는 형사정책적 이유에 기인한다고 설명한다. 그

---

4) 예를 들어 김성돈, 형법총론, 486면 ; 안동준, 형법총론, 186면 ; 이재상, 형법총론, 28/3 ; 이정원, 형법총론, 280면 ; 임웅, 형법총론, 350면 ; 진계호, 형법총론, 456면. 그에 관한 지적으로 백형구, "미수범이론의 재구성", 24면 ; 이존걸, "중지미수에 관한 논점", 425면.
5) 황산덕, 형법총론, 265면.
6) 김용욱, "미수형태와 중지범", 86면 ; 손동권, 형법총론, 24/10 ; 신동운, 형법총론, 477면 ; 이형국, 형법총론, 251면 ; 정영일, "중지미수", 31면.
7) 김성돈, 형법총론, 488면 ; 김일수·서보학, 형법총론, 535면 ; 이영란, 총론강의 30/11 ; 이재상, 형법총론, 28/13 ; 정영석, 형법총론, 231면 ; 진계호, 형법총론, 459면.
8) 김종원, 신고 형법총론, 293면 ; 김종원, 주석형법 II, 58면.

외에 최근 양형규정설을 주장하는 학자가 늘어나고 있다.9)

1) 불법감소·소멸설에 대한 비판

중지미수에서 불법이 감소하거나 소멸한다는 견해를 위법성감소·소멸설으로 지칭하는 것은 적절하지 않다. 위법성은 구성요건해당성과 전체 법질서 사이의 관계개념으로서, 존재하거나 존재하지 않을 수 있을 뿐 증가하거나 감소하지 않기 때문이다. 한국형법학계는 일본과 달리 위법성은 증감하거나 소멸하지 않는다고 이해하고 있기 때문에, 불법감소·소멸설이 더욱 나은 표현이다.10) 하지만, 중지미수에서 미수범의 불법이 감소하거나 소멸한다는 견해에는 동의하기 어렵다.

미수범처벌과 중지미수에 관한 법률규정의 역사적 변화가 그 근거이다. 카롤리나형법전이나 프랑스구형법처럼 중지미수가 미수범의 부정적 요소라면 중지미수를 인정할 때 미수가 존재하지 않는다고 보아야 하겠지만,11) 독일형법이나 일본형법, 한국형법처럼 미수범처벌과 중지미수를 나누어서 규정한다면 중지미수에도 불구하고 미수는 여전히 존재한다고 보아야 한다. 그리고, 미수범의 불법은 실행의 착수를 통해서 표현되며 일단 존재하는 미수범의 불법은 중지미수로 인해 감소하거나 소멸한다고 보기는 어렵기 때문에 법률설은 설득력이 없다.12) 또한 위법성감소·소멸설에 대한 비판이 일반적으로 지적하듯이, 중지미

---

9) 박광민·송승은, "중지미수범의 성격과 자의성 판단", 276면 ; 박상기, 형법총론, 350면 ; 박상기, "중지미수의 성격과 자의성 판단", 310면 각주 4) ; 신양균, "판례에 나타난 중지미수", 66면 ; 이정원, 형법총론, 282면.
10) 정영일, "중지미수", 28면 이하.
11) 입법자가 이러한 규정방식을 택할 경우 중지미수를 소위 부정적 구성요건요소로 해석할 수 있는 가능성이 높다. 같은 지적으로 *Frank*, Vollendung und Versuch, S. 195 ; *Krauthammer*, Der Rücktritt vom Versuch, S. 6.
12) 같은 지적으로 안동준, 형법총론, 189면.

수가 불법에 영향을 미친다면 중지행위를 하지 않은 공범에게도 효과를 미칠 수 있기 때문에 일신전속적 성질에 반하며, 불법이 감소하거나 소멸하면 무죄판결을 해야 하나 형면제판결은 무죄판결이 아니다.

2) 책임감소·소멸설에 대한 비판

중지미수를 어떻게 보아야 하는지의 문제에 책임개념이 중요한 역할을 한다는 점은 부인할 수 없다. 중지미수를 양형에 위치시키려면 법률효과에 관한 규정으로 보는 편이 논리적이겠지만, 예방적 측면이 중심이라고 보면 책임개념에 접근하게 된다.13) 자의성을 심리적 고찰설에 의하여 판단할 경우에도 '자의성=책임'이라고 보기 쉽다. 행위자가 자유의사에 의해서 중지행위를 했는지에 따라 자의성을 판단하면, 비록 행위자에게 유리하게 작용하는지 그렇지 않은지의 차이가 있기는 하지만, 의사자유를 기초로 한 책임판단에서 행위자에게 잘못된 행위에 대한 비난가능성이 있는지를 기준으로 할 때와 비슷하기 때문이다.14) 중지미수를 책임과 연결하는 또 다른 방식은 중지미수구성요건(Rücktritts-tatbestand)이다. 범죄론체계와 대응하면, 중지미수의 구성요건은 중지행위(Rücktrittsverhalten)와 중지의사(Rücktrittswille)로 나눌 수 있고 후자는 자의성으로서 범죄체계에서의 책임과 같다고 보는 시각15)이 그러하다. 이러한 견해는 중지미수가 형벌면제구성요건(Strafbefreiungstatbestand)이라고 보며,16) 중지미수의 독자성을 강조하여 중지미수의 효과는 형

---

13) *Kühl*, AT, § 16 Rn. 8. 중지미수를 책임영역에 위치시키는 설명에도 중지미수가 형사정책적인 문제라는 생각이 깔려 있다. *Bloy*, Die dogmatische Bedeutung, S. 171 Fn. 99 ; *Klöterkes*, Irrtum, S. 103f 참조.
14) *Tipold*, Rücktritt und Reue, S. 208. 형사책임의 근거를 자유의지에 두면 중지미수의 자의적 중지를 의지적 중지로 이해함이 당연하다는 임웅, 형법총론, 356면도 참조.
15) *Jakobs*, JuS 1980, 718. *Weinhold*, Rettungsverhalten, S. 134도 참조.

벌의 감경 또는 면제가 아니라 불처벌이 되어야 한다고 설명한다.[17]

하지만 중지미수에 의해 책임이 감소·소멸되거나 조각된다는 견해는 받아들이기 어렵다. 이때에도 판결의 형태와 관련하여 불법감소·소멸설에 대한 비판이 그대로 적용되기 때문이다. 또한, 이미 보았듯이 중지미수에서 책임이 없다고 할 때는 미수행위에 의해 생겨난 책임이 중지미수를 통해 사후적으로 감소·소멸된다고 하거나 수정 또는 확장된 책임개념을 통해,[18] 아니면 전체적인 고찰을 통해 미수행위와 중지행위를 하나의 행위로 보아 책임이 조각된다고 설명한다. 하지만 미수행위로 인하여 발생한 불법과 책임은 중지행위를 통해 사후적으로 감소·소멸되지 않는데,[19] 이미 실행의 착수가 있다는 사실이 미수범의 불법과 책임의 근거가 되기 때문이다. 미수행위와 중지행위에 대한 전체적인 고찰로도 책임은 감소하거나 소멸되지 않는다. 전체적인 고찰이 의미하는 사후적·규범적 고찰이란 사후판단의 일반적인 형태이기 때문에 형법의 제도 중 특히 중지미수에서만 전체적 고찰을 통해 책임이 감소하거나 소멸될 이유는 없다. 자의성이 존재한다고 해서 중지미수에서 책임이 감소되지도 않는다. 통설에 따라 책임을 범행에 관한 비난가능성으로 이해하면 실행의 착수가 이미 미수범에 대한 비난가능성의 근거가 되며, 비난가능성은 미수행위와 구별되는 중지미수에 의해 감소되거나 소멸될 수 없다. 비록 자의성이 범죄론체계에서의 책임과 비슷하다고 하여도 이러한 사실은 달라지지 않는다. 그렇기 때문에 자의성을 통해 책임이 감소하거나 소멸한다고 설명하기 위해서는 책임개념을

---

16) *Jäger*, Gefährdungsumkehr, S. 127 ; *Jakobs*, AT, 26/2. *Köhler*, AT, S. 472도 참조.
17) *Jäger*, Gefährdungsumkehr, S. 128.
18) *Herzberg*, FS Lackner, S. 350도 중지미수를 면책사유나 책임감소사유로 설명하는 견해는 책임을 형법적인 비난가능성이 아니라 원상회복책임을 다해야 하는 채무자의 의무로 볼 때에 이해할 수 있다고 설명한다.
19) 김일수·서보학, 형법총론, 535면.

수정하거나 확장해야 한다. 하지만, 수정된 책임 개념을 통하여 중지미수에서 책임이 조각된다는 설명20)도 받아들이기 어렵다. 책임을 범죄 성립요건으로서의 질적인 개념의 책임과, 양형의 근거와 범위를 의미하는 양적인 개념의 책임으로 나누면, 중지미수에서는 주로 양적인 개념의 책임이 문제가 된다고 보이기 때문이다.21)

그리고 결과발생방지를 위한 노력을 통해 책임이 감소된다고 한다면, 노력에 불구하고 결과가 발생했을 때도 책임이 감소한다고 설명해야 할 것이며,22) 실제로 일본형법개정가안에 대한 심의 당시 이러한 주장이 있었으나 받아들여지지 않았다는 점은 이미 확인하였다.

3) 인적 처벌조각사유설 및 양형규정설에 대한 검토

불법감소·소멸설 또는 책임감소·소멸설에 대한 비판론과 옹호론의 출발점이 다르다는 사실을 우선 지적해야 한다. 이미 지적했듯이 미수범의 불법과 책임은 이미 실행의 착수로써 근거지워지기 때문에 사후적인 중지행위로 인해 사라지지 않는다. 미수범에서의 행위불법이 감소한다는 주장은, 행위불법이 기수범보다 감소했다는 점이 문제가 아니라 실행의 착수를 통해서 이미 구성요건적인 최소요건이 충족되었다는 점을 간과했다고 보인다.23) 그렇기 때문에 불법이나 책임의 '감소·소멸'이라는 용어는 받아들일 수 없다. 다만, '중지미수는 왜 기수범이나

---

20) 자의성은 형벌근거책임과 별개가 아니며, 자의성 때문에 책임이 감소하고 책임과 형벌목적은 상관개념이기 때문에 중지미수에서 형벌의 감경이 가능하다는 김일수·서보학, 형법총론, 535면.
21) 유인모, "중지미수의 법적 성격", 372면 ; 이정원, 형법총론, 282면.
22) 이정원, 형법총론, 281면.
23) 이러한 입장에서 출발하면 기수범에는 완전한 행위불법이 존재한다고 볼 수 있다. *Schliebitz*, Erfolgszurechnung, S. 50.

장애미수보다 가볍게 처벌되는가?'라고 질문한다면, 중지미수가 기수범보다 불법이 적고, 장애미수보다는 책임이 적다고 설명할 수도 있다.[24] 따라서 불법과 책임은 범죄론체계의 구성요소이기 때문에 중지미수 규정을 범죄성립요소와 무관한 규정으로 보는 것은 부당하다는 지적[25]은 일리가 있다고 생각할 수도 있다.

하지만 중지미수 규정은 당연히 범죄성립요소와, 특히 미수범과 관련이 있으며, 문제는 어떠한 방식으로 관계를 갖느냐이다. 중지미수의 부존재를 미수의 성립요건으로 보는 법제에서는 중지미수가 미수범의 불법 또는 책임과 직접 관련된다고 판단할 것이며,[26] 중지미수를 양형에서만 고려하는 입장은 그 반대라고 하겠다. 미수범의 처벌에 관한 규정과 중지미수의 규정을 구분하였으나 중지미수를 처벌하지 않는 독일형법 등의 법제는 그 법률효과로 인해 전자에 접근할 가능성도 있겠으나 중지미수에 관하여 원칙적으로 처벌하면서 형을 감경 또는 면제하는 한국형법의 태도는 후자에 가깝다. 이러한 점을 염두에 두면 양형규정설로 보는 입장이 책임감경・조각사유설보다 설득력이 있으며, 인적 처벌조각사유라고 설명하는 입장도 결론에서는 다르지 않다고 생각한다. 범죄론체계에서의 가벌성 이후의 요소가 문제가 된다는 점에서 인적 처벌조각사유설과 양형규정설은 동일하기 때문이다.[27]

---

24) 오영근, 형법총론, 30/14. 하지만 이 견해도 이미 실행의 착수가 있기 때문에 위법성 또는 책임이 소멸하지 않는다는 점을 인정한다. 권오걸, 형법총론, 438면 ; 조준현, 형법총론, 343면도 참조.
25) 조준현, 형법총론, 348면.
26) 제3장 및 4장에서 살펴보았듯이 이러한 형태의 법규범이 법률설의 출발점이며 주장의 근거이지, 법률설이 '형감면이 사후적인 규범적 평가로서 실체법적 효과이기 때문에 중지미수의 본질에 대한 설명이 실체법적 관점에서 출발해야 한다'는 뜻(권오걸, 형법총론, 438면. 비슷한 입장으로 오영근, 형법총론, 30/12 ; 임웅, "중지미수에 있어서의 자의성", 538면 ; 조준현, 형법총론, 348면)은 아니다.
27) 이러한 지적으로 김용욱, "미수형태와 중지범", 86면.

한국형법에서의 중지미수는 인적 처벌조각사유가 아니라 양형규정이라는 견해가 있다. 인적 처벌조각사유는 일반적인 법정책적인 사유에서 인정되기 때문에 형사정책적인 고려가 문제가 되는 중지미수에서는 적합하지 않다고 한다고 하며, 중지미수를 미수범이라고 하면 구성요건단계에서 심사해야 하기 때문에 구성요건해당성 및 위법성, 책임판단 이후 문제되는 인적 처벌조각사유라고 보기 어렵다는 이유에서이다.[28] 하지만 이 두 가지는 모두 양형규정설을 인적 처벌조각사유설과 구별하는 논거일 수 없다. 형벌목적설에 관한 독일의 논의에서 밝혔듯이 형사정책적인 고려는 중지미수의 법적 성격에 관한 어떤 견해와도 연결될 수 있다. 또한 미수범을 구성요건단계에서 심사해야 한다는 설명은 양형판단이 불법과 책임에 대한 판단 이후에 가능하다는 점과 모순된다.

3. 사후행위와의 관계를 고려한 중지미수의 해석

1) 사후행위로서의 중지미수와 판결의 형태

한국형법의 중지미수의 효과가 자수와 유사하다는 사실은 이미 지적하였다. 즉 중지미수가 인정되어도, 최대한으로 형의 면제 판결을 기대할 수 있을 뿐이다.

형사소송법 제322조, 323조에 따라서 형의 면제는 유죄판결의 일종이다. 그리고, 한국형법은 범죄의 실체가 조각되는 경우에는 '벌하지 아니한다'(무죄판결)는 표현을, 범죄실체를 인정하고 형벌만을 면할 때에는 '형을 면제한다'(형면제판결)는 표현을 쓰고 있다. 형의 면제의 성격에 관해서는 자수에 관한 대법원 판결이 시사점을 준다. 대법원 1997.3.20. 선고(전원합의체) 96도1167 판결은 "어느 죄에 관한 자수의 요건과 효

---

[28] 박광민·송승은, "중지미수범의 성격과 자의성 판단", 276면.

과가 어떠한가 하는 문제는 논리필연적으로 도출되는 문제가 아니라, 그 입법취지가 자수의 위 두 가지 측면 중 어느 한쪽을 얼마만큼 중시하는지 또는 양자를 모두 동등하게 고려하는지에 따라 입법정책적으로 결정"된다고 하면서, "형의 면제는 유죄로는 인정하되 형벌만을 과하지 아니하는 것으로서 처벌을 조각하는 사유라고 할 것"이라고 판결하였다.

중지미수가 인정되었을 때의 형면제판결을 무죄판결로 볼 수 있다는 견해도 있다.[29] 이 견해는 형법 제21조 제2항의 과잉방위에서 "형을 감경 또는 면제할 수 있다"라는 규정에도 불구하고 책임이 감소하거나 소멸한다고 해석한다는 점을 근거로 든다. 하지만, 이미 지적했듯이 형의 면제판결은 유죄판결이다. 또한 과잉방위는 정도를 초과한 방위행위로서 방위행위 당시의 정황이 형의 감경 또는 면제의 이유가 되지만 중지미수는 실행의 착수 이후의 사후행위이다. 그러므로, 과잉방위와 중지미수의 법적 성격이 같다고 보기 어려우며, 양자의 법률효과도 임의적/필요적 형의 감면으로 같지 않다. 중지미수를 인정하여 형의 감경이 이루어지는 경우에도 마찬가지이다. 결국 한국형법에서는 중지미수가 있어도 미수범으로서의 범죄는 여전히 존재하며, 중지미수는 사후행위로서 구체적인 경우에 행위자에 대한 형벌이 소멸된다고 보아야 할 것이다.[30]

다른 한편으로, 비록 중지미수와 자수를 연결해서 파악할 수 있다고 하더라도 이 두 가지는 서로 구별된다. 그러므로 행위자가 경찰관 등에 대하여 자신이 범인이라는 사실을 숨기려고 했다는 이유로 중지미수를 부인하는 일본의 판례[31]는 옳다고 보기 어렵다. 이는 결과적으로 중지

---

29) 임웅, 형법총론, 352면 ; 주석형법 II(김종원), 58면 이하. 김일수·서보학, 형법총론, 535면은 중지미수에서 예방적 처벌의 필요성도 전혀 없으면 벌책성이 소멸해 무죄라고 한다.
30) 박상기, 형법총론, 350면 ; 신동운, 형법총론, 477면 ; 이형국, 형법총론, 251면.
31) 最高裁昭和32年9月10日決定, 刑集11卷9号2202頁 ; 大阪高判昭和44年10月

미수의 인정을 위해 행위자에게 범행의 중지 이외의 새로운 요건을 요구하게 되어 법문에 반하기 때문이다.32)

2) 비교법적 고찰

(1) 중지미수에서 형벌을 감경·면제하는 사례

중지미수 규정이 폐지되거나 처음부터 존재하지 않았을 경우 중지미수에 어떠한 효과를 인정하게 될지에 관하여 사고실험을 하면, 영미의 보통법에서 볼 수 있듯이 행위자가 중지했다는 사실은 양형에서 고려대상이 될 것이다.

그리고, 중지미수에서 위법성이 감소한다고 본 독일학자들도 기수 이후의 능동적 후회는 형벌면제사유로 인정하였다.33) 한국형법의 중지미수가 다른 사후행위와 유사하다는 점에서, 이러한 논의는 중지미수에서의 형벌면제의 논거가 된다.

다음으로, 중지미수가 인정되었을 때의 판결의 형태에 착안하면 한국형법의 중지미수와 비슷한 법률효과를 규정한 독일 1933년 초안은 형의 감경 및 면제(Absehen von Strafe)였다는 점도 주장의 근거이다. 현재의 독일형법에서도 형의 면제는 처벌조각사유 및 형벌면제사유와 구별되는데, 후자가 무죄판결임에 반해 형의 면제는 유죄판결이나 처벌하지 않을 뿐이다.34)

17日判決, 判タ244号290頁. 野澤 充, 中止犯論の歷史的展開－日獨の比較法的 考察－ (一), 1605頁 참조.
32) BGHSt 37, 340도 독일조세기본법(AO) 제371조에 자수가 규정되어 있다고 하더라도 독일형법 제24조의 중지미수의 적용이 배제되지 않으며, 자의성이 없어서 중지미수가 부인된다고 하더라도 행위자가 조세기본법 제371조에 따른 자수를 했는지 다시 판단해야 한다고 한다. 독일조세기본법 제371조의 자수에 관해서는 *Riegel/Kruse*, NStZ 1999, 325ff 참조.
33) *Kemsies*, Schuldaufhebungsgrund, S. 10 Anm. 12 참조.

(2) 중지미수에 관한 한국과 독일의 논의의 의미

그렇다고 하더라도 독일형법에서의 중지미수가 실체법적 관점에서 불법과 책임이 없기 때문에 무죄이기 때문에 처벌하지 않는다고 볼 수 없다. 앞에서 언급했듯이 독일의 다수설은 중지미수가 인적 형벌면제사유라고 설명하는데, 이때의 인적 형벌면제사유는 범죄체계론에서의 가벌성, 즉 불법과 책임 이후에 존재하는 범주이다. 하지만, 형사판결(실체판결)의 형태는 유무죄판결밖에 존재하지 않기 때문에 독일형법의 중지미수에서는 범죄론체계에서 불법 및 책임 이후의 요소가 문제가 되더라도 소송법적으로는 무죄라는 의미이다.35) 그렇기 때문에 비록 중지미수를 인정했을 때의 판결형태가 독일이 무죄판결이며 한국이 유죄판결이라고 해도, 중지미수에서 범죄론체계에서의 불법과 책임 이후의 단계가 문제가 된다는 점은 한국과 독일이 다르지 않다고 보인다.

4. 중지미수의 법적 성격에 관한 판례의 입장

중지미수의 법적 성격에 대한 판례의 명확한 입장을 찾기는 어렵다. 대법원 1983.12.27 선고, 83도2629, 83감도446 판결에서 "이는 양형에 참작되는 사유는 될 수 있을지언정 이미 성립한 죄에는 아무 소장이 없어 이를 중지미수에 해당된다 할 수 없다"고 하였는데, 이 판결을 반대해석하면 판례가 중지미수를 범죄의 성립에 영향을 미치는 요소로 보고 있다고 생각할 수도 있다.36) 하지만 범죄성립에 영향을 미치는 요소

---

34) LK-*Hirsch*, Vor § 32 Rn. 225 참조.
35) 같은 지적으로 이용식, "부작위범의 중지미수", 217면 이하.
36) 이렇게 보는 입장으로 신양균, "판례에 나타난 중지미수", 66면.

가 구체적으로 무엇을 말하는지는 이 판결로는 알 수 없다.

사실 판례가 중지미수가 범죄의 성립에 영향을 미치는 요소라고 본다고 생각하기는 어렵다. 대법원 1988.11.8. 선고 88도1628 판결에서 피고인은 피해자의 반항을 현저히 곤란하게 할 정도의 폭행 또는 협박을 가하기 시작하여 실행에 착수하였으나 피해자의 완강한 반항으로 강간의 목적을 달하지 못한 채 상처를 입혔다. 대법원은, 이때 피해자가 피고인의 뺨을 때린 다음에 피고인이 강간목적의 행동을 더 못하게 된 것을 스스로 중지했다고 본다 하더라도 일단 실행에 착수한 후 피해자에게 상처를 가한 이상 강간치상죄를 구성함에는 아무런 변함이 없다고 판결하였다. 하지만 중지미수가 범죄의 성립에 영향을 미치는 요소라면, 행위자가 강간죄의 실행에 착수한 후에 중지한 이 사건에서 상해의 결과는 강간상해죄가 아니라 상해죄의 죄책으로 묻는 편이 논리적이었을 것이다.

또한 판례가 형을 감경 또는 면제하면서, 유죄판결의 한 형태인 중지미수에서 불법이나 책임이 감경 또는 소멸된다고 볼 가능성은 적다고 생각한다.

II. 중지미수의 효과

1. 중지미수에 관한 처벌

중지미수에 관한 처벌은 다른 미수범과 비교해 볼 때 가장 관대하다. 하지만 형벌을 감경하거나 면제할 때 어떠한 기준에 따라야 하는지에 대한 논의는 많지 않았다. 구체적인 경우에 법관이 제반사항을 고려하여 합리적으로 결정할 성질이며, 다만 그 결정에서 중지의 동기, 중지

한 범죄의 경중, 중지할 때까지 실행행위를 통하여 피해자에게 입힌 손해 등을 고려할 수 있다고 한다.37)

착수미수의 중지가 실행미수의 중지보다 형의 면제를 인정하기 쉽다거나,38) 입법론적으로 착수미수와 실행미수의 중지를 구별하여 취급할 필요가 있다는 견해가 있다.39) 양자는 주관적 요소와 객관적 요소의 내적 관련성에 차이가 있기 때문인데, 착수미수는 중지미수가 소극적인 부작위로 족할 정도로 법익침해의 위험성이 낮은 반면, 실행미수에서는 이미 실행행위를 다 하였기 때문에 법익침해의 위험성이 상당한 정도에 이르렀기 때문이다.40) 착수미수와 실행미수가 행위반가치에 차이가 있음을 고려하면, 일반적으로 착수미수의 중지가 실행미수의 중지보다 책임이 가벼우며, 자의성에 관해서는 회오 등 도덕적 규범의식의 각성에 의한 경우가 이에 해당한다고 볼 수 있다는 설명이다.41)

하지만 반대로 실행미수의 중지에는 착수미수의 중지보다 더욱 많은 노력이 필요하기 때문에 애초에 고려되었던 불법의 차이는 결국 중지미수에서는 큰 차이로 표현되지 않는다고 보아,42) 오히려 착수미수의 중지보다 실행미수의 중지를 가볍게 처벌해야 한다고 설명할 수도

---

37) 김일수, 한국형법 II, 212면 ; 이형국, 형법총론, 251면.
38) 정성근·박광민, 형법총론, 400면.
39) 하태훈, "미수범 체계의 재정립", 238면 이하.
40) 인적 불법론의 입장에서 보면 착수미수와 실행미수에서 실현된 행위불법의 정도는 서로 다르다. 이 견해는, 행위불법을 중심으로 하면 기수범과 미수범이 아니라 착수미수와 실행미수의 불법에 양적인 차이가 있기 때문에 착수미수는 항상 감경해서 처벌할 수 있다고 본다. Zielinski, Handlungs- und Erfolgsunwert im Unrechtsbegriff, S. 144, 217.
41) 김종원, 주석형법 II, 65면 ; Arzt, GA 1964, 8. 이러한 입법례로는 스위스구형법을 들 수 있다. 반대로 중지미수의 인정을 위해 착수미수의 중지보다 실행미수의 중지에 더욱 완화된 요건을 두는 방식은 수긍하기 어렵다는 지적으로 Frank, Vollendung und Versuch, S. 236.
42) Stratenwerth, Schweizerisches Strafrecht AT I, § 12 Rn. 71.

있다.43) 하지만 미수범의 관점에서 보면, 착수미수와 실행미수에 대한 처벌에 차이가 없기 때문에 양자에서의 행위반가치의 차이는 구성요건 내적인 것에 지나지 않으며, 따라서 중지행위를 착수미수와 실행미수에 연결시킨다고 해도 긍정적인 행위가치가 어느 정도인지에 따라 중지행위의 효과를 구별할 필요는 크지 않다고 생각한다.44) 결론적으로, 착수미수의 중지와 실행미수의 중지는 범행의 위험성의 차이가 있을 수 있으나 양자의 효과가 범행의 결과발생의 방지로서 동일하기 때문에 질적인 차이가 있다고 보기 어렵다.45)

장애미수의 중지를 불능미수의 중지보다 더 무겁게 처벌해야 한다고 보는 견해46)는 불능미수의 중지를 인정할 수 있는지와 관련된다. 하지만, 불능미수의 중지를 인정해도, 착수미수의 중지와 실행미수의 중지와 마찬가지로 장애미수의 중지와 불능미수의 중지는 양형에서 구별할 필요가 없다고 생각한다.47)

2. 가중적 미수의 문제

중지미수의 효과와 관해서 이미 실행된 범행부분이 다른 범죄의 기수범에 해당할 때 어떻게 처리할지에 관하여 논의가 대립되고 있다.

법조경합과 상상적 경합을 나누는 견해48)는 전자의 경우에는 중한

---

43) 이러한 입장으로 *Leuthold*, Gutachten, S. 185.
44) *Bloy*, JuS 1987, 533.
45) *Fornasari*, in: Fragmentarisches Strafrecht, S. 58. 착수미수의 중지와 실행미수의 중지를 구별하지 않는 입장으로 김성천·김형준, 형법총론, 498면 ; 배종대, 형법총론, 534면 ; 이재상, 형법총론, 28/41.
46) 김일수·서보학, 형법총론, 544면.
47) 같은 견해로 권오걸, 형법총론, 443면.
48) 김성돈, 사례연구 형법총론, 357면 ; 김일수·서보학, 형법총론, 544-5면 ; 백원

죄의 미수범으로 처벌하면 족하며 경한 죄는 중죄의 미수범에 흡수된다고 설명한다. 하지만 상상적 경합은 원래 수죄이기 때문에 한 죄의 중지는 다른 범죄의 처벌에 영향을 미치지 않으며, 결국 형법 제40조로 처리해야 한다고 설명한다. 이 견해는 중지미수로 인하여 형이 면제되어도 이미 결과가 발생한 부분행위에 대해서는 행위자의 고의가 포섭되는 범위 내에서 기수범으로 처벌해야 한다는 입장으로, 가령 살인죄에 관해서 중지미수가 인정되어도 살인의 고의는 상해의 고의를 포섭하기 때문에 상해죄로는 처벌할 수 있다고 본다.[49] 소수설[50]은 상상적 경합의 경우를 법조경합과 나누어서 다룰 필요가 없다고 본다. 형법은 중지미수에 관하여 범죄가 성립한다고 보고 있어서 중지범의 이전 단계에 일어난 행위를 별도로 포착할 필요는 없기 때문이다. 이 견해는 법조경합은 실체법상 단순일죄이므로 다수설과 같은 방식으로 해결하나, 상상적 경합에서는 먼저 형법 제40조에 의해 형의 상하한을 정하고, 그 이후 형법 제55조의 기준에 따라 법률상 감경을 한다. 이때 중지미수는 법률상 감경사유이므로, 상상적 경합관계에 있는 수죄 가운데 일부만이 중지미수에 해당해도 형을 계산할 때는 수죄 전체가 형법 제26조의 적용대상이 된다고 본다.

스위스형법에서의 중지미수의 효과도 형의 감경 또는 면제지만, 중한 행위에 대한 형의 감경 또는 면제는 경한 행위의 처벌에 영향을 미

기, 미수론연구, 172면 ; 손동권, 형법총론, 24/32 ; 안동준, 형법총론, 195면 ; 유기천, 총론강의, 266면 ; 이영란, 총론강의, 30/32 ; 이재상, 형법총론, 28/41 ; 임웅, 형법총론, 364면 ; 정성근·박광민, 형법총론, 401면 ; 김종원, 주석형법 II, 67면 이하 ; 진계호, 형법총론, 466면.

49) 박상기, 형법총론, 363면 ; 손동권, 형법총론, 24/32 ; "중지(미수)범의 연구", 256면.

50) 신동운, 형법총론, 494면 ; 오영근, 형법총론, 30/59. 이형국, 형법총론, 252면도 참조.

치지 못한다고 설명한다. 행위자가 다른 범죄 또는 중한 범죄를 범하려고 했었다는 이유만으로 이미 기수에 이른 범죄에 관한 처벌이 영향을 받으면 불합리하다는 이유에서이다.[51] 그리고, 독일형법과 달리 중지미수에서 형의 감경 또는 면제를 인정하는 법제에서는 이미 실현된 불법의 내용을 형벌에 반영할 수 있기는 하지만, 왜 이미 실현된 기수범을 중지미수 규정으로 함께 판단해야 하는지에 대한 근거제시는 필요하다.[52] 따라서 가중적 미수로 논의되는 사안은 중지미수의 효과가 불처벌인 경우에만 문제가 된다고 볼 수는 없다. 하지만, 가중적 미수로 논의하는 문제는 형의 감경으로 해결할 수 있기 때문에 따로 처벌해야 한다고 볼 실익은 적다. 상해의 결과를 발생시킨 살인죄의 장애미수에서 상해죄의 기수를 별도로 논하지 않는다면 상해의 결과를 발생시킨 중지미수에서도 별도로 논의할 필요가 없기 때문이다.[53] 사실 법조경합과 상상적 경합을 구별하는 견해와 그렇지 않은 견해가 모두 법조경합을 예로 들고 있기는 하지만, 상상적 경합에서도 법조경합과 다르지 않다고 생각한다.[54]

3. 중지미수를 인정한 판례

먼저 판결에서 중지미수를 인정해 형을 감경 또는 면제한 경우는 거의 없다.[55] 필자가 찾은 중지미수에 관한 대법원의 2007년 말까지의 판

---

51) Stratenwerth, Schweizerisches Strafrecht, AT I, § 12 Rn. 72.
52) Hirsch, in: Strafrechtliche Untersuchungen, S. 915.
53) 오영근, 형법총론, 30/58. 강간죄와 강제추행죄에 대한 신동운, 형법총론, 493면도 참조.
54) 강간죄에 대하여 중지미수를 인정한 대법원 1993.10.12. 선고 93도1851 판결도 강간죄와 상상적 경합관계인 감금죄에 대해서는 따로 논의하지 않았다.
55) 송진현, "중지미수의 자의성", 454면. 불능미수에 관하여 비슷한 사정을 지적한

결 31건 중 부분적으로나마 중지미수를 인정한 판례는 세 건이며, 고등
법원의 판결은 6건 중 2건이다.56) 그러므로 판례가 형법 제26조를 가능
한 한 좁게 적용하려고 한다는 지적57)에는 설득력이 있다. 많은 경우 판
례는 중지미수의 요건에 관한 아무런 논의없이 중지미수를 부인한다.58)

중지미수가 인정되었을 때 법원이 내리는 결론은 다음과 같다. 먼저
대법원 1983.1.18. 선고 82도2761 판결에서는 중지미수를 인정하여 특

신동운, "불능범에 관한 형법 제27조의 성립경위", 39면도 참조. 일본의 상황에
관한 같은 지적으로 香川達夫, 中止未遂の法的性格, 36頁. 실제로 단독범의 중
지미수에 관한 일본최고재판소의 판례는 最高裁昭和32年9月10日判決, 刑集11
卷9号2202頁 이후 없다. 野澤 充, 中止犯論の歷史的展開 — 日獨の比較法的
考察 — (三), 231頁 ; 金澤眞理, 中止未遂の本質, 258頁.

56) 대법원 1983.1.18. 선고 82도2761 판결 ; 대법원 1986.3.11. 선고 85도2831 판
결 ; 대법원 1993.10.12. 선고 93도1851 판결. 지방법원 판결로 대구고법 1975.
12.3. 선고 75노502 판결 ; 서울고법 1985.10.25. 85노2444 판결. 이중 서울고법
1985.10.25. 85노2444 판결은 대법원 1986.3.11. 선고 85도2831 판결의 원심판
결이다.
원심판결이나 판결요지 등을 통하여, 중지미수에 관한 쟁점이 드러나 있는 판결
만을 분석대상으로 하였는데, 그 외에 '중지미수라는 피고인의 주장은 이유없다'
이외의 다른 설명을 찾을 수 없어서, 중지미수의 논점에 대한 분석의 대상으로
삼기는 어려운 판결도 몇 건 있다.

57) 신양균, "판례에 나타난 중지미수", 73면.

58) 대법원 1974.10.22. 선고 74도2441 판결: "피고인 박OO의 상고이유 중 피고인
은 이 사건 범행에 착수한 후 스스로 이를 중지한 것이라는 논지는 당심에서의
새로운 주장일 뿐만 아니라, 피고인의 소위가 중지미수에 해당한다고 볼 수도 없
다." 그 외에도 "기록을 살펴보니 원심판결이 그 거시의 제1심 판결 적시의 여러
증거에 의하여, 피고인에 대하여 이건 범죄사실을 인정한 조치는 정당하고, 거기
에 채증법칙을 어겨 사실을 오인한 위법사유 없으며(원심이 피고인의 소위를 소
위 중지미수 행위라고 보지 아니한 조치는 정당하다)"라는 대법원 1979.11.27.
선고 79도2201 판결이나 "원심이 유지한 제1심판결이 들고 있는 증거를 종합하
면 그 판시사실과 같은 범죄사실을 넉넉히 인정할 수 있으므로 이 사건 범행이
상습성에 기한 것이 아니라거나 또는 중지미수에 이른 것이라는 취지의 논지는
모두 이유없다"는 대법원 1986.11.25. 선고 86도2168, 86감도241 판결 등.

정범죄가중처벌 등에 관한 법률 제5조의2 제1항의 약취·유인죄에 대하여 형법 제55조 제1항 제3호에 따라 법률상 감경을 하였다. 대법원 1986.3.11. 선고 85도2831 판결에서는 중지미수를 인정하여 특정범죄 가중처벌 등에 관한 법률 제5조의4 제1항의 특수절도죄의 형을 면제한 2심판결을 유지하였다. 마지막으로 대법원 1993.10.12. 선고 93도1851 판결은 중지미수를 인정하여, 강간죄의 장애미수라고 판단한 2심판결을 파기환송하였다. 고등법원의 판례에서 대구고법 1975.12.3. 75노502 형사부판결은 "원심이 이를 같은법 제25조 소정의 장애미수로 인정하고 법률상 형의 감경을 한 바 없이 처단한 것은 사실을 오인하고 법령의 적용을 잘못함으로서 판결결과에 영향을 미쳤다 할 것"이라고 하면서 살인죄의 형을 감경하였다. 반면에 대법원 1986.3.11. 선고 85도2831 판결의 2심판결인 서울고법 1985.10.25. 85노2444 제3형사부판결은 중지미수를 인정해 형을 면제하였다.

사례가 한정되어 있지만, 중지미수를 인정하면서 형을 면제한 판결은 한 건에 지나지 않기 때문에, 판례는 오히려 형의 필요적 감경이 중지미수의 중요한 효과라고 보고 있다고 생각한다. 이는 장애미수의 효과가 형의 임의적 감경이기 때문이다.[59]

4. 중지미수의 소송법적 효과

어떠한 사건에서 중지미수가 존재하는지 여부는 직권으로 조사해야 한다. 원심에서 법원이 중지미수를 인정하지 않았을 경우 피고인은 법

---

[59] 임의적 감경에서는 "누구든 자기 마음대로 할 수 있"기 때문에 "어떤 법원은 미수범과 기수범을 동일하게 처벌하고, 어떤 법원은 미수범을 감경하며 또다른 법원은 아무런 원칙 없이 처벌할 수 있다"(Gerland, Der Entwurf 1925 Allgemeiner Teil. S. 48).

령위반을 이유로 항소할 수 있다.60) 그리고, 피고인 또는 그의 변호인이 중지미수의 존재를 주장하였다면 판결에 명시되어야 하며, 만약 중지미수를 인정하여 형을 면제 또는 감경할 때는 형사소송법 제322조, 제323조에 따라 판결에 이를 기재해야 한다.61) 중지미수를 인정하여 형을 면제할 때의 판결이 유죄판결임은 이미 지적하였다.

5. 중지미수 조문의 적용

판례가 중지미수를 거의 인정하지 않는 이유는 알기 어렵다. 중지미수는 인적 형벌면제사유로서 예외규정이기 때문에 엄격하게 해석해야 한다고 이해하기 때문이라고 추측할 뿐이다. 다른 나라의 실무에서 이러한 경향이 있는데, 오스트리아 대법원은 "능동적 후회도 배제되는데, 능동적 후회의 인적 형벌면제사유로서의 제한적 성격을 볼 때 법률요건의 엄격한 제한적 해석만이 받아들여질 수 있기 때문이다"라고 판단하며,62) '의심스러울 때는 피고인에게 유리하게' 원칙은 형벌면제사유인 중지미수에는 적용되지 않는다고 한 이탈리아의 판례도 있다.63)

하지만 중지미수의 실질적 의미와 법률효과를 고려해 볼 때, 이러한 접근방식에는 동의하기 어렵다. 한국형법의 중지미수는 형벌을 감경하면서도 유죄를 선고할 수 있다. 그렇기 때문에 많은 경우에는 형면제판결보다는 형벌의 감경을 하면서 중지미수로 인한 감경만으로 형벌이 무겁다고 생각되면 작량감경도 하게 될 것이다. 따라서 한국형법에서

---

60) 형사소송법 제361의 5 i. 신동운, 형사소송법, 1136면 이하 참조.
61) 신동운, 형사소송법, 990, 993면.
62) *Tipold*, Rücktritt und Reue, S. 11 참조.
63) *Heinitz*, JR 1955, 252 참조. 이탈리아형법의 중지미수 규정에 관한 설명으로 *Fornasari*, in: Fragmentarisches Strafrecht, S. 49-59.

중지미수가 지나치게 관대하게 처리하는 것을 피하기 위하여 중지미수 요건을 엄격하게 해석할 필요성은 없다.[64] 그리고 형벌을 기초하는 사유가 아니라 형벌을 면제하는 사유의 법률요건을 엄격하게 제한할 이유는 없다. 대법원 1997.3.20. 선고(전원합의체) 96도1167 판결도 형벌면제사유인 자수에 관하여, 법규정의 문언보다 축소하는 제한적 유추적용을 하면 처벌되는 범위가 확대되어 행위자에게 불리하게 되므로 허용될 수 없다고 보았다.

---

64) 오영근, "1990년대의 형사판례", 15면.

제3절 중간결론

　형법 제26조는 중지행위의 형태로 실행의 중지와 결과발생방지를 규정하고 있다. 결과발생방지를 위한 진지한 노력을 중지행위로 인정하고 있지 않은 한국형법에서의 중지행위는 범행의 결과방지에 인과적이어야 한다. 중지행위의 인과성을 논의의 기초로 하면, 행위자의 중지로 인하여 범행의 결과가 발생하지 않았고 그로 인하여 피해가 발생하지 않은 경우에는 중지미수를 인정해야 한다. 한국형법의 중지미수는 법익보호, 특히 피해자보호와 연결시켜서 파악해야 하며, 형법의 다른 사후행위와의 유사성도 이를 뒷받침한다.

　다른 한 편으로, 중지행위는 실행의 착수 이후의 사후행위이기 때문에 중지미수를 인정해도 실행의 착수를 통하여 드러난 미수범의 불법 및 책임이 사라지지 않는다. 즉, 중지미수에서는 범죄론체계에서의 가벌성 이후의 단계가 문제가 되며, 형법 제26조는 중지미수의 법률효과의 규정을 통해 이를 표현하였다.

제6장 중지미수의 요건

제1절 새로운 논의를 위한 전제

Ⅰ. 중지미수의 객관적 요건

1. 중지미수의 요건으로서의 중지행위

1) 자의성은 중지미수의 가장 중요한 요건인가?

지금까지의 논의는 대부분 중지미수가 특별히 관대한 취급을 받는 이유를 자의성에서 찾으면서, 자의성의 판단에 논의의 초점을 두고 있다.[1] 자의성이 중지미수와 장애미수를 구별하는 기준[2]이라거나 중지미수의 가장 중요한 성립요건[3]이라고도 설명한다. 이러한 논의는 다른 나라에서도 쉽게 찾을 수 있다.[4]

하지만 이러한 주장에는 동의할 수 없다. 중지미수에서 책임이 문제된다고 보는 견해[5]는 행위자가 자발적으로 중지행위를 결정했다는 자

---

1) 이상돈, "중지미수의 자의성 개념의 기호론적 재구성", 111면 ; 임웅, 형법총론, 353면.
2) 백원기, 미수론연구, 131면 ; 이존걸, "중지미수에 관한 논점", 437면 ; 이정원·류석준, "중지미수에서의 실행미수와 착수미수", 177면 ; 정영일, 형법총론, 271면 ; 정진연, "법률의 착오와 불능미수의 중지미수", 104면 ; 진계호, 형법총론, 459면. 오영근, 형법총론, 30/16은 자의성은 중지미수와 불능미수를 구별하는 기준도 된다고 설명한다.
3) 박광민·송승은, "중지미수범의 성격과 자의성판단", 269면 ; 이승호, "장애미수와 불능미수 및 중지미수의 구별", 161면.
4) "중지미수 규정에 불충분하게 표현된 자의성은 불처벌 규정의 핵심이다(Sauer, Allgemeine Strafrechtslehre, S. 116)." 오스트리아의 학설에 관해서 Tipold, Rücktritt und Reue, S. 15 참조.

체를 중요시하기 때문에 이러한 결론에 이르나, 중지미수에서의 책임의 의미에 관해서는 이미 제5장에서 밝혔다. 범죄론체계에서 미수범의 불법을 확정하기 위해 주관적 요건을 먼저 심사해야 하므로 중지미수에서도 이러한 순서를 따라야 한다는 생각 때문에 자의성부터 판단해야 한다는 생각일 수도 있다. 하지만, 미수범에서 주관적 요건을 먼저 심사하는 이유는 결과가 발생하지 않은 미수범에서 선결문제로서 고의가 있었는지 여부를 검토하라는 의미이지, 그 후 미수범의 본격적 검토에서 주관적 요건을 먼저 검토하라는 의미는 아니다.[6] 그리고, 중지미수를 인정하기 위해서는 범행의 결과가 발생해서는 안 되는데, 이때의 결과의 불발생은 '자의성'이라는 요건이 아니라 실행의 중지 또는 범행결과의 방지, 즉 '중지행위'라는 요건이 충족된 결과이다.

그렇다면 중지미수에서는 주관적 요건으로서의 자의성이 아니라 객관적 요건으로서의 중지행위를 먼저 검토해야 한다.[7] 물론 자의성도 중지미수의 중요한 요건이지만, 객관적 요건으로서 행위의 포기 또는 결과의 방지가 중지행위로서 중지미수를 인정하기에 충분한지가 우선적인 판단대상이다.

제1장에서 다루었던 대법원 2005.6.10. 선고 2005도2718 판결에서 이를 확인할 수 있다. 이 사건을 다수설의 입장에 따라 자의성에 연결

---

5) 김성돈, 형법총론, 488면 ; 김일수·서보학, 형법총론, 533면 ; 박광민·송승은, "중지미수범의 성격과 자의성판단", 287면 ; 이상돈, "중지미수에서 자의성 개념의 기호론적 재구성", 121면. 독일에서는 *Sauer*, Allgemeine Strafrechtslehre, S. 116 ; *Köhler*, AT, S. 470f.
6) 적절한 지적으로 이용식, "결과적가중범의 직접성원칙과 부진정부작위범에 있어서 불능미수의 중지미수", 86면 각주 7). 미수범에서의 판단순서에 관한 서술로 우선 *Kühl*, AT, § 15 Rn. 7f 참조.
7) 이용식, "결과적가중범의 직접성원칙과 부진정부작위범에 있어서 불능미수의 중지미수", 86면 ; 金澤眞理, 中止犯, in: 刑法の爭點, 92頁 ; *Kienapfel*, AT, Z 23/1.

하여 판단하면, 피고인이 피를 보고 겁이 나서 칼을 버렸기 때문에 자의성이 부정된다고 설명하게 될 것이다. 하지만 이 사건에서 피를 보고 겁이 났다는 점이 자의성을 부인할 결정적인 근거가 되기는 어렵다. 이 때 겁이 자유로운 의사결정을 방해할 정도였는지에 대하여 판단하기가 어렵기 때문이다. 오히려 행위자가 피해자의 팔을 한 번 찔러서 나오는 피를 보고 겁이 나서 더 이상의 실행행위를 하지 않은 경우와 대조해 볼 때, 이 사건에서는 자의성이 없었기 때문이 아니라 이미 피해자의 얼굴, 머리, 가슴 등을 팔로 여러 번 찔렀기 때문에 단순한 중지는 중지미수로 볼 수 없다는 설명이 더욱 간명하다.

사실 이 판례도 자의성에 관하여 판단하지 않는다. 만약 법원이 이 문제를 자의성을 통해 해결하려고 했다면 일관된 입장에 따라 '사회통념'이라는 기준을 제시하면서 살인죄의 중지미수를 부인해야 했을 텐데, "피고인은 이 사건 범행 당시 원심판시와 같이 피해자들을 칼로 수회 찔러 피해자들이 많은 피를 흘리며 쓰러져 의식을 잃게 되자 겁이 나서 칼을 버리고 이 사건 식당 밖으로 나간 사실을 인정할 수 있으므로 피고인의 범행은 장애미수라고 볼 것이지 중지미수는 아니라고 할 것"이라고 설시할 뿐이다.

중지미수에 관한 판례에서 행위자가 범행의 결과발생을 방지하기 위해 한 행위가 중지미수에 해당하는지가 판단의 대상이 되었던 사건은 거의 없다. 법익침해의 방지를 위한 적극적인 행위는 자의성을 징표한다고 볼 수 있으므로 일반적으로 큰 문제없이 중지미수를 인정할 수 있기 때문이다.[8] 반면 착수미수의 중지의 요건은 엄격하지 않기 때문

---

[8] *Puppe*, AT II, § 36 Rn. 46 ; *Tipold*, Rücktritt und Reue, S. 216 ; *Ulsenheimer*, Grundfragen, S. 277. 결과발생방지행위가 자의성에 기초하지 않는 예외적인 사례로 행위자가 유독가스로 다른 사람을 살해하려고 하였으나 가스 때문에 자신의 생명도 위험하다고 생각하여 결과발생을 방지한 때(*Ulsenheimer*, Grundfragen, S. 345), 위증을 교사한 자가, 피교사자에게 위증을 교사한 자신의 편지가 소송상

에9) 위의 판결처럼 행위자가 더 이상 범행을 하지 않고 그만 두었을 때 중지미수라고 볼 수 있는지가 오히려 문제가 된다. 즉, 중지미수에서의 핵심적인 질문은 '(행위자의) 범행중지가 (중지미수가 말하는) 중지인가?'이다.10)

2) 중지미수의 요건에 대한 판례의 입장

판례도 중지미수의 요건 중 자의성 판단에만 중점을 두고 있지도 않고, 자의성이 인정되지 않으면 중지미수의 다른 요건에 관한 판단은 하지도 않고 중지미수를 부정하지도 않는다.

먼저 판례는 많은 사례에서는 공범의 중지미수가 문제된다는 이유로 중지미수를 부인한다.11) 다른 많은 사례에서는 예비음모12)나 기수 이후의 행위13)이므로 중지미수를 인정할 수 없다는 결론을 내린다. 또

대방의 손에 들어갔기 때문에 피교사자의 진술을 막으려고 노력한 때(OLG Tübingen DRZ 1949, 43f. *Bottke*, Beteiligung, S. 38 ; *Roxin*, AT II, § 28 Rn. 88 참조) 등이 있다.

9) *Kühl*, AT, § 16 Rn. 23.
10) 판례에 대한 같은 지적으로 신양균, "판례에 나타난 중지미수", 65면.
11) 대법원 1954.1.30 선고, 4286형상103 판결 ; 대법원 1969.2.25. 선고 68도1676 판결 ; 대법원 1998.11.27. 선고 98도3186 판결(공보불게재) ; 대법원 1999.9.17. 선고 99도2817 판결(공보불게재) ; 대법원 2005.2.25. 선고 2004도8259 판결(공보불게재) ; 서울고법 1969.3.3 선고, 68노459 판결 ; 서울고법 1985.8.14 선고, 85노1547판결.
12) 대법원 1966.4.21. 선고(전원합의체) 66도152 판결 ; 대법원 1966.7.12. 선고 66도617 판결 ; 대법원 1991.6.25. 선고 91도436 판결 ; 대법원 1999.4.9. 선고 99도424 판결.
13) 대법원 1962.7.12. 선고 62도82 판결(공보불게재) ; 대법원 1969.2.25. 선고 68도1676 판결 ; 대법원 1978.7.25. 선고 78도1418 판결 ; 대법원 1978.11.28. 선고 78도2175 판결 ; 대법원 1983.12.27. 선고 83도2629, 83감도446 판결 ; 대법원 2007.7.26. 선고 2007도3205 판결.

는 대법원 1984.9.11. 선고 84도1381 판결이 확정했듯이 피고인이 기밀 탐지의 기회를 노리다가 검거되었다면 실행의 중지가 있었다고 할 수도 없고, 그렇기 때문에 피고인이 자의적으로 실행을 중지했는지 판단할 필요도 없다. 그러므로 대법원도 이 사건에서는 자의성 판단의 어떠한 기준도 제시하지 않고 "중지범으로 의율하여야 한다는 논지는 채용할 수 없다"고 결론내릴 뿐이다. 그리고, 이러한 사례에서는 중지미수 여부를 판단하기 위하여 자의성 개념의 검토에 들어갈 필요성이 없기 때문에, 판례가 자의성 개념을 어떻게 파악하는지, 또는 중지미수 사례에서 자의성 판단에 중점을 두고 있는지는 전혀 문제가 되지 않는다.14) 따라서, 실제로 판례가 자의성 개념을 이용하여 해결한 중지미수 사례는 많지 않고, 어떤 사건에서 중지미수를 인정하지 않은 이유가 자의성을 부인했기 때문이라고 단정할 수는 없다.

2. 중지미수의 대상이 되는 행위

1) 미수 단계의 행위

중지미수가 문제가 되려면 실행의 착수가 있어야 하며 아직 범행의 기수에 이르기 전이어야 한다. 판례도 이미 기수에 이른 범죄는 중지미수가 성립할 수 없다고 한다. 이는 판결에서 여러 번 문제가 되었는데, 불법지역으로부터의 잠입, 유인과 사문서 위조 및 행사,15) 특정범죄가중처벌 등에 관한 법률 제5조의2 제2항 제1호의 재물요구죄,16) 기수에

---

14) 같은 지적으로 김성돈, 형법총론, 499면. 따라서 이 사건에서 대법원이 자의성을 부인했다고 보는 견해(예를 들어 이상돈, "중지미수에서 자의성 개념의 기호론적 재구성", 114면)에는 동의하기 어렵다.
15) 대법원 1962.7.12. 선고 62도82 판결.
16) 대법원 1978.7.25. 선고 78도1418 판결.

이른 횡령죄,17) 대마관리법 제19조 제1항 제2호, 제4조 제3호의 대마매매죄18) 등이다.

이와 관련하여 예비죄와 불능미수에서 중지가 인정될 수 있는지가 논의되고 있는데 불능미수의 중지에 관해서는 중지행위의 인과성 부분에서 설명한다.

2) 예비죄에 대한 중지의 인정여부

(1) 예비죄의 중지에 관한 논의

행위자가 범행의 예비행위를 했으나 아직 실행에는 착수하지 않은 상태에서 자의로 중지한 경우에 중지미수를 인정할 수 있는지가 문제가 된다.19) 중지미수를 인정하지 않을 경우 행위자를 예비죄로 처벌해야 하는데, 이는 예비행위보다 실행의 착수 이후가 법익침해의 위험성이 더 큼에도 불구하고 중지미수를 인정하는 것과 균형이 맞지 않기 때문이다. 그렇기 때문에 예비죄의 중지에 대하여 유추가 정당화될 가능성이 있다. 그리고 피고인에게 유리한 유추적용은 형의 감면사유에 대해서도 허용되기 때문에 예비죄의 중지에 대한 중지미수 규정의 유추적용도 금지된 유추가 아니다.20) 그렇기 때문에 부정설21) 중에서도 형의 불균형을 해소하려는 시도로서, 예비죄에서의 중지가 자수나 능동적

---

17) 대법원 1969.2.25. 선고 68도1676 판결 ; 대법원 1978.11.28. 선고 78도2175 판결.
18) 대법원 1983.12.27. 선고 83도2629, 83감도446 판결.
19) 반면에 행위자가 예비행위 자체를 다 하지 않았다면 예비의 미수는 불가벌이므로 예비죄의 중지에서 논의할 대상이 아니다. 김성천·김형준, 형법총론, 508면 ; 오영근, 형법총론, 30/53.
20) 장영민, "유추금지와 목적론적 축소해석", 17면.
21) 남흥우, 형법총론, 207면 ; 손동권, "중지(미수)범에 관한 연구", 262면 ; 신동운, 형법총론, 497면.

후회에 이르렀을 때에만 형법 제90조 제1항 단서, 제101조 제1항 단서 등을 유추적용해야 한다는 설명22)도 있다.

이에 대하여 통설은 예비죄의 중지에 관하여 중지미수에 관한 형법 제26조를 유추적용하자고 주장한다. 그 방식에 관하여는, 예비죄에 관한 조문에 예외없이 중지미수 규정을 유추적용해야 한다는 견해23)가 있다. 이 견해는 예비죄의 처벌은 예외적이므로 예외에 대한 예외는 넓게 인정해도 좋다고 하며, 예비로부터 기수까지의 단계는 하나의 과정으로서 단계별로 위험성이 다른데, 중지행위가 있었다면 범행의 계속을 중지했다는 점은 공통점이므로 그 단계에서 문제가 되는 형벌을 감경해야 한다고 설명한다. 반면 중지미수의 형을 기준으로 해서 예비죄의 형이 중지미수보다 중한 경우 중지미수 규정을 유추적용하자는 견해24)가 다수설이다. 두 가지 견해를 적용했을 때의 차이로서, 살인의 예비행위를 중지했을 때 전자에 따르면 10년 이하의 징역(형법 제255조)에 관하여 바로 중지미수 규정을 유추적용하여 5년 이하의 징역 또는 형의 면제가 된다. 반면 다수설에 따르면 살인예비죄의 형량(10년 이하의 징역)이 살인죄의 중지미수(무기 또는 2년 6개월 이상의 징역)보다 가벼우므로 일반적으로는 준용의 필요성이 없으며, 다만 형이 면제될 때는 예외적으로 준용된다고 한다. 하지만 예비 단계에서 중지한 행위자에 대하여 기수범의 형을 기준으로 감경한 미수의 형을 적용한다는 설명은

---

22) 김일수 · 서보학, 형법총론, 552면.
23) 백형구, "미수범이론의 재구성", 34면 ; 오영근, 형법총론, 30/69 ; 임웅, 형법총론, 349면.
24) 권오걸, 형법총론, 450면 ; 박상기, 형법총론, 362면 ; 배종대, 형법총론, 536면 ; 신양균, "판례에 나타난 중지미수", 72면 ; 안동준, 형법총론, 195면 ; 이영란, 총론강의, 30/36 ; 이재상, 형법총론, 28/47 ; 이존걸, "중지미수에 관한 논점", 451면 ; 이형국, 형법총론, 228면 ; 김종원, 주석형법 II, 66면 ; 진계호, 형법총론 442면.

이론적으로 모순되며, 다수설의 기준에 의하더라도 대부분의 예비죄의 중지에 관해서는 유추적용할 수 없다.25)

중지미수는 미수범의 일종이므로 실행의 착수 이후에야 비로소 중지미수 여부를 논의할 수 있고 형법 제26조는 예비행위에는 적용할 수 없다.26) 그리고, 이미 각칙의 개별규정에 예비행위에 관한 처벌규정이 존재하는 이상, 입법자가 예비죄의 중지에 관한 특별한 규정을 두지 않았을 경우 중지미수의 규정을 유추적용하기는 어렵다.27) 입법자는 어떠한 범죄의 예비죄에 대하여 총칙의 중지미수 규정을 적용할지, 아니면 사후행위에 관한 개별적인 규정을 둘 것인지, 그도 아니면 예비죄에는 중지를 인정할 수 없는지의 문제에 대하여 광범위한 입법형성의 자유를 갖는다.28) 그리고 한국형법의 입법자는 특별한 예비·음모죄에 대해서만 형의 필요적 감면을 인정하겠다는 취지였다고 보인다.29)

입법론적으로 예비죄의 중지에 관한 형벌의 필요적 감면규정을 신설해야 한다면,30) 예비죄를 처벌하는 형법의 각 각칙조문에 중지미수 규정을 유추적용한다는 명문을 추가하는 방식을 생각해볼 수 있다.31)

---

25) 백형구, "미수범이론의 재구성", 33면 ; 손동권, "중지(미수)범에 관한 연구", 261면.
26) 착수미수와 실행미수의 구별에 관한 객관설의 입장에서 보면 예비의 미수란 개념은 존재하지 않는다. *Tipold*, Rücktritt und Reue, S. 55.
27) *Ebermayer*, Der Entwurf eines Deutschen Strafgesetzbuches, S. 22 참조.
28) *Lagodny*, Strafrecht vor den Schranken der Grundrechte, S. 497.
29) 신동운, 형법총론, 497면.
30) 이러한 지적으로 김성천·김형준, 형법총론, 509면 ; 배종대, 형법총론, 536면 ; 손동권, "중지(미수)범의 연구", 262면 각주 33) ; 유기천, 총론강의, 262면 ; 이형국, 형법총론, 228면 ; 최우찬, "중지미수", 83면 ; 김봉태, 형사법강좌 II, 614면 각주 67).
31) *Gerland*, Der Entwurf 1925 Allgemeiner Teil, S. 52 ; *Krauthammer*, Der Rücktritt vom Versuch, S. 33.

(2) 예비죄의 중지에 관한 판례의 입장

예비죄의 중지에 관하여 대법원은, 전원합의체 판결인 1966.4.21. 선고 66도152 판결에서 "중지범은 범죄의 실행에 착수한 후 자의로 그 행위를 중지한 때를 말하는 것이므로 실행의 착수가 있기 전인 예비음모의 행위를 처벌하는 경우에 있어서는 중지범의 관념을 인정할 수 없다."고 하였으며, 그 이후 대법원 1966.7.12. 선고 66도617 판결, 대법원 1991.6.25. 선고 91도436 판결, 대법원 1999.4.9. 선고 99도424 판결은 이를 그대로 따르고 있다. 이러한 입장은 매우 확고하여 예비죄에서 왜 중지미수를 인정할 수 없는지에 관한 설명을 하지 않는 판결(서울고법 1976.9.2 선고, 76노691, 1593, 1613 판결)도 있다.

판례의 입장은 일본의 판례와 같다. 일본의 판례는 살인예비죄에는 어차피 형의 면제가 가능하다는 이유로 중지미수 규정의 적용을 부인하였으며[32] 강도예비죄에 대해서도 예비죄에는 중지미수의 관념을 인정할 여지가 없다고 하였다.[33]

II. 중지미수의 주관적 요건

1. 중지미수의 주관적 요건에 관한 기존의 논의

자의성에 관한 기존의 설명에는 또 하나의 의문이 있다. 중지미수의 주관적 요건으로 미수범 일반의 공통적 구성요건 이외에 특수한 요건

---

32) 大審院大正5年5月4日判決, 大審院刑事判決錄22輯685頁.
33) 最高裁昭和29年 1 月20日判決, 刑集8卷1号41頁.

으로 자의성이 있어야 한다는 설명은 쉽게 찾을 수 있다.[34]

하지만, 미수범 일반의 공통적인 구성요건이란 무엇인가? 일반적으로 미수범에서의 주관적 구성요건은 기수범에서의 주관적 구성요건과 차이가 없다고 설명한다. 즉, 미수범에서 구성요건실현을 위한 인식과 의욕은 기수범과 같으나 구성요건적 결과가 발생하지 않았거나 실현된 구성요건적 결과를 행위자에게 귀속시킬 수 없기 때문에 기수범에 이르지 못하였다. 그렇다면, 미수범 일반의 공통적인 구성요건이란 구성요건실현의 인식과 의욕이라고 보아야 할 것이다.

그렇지만, 중지미수의 주관적 측면은 '미수범 일반의 공통적인 구성요건+자의성'만으로 구성되어 있지 않다. 왜냐하면, 중지미수를 위해서는 실행의 중지 또는 결과의 방지라는 중지행위가 필요한데, 그 행위를 위한 의사 없이는 중지행위도 존재할 수 없기 때문이다.[35] 즉, 중지미수의 주관적 요건으로서 중지의사가 필요하며, 중지의사는 착수미수의 경우에는 범행을 더 이상 계속하지 않겠다는 의사이며, 실행미수의 경우에는 결과발생을 방지하겠다는 의사이다.[36]

그리고 중지의사의 정의를 통해서 알 수 있듯이 중지의사는 자의성과 구별된다. 중지행위와 마찬가지로 자의성도 중지의사를 전제로 하기 때문이다.[37] 독일에서도 '실행의 착수'에 대한 대응개념으로서의 중지행위를 하겠다는 결정, 즉 중지의사는 법문의 자의성 표지에서 도출되는 것이 아니라, 이미 '실행의 포기', '결과발생의 방지', 또는 '진지한

---

34) 권오걸, 형법총론, 438면 ; 김성천·김형준, 형법총론, 491면 ; 김일수, 한국형법 II, 199면 ; 이재상, 형법총론, 28/14 ; 임웅, 형법총론, 353면. 이미 유기천, 총론강의, 261면.
35) Bloy, JuS 1987, 533.
36) *Fuchs*, AT I, § 31 Rz 10 ; *Tipold*, Rücktritt und Reue, S. 194ff.
37) *Boß*, Der halbherzige Rücktritt, S. 171 ; *Rau*, Ernsthaftes Bemühen, S. 118. *Jescheck/Weigend*, AT, S. 546도 참조.

노력'이라는 표지에서 도출된다고 설명한다.38)

　그럼에도 불구하고 자의성이 중지미수의 유일한 주관적 요건이라고 설명하기 위해서는 자의성을 '스스로 중지행위를 하려는 의사'라고 정의해야 하며 실제로 많은 학설은 자의성 요건에 대한 이러한 정의에서 출발하여 중지미수에 관한 논의를 펼치고 있다고 보인다.39) 이렇게 보면 '중지미수 여부=자의성 요건이 존재하는지 아닌지 여부'의 심사로 축소되는데, 그 예로 현재는 자의성의 판단기준으로 논의하는 주관설, 객관설, 절충설, 프랑크의 공식 등이 중지미수와 장애미수를 구별하는 기준이라는 설명을 예전의 논의에서 흔히 볼 수 있다.40)

　하지만 중지미수 여부를 자의성의 존재여부와 동일시하는 기존의 시각은 어떠한 중지가 자의적이거나 자의적이지 않은지의 문제는 중지행위 및 중지의사가 존재한 후에야 생각할 수 있다는 점을 간과했을 뿐만 아니라, 자의성에 관한 논의로 너무 쉽게 넘어감으로써 문제의 해결에도 도움이 되지 않았다.41) 자의성 요건의 판단 여부에 대한 지금까지의 기준이 개별사례에서 분명한 해답을 주기 어려웠으며, 자의성 개념에 관한 논의의 혼미함이 한층 더욱 높아지고 있는 상황42)에서 이러한 출발점이 중지미수에 관한 올바른 이해에 도움을 줄 가능성은 점점 더 줄어들 수밖에 없다. 이러한 설명은 실제로 자의성 요건의 논의에도 부담으로 작용하는데, 자의성 개념을 둘러싼 논쟁이 지나치게 과열된 이유는, 사실, 중지미수의 요건인 자의성을 중지미수의 다른 개념과 분명하게 구별하지 못했기 때문이다.43)

---

38) 그 예로 *Bottke*, Beteiligung, S. 18 Anm. 24 외 다수.
39) 하나의 예로 "범인의 자의적인 중지의사, 즉 자의성"이라고 기술하는 김성룡, "착수미수의 실패한 중지범", 206면.
40) 유기천, 총론강의, 260면 ; 이건호, 형법총론, 194면 ; 황산덕, 형법총론, 270면.
41) *Bottke*, Beteiligung, S. 23.
42) 이상돈, "중지미수에서 자의성 개념의 기호론적 재구성", 111면.

2. 자의성과 중지의사의 구별

자의성을 일부 견해처럼 '스스로 중지행위를 하려는 의사'로 정의한다고 해도 이 정의를 구성하는 몇 가지 요소를 다시 세분할 수 있다. '중지미수의 객관적 요건으로서 중지의사의 대상인 중지행위'와, '그러한 중지행위를 하려는 의사', 그리고 '중지행위를 하겠다는 의사결정을 스스로 내렸는가'이다. 중지미수의 주관적 요건이 둘로 나누어지며 중지의사와 자의성이 구별된다는 사실을 알 수 있다. 이러한 분석에도 불구하고 중지미수의 주관적 요건은 자의성만 존재한다고 주장하려면, 중지의사와 자의성을 합쳐서 '넓은 의미(또는 기존의 의미)의 자의성', 자의성만을 떼어서 '좁은 의미의 자의성'이라고 구별할 수도 있겠다.

사실 자의성과 중지의사의 구별은 판결에서도 그 단초를 찾을 수 있다고 생각한다. 이미 대법원 1954.1.30 선고, 4286형상 103 판결은 중지미수의 요건을 "범인이 임의로 범의를 중지하는 의사와 그 중지의사에 기인하여 범죄실행의 중지를 함"이라고 설시하는데, 여기에서 언급된 '임의로 범의를 중지하는 의사'는 '자의성+중지의사'라고 해석할 수 있다. 이 판결은 '중지의사'라는 단어를 분명히 언급하고 있어 개념의 정립에 도움을 준다는 점도 아울러 지적할 수 있다.

중지미수에 관한 선판례로 자주 인용되고 있는 대법원 1985.11.12. 선고 85도2002 판결도 주장을 뒷받침한다. 이 판결에서 대법원은 "중지미수라 함은 범죄의 실행행위에 착수하고 그 범죄가 완수되기 전에 자기의 자유로운 의사에 따라 범죄의 실행행위를 중지하는 것으로서 장애미수와 대칭되는 개념이나 중지미수와 장애미수를 구분하는데 있어서는 범죄의 미수가 자의에 의한 중지이냐 또는 어떤 장애에 의한 미수

---

43) *Maurach/Gössel/Zipf*, AT II, § 41 Rn. 96.

이냐에 따라 가려야 하고 특히 자의에 의한 중지 중에서도 일반사회통념상 장애에 의한 미수라고 보여지는 경우를 제외한 것을 중지미수라고 풀이함이 일반이"라고 하였다. 논점과 관련하여 인용부의 후단이 흥미로운데, '중지미수는 장애미수와 구별되며 자의성의 판단은 사회통념을 기준으로 한다'고 읽을 수도 있겠지만 중지의사와 자의성의 관계에 관심을 두면 다음과 같이 읽을 수 있다. 중지미수와 장애미수의 구분을 위해서는 범죄의 미수가 자의에 의한 중지인지 아니면 장애에 의한 미수인지를 우선 살펴보아야 하며, 이때의 기준은 중지의사가 존재했는지이다. 이러한 심사 다음에, 즉 자의에 의한 중지라고 일단 인정되어도 일반사회통념상 장애에 의한 미수는 중지미수로 볼 수 없으며, 이때의 기준은 자의성이다. 이렇게 두 번에 나누어 중지미수의 주관적 요건을 심사함으로써, 이론적인 명확성을 확보할 수 있다.

지금까지의 논의는 자의성이 주관적 요건이 아니라는 뜻이거나, 자의성 요건은 중지미수에서 필요하지 않다는 뜻이 아니다. 이러한 결론은 법문에 반하기 때문이며, 여전히 자의성은 중지미수의 인정을 위해 중요한 판단요소이다. 단지 자의성이 중지미수의 중요한 주관적 요건이지만 유일한 주관적 요건은 아니라는 점을 분명히 하고 싶다.

제2절 중지행위

Ⅰ. 논의의 출발점

1. 용어사용의 문제

1) 미수범의 발현형태와 중지행위의 양태를 구별하지 않는 용어사용

 중지행위에 대한 논의에서 유의해야 할 점이 무엇인지는 중지미수에 관한 용어사용에서도 드러난다. 중지미수에서는 객관적으로 실행행위를 중지하거나 그 행위로 인한 결과의 발생을 방지해야 하는데, 전자는 착수미수이며 후자는 실행미수라는 설명을 흔히 찾을 수 있다.[1] 실행미수/결과미수로 구별하자는 입장도 있다.[2] 하지만, 이러한 용어는 미수범의 발현형태와 중지행위의 양태가 다르다는 점을 분명히 드러내지 못한다. 왜냐하면 착수미수와 실행미수는 원래 미수범의 발현형태를 설명하는 개념으로서 행위자가 범행의 실행에 착수해서 아직 필요한 행위를 다 하지 않았거나(착수미수), 실행의 착수 이후 범행결과발생에 필요한 행위를 다 했으나 아직 결과가 발생하지 않은 경우(실행미수)를 의미하지 실행행위의 중지나 실행행위로 인한 결과발생의 방지를 의미하지 않기 때문이다. 형법도 제25조와 제26조를 나누어서 규정하고 있으며, 착수미수와 실행미수는 제25조에 따라서 "범죄의 실행에 착수하

---

 1) 김성천·김형준, 형법총론, 498면 ; 이정원·류석준, "중지미수에서의 실행미수와 착수미수", 177면 ; 진계호, 형법총론, 462면.
 2) 박상기, 형법총론, 355면.

여 행위를 종료하지 못하였"을 때와 "범죄의 실행에 착수하였으나 결과가 발생하지 아니한 때"를 의미한다고 보아야 할 것이다.3)

착수미수와 실행미수라는 용어는 그 의미가 분명히 드러나지 않고 혼란을 초래하기 때문에, 미종료미수와 종료미수로 구별하는 견해도 있다.4) 물론 착수미수와 실행미수라는 용어는 혼동의 여지가 있다. 착수미수에서도 '착수'는 범행 '실행'의 착수를 의미하므로 범행의 실행이 존재한다고 할 것이며, 실행미수도 당연히 실행의 착수 이후의 단계이므로 착수가 있기 때문이다. 그렇다고 해도 종료라는 개념을 사용하면 오히려 기수 이후의 종료(Beendigung)5)와의 구별이 분명하지 않게 될 수 있다. 그러므로 미수범의 발현형태에 대해서는 전통적인 용어인 착수미수와 실행미수를 따르겠다.

2) 미수범의 발현형태와 중지행위의 양태를 구별하는 용어사용

앞에서 지적했던 문제점 때문에 미수범의 발현형태와 중지미수의 양태를 지칭하는 용어는 구별해야 하며 중지행위의 요건을 설명할 때

---

3) 김성룡, "착수미수의 실패한 중지범", 200면 ; 신동운, 형법총론, 483면 ; 이재상, 형법총론, 28/25 ; 이정원·류석준, "중지미수에서의 실행미수와 착수미수", 177면.
4) 김성돈, 형법총론, 489면 ; 김일수, 한국형법 II, 207면 ; 김일수·서보학, 형법총론, 542면 ; 이훈동, "중지범에 있어서 미종료미수와 종료미수의 구별기준", 211면.
5) 이재상, 형법총론, 27/5. 반면 김일수, 한국형법 II, 153면은 이 단계를 완수라고 하면서, 기수를 종료라고 한다. 하지만, 종료라는 개념을 구별해서 사용하는 이유는 범죄실행단계에서 비록 구성요건요소가 모두 실행되었음에도(범행기수) 아직 실질적으로 종료되지 않을 수 있다고 일반적으로 인정되기 때문이다(Haft, AT, S. 228 ; Kühl, AT, § 14 Rn. 21ff 참조). 반면 종료미수에서의 종료는 결과범에서 결과는 발생하지 않았으나 행위자가 그에 필요한 행위를 다 했을 때이며 이는 기수 이전의 상태이다. 용어사용에 관한 지적으로 하태훈, "중지미수의 성립요건", 65면도 참조.

는 후자에 중점을 두어야 하는데 중지행위 자체를 강조하는 용어사용이 이에 해당한다.

먼저 '착수중지-실행중지'라는 표현을 흔히 찾을 수 있다.[6] 하지만 착수중지는 실행의 착수 이후 그 실행행위를 중지한 것이 아니라 실행의 착수 자체를 중지했다고 보일 수 있다. 실행중지가 가리키는 사안도 실제로는 실행의 중지가 아니라 실행행위로 인한 결과발생의 방지이기 때문에 적당한 표현이라고 보기 어렵다.[7] '착수중지-실행방지'라고 설명하는 견해[8]에서도 마찬가지이다.

그렇기 때문에 '실행중지-결과방지'라고 하거나,[9] '착수미수의 중지-실행미수의 중지'라고 쓰는 편[10]이 낫다고 생각한다. 사실 이 문제는 단순한 용어사용의 문제라기보다는 중지행위를 어떻게 보아야 하는지, 중지행위와 미수범의 발현형태는 어떤 관계를 가지는지 등과 깊은 연관이 있다.

2. 착수미수와 실행미수의 구별기준에 관한 논의

그렇다면 중지미수를 인정하기 위해 요구되는 중지행위는 어떻게

---

6) 박상기, 형법총론, 348면 ; 신양균, "판례에 나타난 중지미수", 65면 ; 임웅, 형법총론, 360면 ; 정영석, 형법총론, 214면 ; 황산덕, 형법총론, 233면.
7) 백형구, "미수범이론의 재구성", 30면.
8) 김일수, 한국형법 II, 207면 ; 김종원, 주석형법 II, 59면은 실행미수의 중지에서는 행위를 그만둔다는 소극적인 태도가 아니라 결과발생을 방지한다는 적극적인 태도가 필요하며, 현행형법에서도 방지라는 표현을 쓰고 있기 때문에 실행중지보다 실행방지가 낫다고 설명한다.
9) 김일수·서보학, 형법총론, 542면 ; 백형구, "미수범이론의 재구성", 30면 ; 안동준, 형법총론, 191면 ; 이재상, 형법총론, 28/25.
10) 권오걸, 형법총론, 442면 ; 신동운, 형법총론, 483면 ; 유기천, 총론강의, 262면 ; 이재상, 형법총론, 28/32.

확정되는가? 착수미수의 중지=부작위이며 실행미수의 중지=작위인데, 착수미수와 실행미수의 구별은 실행행위의 종료시점을 어떻게 구별하는가에 대한 문제라고 한다.[11] 결국 실행행위의 종료시점의 구별에 따라 요구되는 중지행위가 무엇인지가 결정된다.

실행행위의 종료시점에 관한 주관설[12]에 따르면 행위자의 생각을 기준으로 하여 구성요건의 실현을 위해서 계속적인 행위가 요구되는 경우가 착수미수이며, 구성요건의 실현에 필요한 모든 행위를 다하였으나 결과가 발생하지 않은 경우가 실행미수이다. 객관설은 객관적으로 결과발생의 가능성이 있는 행위가 있었는지의 여부에 따라 지금까지의 행위만으로도 결과발생이 가능한 경우 실행행위는 종료되었다고 본다. 절충설[13]은 행위자의 범죄계획을 고려하면서 행위 당시의 객관적 사정과 이에 대한 행위자의 인식을 결합하여 결과발생에 필요한 행위가 끝났다고 인정되는 경우에 실행행위가 종료되었다고 본다.

---

11) 이용식, "부작위범의 중지미수", 221면 ; 이정원·류석준, "중지미수에서의 착수미수와 실행미수", 178면.

12) 박상기, 형법총론, 356면 ; 손동권, "중지(미수)범에 관한 연구", 252면 ; 신동운, 형법총론, 484면 ; 이용식, "부작위범의 중지미수", 221면 각주 16) ; 이재상, 형법총론, 28/31 ; 이정원·류석준, "중지미수에서의 실행미수와 착수미수", 180면 ; 이형국, 형법총론, 249면 ; 최우찬, "중지미수", 67면.

13) 권오걸, 형법총론, 444면 ; 김일수, 한국형법 II, 208면 ; 김일수·서보학, 형법총론, 543면 ; 안동준, 형법총론, 192면 ; 오영근, 형법총론, 30/39 ; 이영란, 총론강의, 30/23 ; 임웅, 형법총론, 361면 ; 정성근·박광민, 형법총론, 398면 ; 조준현, 형법총론, 346면 ; 김종원, 주석형법 II, 60면 ; 진계호, 형법총론, 463면 ; 김봉태, 형사법강좌 II, 602면.
키나펠(Kienapfel)은 중지행위 시점에 객관적 판단에 따라 결과발생의 위험이 존재하고 행위자가 위험을 기초하는 상황을 인식했을 때 실행미수가 존재한다고 설명한다. *Kienapfel*, JR 1984, 73f. *Feltes*, GA 1992, 421 ; *Maurach/Gössel/Zipf*, AT II, § 41 Rn. 20도 참조.

3. 실행행위의 종료시점에 관한 논의의 기초

1) 판단기초 및 판단시점의 문제

 실행행위의 종료시점에 관한 지금까지의 논의에서는, 실행행위가 종료되었는지를 무엇에 기초해 판단할 것인지와 실행행위가 종료되었는지 여부를 언제의 사태를 기초로 판단할 것인지에 대한 설명을 찾기 어렵다. 가령 절충설은 판단시점이 실행행위 당시인지 중지행위 시점인지를 구체적으로 설명하지 않으며,14) 이러한 상황은 다른 학설에서도 마찬가지이다. 하지만 이러한 문제를 분명히 하기 전에는 중지행위를 어떻게 정해야 하는지에 관한 논의를 올바르게 진행하기 어렵다. 독일에서 제시된 기준인 범행계획기준설, 중지행위시기준설, 개별행위설, 종합판단설 등을 검토함으로써 논의를 구체화할 수 있다.

2) 판단기준 및 판단시점의 확정

 착수미수와 실행미수를 구별할 때 행위자의 범행계획 당시의 생각에 따라야 하는지(범행계획기준설), 아니면 중지행위 당시의 생각(중지행위시기준설)을 기준으로 해야 하는지에 관한 문제이다. 주관설의 입장에서 범행계획기준설을 따를 수는 없으며 중지행위 당시의 생각이 중지행위판단의 기준이 되어야 한다는 점은 이미 밝혔다. 주관설이 미수범과 중지미수를 같게 평가하며 그 기준으로 범행계획을 제시한다면 중지행위의 시점을 판단할 때도 범행계획기준설을 따르는 편이 논리적이며, 중지행위시기준설을 따르면 스스로의 논리의 타당성을 흔들게 된

---

14) 이훈동, "중지범에 있어서 미종료미수와 종료미수의 구별기준", 232면.

다는 점도 함께 지적할 수 있다.15) 그리고, 객관설에서의 판단대상은 어떠한 행위가 중지미수에 필요한지로서 사후판단을 통해 확정되기 때문에, 객관설을 취하면서 범행계획설을 따르기는 어렵다고 보인다.16)

착수미수와 실행미수의 구별에서는 판단기준뿐만 아니라 판단시점도 문제가 된다. 그에 관한 주관설은 범행시 또는 중지행위시, 객관설은 미수행위 종료시와 중지행위시 중 하나의 기준을 채택할 수 있다.17) 주관설의 입장에서 중지행위시기준이 타당하다는 점은 앞에서 설명하였다. 객관설에서 행위자가 중지미수를 위해서 어떠한 행위를 해야 하는지 판단하기 위해, 범행결과의 전단계인 위태화결과(Gefärdungserfolg)가 발생했는지를 기준으로 삼는다면 문제가 되는 시점은 미수행위의 종료 이후이다. 그렇기 때문에 객관설을 따르면서 범행시를 기준으로 택할 수 없다.

이와 관련하여, 객관설은 행위자의 의사와 상관없이 객관적으로 결과발생의 가능성이 있는 행위가 있으면 실행행위는 종료한다고 보기 때문에 2발로 살인할 의사였을 경우 제1발이 명중하지 아니한 때는 이미 실행행위가 종료했으므로, 제2발을 발사할 수 있고 행위자가 이를 알면서 그만 둔 때에도 착수미수의 중지가 되지 않아 중지미수가 인정될 수 없다는 불합리한 결론이 나온다는 비판이 있다.18) 또는 착수미수와 실행미수의 구별에 관한 객관설은 중지범의 성립범위가 너무 협소하게 될 뿐만 아니라 구체적으로 타당한 결론을 도출할 수 없으므로 부당하다고 지적한다.19) 하지만, 이러한 지적은 실행행위의 종료시점에 관한 견해 중에서 개별행위설에 대한 비판이다. 객관설이 개별행위설의

---

15) *Tipold*, Rücktritt und Reue, S. 41f.
16) *Tipold*, Rücktritt und Reue, S. 55.
17) *Tipold*, Rücktritt und Reue, S. 78.
18) 이정원, 형법총론, 286면 ; 김종원, 주석형법 II, 60면 ; 진계호, 형법총론, 463면.
19) 이정원·류석준, "중지미수에서의 실행미수와 착수미수", 178면.

입장을 취할 수 있으나,20) 주관설이라고 하더라도 범행계획설을 따르면서 개별행위설을 취하면 개별행위설을 따르는 객관설과 같은 결론을 내리게 된다.

그리고, 미수범 규정에서의 '실행'과 중지미수 규정의 '실행'을 같은 시점에서 판단할 필요는 없다. 중지미수를 미수의 부정적 구성요건요소로 볼 경우에는 중지행위를 미수기준시점에 의하여 해석해야 하겠지만 인적 형벌면제사유로 본 이상 범행시를 기준으로 할 이유가 없다.21) 중지미수의 본질을 고려하더라도 범행시점보다는 중지행위시점을 기준으로 하는 편이 타당하다. 왜냐하면 행위자도 실제로 범행을 한 다음에야 결과발생방지를 위해 중지면 족한지 방지행위를 해야 하는지 알 수 있기 때문이다.22) 예를 들어 행위자가 자신의 범행이 어떠한 효과가 있는지를 알지 못했다면 범행실현 이후 상당한 시간이 지나서야 중지의사를 가질 수 있다. 그러므로 중지시점이 기준이 되어야 하는데, 그 이전에 행위자가 전혀 중지의사를 지닐 수 없었기 때문이다.23) 따라서 행위자에게 중지미수의 가능성이 아직 존재하는지 여부를 판단하는 기준은, 범행을 시작한 시점이 아니라 항상 최후의 실행행위를 마친 이후의 시점이어야 한다.24)

---

20) 정확한 지적으로 *Tipold*, Rücktritt und Reue, S. 78 ; *Ulsenheimer*, Grundfragen, S. 232.
21) *Tipold*, Rücktritt und Reue, S. 83.
22) *Kühl*, AT, § 16 Rn. 27 ; *Murmann*, JuS 1996, 591 ; *Tipold*, Rücktritt und Reue, S. 84.
23) *Tipold*, Rücktritt und Reue, S. 85. *Maurach/Gössel/Zipf*, AT II, § 41 Rn. 77도 참조.
24) *Kampermann*, Grundkonstellationen, S. 209 ; *Schroth*, GA 1997, 158.

3) 중지미수의 판단대상이 되는 행위의 확정

중지해야 하는 행위가 무엇인지는 개별행위설이 아니라 종합판단설에 의해 결정해야 한다. 행위자가 범행을 중지했는지 여부는 중지행위 시점 당시에 실행중지로 범행의 결과발생방지에 충분했는지에 따라 결정하여야 한다. 만약 첫 번째의 범행으로 범행의 결과가 발생하지 않았고 행위자가 더 이상 행위할 수 있었음에도 중지하였다면, 행위자의 중지로 인하여 법익침해는 방지되었으며 그렇기 때문에 행위자의 중지는 중지행위로 보아야 한다. 그리고, 행위자의 첫 번째 범행이 실패했다는 이유로 행위자의 중지가 실행중지에 해당하지 않는다고 보면, 중지미수의 적용범위가 지나치게 좁아지며, 살인죄의 미수에 그친 행위자는 증인으로서의 피해자의 입을 막기 위해서 범행을 계속할지도 모른다.[25]

그러므로 행위자의 중지가 실행중지에 해당하는지를 파악하기 위해서는 행위자가 첫 번째 범행 이후 계속 행위할 가능성이 존재했는지를 판단해야 한다. 하지만, 범행을 계속 할 수 있다는 가능성이 객관적으로 존재하기는 하나 행위자가 인식하지 못했다면 그러한 가능성을 중지미수를 인정하기 위해서 전제할 필요는 없다.[26] 즉, 실행중지의 범위가 지나치게 확대되는 것을 방지하기 위해서 행위자의 연속된 범행이 하나의 행위로 볼 수 있는지에 관한 객관적인 기준을 설정해야 하는데, 죄수론의 기준이 도움을 줄 수 있다. 죄수론의 기준을 적용하면 결과발생없이 끝난 행위와 이후에 계속된 행위가 하나로 볼 수 있다면 결과발생없이 끝난 시점에서 착수미수가 있으며, 계속된 행위가 이전의 행위와 다른 새로운 범행으로 볼 수 있을 때에는 새로운 행위를 계속하기

---

25) *Roxin*, AT II, § 30 Rn. 188.
26) *Roxin*, AT II, § 30 Rn. 197 참조.

전의 시점에서 실행미수이다.

　판결도 중지미수 여부의 판단대상이 되는 행위를 어떻게 확정해야 하는지에 관한 분명한 입장을 보여준다. 대구고법 1975.12.3. 75노502 형사부판결에서는 부작위로 인한 두 건의 살인이 문제가 되었는데, 스스로 자살하기 위해 술에 청산가리를 넣은 피고인은 피해자가 술을 나누어달라고 하자 사정을 알면서도 이를 피해자들의 술잔에 나누어주었다. 따라서 피고인은 부작위에 의한 살인죄의 실행에 착수했다고 볼 수 있는데, 피해자1이 피고인이 나누어 준 술을 마시고는 곧 이를 토해내자 피고인은 독약으로 인한 것임을 알아차리고 겁이 난 나머지 즉시 피해자2의 잔에 부어놓은 술잔과 자신의 술잔을 거두어서 밖에 나가 쏟아버림으로서 중지행위를 하였다. 이 사건에서 피해자1에 대한 피고인의 살인기수는 인정되나, 피해자2에 관해서는 실행에 착수했으나 그 후 적극적인 작위행위를 통해 결과발생을 방지했으므로 중지미수에 해당한다고 보아야 하며, 판결이 보여주듯이 피해자1과 피해자2에 대한 행위는 나누어서 검토해야 할 것이다.

　비슷한 판례로 대법원 1983.1.18. 선고 82도2761 판결이 있다. 이 사건에서 피고인은 미성년자인 피해자를 유괴하여 재물을 취득할 목적으로 1982년 1월 21일 공소외 갑과 공모하여 그로 하여금 피해자를 유인하도록 하였으나 갑이 이를 거절하여 미수에 그치고, 같은 달 29 및 30일 피해자를 범행장소에 유인하였으나 마음이 약해져 각 실행을 중지하여 미수에 그치고 드디어 2월 3일 피해자를 범행장소에 인치하여 살해하고 금원을 요구하는 내용의 협박편지를 피해자의 마루에 갖다 놓고 피해자의 안전을 염려하는 부모로부터 재물을 취득하려 했다. 이 사건에서는 법원이 중지미수의 판단대상이 되는 행위를 확정할 때에 죄수론의 기준을 사용하고 있음이 드러난다. 대법원은 "동일한 법익에 속하는 범죄를 일시 장소를 달리하여 수차에 걸쳐 실행하였으나 미수에 그치다가, 그 목적을 달성한 경우에 그 일련의 행위가 단일한 의사발동에서 나왔고 그 사이에 범의의 갱신이 없는 한 각 행위가 동일 또는 다른 일시 장소에서 행하여졌거나, 방법의 동일여부에 관계없이 기수에 이를 때까지의 행위는 모두 실행행위의 일부로서 이를 포괄적으로 보아 1죄로 처단할 것이지 경합범으로 처단할 수 없다"는 원칙을 제시한 후 29일 및 30일의 행위에 대하여 "범행을 임의로 중지함으로써 피고인은 당초의 범의를 철회 내지 방기하였다가 다시 범의를 일으켜 위 마지막의 약취유인 살해에 이른 것이라고 하지 않을 수 없으니 그간에 범의의 갱신이 있어 그간의 범행이 단일한 의사발동에 인한 것이라고는 할 수 없"으므로 중지미수를 인정한 후 전체의 범행을 포괄일죄가 아니라 미수범과 기수범의 경합범으로 판단하였다.

II. 착수미수와 실행미수의 구별

1. 구별의 의미

착수미수와 실행미수의 구별은 미수범과 관련해서 두 가지 의미가 있다. 먼저 미수범의 처벌에서 착수미수의 처벌과 실행미수의 처벌을 다르게 할 수 있다. 아니면 중지미수에서 착수미수와 실행미수에 따라 다른 중지행위를 요구할 수 있으며, 중지미수의 효과도 이에 따라서 다르게 규정할 수 있다.

입법자가 미수범의 처벌에 관하여 착수미수와 실행미수의 구별을 염두에 두고 있었는지, 두고 있었다면 그 관심이 어느 정도였는지는 정확히 알 수 없다. 형법전 제정 당시의 임시국회속기록[27])에 따르면, 당

---

27) 형법제정자료집, 215~216면 참조.

시 법제사법위원장대리였던 엄상섭 의원이 현행형법 제25조를 읽었다. "이 규정은 설치할 필요가 없지 않아요?"라는 질문에 대하여 엄상섭 의원은 미수범의 처벌에 관한 규정을 왜 두어야 하는지에 대하여 설명할 뿐, 과연 미수범을 정의하기 위해서 착수미수와 실행미수를 구별해야 하는지에 대해서는 아무런 말을 하지 않았다. 중지미수와 관련해서도 착수미수와 실행미수의 구별을 언급하지 않았다.

그렇다면, 형법 제25조가 착수미수와 실행미수의 구별에서 출발하고 있지만 이 구별은 제26조에 관하여만 의미가 있다고 보는 해석이 옳다고 보인다.[28] 착수미수와 실행미수에 관한 처벌의 정도가 동일하며, 반면 미수가 어느 단계인지에 따라 중지미수를 인정하기 위해 요구되는 중지행위가 다르기 때문이다.

2. 구별의 이유와 구별의 기준

1) 착수미수와 실행미수를 구별하는 이유

착수미수와 실행미수의 구별은 중지미수의 인정을 위해 요구되는 다양한 상황을 설명하기 위해서이며,[29] 중지미수에 관해서만 의미가 있기 때문에 중지미수의 원칙과 목적에 따라 해석되어야 한다.[30] 그리고, 착수미수와 실행미수의 구분은 해석을 필요로 하는 법문언에 대한

---

28) 이미 유기천, 총론강의, 254면 ; 황산덕, 형법총론, 267면. 김성돈, 사례연구 형법총론, 345면 ; 김용욱, "미수형태와 중지범", 92면 ; 이정원・류석준, "중지미수에서의 실행미수와 착수미수", 180면.

29) *Kühl*, AT, § 16 Rn. 2 ; 이훈동, "중지범에 있어서 미종료미수와 종료미수의 구별기준", 211면 각주 2) ; 장한철, "공범의 중지미수와 형법 제26조의 해석문제", 456면.

30) NK-*Zaczyk*, § 24 Rn. 9 ; *Schliebitz*, Erfolgszurechnung, S. 40ff ; *Ulsenheimer*, Grundfragen, S. 218 ; *Weinhold*, Rettungsverhalten, S. 75ff.

기술일 뿐 그 내용이 무엇인지에 대한 설명은 여전히 필요하다. 이 구별을 이론에 받아들인다고 하더라도, 중지미수의 해석에 도움이 되는 개념으로서 언제 어느 중지행위 유형이 적용되는지에만 쓸 수 있다.[31] 그렇지 않으면 이 구별은 법적용을 복잡하게 만들 뿐이다.[32]

다음으로, 어떠한 상황에서 어떠한 중지행위가 요구되는가는 미수범의 실현단계에 대한 행위자의 생각이 아니라 위태화나 구성요건적 행위를 기준으로 설명할 수도 있다.[33] 또는 착수미수와 실행미수를 중지미수의 요건과 연결하여 정의할 수도 있다. 범행의 기수를 위해 필요한 행위가 이미 행해져서, 발생할 결과를 방지하기 위해서 행위자의 부작위로는 충분하지 않은 경우에 실행미수가 존재한다는 설명이 그것이다.[34] 그렇기 때문에, 행위자의 생각에 따른 착수미수/실행미수의 구별을 통해서만 중지행위를 구체화할 수 있는지는 의문의 여지가 있으며,[35] 그 구별이 '사물의 본성'[36]에 합치한다고 보기도 어렵다.

---

31) *Kühl*, AT, § 16 Rn. 2 ; *Lackner/Kühl*, § 24 Rn. 3 ; *Nolden*, Wertungsfrage, S. 2 ; *Puppe*, NStZ 1995, 404 ; *Roxin*, AT II, § 30 Rn. 154 ; *Streng*, ZStW 109 (1997), 866.
32) *Baumann/Weber/Mitsch*, AT, § 27 Rn. 12 ; *Hartung*, Jura 1996, 293 Fn. 3.
33) 법익의 위태화가 발생하였는지에 따라 구분하는 설명으로 *Jäger*, Gefährdungsumkehr, S. 65. 구성요건적 행위가 있었는지에 따라 구분하는 설명으로 *Murmann*, Versuchsunrecht, S. 33.
34) *Goldschmidt*, Die Lehre vom unbeendigten und beendigten Versuch, S. 52. *Weinhold*, Rettungsverhalten, S. 80도 참조. 이러한 설명은 실행중지의 가능성이 착수미수의 특징이라고 보는 입장(*Berner*, Gerichtssaal 17 (1865), 101 ; *ders*., Gutachten, S. 124)에서 그 기원을 찾을 수 있다. 하지만 이미 보았듯이 베르너는 결과발생방지의 가능성은 실행미수의 표지가 아니라고 생각하였다. *Ulsenheimer*, Grundfragen, S. 144 참조.
35) *Tipold*, Rücktritt und Reue, S. 67.
36) *Allfeld*, Frank-FG II, 77.

2) 착수미수와 실행미수의 구별이 문제가 되는 사례

범행의 실현정도에 관한 행위자의 생각과 사실관계가 일치할 때에는 착수미수와 실행미수의 구별은 실질적으로 큰 의미가 없다. 행위자가 아직 범행결과발생을 위해서 필요한 행위를 다 하지 않았다고 생각하고 실제상황도 그러했다면 행위자는 더 이상 범행을 실행하지 않음으로써 중지할 수 있다. 행위자가 범행의 결과발생을 위해서 필요한 행위를 다 했다고 생각했고 실제도 그러했다면, 행위자는 범행의 결과발생을 방지함으로써 중지할 수 있다.

하지만 범행의 실현정도에 관한 행위자의 생각과 사실관계가 다를 때 문제가 발생한다. 행위자가 자신의 행위의 효력을 정확히 알지 못했을 때가 그러한데, 사례를 네 가지로 나누어 검토할 수 있다.

	범행에 관한 행위자의 생각	실제상황	사후행위	중지행위?
1-1	범행을 위한 모든 행위를 아직 다 하지 않았음	범행의 결과발생 또는 결과발생의 임박	실행의 중지	O(주관설) X(객관설)
1-2	〃	〃	결과발생의 방지	X?(주관설) O(객관설)
2-1	범행을 위한 모든 행위를 다 했음	지금까지의 행위로는 결과발생가능성 없음	실행의 중지	X(주관설) O(객관설)
2-2	〃	〃	결과발생의 방지	O(주관설) X?(객관설)

위의 표 중 1-2 사례와 2-2 사례에서는 주관설과 객관설이 실제로 다른 결론을 내리지는 않는다. 1-2를 주관설의 입장에서 판단해 보자. 행위자가 결과발생에 필요한 행위를 다 하지 않았다고 생각했음에도 불구하고 결과발생의 방지를 위한 행위를 했다면, 이는 행위자가 스스로 중지행위를 했다는 사실의 징표가 되며 결과발생의 방지는 실행의

중지를 포함한다. 그렇기 때문에 주관설에 따르더라도 결과발생의 방지를 중지행위로 인정할 수 있다. 2-1 및 2-2 사례에서는 실제로 범행의 결과발생가능성이 없었기 때문에, 객관설에 의하면 이미 실행의 중지가 충분한 중지행위이며 결과발생을 방지할 필요는 없다.

하지만 1-1과 2-1은 다르다. 그 중 특히, 1-1은 서론에서의 '(행위자의) 중지가 (중지미수에서의) 중지인가?'라는 질문과 연결되는 사례로서 실제로 살인죄가 문제가 되는 사건에서 자주 볼 수 있다. 이미 살펴보았던 대법원 2005.6.10. 선고 2005도2718 판결에서 피고인이 피해자 1, 2를 여러 번 찌르고 난 후 칼을 버리고 그 자리를 떠난 행위가 중지인가? 아니면, 주거침입절도를 하던 도중 집주인을 발견하고는 놀라서 죽이려고 찌른 후 피해자가 정신을 잃을 때까지 목을 조른 후 도망친 행위자는 중지했는가?[37]

3) 중지행위의 확정에 고려할 점

중지미수에서는 항상 침해 또는 위태화된 법익의 보호를 위한 결과발생의 방지가 문제가 되며,[38] 이러한 기본사상은 중지미수의 인정을 위해 요구되는 중지행위를 확정할 때도 반영된다.[39]

---

37) 이 사건(BGH 31, 170)에서 피해자는 중상을 입고 쓰러져 있다가 제3자에 의해 구조되었다. 독일판례는 행위자가 범행의 중단 당시에 결과발생이 가능하다고 인식했다면, 실행미수 단계이기 때문에 능동적인 행위가 필요하다고 하였다. 결과발생가능성을 기준으로 하는 입장은 범행계획설 당시의 독일판례(BGH MDR 1980, 153 ; BGH bei Dallinger, MDR 1970, 381 ; BGHSt 14, 75)에서도 찾을 수 있다(*Weinhold*, Rettungsverhalten, S. 76 참조).
38) *Ulsenheimer*, Grundfragen, S. 218. *Blöcker*, Die tätige Reue, S. 40 ; *Pahlke*, GA 1995, 74도 참조. *Jäger*, Gefährdungsumkehr, S. 72 ; *Lampe*, JuS 1989, 615는 독일형법의 입법자도 법익의 보호를 위해 객관적 기준에 따라 중지미수 규정을 정하려고 하였다고 지적한다.
39) *Heckler*, Rücktrittsleistung, S. 155.

판단기준에 대해서 논의하기 위해서, 법익보호를 위해 무엇이 필요한 지를 확인하는 것이 중지행위의 확정을 위해서도 필요하고 중요하다. 통상 이는 행위자의 능동적인 행위이며 실행의 중지는 중지미수의 하위사례라고 볼 수 있다. 실행의 중지에서는 부작위가 결과발생방지와 중지미수의 인정을 위해 충분하기 때문이다.[40]

그렇다면, 중지미수의 조문은 "범인이 자의로 실행에 착수한 행위의 결과발생을 방지한 때에는 형을 감경 또는 면제한다"[41]라고 규정되어 있어도 큰 문제가 없으며, 이러한 입장에서 형법 제26조를 설득력있게 해석할 수 있다고 생각한다. 독일형법 제24조는 결과발생방지와 인과관계가 없는 진지한 노력도 중지행위로 인정하고 있으나, 형법 제26조는 결과발생방지를 요구하고 있기 때문이다.[42] 그리고, 결과발생방지만이 중지행위로 규정되어 있다고 하더라도 실행의 중지는 중지행위로 포섭될 수 있다.

중지미수에 관한 논의에서는 중지행위의 태양, 즉 어떠한 경우에 부작위로 충분한지 그렇지 않으면 적극적인 작위를 요하는지가 먼저 결정되어야 한다. 그러므로, 중지행위의 해명을 위해서는 어느 시점에서 어느 중지행위가 필요한지가 착수미수와 실행미수라는 형식적 기준보다 중요하며,[43] 범행결과의 발생을 위해서 필요한 행위를 다 했느냐가 아니라 범행의 결과발생을 방지하기 위해서 무엇이 필요한지가 문제의

---

40) *Heckler*, Rücktrittsleistung, S. 148 ; *Ulsenheimer*, Grundfragen, S. 150 ; *Weinhold*, Rettungsverhalten, S. 79.
41) 비슷한 제안으로 *Herzberg*, NJW 1991, 1641 ; *Krauthammer*, Der Rücktritt vom Versuch, S. 71.
42) *Krauß*, JuS 1981, 885 ; *Kudlich*, JuS 1999, 241은 독일형법이 미수범의 처벌에 관한 주관설을 따랐다고 하더라도 독일형법 제24조 제1항에서는 객관적 기준에 따랐다고 볼 여지가 있다고 지적한다.
43) 이훈동, "중지범에 있어서 미종료미수와 종료미수의 구별기준", 233면 ; *Pahlke*, dolus eventualis, S. 158 ; *Roxin*, AT II, § 30 Rn. 154.

핵심이다. 그렇기 때문에 미수범 단계의 구분을 위해서 범행의 실현정도에 대한 행위자의 생각이 기준이 된다는 사실이 중지미수에서 착수미수와 실행미수의 구별을 통해서만 표현된다는 견해44)는 따르기 어렵다. 그리고 거동범에서 범죄의 완성을 위해서 필요한 모든 행위를 종료했다면 범죄는 이미 기수에 이르기 때문에 거동범에서의 실행미수는 존재하지 않고,45) 착수미수와 실행미수의 구별은 범행기수에 어떤 특정한 결과가 속하는 범죄에서 실질적인 의미가 있다면,46) 양자를 구별할 때 결과발생과 결과발생의 위험도 고려되어야 할 것이다.

따라서 위 표의 1-1에서 행위자가 스스로의 생각에 따라 범행실현에 필요한 행위를 다 하지 않았고, 그래서 기수의 방지를 위해서는 실행중지로 족하다고 생각했어도, 실제의 상황이 그와 달랐다면 중지미수를 인정할 수는 없다고 생각한다.

3. 주관설에 대한 분석 및 비판

1) 주관설의 내용

주관설에서는 범행이 실현된 정도에 대한 행위자의 생각을 기준으로 삼는다. 즉, "행위자 스스로 필요한 중지행위를 결정한다."47) 이때 객관적인 위태화상황이 있다고 하더라도 법적대적 의사가 없었다면, 주관적 구성요건이 존재하지 않았으므로 미수범이 아니라 과실범이 문제

---

44) *Kampermann*, Grundkonstellationen, S. 65. 적절한 반론으로 *Nolden*, Wertungsfrage, S. 4 참조.
45) 권오걸, 형법총론, 445면 ; 이정원·류석준, "중지미수에서의 실행미수와 착수미수", 178면. *Leuthold*, Gutachten, S. 184도 참조.
46) 이미 *Berner*, Gerichtssaal 17 (1865), 87 ; *Lamm*, Gutachten, S. 147.
47) *Krauß*, JuS 1981, 885.

될 뿐이다.48) 행위자가 미수행위 당시 인식하지 못한 위험은 인식하거나 제거할 필요가 없으며,49) 행위자가 어떠한 중지행위를 해야 하는지는 주관적 측면의 고려 없이는 파악될 수 없다.50) 따라서 범행계획의 유무를 불문하고 중지시에 범행의 완성을 위해 필요한 행위가 없었고 범행을 중단하였거나, 다른 대체방법을 통한 범행완성이 가능함에도 자의로 포기했을 때 착수미수가 존재한다고 설명한다. 반면 범행계획과 무관하게 범행의 완성을 위해 추가적인 행위가 필요하지 않다고 판단해 더 이상 행위하지 않았을 때가 실행미수이다.51)

2) 주관설에 대한 비판

(1) 중지미수에 기초한 논거에 관한 비판

중지미수의 요건인 자의성은 행위자의 생각과 무관하게 정의할 수 없기 때문에 주관설을 취해야 한다는 주장이 있다.52) 하지만, 착수미수와 실행미수는 자의성과 구별되는 중지미수의 객관적 요건이다. 그런데 왜 착수미수와 실행미수를 자의성을 고려하여 판단해야 하며, 그렇기 때문에 착수미수와 실행미수의 구별도 행위자의 의사를 기준으로 해야 하는지는 분명하지 않다. 이미 지적했듯이 이러한 논의방식은 중지미수의 개별요건 중 자의성에 지나치게 중요한 가치를 부여하기 때문이거나, 자의성과 중지행위의 또다른 주관적 요건, 즉 중지의사를 혼동하기

---

48) *Kampermann*, Grundkonstellationen, S. 83 ; *Weidemann*, GA 1986, 413.
49) 이러한 주장으로 *Roxin*, AT II, § 30 Rn. 44 ; *Schliebitz*, Erfolgszurechnung, S. 139 외 다수.
50) Schönke/Schröder-*Eser*, § 22 Rn. 13.
51) 박상기, 형법총론, 356~357면 ; 신동운, 형법총론, 484면 ; 이재상, 형법총론, 28/26.
52) 이정원·류석준, "중지미수에서의 실행미수와 착수미수", 180면 ; 이형국, 형법총론, 249면. 독일에서는 LK-*Lilie/Albrecht*, § 24 Rn. 96.

때문이다.

  중지행위가 보상받을 만해야 한다는 점(Verdienstlickeit)도 착수미수와 실행미수의 구별을 행위자의 생각에 따라야 하는 이유가 될 수 없는데, 행위자의 생각에 따라 확정된 중지행위가 피해자의 관점에서는 불충분할 수 있기 때문이다.[53]

  중지미수가 인적 형벌면제사유로서 미수범에 제한되기 때문에, 착수미수와 실행미수의 구별도 범행실현정도에 대한 행위자의 생각에 따라야 한다는 주장[54]도 타당하지 않다. 공범처벌에 관한 제한적 종속형식을 따르면 중지하지 않은 자의 처벌을 기초하는 불법은 다른 행위자의 중지미수에 영향을 받지 않으며, 중지미수의 요건이 존재하는지를 판단하여 각각의 행위자에 대한 심사를 할 수 있다. 그러므로 착수미수와 실행미수의 구별을 어느 기준에 따라 판단해야 하는지는 중지미수의 법적 성격이 무엇인지와 큰 관련이 없다.

  그리고, 착수미수와 실행미수를 구분하는 취지가 자의적 중지와 방지의 합당한 구분점을 찾는 데 있기 때문이라는 주장[55]은 주관설만의 논거일 수 없다. 실행의 종료시점에 대한 객관설과 절충설은 결과발생에 충분한 행위를 하였는가에 대한 행위자의 인식과 객관적 사실이 다를 경우 합당한 결론을 낼 수 없기 때문에 주관설이 타당하다는 주장[56]도 주관설을 뒷받침하는 논거가 아니다.

(2) 미수범이론에 기초한 논거에 관한 비판

  미수범의 처벌에 관한 형법 제25조가 '범죄의 실행에 착수하여 행위

---

53) *Tipold*, Rücktritt und Reue, S. 42.
54) LK-*Lilie/Albrecht*, § 24 Rn. 96.
55) 이형국, 형법총론, 249면.
56) 김성천 · 김형준, 형법총론, 502면.

를 종료하지 못하였거나 결과가 발생하지 아니한 때'라고 하여 착수미수와 실행미수를 구별하고 있으며 이때 행위자의 범행실현에 대한 생각이 구별의 기준이 되기 때문에, 중지미수에 관한 제26조에서도 동일한 결론을 내려야 한다고 생각할 수도 있다. RGSt 43, 137이 이를 분명히 보여준다. "미수범의 개념을 확정하기 위해서 이미 한 실행행위가 장래의 구성요건실현에 객관적으로 적합했었는지 여부가 문제가 되지 않음과 마찬가지로 착수미수 또는 실행미수가 존재하는지에 대해서도 이러한 객관적 요소는 중요하지 않다. 오히려 행위자가 어떠한 생각으로 행위를 했는지가 중요하며, 이는 특히 범행의 기수를 위해 행위자가 그 상황에서 어떠한 행위가 필요하고 충분하다고 생각했는지의 문제에 대해서도 그러하다."

이러한 입장에서는 미수범과 마찬가지로 중지미수도 행위자의 생각을 통해 확정되어야 하며 그렇지 않으면 미수범이론에 반한다고 한다.57) 가벌성의 기초와 탈락은 같은 근거에 기인해야 하기 때문이다.58) 하지만, 범죄에 관한 처벌이 법익보호라는 관점에서는 유익하나, 다른 많은 이유에서 적절하지 않은 경우가 있다.59) 즉, 가벌성의 기초와 탈락이 같은 근거에 기인해야 한다는 주장의 설득력은 그다지 높지 않다.

그리고, 법조문에서 요구하는 중지행위가 무엇이냐에 대하여 관심을 기울이는 대신에 미수범에 관한 오래된 설명방식인 착수미수와 실행미수에 따라서 중지행위가 결정된다고 설명하면, 해석을 필요로 하는 법문언 대신 설명을 필요로 하는 대체공식이 등장하게 된다. 이렇게 되면 대체공식이 자명한 것처럼 인정되면서 실질적인 문제가 되어버리고, 중지미수의 문제해결에 의미를 가지는 중지미수의 요건에 대한 관심은

---

57) *Roxin*, AT II, § 30 Rn. 44 ; *Schliebitz*, Erfolgszurechnung, S. 86.
58) *Gössel*, ZStW 87 (1975), 26.
59) *Herzberg*, FS Lackner, S. 365.

줄어든다.60) 하지만 이는 중지미수라는 제도의 목적에 따라 개념을 정의한 것이 아니라 중지미수와 관계가 없었던 이미 존재하는 개념에 제도를 끼워 맞춘 것일 뿐이다.61)

그리고, 착수미수의 중지에는 부작위로 족하고 실행미수의 중지에는 작위행위가 필요하며, 이때 착수미수와 실행미수의 구별은 행위자의 생각에 의한다고 하는 견해는 행위자가 과연 작위 또는 부작위를 할 수 있었는지와 어떤 상황에서 부작위 또는 작위행위를 할 수 있는지의 문제를 부작위와 작위가 언제 필요한지와 정확하게 구별하고 있지 않다고 보인다. 물론 행위자가 중지 당시 아직 범행실현에 필요한 행위를 다 하지 않았다고 생각하고 있었다면 그러한 행위자가 작위행위를 통해 범행의 결과를 방지해야겠다고 결심하기는 어렵다.62) 하지만, 이는 그 상황에서 과연 결과발생방지를 위한 적극적인 행위가 필요했는지, 아니면 범행을 계속하지 않음으로써 결과발생의 방지에 충분했는지와 다른 문제이다.

(3) 형법의 기능에 기초한 논거에 대한 비판

시민의 자유보장이라는 이념 위에 구축된 형법이라는 요청에 따르기 위해서 미수범처벌과 관해서는 객관적 접근, 중지미수에 관해서는 반대로 주관적 접근방식이 필요하다고 생각할 수도 있다.63) 하지만 법익보호와 결과발생의 방지를 중지미수해석의 기준으로 삼았기 때문에 주관설을 취하기는 어렵다.

---

60) *v. Heintschel-Heinegg*, ZStW 109 (1997), 35 ; *Ulsenheimer*, Grundfragen, S. 149.
61) *Weinhold*, Rettungsverhalten, S. 74.
62) *Fuchs*, AT I, § 31 Rz. 21은 중지미수에서는 행위자가 무엇을 해야 하며 그에 따라 그의 행위가 보상받을 만한지 여부가 문제가 되므로, 사물논리적으로 볼 때 착수미수와 실행미수의 구별은 행위자의 생각에 따를 수밖에 없다고 한다.
63) *Fornasari*, in: Fragmentarisches Strafrecht, S. 56.

(4) 중간결론

결국 중지미수에서 행위자의 생각을 기준으로 삼아야 하는 이유에 대한 설득력있는 설명을 주관설에서 찾기는 어렵다.[64] 주관설은 중지행위 당시 행위자가 피해자의 위태화에 대하여 어떻게 판단했는지를 기준으로 삼을 뿐, 현실을 기준으로 삼지 않는다.[65] 하지만 행위자에게 요구되는 중지행위가 왜 미수의 단계에 좌우되어야 하는지는 분명하지 않으며, 주관설을 관철할 경우 중지행위의 결과가 아니라 중지행위의 시도만으로 중지미수를 인정해야 할 것이다.[66]

이미 지적했듯이 실패한 중지행위, 즉 행위자가 결과발생의 가능성에 대하여 잘못 판단했을 때 중지미수를 인정할 수 있는지의 문제가 주관설의 약점을 보여주며, 독일의 통설[67]도 이러한 문제점 때문에 절충적으로 설명한다. 결과가 행위자의 기대보다 일찍 발생했다면 인과과정에 관한 착오가 존재하기 때문에, 실행의 중지를 통하여 중지할 수 있다는 행위자의 생각은 인정되지 않는다. 반면 행위자는 진지한 노력을 통해서도 결과발생을 방지할 수 없었을 때 결과발생위험(Erfolgsrisiko)을 진다.

4. 절충설에 대한 분석 및 비판

학계의 다수설인 절충설은 행위자의 범행계획을 고려하면서 행위 당시의 객관적 사정과 이에 대한 행위자의 인식을 종합하여 결과발생

---

64) *Bochert/Hellmann*, GA 1982, 437 ; *Tipold*, Rücktritt und Reue, S. 42.
65) *Heckler*, Rücktrittsleistung, S. 157 ; *Puppe*, JR 2000, 73.
66) *Jäger*, Gefährdungsumkehr, S. 92 ; *Heckler*, Rücktrittsleistung, S. 167.
67) *Otto*, Jura 2001, 344 ; *Roxin*, AT II, § 30 Rn. 45.

에 필요한 행위가 끝났다고 인정되는 때에 실행행위가 종료된다고 한다. 실행행위 자체가 이미 범죄의사의 객관적 표현으로서 주관과 객관의 절충적 양태를 통해 파악되므로 착수미수와 실행미수의 구별도 절충적으로 판단해야 하며, 기수에서는 구성요건이라는 법률적 형식이 기준이나 실행행위의 종료는 행위자의 구체적 의사 또는 외부적 사정이라는 사실적 측면을 고려해야 한다는 이유에서이다.[68]

절충설은 행위자의 범행계획을 고려해 법익침해의 직접적 행위가 종료되었을 때 실행미수가 있다고 보는 견해[69]로서 다음의 몇 가지가 그 특징이다.

절충설은 죄수론의 기준을 이용하여 중지행위를 확정한다.[70] 결과발생없이 끝난 행위와 이후에 계속된 행위가 하나로 볼 수 있다면 결과발생없이 끝낸 시점에서 착수미수가 있으며, 계속된 행위가 이전의 행위와 다른 새로운 범행으로 볼 수 있을 때에는 새로운 행위를 계속하기 전의 시점에서 실행미수가 있다고 보아서 중지미수의 인정을 위해서는 결과발생의 방지가 필요하다고 설명한다. 이러한 입장은 주관설이 행위자의 범행계획을 기준으로 하는 점과 비교하여 객관적인 요소를 가미하고 있으므로 절충설이라고 명명할 수 있다.[71]

절충설을 주관설 및 객관설과 비교하면, 실행착수시를 기준으로 하는 주관설에 의해 인정되는 착수미수의 범위를 행위단일성의 범위까지 넓게 인정하며, 중지시를 기준으로 하는 주관설에 비해서는 착수미수의 범위를 제한한다.[72] 그리고, 객관설이 실행중지의 시점에 결과발생의

---

68) 권오걸, 형법총론, 444면 ; 김일수·서보학, 형법총론, 543면 ; 오영근, 형법총론, 30/39 ; 임웅, 형법총론, 361면.
69) 오영근, 형법총론, 30/39.
70) 박상기, 형법총론, 355면 ; 손동권, 형법총론, 24/24.
71) 그러므로 주관설의 입장에서는 절충설이 '수정된 주관설'이라고 지적(손동권, 형법총론, 24/26)하며, 이 지적은 타당하다.

가능성이 존재했다면 행위자는 그에 대한 인식과 상관없이 적극적인 행위를 통해서만 중지미수를 인정받을 수 있다고 보는 반면, 절충설은 행위자의 인식이 있어야 한다는 요건을 제시하리라고 보인다.

하지만, '행위 당시의 객관적 사정과 이에 대한 행위자의 인식을 종합하여 결과발생에 필요한 행위가 끝났다고 인정되는 때'가 무엇인지는 알기 어렵다. 즉, 절충설은 주관설 또는 객관설과 어떻게 구별되는지가 분명하지 않다.73) 절충설은 결국 주관설이거나 객관설이며,74) 절충설이 객관설을 받아들이면서도 중지행위의 구분에 관하여 행위자의 생각을 기준으로 삼는다면 큰 의미가 없다.75)

그리고 실행의 착수를 절충설에 따라 정하기 때문에 착수미수와 실행미수의 구별도 절충설에 따라 결정해야 할 필요는 없다. 이미 지적했듯이 실행의 착수는 미수범의 가벌성의 기초가 되지만, 착수미수와 실행미수의 구분은 중지미수와 관련해서만 의미를 갖는다. 그렇기 때문에 이 두 문제는 서로 다르고 두 문제에 대하여 동일한 기준을 적용하여 판단할 이유는 없다고 보인다.76) 반면에 실행행위의 종료를 정하기 위해서 외부적 사정을 고려해야 한다는 지적은 타당하다. 중지행위를 확정하기 위해 죄수론의 기준을 이용하는 점도 수긍할 만하다.

---

72) 손동권, 형법총론, 24/26. 종합판단설에 따른 절충설이라고 입장을 밝히는 이정원, 형법총론, 289면도 참조.
73) 박상기, 형법총론, 356면 ; 신동운, 형법총론, 484면 ; 이용식, "부작위범의 중지미수", 221면.
74) *Heckler*, NJW 1996, 2491f ; *ders.*, Rücktrittsleistung, S. 169.
75) *Seier*, JuS 1989, 103 Fn. 1.
76) 김용욱, "미수형태와 중지범", 90면 ; 이용식, "부작위범의 중지미수", 221면 각주 16). *Schliebitz*, Erfolgszurechnung, S. 40f도 참조.

5. 중지행위의 확정을 위한 기준

1) 객관설의 내용

객관설은 결과발생 또는 결과발생의 위험을 기준으로 삼는다.[77] 객관설에 따르면 중지행위시점에서 결과발생이 객관적으로 가능했다면 행위자는 적극적 행위를 통해 결과발생을 방지해야 한다. 주관설에 따르더라도 일반적인 주의의무규정과 객관적 귀속이 행위자의 위험성인식에 대한 기준이 되지만,[78] 객관설의 핵심은 실행중지의 시점에 결과발생의 가능성이 존재했다면 행위자는 그에 대한 인식과 상관없이 적극적인 행위를 통해서만 중지미수를 인정받을 수 있다는 점이다.[79] 즉, 실행중지의 시점에 객관적인 제3자의 관점에서 볼 때 객관적 귀속의 기준에 따라 범행의 결과발생의 위험이 존재한다면, 행위자가 적극적인 행위를 통하여 결과발생을 방지해야 중지미수이다.

실행중지의 시점에 객관적으로 결과발생의 위험이 존재했음에도 불구하고 적극적인 행위를 하지 않고 중지에 그친 행위자에 대한 처벌은 범행의 결과가 발생했는지에 따라 달라진다. 만약 범행의 결과가 발생했다면 통설과 마찬가지로 기수범의 책임을 지며, 범행의 결과가 발생하지 않았다면 장애미수로 보아야 할 것이다.

---

[77] *Bochert/Hellmann*, GA 1982, 437ff ; *Jäger*, Gefährdungsumkehr, S. 65ff ; *Heckler*, Rücktrittsleistung, S. 158ff ; *Treplin*, ZStW 76 (1964), 468 ; *Ulsenheimer*, Grundfragen, S. 217ff, 240ff.

[78] *Puppe*, NStZ 1986, 15.

[79] *Bochert/Hellmann*, GA 1982, 437 ; *Jäger*, Gefährdungsumkehr, S. 68ff ; *Heckler*, Rücktrittsleistung, S. 159, 170 ; *Ulsenheimer*, Grundfragen, S. 225.

2) 객관설의 논거

언제 실행의 중지가 요구되며 언제 범행의 결과발생의 방지가 필요한지가 중지행위의 확정을 위해서 중요하다는 점에서 출발하면, 객관설이 타당하다. 결과발생방지를 위해서 필요한 행위로서 중지미수로 인정받을 수 있는 행위가 무엇인지는 사실관계에 대한 행위자의 판단이 아니라 객관적인 사실관계가 결정하기 때문이며,[80] 중지미수가 무엇인지는 법질서의 문제이므로 행위자의 잘못된 생각에 따라서 확정되어서는 안 되기 때문이다.[81] 이러한 접근방식이 중지미수의 기본사상인 법익보호에 상응한다.

객관설에 의해 행위자가 지나치게 불리하게 다루어지지도 않는다. 행위자의 생각이 객관적인 사태에 상응할 때에는 문제가 되지 않기 때문이다. 중지미수로 인정하기 위해 객관설이 제시하는 보충적인 요건은, 사태의 경과와 결과의 발생이 그에 대한 행위자의 생각과 일치하지 않을 때에만 요구된다. 그리고, 중지의사가 주관적 요소이므로 객관설도 주관적 요소 없이는 존재할 수 없다.[82] 다른 한 편으로, 행위자가 범행실현에 대하여 어떠한 계획을 가지고 있었는지는 범행계획설을 따르지 않는다고 하더라도 객관설의 입장에서도 판단의 대상이 된다.

주관설이 객관설에 접근하는 모습을 보이고 있다는 점도 객관설을 뒷받침하는 논거가 된다. 주관설을 취하면서 실행미수의 인정에 결과발생의 가능성으로 충분하다고 보면, 행위자도 대부분 결과발생의 가능성을 인식하였을 것이기 때문에 객관설과 비슷한 결론을 내리게 된다.[83]

---

80) *Heckler*, Rücktrittsleistung, S. 164 ; *Ulsenheimer*, Grundfragen, S. 224.
81) *Jäger*, Gefährdungsumkehr, S. 65 ; *Puppe*, NStZ 1986, 15.
82) *Tipold*, Rücktritt und Reue, S. 58f. 반대로 주관설도 객관적 요소, 즉 결과발생과 무관하게 중지미수를 설명할 수 없다. *Küpper*, GA 1998, 308.

행위자가 범행계획의 일부만 실행했다고 하더라도 그것만으로 충분히 결과발생이 가능하게 되었다면 행위자의 생각과 관계없이 실행미수의 중지가 문제가 된다고 보아야 한다거나,84) 주관설의 입장에서 지금까지의 행위가 결과를 발생시킬 수 있을지 의심스러운 상태라도 실행미수를 인정해야 한다는 설명85)도 객관설의 결론과 다르지 않다.

주관설을 따르는 독일의 판례도 경우에 따라서 중지미수의 인정을 위해서 '엄격한 요건'을 요구하기도 한다.86) 이때의 엄격한 요건이란, 생활경험에 따르면 사망의 결과가 발생할 수 있는 상황이라고 행위자가 인식했다면 실행미수라는 의미이다. 이때 행위자는 결과발생에 대하여 확신하거나 사망의 결과를 원하거나 인용할 필요가 없다(BGHSt 39, 221). 이 사례에서는 결과발생가능성에 대한 행위자의 판단이 아니라, 결과발생의 위험이 중한 경우에 착수미수를 제한하는 규범적 사고를 볼 수 있다.87) 독일판례의 이러한 경향은 객관설의 장점을 보여주며,88) 그 명확성으로 인하여 객관설은 주관설에서 나타날 수 있는 입증의 어려움을 피할 수 있다는 또 다른 장점이 있다.89) 그리고 이미 보았듯이 일본, 스위스, 오스트리아에서도 객관설의 입장인 판례를 찾을 수 있다.

다른 한 편으로 독일의 판례는 행위자가 결과발생에 대하여 아무런

---

83) *Tipold*, Rücktritt und Reue, S. 68. 주관설의 입장에서 *Roxin*, AT II, § 30 Rn. 45, 173f는 객관설과 주관설의 괴리는 독일판례처럼 결과에 대한 엄격한 요건을 설정할 경우 크지 않다고 한다. 그렇다면, 객관설의 설명이 간명하다고 보인다.
84) 권오걸, 형법총론, 444면 ; 조준현, 형법총론, 346면.
85) 손동권, 형법총론, 24/25 ; LK^{10}-*Vogler*, § 24 Rn. 37.
86) BGHSt 33, 295 ; 39, 221 ; BGH NStZ 1999, 300. 그에 관하여 *Kühl*, AT, § 16 Rn. 30f ; *Stuckenberg*, JA 1999, 751 ; *Wessels/Beulke*, AT, Rn. 633.
87) *Stuckenberg*, JA 1999, 752.
88) *Jäger*, Gefährdungsumkehr, S. 36. 이러한 경향을 보여주는 판례로 BGH NStZ 1999, 300도 참조.
89) *Heckler*, Rücktrittsleistung, S. 171.

생각이 없었다면 착수미수가 아니라 실행미수로 본다.[90] 그런데, 행위자가 결과발생가능성을 몰랐고 중지한 상황에 대한 스스로의 평가에 아무런 의심도 없었음에도 실행미수라는 판단은 주관설이 아니라 객관설에 따른 결론이다.[91]

3) 이탈리아형법의 중지미수

이탈리아형법
제56조 (3) 행위자가 자의적으로 범행을 중지하였다면, 이미 행한 행위가 가벌적일 때에 한하여 그 형벌로 처벌된다.
(4) 행위자가 자의적으로 결과발생을 방지하였다면, 미수범에 관한 형벌의 3분의 1에서 절반까지 감경된 형으로 처벌된다.

이탈리아형법의 중지미수 규정에 관한 논의에서도 시사점을 찾을 수 있다.[92] 이탈리아형법은 착수미수의 중지에 관해서만 불처벌을 인정한다. 이 조문을 이해하기 위해서는 이탈리아형법 제정 당시의 정부위원회에서의 토론을 살펴볼 필요가 있다. 실행의 착수가 있어서 미수범의 경계를 이미 넘었으나 구성요건적인 행위가 아직 완전히 이루어지지 않았고 행위자가 아직 위태화되지 않은 법익을 위하여 결정하였다면, 법질서는 행위자를 처벌할 만한 이유가 없다. 하지만, 행위자가 구성요건실현을 위해 필요하고 충분한 모든 행위를 다하였고, 그 이후 비로소 자의적으로 법익의 보호를 위하여 결정하였다면 그에 대한 법질서의 판단은 완전히 다르다. 왜냐하면 행위자가 이때에는 이미 법질서의 침해를 위하여 중한 첫걸음을 내딛었으므로, 행위자가 자의적으로

---

90) BGHSt 40, 304. 하지만 이 사례에서는 정말 '포기'가 존재했는지도 의심스럽다. *Murmann*, JuS 1996, 593 참조.
91) *Tipold*, Rücktritt und Reue, S. 69.
92) 이하의 논의는 *Fornasari*, in: Fragmentarisches Strafrecht, S. 53 이하 참조.

결과발생방지를 위하여 노력하여 성공하였다고 하더라도 애초의 행위를 처벌하지 않을 수는 없기 때문이다.

실행미수의 중지의 해석에 결과반가치가 큰 역할을 한다는 점을 발견할 수 있다. 실행미수 단계의 행위자는 결과발생의 위험을 야기하였으므로 처벌되어야 하며, 행위자가 중지했다는 점은 필요적 감경의 요소로만 작용한다. 범행이 완수되지 않거나 결과가 발생하지 않을 때 범행의 실행을 위한 가능한 개별행위를 한 자를 미수범으로 처벌하는 이탈리아형법 제56조 제1항도 볼 때, 미수와 중지미수에 대한 이탈리아형법전의 판단의 기준은 위험이 어느 정도인지이다.[93]

6. 착수미수와 실행미수의 구별에 관한 판례의 입장

대법원이 착수미수의 중지와 실행미수의 중지를 정확하게 구별하고 있는지는 의문이다. 가령 대법원 1997.9.17 선고, 97도957 판결에서 피고인은 불을 놓아 불이 아직 집 전체가 아닌 옷가지에 붙어있을 상태에서 물을 부어 불을 껐다. 이 사건에서는 행위자가 결과발생에 필요한 실행행위에 이미 착수했기 때문에, 중지미수 여부를 판단하기 위해서 판례는 중지행위자가 결과발생방지를 위해 필요한 행위를 했는지, 즉 실행미수의 중지에 해당하는지를 검토하여야 한다. 하지만 "범죄의 실행행위에 착수하고 그 범죄가 완수되기 전에 자기의 자유로운 의사에 따라 범죄의 실행행위를 중지한 경우"에 자의성을 갖추면 중지미수에 해당한다고 하여, 실행미수의 중지가 아닌 착수미수의 중지의 요건을 제시하고 있을 뿐이다.[94]

---

[93] *Fornasari*, in: Fragmentarisches Strafrecht, S. 56. 다만 이탈리아형법전 제49조 제2항에 따르면 불능미수라고 하더라도 그를 통하여 행위자의 공공에 대한 특별한 위험성이 드러났을 때는 보안처분의 대상이 될 수 있다.

이 판결이 참조판례로 제시한 대법원 1985.11.12 선고, 85도2002 판결도 중지미수를 정의하면서 착수미수의 중지의 요건만을 적시하고 있으나,[95] 히로뽕 제조를 단념하고 있다가 범행이 발각된 이 사건에서는 결과발생에 필요한 실행행위를 다 하지 않았기 때문에 실제로 착수미수의 중지인지가 문제됨에 반해서, 97도 957 판결에서는 그렇지 않기 때문에 판례가 중지미수의 요건에 대하여 정확하게 다루고 있지 못하고 있다는 비판을 제기하기에 충분하다. 그리고, 이미 지적했듯이 일본형법 제43조는 '자신의 의사에 의해서 범죄의 실행을 정지한 때'라고 하여 착수미수의 중지만을 규정하고 있다고 해석할 수 있는데, 대법원의 입장은 일본형법과 같은 형태의 법조문에서 나올 수 있는 판결이라고 보인다. 하지만 판례가 실제로 중지미수의 요건 중 착수미수의 중지만을 인식하고 있다고 보기는 어렵다. 가령 대법원 1969.3.31. 선고 68도1870 판결(공보불게재)에서는 "위의 각 범행의 실행에 착수하여 그 행위를 중지하였거나 결과의 발생을 방지한 경우라고는 할 수 없을 뿐만 아니라 …"라고 하여 착수미수의 중지 및 실행미수의 중지를 모두 적시하고 있기 때문이다.

착수미수와 실행미수의 구별기준에 대한 판례는 없다.[96]

III. 중지행위의 내용

1. 중지행위의 의미

중지미수를 인정하기 위해서는 이미 실현된 미수범의 법익침해의

---

94) 같은 지적으로 하태훈, "중지미수의 성립요건", 67면.
95) 같은 지적으로 신양균, "판례에 나타난 중지미수", 65면.
96) 같은 지적으로 김성돈, 형법총론, 490면.

위험이 중지행위를 통하여 무해화(Paralysieren)되어야 한다.[97] 따라서 원칙적으로는 내심으로 범죄결의를 포기했다는 사실만으로 중지미수의 효과를 누리기에 충분하지 않으나, 특정한 상황에서는 부작위도 중지행위로 볼 수 있다.[98] 즉 이는 행위자가 범행을 더 이상 하지 않음을 통하여 중지할 수 있는 경우로 형법 제26조에서의 실행의 포기이다.

2. 중지행위의 내용

1) 실행의 포기

범행의 결과발생의 방지를 위해 더 이상의 실행행위를 하지 않음으로 충분하다면 행위자의 중지를 중지행위로 인정할 수 있다. 행위자가 실행을 포기할 때까지 했던 행위가 어떠한 이유에서든 범행실현에 충분하지 않았던 경우가 이에 해당할 것이며, 행위자가 결과발생을 위해 필요한 행위를 다 하지 않은 경우도 그러하다. 이 때는 행위자의 지금까지의 범행만으로는 범행의 결과발생에 이르기에 충분하지 않기 때문에 '포기'를 통해 중지할 수 있다.[99] 즉 착수미수의 중지는 범행의 계속을 포기하는 부작위이다.[100]

예를 들어 행위자가 피해자의 도망을 방치한다든지 등의 방법으로 범행에 필요한 실행행위를 다 하지 않을 경우 포기했다고 볼 수 있다.[101] 또는 하나의 구성요건이 여러 행위로 구성되어 있을 때, 행위자

---

97) *Bottke*, JR 1980, 441.
98) *Küper*, ZStW 112 (2000), 2 ; *Maurach/Gössel/Zipf*, AT II, § 41 Rn. 58ff ; *Ulsenheimer*, JZ 1984, 852.
99) *Jäger*, Gefährdungsumkehr, S. 63, 67 ; *Heckler*, Rücktrittsleistung, S. 186.
100) 신동운, 형법총론, 483면 ; 이재상, 형법총론, 28/32.
101) BGH NJW 1984, 1693 ; *Murmann*, Versuchsunrecht, S. 36 ; Schönke/ Schröder-

가 아직 실행하지 않은 부분행위를 포기할 경우 전체 구성요건에 관한 중지미수를 인정할 수 있다.

2) 결과발생의 방지

(1) 결과발생방지의 의미

결과발생을 방지하기 위해서 행위자는 사태에 적극적으로 개입하여 자신의 행위를 통해 진행되고 있는 사건의 인과적 경과를 중단해야 한다. 이때 결과발생의 방지를 위한 행위는 그를 위해 객관적으로 상당한 행위여야 한다. 그리고, 중지행위는 결과발생의 방지와 인과관계만 있으면 되며 행위자의 행위가 결과발생방지에 필요한 최소한의 노력이었다고 하더라도 중지미수 인정에 문제가 없다.

이때의 인과관계는 실제의 인과관계를 말하며 가정적인 인과관계는 문제가 되지 않는다. 그러므로 행위자가 피해자에게 상해를 입힌 후 피해자에게 전화번호부를 건네주었고, 피해자가 스스로 전화를 걸어 구조를 요청했다고 하더라도 행위자의 행위는 범행결과의 불발생에 인과적이며, 당시 피해자가 전화번호부를 스스로 가지고 올 수 있었다는 이유로 중지행위의 인과관계를 부인해서는 안 된다.

(2) 구조행위의 정도

또한 원칙적으로 방지행위는 행위자 자신이 해야 하나, 제3자의 행위도 행위자에 의해 유발되는 한 충분하다. 다만 통설은 제3자의 행위로도 중지가 가능하지만 그때 행위자는 자신의 힘으로 결과를 방지한 것과 동일시할 정도의 노력을 해야 하기 때문에 중지미수를 인정하기

Eser, § 24 Rn. 37.

위해서 '진지성'이 요구된다고 한다.102) 따라서 방화 후 불길에 놀라 다른 사람에 불을 꺼달라고 요청한 후 도망쳤다면 중지로 볼 수 없으며, 부상자를 병원 앞에 방치하고 도주하거나, 전화를 걸어 치료를 부탁하거나 이웃에게 도움을 요청하는 메모를 남기는 등의 행위도 중지로 볼 수 없다고 한다.103) 반면 다른 사람에게 구조를 부탁하고 도주한 경우처럼 진지한 노력이 없다고 하더라도 형의 감경은 인정해야 한다고 하며, 제3자의 구조도 형의 감경을 인정하지 못할 이유가 없다는 견해도 있다.104)

진지성에 관한 논의를 보면, 결과발생의 방지의 의미를 구체화하기 위해서 작위행위의 정도에 관하여 논의할 필요가 있음이 드러난다. 우선, 통설이 제시하는 결과발생방지의 진지성은, 행위자에게 결과발생방지에 객관적으로 필요한 최소한의 행위 이상의 중지행위를 요구한다는 의미로 해석될 여지가 있다. 독일형법 제24조에서 중지행위의 한 형태로 규정하고 있는 '진지한 노력'에 관한 논의가 이를 보여준다. 진지한 노력이 필요한 상황은 범죄실현이 객관적으로 불가능하거나(불능미수), 범죄시도가 객관적으로는 이미 실패했으나 행위자는 그를 인식하지 못하였거나, 이미 발생한 범행결과가 행위자에게 귀속될 수 없는 경우이다.105) 이러한 상황에서 범죄가 실현되지 않았다고 해도, 그 이유가 행위자가 사후적으로 중지행위를 했기 때문은 아니다. 그리고, 진지한 노

---

102) 김성돈, 사례연구 형법총론, 342면 ; 김일수, 한국형법 II, 210면 ; 김일수·서보학, 형법총론, 544면 ; 배종대, 형법총론, 532면 ; 안동준, 형법총론, 193면 ; 이영란, 총론강의, 30/29 ; 이재상, 형법총론, 28/52 ; 이정원, 형법총론, 295면 ; 이형국, 형법총론, 250면 ; 임웅, 형법총론, 362면 ; 정성근·박광민, 형법총론, 398면 ; 김종원, 주석형법 II, 61면 ; 진계호, 형법총론, 464면.
103) 김성돈, 형법총론, 498면 ; 진계호, 형법총론, 464면 ; 조준현, 형법총론, 347면.
104) 손동권, 형법총론, 24/30, 34 ; 오영근, 형법총론, 30/43.
105) *Brand/Fett*, NStZ 1998, 507 ; *Kühl*, AT, § 16 Rn. 83f ; *Küpper*, JuS 2000, 229 ; LK^{10}-*Vogler*, § 24 Rn. 132.

력을 요구하는 이유는 실제로 결과발생을 방지해야 한다는 일반적인 요구를 완전히 대체하여 중지미수의 인정을 위해서 기수방지가 아니라 진지한 노력으로 족하다고 하기 위해서가 아니라, 불능미수에서 행위자의 생각이 처벌을 기초하는 것처럼 불처벌을 위해서도 실제와는 맞지 않는 행위자의 잘못된 생각을 판단기초로 삼아서 기수방지가 불가능한 때에도 중지미수를 인정하기 위해서이다.106)

하지만 통설의 설명은 이러한 상황을 상정하고 있지 않다. 즉, 결과가치가 존재할 수 없는 상황에서 행위가치가 필요하다는 설명이 아니라, 이미 결과가치가 존재한다고 볼 수 있는 상황에서 행위가치를 보충적으로 요구하는 것처럼 보인다. 그리고, 인과관계가 있는 최소한의 필요한 노력이라는 설명과 진지한 노력이라는 요건은 서로 모순된다. 그렇기 때문에 이때 중지미수의 인정을 위해서 필요한 행위는 진지한 노력이 아니라, 결과발생방지에 충분한 정도의 노력이며107) 이를 결과발생방지와 '동가치의' 노력이라고 표현할 수 있다.

한국형법에서는 결과발생의 방지만을 요구하고 있기 때문에 중지미수의 인정을 위해 행위자가 진지하게 노력해야 할 필요는 없다.108) 비록 행위자가 진지하게 노력했다는 사실이 자의로 중지행위를 했다는 점을 보여줄 수 있어도, 적극적인 노력의 정도가 아니라고 해도 자의로 결과발생방지를 했다고 인정된다면 중지미수가 인정되어야 한다. 하지만, 인과관계의 확정을 위해 조건설을 사용하면 중지미수를 인정할 가

---

106) *Römer*, MDR 1989, 945는 독일형법 제24조의 '진지한 노력' 규정은 입법자가 결과형법의 잔재를 청산하려는 의도에서 도입했으며 그 이후 넓은 의미의 능동적 후회가 각칙의 많은 구성요건에 도입되었다고 설명한다.
107) 김성천·김형준, 형법총론, 504면 ; 이재상, 형법총론, 28/36. 스위스신형법 제23조 제3항도 참조.
108) 오영근, 형법총론, 30/45 이하 ; 장한철, "공범의 중지미수와 형법 제26조의 해석문제", 460면.

능성이 지나치게 넓어지며, 제3자가 범행의 기수방지에 함께 기여했을 때 어떠한 요건 아래에서 행위자에게 중지미수를 인정할지에 대한 충분한 기준을 제시할 수 없다. 그러므로, 객관적 귀속의 기준을 중지행위와 범행결과의 불발생 사이의 인과관계 확정을 위해 적용하려는 시도는 타당하다고 생각한다.

3. 중지행위와 결과의 불발생의 관계

1) 중지미수의 전제로서의 결과의 불발생

중지미수의 효과는 항상 중지행위의 결과와 연관이 있다.[109] 하지만, 이때의 결과를 어떻게 이해해야 하는지에 관한 지금까지의 설명은 불충분한 점이 있었다.

통설에 따르면 중지미수를 인정하기 위해서는 범행의 결과가 발생해서는 안 된다. 즉, 범행이 미수에 그쳐야 하는데, 범행의 결과가 발생하면 미수에 해당하지 않으므로 범행결과의 불발생이 중지미수 인정의 전제라는 의미이고, 중지행위와 범행결과의 불발생에는 인과관계가 있어야 한다는 설명이다. 결과가 발생하면 결과방지를 위한 노력이 있었어도 인과관계의 착오로 보아 기수책임을 지며,[110] 이러한 노력은 양형에서 작량감경의 사유로 고려될 수 있을 뿐이다.[111]

---

109) *Bundesministerium für Justiz*, Entwurf eines Strafgesetzbuches samt Erläuterung, S. 32.
110) 박상기, 형법총론, 358면 ; 배종대, 형법총론, 532면 ; 신동운, 형법총론, 487면 ; 이재상, 형법총론, 28/34.
111) 권오걸, 형법총론, 446면 ; 오영근, 형법총론, 30/48 ; 이영란, 총론강의, 30/30 ; 이재상, 형법총론, 28/37 ; 이존걸, "중지미수에 관한 논점", 446면 ; 정성근·박광민, 형법총론, 399면 ; 진계호, 형법총론, 464면.

2) 방지되어야 하는 결과의 의미

(1) 통설의 견해

하지만 결과가 무엇이든 범행에 의해 발생하기만 하면 중지미수가 차단된다는 뜻은 아니다. 오히려, 발생한 결과가 행위자의 행동과 인과관계가 없거나 그 행동에 객관적으로 귀속시킬 수 없을 때에 미수범으로 처벌된다는 입장이다. 즉, 형법 제26조의 '행위로 인한 결과'란 행위와 인과관계와 객관적 귀속이 인정되는 결과를 의미한다.112) 예를 들어 갑이 을을 살해하기 위해 목을 조르다가 자의로 중지하고 병원으로 실어 보냈으나, 병원으로 운반하던 구급차의 교통사고로 인해 을이 사망하였다면 사망의 결과를 갑의 착수미수의 탓이라고 돌릴 수 없기 때문에 중지미수로 인정할 수 있다.113) 갑이 을을 죽이려고 칼로 찌른 후 중지하였고 중상을 입은 을이 병원에 도착해서 수술을 받았으나 의사의 수술실수로 사망한 경우도 마찬가지이다. 또는 갑이 을을 살해하기 위해서 칼로 한 번 찔러서 상처를 입었으나 죽지는 않았는데, 을은 평소에 자살하겠다는 생각을 가지고 있었기 때문에 치료를 거부하여 결국 사망하였다. 이때는 범행의 결과가 행위자의 기존의 범행이 아닌 제3자 또는 피해자의 행위에 기인하였으므로 중지미수를 인정할 수 있다.

행위자는 중지하였으나 그 이후 일반적인 생활위험이 실현되어 범행의 결과가 발생한 경우, 예를 들어 갑이 을을 살해하기 위해서 칼로 한 번 찌른 후 중지하였는데 상처를 입은 을은 결국 독감으로 사망했다고 하더라도 갑의 중지는 중지미수로 인정할 수 있다고 보인다.114)

---

112) 권오걸, 형법총론, 447면 ; 오영근, 형법총론, 30/44 ; 이재상, 형법총론, 28/37 ; 이정원, 형법총론, 295면. 같은 결론으로 배종대, 형법총론, 533면.
113) 김성돈, 사례연구 형법총론, 335면 이하.
114) *Tipold*, Rücktritt und Reue, S. 177.

(2) 결과발생의 방지가 중지미수의 요건이 아니라는 견해

하지만 결과가 발생한 다른 경우에도 중지미수로 인정할 수 있다는 견해를 찾을 수 있다.[115] 먼저 부작위범의 중지미수에 대하여, 실행미수에서는 보증인이 결과발생의 위험을 져야 하지만 착수미수에서는 보증인이 결과의 발생위험을 질 필요가 없다고 한다.[116] 이 견해에 따르면 착수미수의 중지에서는 결과가 발생하더라도 중지미수를 인정할 수 있다. 나아가 작위범에서도 착수미수의 중지가 있었다면 결과가 발생한 경우에도 중지미수를 인정할 수 있다는 견해도 있다.[117] 이 견해는 착수미수에서의 결과의 불발생이 중지미수의 요건이 아니라고 본다.

작위범의 착수미수의 중지에서 결과발생이 요건이 아니라는 견해는 실행미수에서는 범행결과를 방지해야 중지가 인정되나 착수미수에서는 범행결과의 불발생을 법문이 요구하고 있지 않는다는 판단을 그 전제로 한다.[118] 하지만, 형법 제26조는 독일형법 제24조와 달리 중지미수의 인정을 위하여 범행기수의 방지가 아니라 결과발생의 방지를 요구하고 있다. 독일형법 제24조는 중지미수의 법률효과로 '미수범으로 처벌하지 않는다'고 규정하고 있기 때문에, '범행기수의 방지'라는 요건과 '미수범처벌의 탈락'이라는 효과를 연결해서 파악하면, 결과가 발생했다고 하더라도 여러 가지 이유로 범행이 기수에 이르렀다고 볼 수 없다면 중지미수로 인정해야 한다고 생각할 수 있다. 이는 결국 독일형법 제24조가 독자적인 귀속규범이라는 결론에 이르게 된다. 하지만, 독일형법 제24조가 결과발생에 대한 독자적인 귀속규범이라고 볼 수도 없

---

115) 김성돈, 사례연구 형법총론, 335면 ; 손동권, 형법총론, 24/11, 29, 30a.
116) 김성돈, 사례연구 형법총론, 480면.
117) 김성룡, "착수미수의 실패한 중지범", 218면.
118) 김성룡, "착수미수의 실패한 중지범", 218면.

으며, 형법 제26조는 결과의 불발생을 중지미수의 요건으로 명시하고 있기 때문에 결과가 발생했다면 제26조는 적용될 수 없다.[119] 그리고, 법익보호에 터잡아 중지미수를 파악하면, 이미 범행의 결과가 발생했음에도 중지미수를 인정하기는 어렵다.

부작위범에서도 소수설은 설득력이 없다. 소수설은 중지행위가 실패하여 결과가 발생한 사례에서 중지미수를 인정하기 위해서 착수미수와 실행미수를 구별하는데,[120] 부작위범에서도 결과의 불발생이 중지미수의 전제이므로 결과가 발생하면 중지미수를 인정할 수 없다. 결국 부작위범에서 착수미수와 실행미수의 구별은 큰 의미가 없고,[121] 행위자는 적극적인 작위행위를 통해서만 중지할 수 있다.[122]

4. 불능미수 또는 다른 원인으로 범행의 결과가 발생하지 않았을 때의 중지미수 여부

행위자의 중지행위가 범행의 방지라는 결과에 인과적으로 작용하지 않았음에도 불구하고 중지미수로 인정할 수 있는지도 같은 맥락에서 논의될 수 있다. 행위자가 실행에 착수한 후 자의로 결과발생의 방지를

---

119) 이용식, "부작위범의 중지범", 231면.
120) 적절한 지적으로 이용식, "부작위범의 중지범", 224면.
121) 박상기, 형법총론, 363면 ; 손동권, "중지(미수)범에 관한 연구", 259면. 착수미수와 실행미수를 구별하면서도 이에 동의하는 입장으로 Heinrich, AT I, Rn. 816f.
122) 신동운, 형법총론, 531면 ; 이용식, "부작위범의 중지미수", 231면 ; Gropp, AT, § 9 Rn. 72 ; Jescheck/Weigend, AT, S. 639 ; Köhler, AT, S. 482 ; Kühl, AT, § 18 Rn. 152 ; Küper, ZStW 111 (2000), 4f ; Küpper, JuS 2000, 228 ; LK^{10}-Vogler, § 24 Rn. 142 ; Puppe, AT II, § 50 Rn. 10 ; SK-Rudolphi, Vor § 13 Rn. 56. 이미 Allfeld, Frank-FG II, S. 82 ; Frank, StGB, § 46 III ; Mezger, AT, S. 219.

위해서 노력했으나, 행위자의 사후적인 노력 때문이 아니라 처음부터 결과발생이 불가능했기 때문에 결과가 일어나지 않은 경우가 이에 해당하며, 결과가 행위자가 아닌 제3자의 행위로 인하여 방지되었으나 행위자가 이를 알지 못하고 노력한 경우도 마찬가지로 볼 수 있다.123) 형법 제26조는 이러한 사례를 중지미수의 적용범위로 예정하고 있지 않기 때문에 과연 이러한 경우에도 중지미수를 인정할 수 있을지가, 주로 불능미수의 중지와 관련하여 논의되었다.

1) 불능미수의 중지를 인정하지 않는 견해

불능미수로 처리하면 되고 중지미수를 따로 인정할 필요가 없다는 견해는 그 근거로 다음의 몇 가지를 들고 있다.

형법 제26조의 문언에 따르면 결과의 불발생과 방지행위 사이에는 인과관계가 있어야 한다. 그러므로, 중지미수를 인정하기 위해서는 중지행위가 객관적으로 유효해야 하는데, 구성요건적인 결과가 전혀 발생할 수 없었거나 제3자의 행위에 의해 결과발생이 방지되었을 경우에는 유효한 중지행위가 있을 수 없다.124) 발생할 수 없는 결과는 방지할 수도 없기 때문이다.125) 그렇다면 불능미수에 대해서는 중지미수를 인정할 수 없다고 보아야 논리적이다.126) 즉, 결과발생방지를 위한 노력만

---

123) 이를 '준중지미수규정'이라고 부르기도 한다. 하태훈, "미수범 체계의 재정립", 239면 ; 형사법개정특별심의위원회, 형법개정요강소위원회심의결과, 55면 이하 참조.
124) LK-*Hillenkamp*, Vor § 22 Rn. 53 및 불능미수에 관한 독일제국법원 판결(RGSt 17, 158 ; 51, 205 ; 68, 306) 참조.
125) RGSt 17, 158 ; RGSt 51, 205 ; RGSt 68, 306. 그에 관하여 *Römer*, MDR 1989, 945 ; *Sauer*, Allgemeine Strafrechtslehre, S. 117 ; *Ulsenheimer*, Grundfragen, S. 21 참조.
126) 김성돈, 형법총론, 503면 ; 김종원, 주석형법 II, 61면 ; 하태훈, "미수범 체계의

으로 결과의 불발생과 인과관계를 인정할 수 없기 때문에 중지미수로 보기 어려우며 양형에서 고려할 수밖에 없다.127) 또한 불능미수의 효과가 임의적 감면이므로, 불능미수임을 전제한 후 중지미수를 다시 인정하지 않는다고 하더라도 감면을 선택할 수 있기 때문에, 처벌의 불균형도 그다지 크지 않다고 설명한다.128)

2) 불능미수의 중지를 인정하는 견해

반면 다수설은 불능미수의 중지도 인정해야 한다고 본다.129) 논리적 정합성보다는 법적용에서의 현실성과 실용성을 중시해야 하며, 불능미수에도 중지미수를 인정하는 것이 형평에 맞기 때문이라는 이유를 제시한다. 즉 처음부터 착오로 결과발생이 불가능한 경우에 행위자가 중지했다면, 이는 결과발생이 가능한 범행의 중지와 행위불법은 같으나 결과불법이 낮기 때문에 형의 균형을 위해서 중지를 인정해야 한다고 설명한다. 또한 이러한 사례에서는 불능미수와 중지미수의 두 가지 요

재정립", 243면 ; *Baer*, Rücktritt und tätige Reue bei untauglichem Versuch, S. 29 ; *Köhler*, AT, S. 471.
127) 즉 이는 '불가피한 결과'이다. *Allfeld*, Frank-FG II, S. 81 ; *Frank*, StGB, § 46 II ; *Krauthammer*, Der Rücktritt vom Versuch, S. 47.
128) 정영일, "중지미수", 36면 ; 김종원, 주석형법 II, 61면 ; 하태훈, "미수범 체계의 재정립", 243면.
129) 권오걸, 형법총론, 448면 ; 김성천·김형준, 형법총론, 505면 ; 김일수·서보학, 형법총론, 544면 ; 박상기, 형법총론, 359면 ; 배종대, 형법총론, 533면 ; 신동운, 형법총론, 492면 ; 안동준, 형법총론, 194면 ; 이승호, "장애미수와 불능미수 및 중지미수의 구별", 163면 이하 ; 오영근, 형법총론, 30/46 ; 이영란, 총론강의, 30/31 ; 이정원·류석준, "중지미수에서의 실행미수와 착수미수", 187면 ; 이존걸, "중지미수에 관한 논점", 448면 ; 이형국, 형법총론, 250면 ; 임웅, 형법총론, 363면 ; 정성근·박광민, 형법총론, 399면 ; 정진연, "법률의 착오와 불능미수의 중지미수", 105면 ; 진계호, 형법총론, 465면.

건이 모두 갖추어졌으므로 피고인에게 유리한 중지미수를 인정해야 한다고 한다. 중지미수를 특별한 양형규정으로 보면, 별도의 규정이 없더라도 자의성이 있는지에 따라 불능미수의 중지에 제26조를 준용할 수 있다고도 한다.130)

3) 소결론

불능미수의 중지에 관해서 입법자가 특별한 규정을 두지 않았는데, 이는 법학방법론에서의 명시적 흠결(Offene Lücke)에 해당한다고 볼 수 있다.131) 명시적 흠결이란 어떠한 법규범의 구조가 완전하지 않아서 특정한 구성요소가 없는 경우로서, 불능미수의 중지에서는 명시적 흠결 중 목적론적 흠결(Teleologische Lücke)이 문제가 된다.132) 이러한 흠결은 유추나 반대해석을 통해 보충된다. 반대해석은 입법자가 어떠한 사안에 대하여 규정하기를 원하지 않았기 때문에 의식적으로 침묵했다고 판단하는 방법이다. 불능미수의 중지에 대하여 반대해석하면, 불능미수의 중지에 대한 명시적 규정이 없으므로 중지미수로 인정되지 않는다고 설명하게 된다.

하지만 이때에는 불능미수의 중지를 인정하는 결론이 낫다고 생각

---

130) 유인모, "중지미수의 법적 성격", 376면.
131) 김영환, "법의 흠결과 목적론적 축소해석", 42면. 불능미수의 중지는 독일제국 형법에서의 불능미수의 처벌처럼 입법자가 의식적으로 학설과 판례에게 문제의 해결을 넘겼다고 볼 수 없으므로(*Engisch*, Einführung, S. 179) 계획적이지 않은 법률의 불충분성, 즉 흠결이다.
132) *Kramer*, Juristische Methodenlehre, S. 141ff ; *Lüthers*, Rechtstheorie, Rn. 847. 목적론적 흠결이란 어떠한 사태에 대한 명시적인 법규범이 존재하나 이 법규범이 규정한 사태가 특정한 사례에 해당하지 않는데, 가치적으로 보면 그 사실관계는 법규범이 규정한 사태와 같은 종류라서, 문언의 가능한 의미를 고려해 판단하면 법규범이 지나치게 좁게 규정되어 있는 경우이다.

한다. 행위자의 착오에 기인한 불능미수를 처벌한다면 행위자의 착오에 기인한 불능미수의 중지도 처벌하지 말아야 하기 때문이다.[133] 독일제국법원은 중지행위가 유효한지 여부를 중지행위와 결과불발생 사이에 인과관계가 존재하는지에 따라서 판결하였다.[134] 제국법원은 불능미수 및 실패한 미수의 중지에 대하여 독일제국형법 제46조를 적용할지 여부에 관하여, 제46조 제2호는 결과발생방지행위의 유효성을 전제로 한다는 이유로 인정하지 않았다. 객관적인 사실관계에 대한 인식없이 결과발생방지를 위해 노력한 행위자에게 중지미수를 인정함에 반하여 이러한 결과가 부당하다는 점을 제국법원도 인정하였으나, 법문의 문언을 이유로 판결을 유지하였다. 하지만, 독일연방대법원은 BGHSt 11, 324[135]에서 법조문이 개정되지 않았음에도 중지미수의 불능미수를 인정하였는데, 덜 위험한 행위자에게 중지미수를 인정하지 않는다면 정의에 반한다는 점과, 1956년 초안 제27조 등의 예에서 볼 때 불능미수의 중지를 인정하는 해석이 법발전에 상응한다는 근거에서였다.

불능미수의 효과가 임의적 감면이나 중지미수의 효과가 필요적 감면이기 때문에 큰 차이가 없다고 하는 반대설의 주장도, 살인죄의 중지미수를 인정하면서 장애미수와 달리 형의 감경을 인정하는 판례를 볼 때 설득력이 없다. 형벌에 대한 '임의적' 고려라는 점에서 불능미수와

---

133) *Baer*, Rücktritt und tätige Reue bei untauglichem Versuch, S. 34.
134) 독일제국법원은 미수범의 처벌근거에 관한 주관설을 취했음에도 불구하고 중지미수에 관하여는 객관적으로 해석하였다. *Rau*, Ernsthaftes Bemühen, S. 32.
135) 이 사건의 피고인은 21개월 된 자신의 아기에게 2 1/4알의 루미날을 사과주스에 타서 먹였고 스스로 5 3/4알을 복용하였다. 다음날 아침, 통증 때문에 잠에서 깬 피고인은 아기가 아직 살아있음을 발견하고 자신의 어머니에게 루미날을 먹었음을 털어놓았고, 어머니는 의사에게 전화를 해서 치료를 통해 피고인과 아기는 루미날중독에서 회복되었다. 원심의 사실관계확정에 의하면 아기에게 먹인 루미날은 그 나이 또래 아기를 죽이기에는 부족한 양이었으며, 피고인은 1심에서 고살미수로 6개월의 징역형에 처해졌다.

장애미수는 동일하기 때문이다.

제3자의 개입 등 다른 원인으로 인하여 범행결과가 발생하지 않았으나 행위자가 이를 모르고 노력했을 때에도 마찬가지이다. 이때도 장애미수가 적용되어 형이 임의적으로 감경될 뿐이므로 중지를 인정할 필요성이 있다.[136]

---

136) 김성천·김형준, 형법총론, 505면 ; 신동운, 형법총론, 489면 ; 이재상, 형법총론, 28/40 ; 이형국, 형법총론, 251면. 장애미수라는 견해로 권오걸, 형법총론, 448면 ; 안동준, 형법총론, 193면.

제3절 중지의사

Ⅰ. 중지의사의 내용

지금까지 중지미수에 관한 논의에서 중지의사에 관한 언급은 거의 없었다.[1] 실행미수의 중지에서 결과발생을 방지하려는 주관적 의사가 있어야 한다는 설명[2] 정도가 있었을 뿐이다.

중지미수에 관한 법문언에서 그 원인을 찾을 수 있다. 형법 제26조는 행위자가 자의로 실행을 중지하거나 결과의 발생을 방지해야 한다고 하여, 주관적 요소인 자의성 이외에 실행중지나 결과발생방지라는 객관적 요건에 대해서만 규정할 뿐이다. 하지만 이미 지적했듯이 중지행위에 대한 인식과 의욕이 없다면 자의적인 실행중지나 결과발생방지는 존재할 수 없다. 그리고 중지미수의 본질에 관한 모든 논의는 중지미수를 인정하기 위한 주관적 측면으로서 범행을 그만두겠다는 행위자의 의식적인 결정을 요구한다.[3]

고의가 주관적 구성요건요소인 것처럼 중지미수에서 중지행위에 대한 행위자의 생각은 주관적 요소로 보아야 한다.[4] 그리고, 중지의사가 있었다고 인정받기 위해서는 행위자는 범행고의를 포기하고 범행의 계속적인 실행을 중지하거나 결과의 발생을 방지해야 한다.[5] 이렇게 정의

---

1) 예외적으로 이훈동, "중지범에 있어서 미종료미수와 종료미수의 구별기준", 233면.
2) 정성근·박광민, 형법총론, 398면.
3) *Murmann*, JuS 1996, 592.
4) *Jäger*, Gefährdungsumkehr, S. 117. 다만 예거는 중지의사와 자의성을 구별하지 않기 때문에, 자의성에서 문제를 해결하려고 시도한다.

하면, 중지의사가 중지미수에 관한 요건 중 기존에 주로 논의되었던 자의성 및 중지행위와 연결되어 있다는 점이 나타나며, 이러한 개념과의 경계설정이 분명하지 않음도 알 수 있다. 먼저 중지'의사'라고 할 때에는 의사결정의 자유를 전제로 하기 때문에 중지미수의 다른 요소인 자의성과 비슷하다. 다음으로 범행고의 포기는 실행의 포기와 결과발생의 방지로 실현되므로, 사실상 중지의사보다는 중지의사의 외부적 발현인 중지행위가 어떠하였는지가 관심의 대상이 된다. 그렇기 때문에 지금까지 중지의사가 중지미수의 기준으로서 거의 제시되지 않았다고 보인다.

하지만 중지의사는 중지행위와 자의성과는 구별될 수 있다. 프랑크의 공식에 관해 논의함으로써 중지의사와 자의성의 구별을 구체화할 수 있다. 프랑크의 공식은 자의성이라기보다는 언제 중지의사가 존재하지 않는지를 판단할 때 사용하는 방법으로서,[6] 외적인 선택의 자유(Wahlfreiheit)와 결정의 자유(Entscheidungsfreiheit)를 혼용하고 있다. 자의성의 규정과 관련하여 독일제국형법 제46조도 마찬가지였는데, 독일형법 제24조는 자의적이라는 단어를 사용함으로써 결정의 자유에 중점을 두었다.[7] 선택의 자유와 결정의 자유를 구분하면, 전자는 중지미수의 요건 중 자의성이 아니라 중지의사에서 다루어야 하며, 반면으로 자의성 단계에서는 행위자에게 선택의 자유가 있었음에도 구체적인 상황에서 중지할 결정의 자유가 있었는지를 판단해야 한다.[8] 이러한 이유에서, 프랑크의 공식에 대하여 행위자가 가능성 여부에 관한 판단이 없이

---

5) *Tipold*, Rücktritt und Reue, S. 194ff.
6) *Tipold*, Rücktritt und Reue, S. 104.
7) *Köhler*, AT, S. 480.
8) 비슷한 입장으로 선택의 여지가 전혀 없었다면 실행중지는 어쩔 수 없는 결론이기 때문에, 자의성 여부를 판단하기 위해서는 심리적으로 자유롭게 결정할 수 있는 상황이어야 한다는 김성천·김형준, 형법총론, 495면.

범행을 중단한 경우 이 공식에 따라 자의성을 판단하기 곤란하다고 하는 비판9) 역시 중지의사를 자의성과 분명히 구별하지 않았다.

다른 한 편으로 중지의사가 있어야만 중지의사를 현실화하는 행위가 존재할 수 있으므로, 중지의사는 중지행위에 우선한다. 강제적 상황으로 인해 중지하였다고 하더라도 중지의사는 존재할 수 있다. 그러므로, 예를 들어 경찰차의 사이렌소리를 듣고 발각될까봐 두려워서 범행의 실행을 포기한 행위자에게도 중지의사는 존재하나, 이때는 자의성이 문제가 된다. 중지의사는 주관적인 요건으로서 의욕적인 측면이 중심이 되는 반면 착수미수와 실행미수의 구별에서는 인식이 중심이다.

II. 중지의사의 적용사례

행위자가 사실상 더 이상 범행을 계속할 수 없다고 판단했기 때문에 범행을 그만 두었다면 중지의사가 없었기 때문에 중지미수로 볼 수 없다. 일상언어적인 이해에 따르면 자신의 목표실현을 위해서는 더 이상 기회가 없다고 생각한 사람도 범행을 포기한 것인데, 왜냐하면 그는 어쨌든 더 이상 행위하지 않겠다고 결의했기 때문이라는 주장도 있다.10) 하지만, 이때는 행위자가 선택의 자유가 없다고 생각하여 중지했으므로 중지의사가 없었다고 보아야 한다.11) 독일의 통설은 이러한 사례는 실패한 미수에 해당한다고 설명한다.

피해자가 큰 상처를 입어서 곧 죽게 될 것이라고 생각하고 행위자가 더 이상의 행위를 하지 않고 자리를 떠났다면, 이때 행위자는 구성요건

---

9) 김일수 · 서보학, 형법총론, 538면.
10) *Streng*, NStZ 1993, 258.
11) *Bochert/Hellmann*, GA 1982, 447 ; *Bottke*, JZ 1994, 74 ; *Tipold*, Rücktritt und Reue, S. 196.

의 실행을 희망했을 뿐이며 중지미수의 인정을 위해 필요한 중지의사가 존재하지 않기 때문에 중지미수로 볼 수 없다. 행위자가 범행결과가 발생하든 발생하지 않든지 상관없다고 생각하고 더 이상의 행위를 하지 않은 경우에도 중지의사는 존재하지 않으므로 중지미수를 인정할 수 없다.12)

III. 실패한 미수 개념

1. 실패한 미수 개념의 도입

갑은 장사밑천을 위해 50만 원 정도의 현금을 훔치려고 을의 술집에 들어가 금고를 열었다. 하지만, 금고 속에는 기대와는 달리 5만 원의 현금밖에 없었기 때문에 실망한 갑은 화가 나서 그냥 나와 버렸다.13)
이 사례에서 행위자에게 자의성이 없기 때문에 중지미수가 인정되지 않는다는 설명이 일반적이다.14) 중지시점 이후에 범죄의 완성이 가능하다면 중지미수는 성립가능하나 합리적 판단에 의하면 범죄를 중단하는 이외에 다른 선택의 여지가 없어서 중지한 경우, 또는 상황이 현저하게 불리하게 되어 그로 인한 불이익을 고려하지 않을 수 없는 경우에는 자의성이 인정되지 않는다는 이유에서이다.15)
하지만 이러한 사례에서 중지미수가 처음부터 성립할 수 없다고 보

---

12) Tipold, Rücktritt und Reue, S. 50 ; Ulsenheimer, Grundfragen, S. 222.
13) 신동운, 형법총론, 477면 사례 91. BGHSt 4, 56도 참조.
14) 신동운, 형법총론, 481면. 독일에서는 예를 들어 Welzel, AT, S. 297. 아무리 가치가 적어도 절도죄의 객체가 되므로 자의성을 인정해야 한다는 견해로 권오걸, 형법총론, 442면.
15) 손동권, 형법총론, 24/20.

는 견해가 있다. 독일에서의 Fehlgeschlagener Versuch 이론의 영향 때문이며 이 개념을 '실패미수',[16] '실패한 미수',[17] '실패된 미수',[18] '실패된 범행시도',[19] '실패범',[20] '좌절미수'[21]라고 하거나 '장애미수'[22]에 속한다고 설명하기도 한다.

최근 '뜻대로 안된 미수' 또는 '헛수고한 미수'가 돋보인다. '실패한 미수'는 범행이 객관적으로 실패한 경우(Mißlungener Versuch)를 의미하기 때문에 '헛수고한 미수'라는 용어를 사용해야 한다는 의견이며, 실패한 미수라는 용어를 유지하면 주관적으로 실패한 미수와 객관적으로 실패한 미수로 구분해야 한다고 주장한다.[23] 이 글에서는 다수견해에 따라 '실패한 미수'라는 용어를 사용하겠으나, '주관적/객관적'이라는 구분은 실패한 미수로 지칭하는 사례가 행위자의 생각과 관련된다는 점을 분명히 보여준다는 장점이 있다.

2. 실패한 미수 개념의 내용

중지미수의 요건인 자의성은 행위자가 자신이 착수한 실행행위가 기수에 이를 가능성을 생각하고 있는 경우를 전제로 하며, 행위자가 이러

---

16) 이용식, "결과적가중범의 직접성원칙과 부진정부작위범에 있어서 불능미수의 중지미수", 86면 이하. 일본에서는 金澤眞理, 中止未遂の本質, 170頁.
17) 김성돈, 사례연구 형법총론, 344면 이하 ; 김용욱, "미수형태와 중지범", 86면 ; 박상기, 형법총론, 354면 ; 최우찬, "중지미수", 76면.
18) 오경식, "범행중지의 자의성과 공동정범의 행위귀속", 78면 이하(하지만 83면에서는 '실패한 미수'라고 서술한다) ; 하태훈, "중지미수의 성립요건", 67면 이하.
19) 손동권, "중지(미수)범에 관한 연구", 248면 ; "중지(미수)범의 특수문제", 79면.
20) 황산덕, 형법총론, 267면.
21) 김성돈, 형법총론, 500면.
22) 이형국, 형법총론, 239면.
23) 김일수·서보학, 형법총론, 536면. 김성돈, 형법총론, 500면도 참조.

한 가능성이 없음을 분명히 알고 더 이상의 행위를 하지 않은 경우에는 중지라고 볼 수 없고 실패한 미수라고 한다. 이 견해는 형법 제26조가 실패한 미수를 독자적인 형태의 미수범으로 보고 있다고 설명한다.[24]

행위자의 생각에 따라 구성요건이 실현될 가능성이 없었거나 목표로 할 행위객체가 존재하지 않거나 행위객체의 질이나 상태가 계획에 현저하게 미치지 못할 때가 실패한 미수라고 한다.[25] 실패한 미수의 사례는 '모두 불능미수 또는 장애미수에 속하게 되므로, 행위자가 스스로 범행을 포기한 중지미수에는 해당될 수 없'[26]거나, '행위의 속행가능성이 없다면 애당초 중지의 개념 속에 들어올 수 없(으며), 따라서 실패미수의 경우에는 중지미수에서 배제되기 때문에 중지행위나 자의성은 검토할 필요도 없다'[27]고 본다.

그렇다면, 중지미수의 사례해결에서는 행위자가 범행을 중단했을 당시 범행의 완성이 가능하다고 생각했는지를 우선 판단해야 한다. 범행의 완성이 불가능하다고 보았을 경우 실패한 미수여서 중지미수에 해당하지 않고, 결국 중지미수의 요건 중 실패한 미수 여부를 가장 먼저 판단해야 한다.[28]

---

24) 김성돈, 사례연구 형법총론, 344-5면. 하지만 김성돈, 형법총론, 501면은 실패한 미수에 속하는 사례는 독자적인 미수유형이 아니라 장애미수에 해당한다고 본다.
25) 박상기, 형법총론, 354면 참조.
26) 최우찬, "중지미수", 78면.
27) 김성돈, 사례연구 형법총론, 345면 ; 이용식, "결과적가중범의 직접성원칙과 부진정부작위범에 있어서 불능미수의 중지미수", 86면 이하 ; 하태훈," 중지미수의 성립요건", 68면. 박상기, 형법총론, 354면도 실패한 미수 개념을 인정할 경우 자의성 여부에 관한 논의의 의미가 축소된다고 한다.
28) 김성돈, 사례연구 형법총론, 349면 ; 김용욱, "미수형태와 중지범", 86면.

3. 실패한 미수 개념과 중지의사

1) 실패한 미수에 속하는 사례의 해결방식

실패한 미수 개념에 해당하는 사례에서 중지미수를 인정하기 어렵다는 사실은 일반적으로 인정되고 있는데, 그 이유가 무엇인지에 대한 설명은 각각 다르다. 즉, 실패한 미수 개념이 독립적으로 존재한다고 설명할 수도 있고, 실패한 미수는 실행미수의 하위개념이기 때문에 범행의 중지만으로는 불충분하다고도 말하며,29) 실패한 미수에서는 자의성을 인정할 수 없다는 견해도 존재한다.30) 자의성을 부인하는 예로 행위자가 범행을 계속 실행하는데 심리적 장애가 있었거나 결과발생을 방지하도록 심리적으로 강제된 경우에는 자의성의 한계사례가 문제된다고 하면서, 의사에 대한 강제적인 영향으로 인해 스스로의 의사의 독립성이 존재하지 않기 때문이라고 하는 설명31)이 그러하다.

이 중 실패한 미수가 독자적인 법형상이라고 보는 견해는 따를 수 없다. 이미 지적했듯이 실패한 미수가 존재한다고 보고, 어떠한 사안에서 실패한 미수가 존재하는지 여부를 법률에 규정되어 있는 중지미수의 요건보다 먼저 심사하는 방식은 잘못이기 때문이다. 실패한 미수 개념을 도입하면 자의성 등 다른 요건에 대한 심사 없이도 중지미수를 인정하지 않을 수 있다는 장점이 있다는데, 이러한 점이 장점이라고 볼

---

29) 이미 *Berner*, Gutachen, S. 110f. *Hruschka*, JZ 1969, 498 ; *Krauthammer*, Der Rücktritt vom Versuch, S. 16. 독일판례로 BGHSt 14, 75. 그에 관하여 Schönke/Schröder-*Eser*, § 24 Rn. 7.
30) 실패한 미수의 사례를 해결하는 여러 가지 설명방식에 대하여 *Berger*, Der fehlgeschlagene Versuch, S. 48ff 참조.
31) *Graf zu Dohna*, ZStW 59 (1940), 542f. RGSt 37, 134 ; 55, 36도 참조.

수 없다. 실패한 미수에 어떠한 사례가 속하는지도 분명하지 않은 상황에서 해석을 통하여 가벌성이 확대될 수 있기 때문이다.32) 그리고 실패한 미수 개념이 적용되는 범위를 확대할 경우에 피해자보호에도 불리하게 작용할 수 있다. 행위자가 일단 범행에 실패한 후에 다른 수단을 이용하여 범행을 마치려고 할 수 있기 때문이다.33) 또한 실패한 미수 개념을 도입한다고 해서 중지미수의 사례해결이 지금보다 간명해진다고 보기도 어렵다. 독일의 통설이 실패한 미수의 사례라고 설명하는 범행실현이 법률적으로 불가능해진 경우나 객체가 범행계획과 동일하지 않아서 포기한 경우가 그러한 사실을 보여주는 예이다.34)

실패한 미수 개념은 미수범이론에서 미수행위의 가벌성 확정이 아니라 오직 중지미수에서, 즉 이미 존재하는 미수행위의 가벌성이 언제 예외적으로 달라지는가의 질문에만 관련이 있다. 그렇다면, 실패한 미수 개념을 인정할지의 여부는 결국 중지미수에 관한 형법조문이 과연 이 개념을 포함하고 있는지, 또는 이 개념을 이용해 해석할 수 있는지의 문제와 떼어서 생각할 수 없다.35) 그리고, 실패한 미수 개념을 도입하는 견해에서 드는 사례들은 중지행위에 관한 기존의 요건의 해석을 통하여 무리없이 설명할 수 있다고 보인다. 실패한 미수 개념의 도입을 주장하는 견해가 올바르게 지적하듯이, 범행실행의 중지나 결과발생의 방지는 이미 개념적으로 행위자가 범행을 계속 할 수 있다거나 아니면 결과발생을 방지할 수 있다고 생각한다는 점을 전제로 하기 때문이다. 하지만 이 문제가 평가되어야 할 영역은 중지미수의 요건의 해석에서이지, 법문에 존재하지 않는 새로운 제도를 도입할 필요는 없다. 그러므

---

32) 그렇기 때문에 *Kühl*, AT, § 16 Rn. 10도 이 개념은 실패한 미수임이 명백한 사례에만 적용해야 한다고 설명한다.
33) *Tipold*, Rücktritt und Reue, S. 84.
34) *Tipold*, Rücktritt und Reue, S. 112ff.
35) *Bottke*, Beteiligung, S. 22 ; *Gössel*, ZStW 87 (1975), 7f 참조.

로, 실패한 미수의 사례는 중지미수의 요건에 해당하지 않으니 장애미수라고 설명하면 될 뿐,36) 이러한 사례가 실패한 미수이기 때문은 아니며37) 실패한 미수가 새로운 형태의 미수라고 볼 이유도 없다.

2) 중지의사를 통한 해결

그렇다면 중지미수의 어떠한 요건에 실패한 미수를 포섭할 수 있는가? 앞에서 지적했듯이 실패한 미수 개념이 행위자의 생각을 출발점으로 한다면 중지의사의 해석을 통해 문제를 해결할 수 있다고 생각한다.

실제로 실패한 미수라고 설명하는 사례 중 많은 예는 중지의사가 없기 때문에 중지미수를 인정할 수 없다고 보는 편이 더욱 간명하다.38) 가령 강도가 실행에 착수했으나 오히려 완력이 센 피해자에게 맞아 의식을 잃은 사례가 실패한 미수에 해당한다고 설명하는데,39) 이는 행위자가 도대체 중지의사를 가질 수 없었던 경우이다. 실패한 미수에서는 범행의 포기는 말도 안 된다는 독일의 판례들40)도 이러한 출발점에서 검토해 보면, 이러한 사례들이 실패한 미수에 속하기 때문이 아니라 중지의사가 존재하지 않았기 때문이라고 보는 편이 옳다.

---

36) *Baumann/Weber/Mitsch*, AT, § 27 Rn. 12 ; *Berger*, Der fehlgeschlagene Versuch, S. 169 ; *Herzberg*, JuS 1990, 277.
37) *Bottke*, JZ 1994, 72 ; *Heckler*, Rücktrittsleistung, S. 154 ; *v. Heintschel-Heinegg*, ZStW 109 (1997), 36.
38) *Krauß*, JuS 1981, 884 ; *Tipold*, Rücktritt und Reue, S. 100.
39) 이용식, "부작위형태의 중지행위의 요건에 관하여", 301면 ; *Tipold*, Rücktritt und Reue, S. 99, 104.
40) 예를 들어 RGSt 63, 158는 행위자가 자신의 범행이 실패했다는 생각으로 중단한 경우에 관해서, 착오나 무지로 인해 범행기수에 실패한 자는 중지할 수 없기 때문에 자의적인 중지미수도 존재하지 않으며, 범행을 중단하겠다는 의사 없이는 중지미수는 생각할 수 없다고 하였다. *Berger*, Der fehlgeschlagene Versuch, S. 49 ; *Ulsenheimer*, Grundfragen, S. 278 참조.

행위자가 범행의 실현이 불가능하다는 사실을 알게 된 후 더 이상의 행위를 하지 않았다면, 객관적으로는 범행의 중지가 있으나 주관적으로 중지의사가 있었다고 보기는 어렵다. 범행의 실현이 객관적으로는 가능하였으나 행위자가 구성요건실현이 불가능하다고 잘못 생각하여 중지한 경우에도 중지의사는 존재하지 않는다.41) 반면에 행위객체의 질이나 상태가 계획에 현저하게 미치지 못하다는 이유로 중지했다고 하더라도 중지의사가 처음부터 부정되지는 않으며, 이때 중지미수를 인정할 수 있는지는 자의성에서 심사해야 한다. 왜냐하면 중지미수에서는 실행의 착수 당시 행위자가 어떠한 생각을 했는지가 아니라 중지행위 당시, 즉 더 이상 범행을 하지 않을 때에 어떠한 생각을 했는지가 중요하므로, 범행계획을 실패한 미수의 기준으로 삼아 중지미수의 요건에 대한 심사를 처음부터 배제해서는 안 되기 때문이다.42)

IV. 포기의 종국성의 의미

1. 포기의 종국성의 의미

포기가 종국적이어야 하는지는 자의성의 한 내용으로 논의되었다. 범죄의사의 절대적·종국적 포기를 요하지 않기 때문에, 행위자가 범행을 잠정적으로 포기하고 나중에 다시 하겠다는 생각으로 중지했을 경우, 즉 고의의 포기가 없다고 하더라도 자의성을 인정할 수 있다는 설명이 다

---

41) *Fuchs*, AT I, § 31 Rz. 22. *Jäger*, ZStW 112 (2000), 800도 이러한 사례에서 중지행위자에게 중지의 고의(Rücktrittsvorsatz)가 없었고 따라서 자의적이지 않다고 설명한다.

42) *Jäger*, ZStW 112 (2000), 804 ; *Tipold*, Rücktritt und Reue, S. 81.

수설이다.[43] 하지만 범행을 완전히 포기해야만 중지미수를 인정할 수 있다는 견해도 있다.[44] 전자를 구체적 고찰방식, 후자를 추상적 고찰방식이라고 할 수도 있다.[45] 하지만 자의성과 중지의사는 구별되고 중지의사는 중지행위를 하려는 의사로 정의되기 때문에, 범행포기가 종국적인지를 판단해야 할 위치는 자의성이 아니라 중지의사이다.[46]

다음으로 기존에는 '종국적인 포기'가 문제가 되는 사례가 무엇인지가 분명히 논의되지 않았던 것처럼 보인다. 행위자가 유리한 기회를 위해 잠정적으로 범행을 중지한 경우에는 중지미수를 인정할 수 없다는 점은 두 견해에서 동일하기 때문이다. 예를 들어 범행계획에 의하면 특수절도(주거침입절도)를 위해 며칠 동안 준비를 해야 하는데, 나머지는 다음날 하기 위해서 오늘은 더 이상 하기 않기로 하였다면 이는 중지행위로 볼 수 없다.[47] 절도범이 어떤 집에 침입했는데 훔칠 물건이 예상보다 너무 많아서 트럭을 몰고 와서 훔쳐가야겠다는 생각으로 현장을 떠났다고 하더라도 마찬가지이다.[48] 그렇다면 이 두 견해가 차이를 보일

---

43) 권오걸, 형법총론, 446면 ; 김성천·김형준, 형법총론, 503면 ; 배종대, 형법총론, 532면 ; 안동준, 형법총론, 193면 ; 이상돈, "중지미수에서 자의성 개념의 기호론적 재구성", 122면 ; 이형국, 형법총론, 248면 ; 임웅, 형법총론, 358면 ; 정성근·박광민, 형법총론, 397면 ; 조준현, 형법총론, 346면 ; 진계호, 형법총론, 464면.

44) 김성돈, 사례연구 형법총론, 335면 ; 신동운, 형법총론, 485면 ; 신양균, 판례에 나타난 중지미수, 69면 ; 이정원, 형법총론, 294면 ; 이정원·류석준, "중지미수에서의 실행미수와 착수미수", 186면. 김일수·서보학, 형법총론, 543면은 종국적 포기가 아니어도 진지한 포기이면 미종료미수의 중지로 인정하나, 자의성에 관한 설명에서는 합법성으로서의 회심이 요구되기 때문에 범행을 종국적으로 포기해야 한다고 설명한다(541면).

45) *Bottke*, Beteiligung, S. 30 ; 장한철, "결과발생에 있어서 공범의 중지미수의 성립문제", 50면.

46) 김봉태, 형사법강좌 II, 608면도 이 문제가 사실은 자의성이 아니라 중지행위의 유무와 관련된다고 설명한다.

47) *Frank*, StGB, § 46 II ; *ders.*, Vollendung und Versuch, S. 233.

수 있는 사례가 과연 무엇인지에 관해서는 의문의 여지가 있다.

포기의 종국성을 요구하는 견해는, 중지미수의 목적론적 의미에 기하면 종국적인 포기에 대해서만 형의 감면을 인정할 수 있기 때문에, 행위자가 유리한 기회를 잡기 위한 의도로 일응 범행을 중지한 경우에는 법적대적 의사의 포기로 간주할 수 없다고 한다. 그리고 실행미수에서의 결과발생방지는 범행의 종국적 포기를 전제로 하기 때문에, 착수미수에서도 실행미수와의 균형을 위해서 종국적인 포기를 요한다고 한다.[49]

하지만 이러한 논거는 설득력이 없다. 중지미수의 목적론적 의미에서 종국적인 포기가 도출된다는 견해의 바탕이 되는 형벌목적설에 관하여는 이미 비판하였다. 다만 특별예방과 관련하여, 중지미수의 대상이 되는 행위는 개별적인 범행이며 형벌목적설에서의 재사회화도 이러한 개별적인 범행을 대상으로 할 뿐 행위자의 위험성이 계속 존재한다는 점은 문제가 되지 않는다는 점을 추가적으로 지적해야 할 것이다.[50] 그리고, 형법 제26조는 종국적인 포기를 요구하지 않고 있다. 즉, '중지'는 어떠한 동기에서든지 실행의 계속을 멈추는 것을 의미하며, 이러한 해석이 피해자보호에도 상응한다.[51] 형법은 중지미수의 효과를 필요적 감면으로 하고 있어 독일형법만큼 강한 법적 효과를 부여하고 있지 않기 때문에 범행의 종국적 포기까지는 필요없다는 지적[52]도 보충적인

---

48) *Lewisch*, ÖJZ 1990, 397의 사례(*Tipold*, Rücktritt und Reue, S. 134f에서 재인용).
49) 이정원·류석준, "중지미수에서의 실행미수와 착수미수", 186면.
50) *Köhler*, AT, S. 474f ; *Kühl*, AT, § 16 Rn. 43 ; *Tipold*, Rücktritt und Reue, S. 135.
51) *Bottke*, Beteiligung, S. 32 ; *Weinhold*, Rettungsverhalten, S. 44 ; 오영근, 형법총론, 30/42.
52) 김성천·김형준, 형법총론, 503면 ; 김일수, 한국형법 II, 209면 ; 배종대, 형법총론, 532면 ; 안동준, 형법총론, 193면 ; 이승호, "장애미수와 불능미수 및 중지미수의 구별", 161면 ; 이형국, 형법총론, 248면 ; 하태훈, "중지미수의 성립요건", 77면.

논거이다. 그리고, 실행미수에서의 결과발생방지는 이미 행위자가 범행을 포기했다는 사실을 의미하기 때문에 결과발생방지행위가 과연 종국적인지를 다시 논의할 필요는 적다.53)

독일제국형법 당시의 통설은 예를 들어 절도범이 물건을 훔치기 위해 이미 주거에 침입하였으나 다음날이 더 재수가 좋을 것 같아서 절도행위를 나중에 하기로 결심한 경우에도 중지미수를 인정하였다.54) 이러한 해석이 중지미수의 기본이념에 맞지 않다고 본 쇼텐삭(Schotensack)은 형법초안에 종국적(endgültig)이라는 단어를 넣자고 제안하였으며,55) 프랑크(Frank)도 통설의 결론이 불만족스럽다고 보았다.

하지만 종국성이라는 요건을 도입해 이러한 문제를 해결할 필요성은 없다는 점이 현재의 독일의 논의에서 드러난다. 독일판례는 비록 범행결의의 실행을 종국적으로 완전히 포기한 사람만이 중지미수의 효과를 누릴 수 있다고 말하고는 있으나, "이때는 항상 법문에 기술되어 있는 구성요건이라는 의미에서의 어떤 특정한 범행을 실행하겠다는 결의를 전제로 한다(BGHSt 33, 145)."56) 만약 행위자가 범행을 나중에 하기 위해서 미수단계에서 그만 둔다면 기존의 미수행위가 연장되는 것이 아니라 종국적으로 그만 두었으며, 나중의 행위는 새로운 범행으로 보아야 한다는 의미이다.57) 즉, 포기의 종국성을 판단하기 위해서는 기존의 행위가 나중의 행위와 어떻게 연결되는지가 다시 문제가 되며, 독일

---

53) 같은 지적으로 *Tipold*, Rücktritt und Reue, S. 134.
54) *Frank*, Vollendung und Versuch, S. 232 참조.
55) *Schoetensack*, FS Binding I, S. 428. *Krauthammer*, Der Rücktritt vom Versuch, S. 44도 참조.
56) 그러므로 BGHSt 7, 296은 RGSt 75, 393과 달리, 행위자가 나중에 피해자의 자의로 인한 성교가 있으리라고 예상하고 강간의 실행을 포기한 경우를 중지미수로 인정하였다(대법원 1993.10.12. 선고 93도1851 판결에 대한 신양균, "판례에 나타난 중지미수", 70면도 참조) ; BGH NJW 1980, 602.
57) *Roxin*, AT II, § 30 Rn. 429.

판례가 종합판단설과 중지행위기준설을 통하여 중지미수의 가능성을 넓게 인정하면서, 중지미수시기의 수정도 인정하고 있는 이상 '종국적인 포기'를 문자 그대로 이해해야 하는지는 의문이다.

현재의 독일학설 중에서도 일부는 범행의 종국적 포기를 요구하지 않는다.58) 그리고, 종국적 포기를 요구하는 독일의 통설에 따르더라도 중지의 대상은 행위자에 의해 계획되어 이미 착수된 구체적 행위이다. 따라서 행위자에게 나중에 다른 행위를 할 의사가 있었다고 하더라도 계획된 구체적 행위실행을 중지하였으며 중지한 행위가 나중의 행위와 다른 행위라고 볼 수 있다면 비록 법적대적인 의사가 아직 남아있다고 하더라도 중지로 본다.59) 우리학계에서 종국적인 포기가 필요하다는 입장도, 중지 이후 다시 계속된 행위가 중지 이전의 행위와 다른 범행으로 인정될 수 있다면 이때의 중지는 잠정적이 아니라 실질적으로 종국적인 중지인 반면, 중지 이전과 이후에 계속된 범행이 하나의 범죄행위를 구성하는 경우에는 중지를 인정할 수 없다고 한다.60)

즉, 포기의 종국성을 중지미수에서 지금까지 행해졌던 범행을 완전히 포기해야 한다거나 다시는 동일한 범행을 해서는 안 된다는 의미로 보기는 어렵다. 오히려 동일한 구성요건을 나중에 실행하겠다거나 다른 구성요건을 동시에 실행하겠다는 의사를 중지행위시에 가졌다면, 이는 새로운 범행결의이기 때문에 기존의 범행이 종국적으로 철회되었는지의 문제와는 관계가 없다.61) 중지의 대상이 되는 행위를 판단할 때 죄수론의 기준을 적용한다는 사실이 여기에서도 나타난다.62)

---

58) *Bottke*, Beteiligung, S. 34 ; *ders.*, BGH-FG IV, S. 167 ; *Krauß*, JuS 1981, 884 ; LK^{10}-*Vogler*, § 24 Rn. 79 ; *Maurach/Gössel/Zipf*, AT II, § 41 Rn. 52.
59) *Gropp*, AT, § 9 Rn. 84 ; SK-*Rudolphi*, § 24 Rn. 18 ; *Wessels/Beulke*, AT, Rn. 641. 같은 지적으로 이영란, 총론강의, 30/26 ; 이재상, 형법총론, 28/33.
60) 박상기, 형법총론, 357면.
61) 같은 지적으로 *Roxin*, AT II, § 30 Rn. 428.

논의의 결과는 두 가지로 정리된다. 먼저, 포기의 종국성은 자의성이 아니라 중지행위 및 중지의사와 관련하여 판단해야 한다. 그리고 범행결의의 포기는 구체적인 구성요건의 실현행위를 중지함으로써 족하지, 반드시 그 이후 일체 범행을 하지 않겠다는 총체적 포기일 필요는 없다.[63] 이러한 결론은 형법 제24조의 요건의 해석을 통하여 무리없이 도출할 수 있기 때문에 결국 '해석의 문제'이다.[64]

2. 포기의 종국성에 관한 판례의 입장

포기의 종국성에 관해 언급한 판결로 서울고법 1969.3.3. 68노459 형사부판결을 들 수 있다. 이 판결은 공범의 중지미수 성립여부가 중요한 쟁점인 듯 보이나 범행의 포기가 종국적이어야 하는지 여부도 다루었다. 판결이 확정한 바에 의하면 피고인은 "공범자인 공동피고인 전O근의 피해자 김O엽에 대한 살의를 종국적으로 포기케 하였다는 것이 아니고, 범행의 기회가 좋지 못하니 다음 기회에 미루게 하였"으며, 이는 중지미수의 인정에 충분하지 못하다고 한다.

이 판결만 보면, 판례가 범행의사를 종국적으로 포기해야 중지미수로 인정한다는 입장이라고 볼 수도 있다. 하지만, 이 사건은 단독범이 아닌 공범의 중지미수가 문제되었고, 사실관계에 따르면 피고인 및 공동피고인은 살인의 실행에 착수하지 못하고 예비단계에서 발각되었기 때문에, 예비죄에는 중지미수를 인정할 수 없다는 판례의 확고한 입장에 따르면 범행의사의 포기가 종국적이었는지 여부는 논의할 필요도 없었다. 그리고 판례에서의 종국성이 정말로 범행을 다시는 하지 않겠

---

62) 같은 지적으로 권오걸, 형법총론, 446면.
63) 신동운, 형법총론, 485면 참조.
64) 박상기, 형법총론, 357면.

다는 결심을 의미한다고 보기도 어렵다. 가령 대법원 1983.1.18. 선고 82도2761 판결에서 피고인은 피해자를 유괴하려고 하다가 중지한 후 결국 피해자를 약취살해하였다. 그럼에도 대법원은 약취살해행위는 새로운 범행결의에 의한 것이라는 이유로 앞의 행위에 대한 중지미수를 인정하였는데, 만약 종국성이 범행의 완전하고 궁극적인 포기를 의미한다면, 이 사건의 행위자는 종국적으로 범행을 포기했다고 볼 수 없고 따라서 앞 행위의 중지미수도 인정해서는 안 되기 때문이다.

범행을 여러 행위로 나눌 수 있을 때 그중 한 행위의 포기를 어떻게 보아야 하는지에 관하여, 판례는 범행행위가 하나의 고의로 행해진 하나의 행위인지 여부를 판단하기 때문에 죄수론의 기준을 따르고 있다고 보인다. 다른 예로 대법원 2002.6.14. 선고 2002도1429판결(공보불게재)에서 피고인은 나일론 끈으로 피해자의 목을 묶어 잡아당겨 기절하자 목에 묶은 끈을 느슨하게 풀어주고 옆에서 소변을 보는 사이 피해자가 의식을 회복하여 도망을 갔다. 이 사건에서 피고인은 도망가는 피해자를 잡으려고 쫓아갔으나 잡기 못했고, 목에 묶여있는 끈을 풀어주었다는 사실만으로는 실행행위를 종국적으로 중지하였다고 볼 수 없다. 즉, 이때는 피고인이 목에 묶은 끈을 풀어주었다고 하더라도 범행시 존재하던 고의가 없어졌다고 볼 수는 없으며, 반면 82도2761 판결에서는 마지막의 약취유인 및 살인은 그 직전의 범행기도와 구별되는 새로운 범행고의에 의한 것이기 때문에, 직전의 범행에 관하여 중지미수를 인정할 수 있다.

제4절 자의성

Ⅰ. 들어가며

자의성은 중지행위의 모든 형태에 공통적으로 요구되는 요소이다. 다만 자의성 개념은 중지미수의 요건 중 중지행위와 중지의사 다음에 판단되어야 한다. 그러므로, 어떠한 사례에서 중지행위 또는 중지의사가 존재하지 않는다면 문제해결을 위해 자의성을 논의할 필요가 없다.[1]

자의성 요건에 대하여 논의하기 위해서는, 자의성이 왜 형법전에 규정되어 있는지, 또는 자의성 요건이 어떠한 기능을 갖는지 살펴보아야 한다. 중지미수는 객관적인 측면뿐만 아니라 주관적 측면에서도 중지행위자의 몫으로 돌릴 수 있어야 하며, 자의성은 주관적 귀속요소로 볼 수 있다.[2] 하지만 자의성은 주관적 귀속요소라는 성격 이외의 다른 특성도 지니고 있다. 자의성 표지를 통하여, 중지행위에 대한 인식만으로는 중지미수로 보기에 충분하지 않으며, 중지의사가 자유롭게 형성되어야 한다고 요구되기 때문이다.[3]

---

1) 그러므로 실패한 미수 개념을 인정하는 견해는 자의성 판단의 전제로서 미수가 실패하지 않아야 한다고 설명한다. LK-*Lilie/Albrecht*, § 24 Rn. 147 ; LK¹⁰-*Vogler*, § 24 Rn. 82.
2) *v. Heintschel-Heinegg*, ZStW 109 (1997), 48 ; *Jäger*, Gefährdungsumkehr, S. 98 ; *ders.*, ZStW 112 (2000), 794 ; *Jakobs*, AT, 26/30ff.
3) *Herzberg*, FS Lackner, S. 352. *Kühl*, AT, § 16 Rn. 52는 "중요한 의미"라고 한다.

II. 자의성을 판단하는 기준

1. 자의성 판단기준에 관한 견해

1) 객관설

 객관설은 외부사정과 내부원인을 구별하여 후자에서만 자의성을 인정하는 견해인데, 외부사정과 내부원인은 구별하기 어렵다는 문제점이 있고, 외부적 사정이 있다고 항상 행위자의 자의성이 배제된다고 보기도 어렵다. 가령 도둑이 물건을 훔치려고 하다가 창문에서 성인(聖人)의 그림을 보고는 후회하여 중지한 경우에도 처벌한다면 불합리하다.[4] 비록 외부사정으로 인하여 범행을 중지하기로 결정했다고 하더라도 외부사정이 행위자의 의사결정의 자유를 억압할 정도가 아니라 내적인 결정에 작용한 정도였다면 자의성을 부인할 이유가 없다.[5]
 그리고 외부적인 장애상황이 있을 경우 자동적으로 자의성이 배제된다고 보는 해석은 법문에 상응한다고 보기 어렵다. 형법 제26조는 자의성에 관하여 '자의로'라고 표현하고 있을 뿐 '행위자의 의사와 무관한' 상황이거나 '외부적 상황' 등의 다른 입법례에서 볼 수 있었던 제한을 두고 있지 않기 때문이다.
 다른 한 편으로 객관설은 외부적 사정이 존재하지 않음에도 행위자가 외부적 사정이 존재한다고 생각하고 중지했을 때 자의성을 인정해

---

4) *Goltdammer*, Materialien, S. 257.
5) 자의성의 판단기준에 관한 학설의 명칭이 그 학설의 내용을 정확히 나타내지 못하고 있기 때문에 객관설은 내부적 동기설, 주관설은 윤리적 동기설, 절충설은 사회통념설로 바꾸어 부르는 편이 낫다는 지적으로 백형구, "미수범이론의 재구성", 36면 ; 임웅, 형법총론, 353면.

야 하기 때문에 자의성을 인정하는 범위를 부당하게 확장한다.6)

2) 주관설

주관설은 행위자에게 주관적·윤리적 동기가 있었을 때만 자의성을 인정하자는 견해이다. "중지미수의 인정을 위해 자의성을 요구함으로써 중지미수가 도덕적으로 보상받을 만해야 한다는 점은 실제로 충분하고 명확하게 표현되었으며, 법조문에서 이러한 취지를 더욱 낫게 표현할 수는 없을 정도이다"라는 견해7)가 주관설에 해당한다.

하지만, 중지미수의 본질에 비추어 보면 행위자가 스스로 범행의 결과발생을 방지하는 것으로 충분하므로 행위자가 도덕적인 동기 때문에 중지행위를 했을 경우에만 중지미수를 인정해야 할 필요는 없다. 따라서 비도덕적이라고 보이는 동기가 있었다고 하더라도 중지미수의 가능성이 처음부터 배제되지는 않는다. 그리고, 주관설은 자의성과 윤리성을 구별하지 않아 윤리와 법을 혼동하고 있으며 자의성의 범위가 지나치게 축소된다는 문제점도 있다.

---

6) 김일수·서보학, 형법총론, 537면 ; 박상기, 형법총론, 351면 ; 배종대, 형법총론, 525면 ; 안동준, 형법총론, 189면 ; 오영근, 형법총론, 30/24 ; 이정원, 형법총론, 283면.

7) *Bockelmann*, in: Strafrechtliche Untersuchungen, S. 165 ; *Sauer*, Allgemeine Strafrechtslehre, S. 116. 일본에서 주관설은 모토지 신쿠마(泉二新熊)에서 시작해 마키노에 의해 확립되었다. 野澤 充, 中止犯論の歷史的展開 – 日獨の比較法的考察 – (三), 257頁. 모토지는 1927년에 사법성 형법개정원안기초위원회의 주사위원(主査委員)으로서 사법성행형국장이었으며, 형법개정원안기초위원회는 모토지가 중심이 되어 작성한 준비안을 토대로 개정형법준비초안을 작성해 사법대신에게 보고하였다. 林 弘正, 改正刑法假案成立過程の硏究, 57頁 以下 참조.

3) 절충설

다수설[8]은 절충설이다. 이 견해에 의하면 동기형성의 과정을 객관적으로 관찰하여 일반의 경험상 범죄수행의 장애가 된다고 생각되는 사정에 의하는지의 여부에 따라서 자의성 여부를 판단한다고 한다. 그러나, 절충설 중에서도 장애사정이 존재하면 바로 자의성을 부인하는 견해[9]는 객관설과 어떠한 차이가 있는지 알 수 없다. 절충설의 내용이 모호하기 때문에[10] 그에 관한 비판도 분명하지 않게 된다. 가령 절충설은 행위자의 범행중단결정을 심리적 가치에서만 평가하기 때문에 중지미수규정의 보상적 취지에 배치될 때에도 자의성을 인정해야 한다는 지적[11]은 행위자가 장애사정을 인식해야 한다는 입장[12]을 대상으로 한다.

하지만 절충설의 의미내용은 모호할 수밖에 없는데, 일반의 경험 또는 사회통념에 의한 판단은 유용해 보여도 결국 동어반복에 지나지 않고,[13] 문제해결을 위해서 아무런 기준을 제공하지 못한다.[14] 그리고 자의성은 행위자의 의사를 떠나서는 설명할 수 없는데, 그 판단을 위해

---

8) 권오걸, 형법총론, 441면 ; 김성돈, "중지미수범의 성립요건", 276면 ; 김성천·김형준, 형법총론, 495면 ; 박광민·송승은, "중지미수범의 성격과 자의성 판단", 283면 ; 손동권, 형법총론, 24/14 ; 배종대, 형법총론, 531면 ; 백형구, "미수범이론의 재구성", 36면 ; 오경식, "범행중지의 자의성과 공동정범의 행위귀속", 81면 ; 이승호, "장애미수와 불능미수 및 중지미수의 구별", 162면 ; 이정원, 형법총론, 284면 ; 이존걸, "중지미수에 관한 논점", 442면 ; 이형국, 형법총론, 248면 ; 정영일, "중지미수", 33면 ; 김종원, 주석형법 II, 63면 ; 진계호, 형법총론, 461면.
9) 예를 들어 이재상, 형법총론, 28/19.
10) 김일수·서보학, 형법총론, 537면 ; 이상돈, "중지미수에서 자의성 개념의 기호론적 재구성", 115면 ; 정성근·박광민, 형법총론, 398면.
11) 박상기, 형법총론, 352면.
12) 예를 들어 김종원, 신고 형법총론, 297면 ; 이형국, 형법총론, 247면.
13) 오영근, 형법총론, 30/28.
14) 임웅, 형법총론, 355면.

왜 사회일반의 경험이라는 기준을 도입해야 하는지는 의심스럽다는 지적도 있다.15)

4) 프랑크의 공식

프랑크의 공식으로 중지미수에서의 자의성을 설명하는 견해16)는 제1공식('나는 할 수 있지만 더 이상 하지 않겠다')과 제2공식('나는 하고 싶지만 더 이상 할 수 없다')으로 나누어서, 전자에서는 자의성을 인정하지만 후자에서는 부정한다.

하지만, 프랑크의 공식은 이때의 '가능성'이 어떤 의미인지를 밝혀야 한다.17) 이 공식이 중지미수의 적용범위를 지나치게 넓힌다는 지적18) 때문이며 실패한 미수 개념을 인정하는 입장에서의 프랑크의 공식에 대한 비판인 자의성을 인정하기 위해서는 범행을 속행할 가능성이 있어야 한다는 주장19)도 이 공식에서의 가능성의 의미와 관련된다. 프랑크의 공식을 이용하는 견해에서는 이때의 가능성은 공식의 취지에 비추어 보았을 때 심리적·물리적 가능성으로 이해하여야 한다고 설명하거나,20) 이 기준만으로는 부족할 수 있으므로 판단은 객관적 상황을 고려해야 하며, 범행을 결의한 행위자로서 충분히 있을 수 있는 중지였는지 이례적인 행위로서 보상을 주어도 좋을 정도인지를 고려해야 한

---

15) 임웅, 형법총론, 356면. 이미 *v. Bar*, Gesetz und Schuld II, S. 552.
16) 송진현, "중지미수의 자의성", 452면 ; 신동운, 형법총론, 480면 이하 ; 임웅, 형법총론, 320면 이하. 이 견해는 예전에는 다수설이었다. 유기천, 총론강의, 261면 ; 이건호, 형법총론, 194면 ; 정영석, 형법총론, 228면 ; 황산덕, 형법총론, 270면 등.
17) *Krauthammer*, Rücktritt vom Versuch, S. 44 ; *Schröder*, JuS 1962, 83.
18) *Graf zu Dohna*, ZStW 59 (1940), 541 외 다수.
19) 박상기, 형법총론, 351면.
20) 임웅, "중지미수에 있어서의 자의성", 546면.

다고 본다.[21] 그러나, 가능성(Können) 개념은 물리적 가능성만을 의미한다. 그리고 심리적 가능성도 포함하면서 이를 범행완성의 가능성을 행위자의 주관을 기준으로 판단해야 한다는 의미라고 본다면, 결국 심리적·물리적 가능성은 절충설에서의 객관 개념과 다르지 않다.[22] 그리고, 객관적 상황이나 보상을 주어도 좋을 정도인지가 자의성 판단에서 고려되어야 한다면, 객관설 또는 규범설과의 차이를 찾기가 어렵다.

프랑크의 공식이 자의성과 실패한 미수를 혼동하고 있다는 비판에 관해서는, 자의성에 관한 모든 학설은 구성요건실현의 가능/불가능을 전제로 설정한 후 행위자의 범행중지가 행위자의 지배영역 안에서 발생한 것으로 판단할 수 있느냐를 다루는 것이라고 하면서, 프랑크의 공식은 가능하지만 '안한' 것인지, 불가능해서 '못한' 것인지를 가리려는 학설이라고 반론한다.[23] 하지만 범죄의 실행이 절대적으로 불가능하지는 않았던 상황에서 자의성을 판단할 필요성이 생기는 반면에 범죄실행이 불가능하였으며 행위자가 이를 알고 있었다면 자의성이 아니라 중지의사가 존재할 수 없다. 즉, 자의성의 판단을 위해 행위의 가능성이 존재해야 한다는 점은 실패한 미수를 인정하는 견해에서도 마찬가지이며, 결국 프랑크 공식의 입장에서의 이 반론은 자의성과 중지의사를 분명히 구별하지 않았다고 보인다.

프랑크의 공식은 행위자가 가능성 여부에 대한 판단없이 중지한 경우에 대하여 판단하기 곤란하다는 문제점도 있다.[24]

---

21) 송진현, "중지미수의 자의성", 452면.
22) 이상돈, "중지미수에서 자의성 개념의 기호론적 재구성", 116면 각주 18).
23) 임웅, 형법총론, 357면.
24) 김일수·서보학, 형법총론, 538면.

5) 규범설

규범설에 따르면, 중지미수의 법적 성격을 보상이나 형벌목적에서 구하는 이상 행위자의 심리적 태도와 함께 그에 대한 규범적 평가도 자의성 판단의 기준이 되어야 한다.[25] 그리고, 규범설의 기준이 모호하다는 비판에 대하여, 형법이 중지범을 인정하여 형벌의 혜택을 주는 형사정책적 이유를 파악하면 그 기준은 분명하며, 오히려 다른 학설보다 중지범을 인정하는 범위도 넓다고 반론한다.[26]

하지만 규범설의 바탕이 되는 형벌목적설[27]은 받아들이기 어렵다. 그리고, 구체적으로 '어떠한' 규범설인지가 문제가 되는데,[28] 규범설이 윤리적 동기설을 규범적 관점에서 재구성하였거나 자율적 동기설의 설명을 병용한다면 규범설의 독자적인 의미는 퇴색할 수밖에 없다.[29] 또한 규범설은 자의성을 어떻게 판단해야 하는지에 대한 관점을 제공할 뿐 판단방법에 관한 기준이라고 볼 수 없다.[30] 마지막으로, 범행의 종국적인 포기를 요구하지도 않는데 규범설이 왜 필요한지는 의문이다.[31]

6) 소결론

자의성 요건은 행위자가 계획했던 범행을 계속 실행할 수 있었을

---

25) 신양균, "판례에 나타난 중지미수", 67면은 절충설과 구별하는 의미에서 이 학설을 혼합설이라고 부르자고 제안한다.
26) 박상기, "중지미수의 성격과 자의성 판단", 318면.
27) 같은 지적으로 Jäger, ZStW 112 (2000), 786.
28) 적절한 지적으로 이상돈, "중지미수에서 자의성 개념의 기호론적 재구성", 119면.
29) 임웅, 형법총론, 358면.
30) 임웅, 형법총론, 358면.
31) 김성천·김형준, 형법총론, 494면 ; 배종대, 형법총론, 526면.

때, 즉 범행을 포기할 이유가 절대적이 아니라 상대적일 때 문제가 된다.32) 중지미수의 본질을 피해자보호에서 찾는다면 어떠한 동기에서든 중지하면 중지미수의 인정에 충분하다고 보아야 한다.33) 하지만 중지미수에는 중지행위 이외에도 자의성이라는 요건이 존재한다. 그렇기 때문에 자의성은 중지미수의 성립범위를 제한하는 다른 요건이라고 하겠다. 다만, 자의성이란 단어에는 범행의사를 바꾸게 된 모든 동기가 아니라 어떠한 특별한 장애가 있을 경우에만 중지미수를 인정할 수 없다는 가치판단이 표현되었다고 보인다.34)

다음으로 심리적 고찰방식도 규범적 성격을 지니고 있다.35) 비록 자의성 요건에 기술적(deskriptiv)인 특성이 있다고 보이지만36) 이 요건의 의미는 규범적인 시각을 통해서 확정되어야 한다. 물론 이렇게 본다면 '규범적 시각'이 무엇인지 규명해야 하겠지만, 이를 '자의성이라는 요건을 형법규정의 목적에 따라 해석하는 방식'이라고 파악한다면 심리적 고찰방식도 이에 해당한다고 보아야 옳다.37) 그렇기 때문에 규범적 고찰방식을 통해서는 자의성 표지의 내용통제가 불가능하다는 지적38)에는 수긍하기 어렵다.

---

32) SK-*Rudolphi*, § 24 Rn. 20.
33) 이러한 지적으로 오영근, 형법총론, 30/24.
34) *Freund*, AT, § 9 Rn. 57 ; *Pahlke*, dolus eventualis, S. 137.
35) *Köhler*, AT, S. 479 ; LK-*Lilie/Albrecht*, § 24 Rn. 160 ; *Maurach/Gössel/Zipf*, AT II, § 41 Rn. 98 ; NK-*Zaczyk*, § 24 Rn. 68 ; *Tipold*, Rücktritt und Reue, S. 208.
36) *Streng*, NStZ 1993, 258.
37) *Maiwald*, GS Zipf, S. 262. 비슷한 설명으로 Schönke/Schröder-*Eser*, § 22 Rn. 43도 자율적 동기에 의한 회심(Umkehr)이란 중지미수가 '보상받을 만하다는 사실(Verdienstlichkeit)'을 말한다고 본다. *Maurach/Gössel/Zipf*, AT II, § 41 Rn. 111도 참조. 반대견해로 *Roxin*, AT II, § 30 Rn. 366.
38) *Schliebitz*, Erfolgszurechnung, S. 139.

실제로 심리적 고찰설과 규범적 고찰설을 통하여 얻는 결과는 대부분 같다.39) 행위자가 범행이 발각되었다고 생각하고 체포될 염려가 있었던 경우라면 심리적 또는 규범적 고찰방식 중 어떠한 입장을 통해서라도 자의적인 중지미수는 인정되지 않는다. 반대로 후회, 부끄러움, 또는 특별한 이유없이 생긴 두려움 때문에 포기한 경우에는 자의성이 인정된다. 심리적 고찰방식과 규범적 고찰방식이 서로 다른 결론을 내릴 수 있는 사례 몇 가지가 독일판례에서 있었다.40) BGHSt 7, 296에서 피고인은 피해자를 강간하려고 바닥에 눕혔는데, 피해자는 지나가는 행인에게 도움을 청하기 위해서 시간을 벌기 위한 의도로, 피고인에게 '폭력으로 할 일이 아니며' 잠시 진정하자고 했다. 그 이후 다시 자신과 성교할 생각이 있다면 자신은 생각이 있다고 했고, 실제로 피고인은 범행을 중지하였다. 잠시 후 행인 두 명이 지나가자 피해자는 도움을 요청했고 피고인은 도망쳤다. BGHSt 35, 184에서 피고인은 자신의 전 부인과 함께 있던 피해자를 죽이려고 칼로 찔러서 중상을 입혔는데, 전 부인이 범행현장에 있음을 발견하고 부인을 죽이는 게 우선이라고 생각하고 피해자를 버리고 전 부인을 찔러 죽였다. BGH NStZ 1994, 428에서 피고인은 부부싸움 끝에 살인의 고의로 부인을 칼로 찔렀는데, 잠이 깬 아이들이 방에 들어오는 것을 보고, 아이들 앞에서 범행을 계속할 수는 없다는 생각에 범행을 중지하였다. 규범적 고찰설에 따르면 이 모든 사건에서 자의성을 인정하기 어려울 것이나, 심리적 고찰설에 따르면 자의성을 인정할 가능성이 높다.41)

---

39) *Ebert*, AT, S. 136 ; *Jäger*, ZStW 112 (2000), 788.
40) 반면 김성천・김형준, 형법총론, 494면은 소위 '종국적 중지' 이외에는 심리적 고찰설과 규범적 고찰설의 판단이 달라지지 않는다고 한다.
41) BGH NStZ 1994, 428은 아이들이 갑자기 범행현장에 나타남으로써 피고인에게 더 이상 범행을 계속할 수 없는 심리적 원인이 생겼다는 이유로 자의성을 부인하였다. 반면에 피고인이 자신의 범행의 결과로 피를 흘리고 있는 피해자를 보고

자의성은 중지행위와 관련된 구체적인 행위와 관련해서만 확정될 수 있으며, 이때 행위자가 범행계획에 따라 어떤 이익을 위해서 범행하려고 했는지가 아니라 중지행위를 결정할 시점에 자의적인 포기행위 또는 범행기수의 방지를 할 가능성이 있었는지를 우선 판단해야 할 것이다.[42] 그리고 자의성은 중지미수에서의 주관적 귀속요소이기 때문에, 일부 심리적 고찰방식이 주장하듯이 중지행위자의 의사결정의 자유가 있었는지 여부를 중심으로 하여 '자율적/타율적' 기준을 통해 자의성 여부를 판단할 수 있다고 생각한다.[43]

프랑크의 공식도 이를 뒷받침한다. 프랑크의 공식은 자의성 판단에 대한 다른 기준들과 구별되는데, 객관설이나 주관설이 어떤 경우에 자의성을 배제할 수 있는지에 관한 특정한 사례군을 제시하는 데 그치며 절충설과 규범설이 자의성 판단에 대한 특정한 시각을 제시하는 반면, 프랑크의 공식은 이때의 가능성이 무엇인지에 대하여 명확하게 한정한 후 사용한다면, 판단방법에 대한 기준으로서 사용할 수 있다.[44] 이러한 특성 때문에 오스트리아[45]와 스위스[46]의 판례는 프랑크의 공식을 사용해 자의성을 판단하였다.

그런데, 프랑크는 중지행위가 '자발적인, 스스로 결정한 동기'에 의

더 이상 범행을 계속할 수 없었고 계속할 의욕도 없었던 BGH bei Dallinger MDR 1952, 531에서는 자의성을 인정하였다. 이러한 결론은 심리적 고찰방식이 일관성이 없다는 점을 보여준다(Jäger, ZStW 112 (2000), 792 참조).

42) *Jakobs*, AT, 26/30 ; *Streng*, NStZ 1993, 259.
43) 김성돈, 형법총론, 496면 ; 김일수, 한국형법 II, 202면 ; 김일수·서보학, 형법총론, 540면 ; 이재상, 형법총론, 28/21 ; 하태훈, "중지미수의 성립요건", 74면 ; *Frisch/Murmann*, JuS 1999, 1200 ; *Jäger*, ZStW 112 (2000), 794ff ; *Köhler*, AT, S. 479 ; *Kühl*, AT, § 16 Rn. 54.
44) 이러한 지적으로 이상돈, "중지미수에서 자의성 개념의 기호론적 재구성", 117면. 신동운, 형법총론, 480면도 참조.
45) *Tipold*, Rücktritt und Reue, S. 108 참조. 학설로는 *Kienapfel*, AT, Z 23/14.
46) BGE 83 IV 1.

했을 때 자의적이라고 설명한다.47) 즉, 그는 '자율적/타율적'이라는 기준을 구체화하기 위해 이 공식을 제시하였다.48) 제26조가 사용하는 문언인 '자의로'는 자유로운 의사결정을 의미하므로, 문언해석도 '자율적/타율적'이라는 해석을 뒷받침한다.49) 다음으로, 형법전은 중지미수 이외에도 원인으로부터 자유로운 행위(제10조 제3항)에 '자의로'라는 단어를 사용하고 있다. 이때의 '자의로'의 의미는 '행위자가 책임능력을 지닌 상태에서 스스로'라고 통설은 해석한다.50) 그렇다면 중지미수에서의 자의성도 제10조 제3항에서와 동일하게 '행위자가 스스로'라는 의미라고 해석할 수 있다고 생각한다.51) 하지만 자의성의 판단대상은 자율적/타율적인 동기가 있었는지가 아니라 자율적인 의사결정이 있었는지이다. 동기는 자의성을 판단하는 중요한 요소이지만, 동기와 의사결정은 구별되며 동기는 자의성 판단의 한 요소에 불과하기 때문이다.52)

2. 자의성의 내용

1) 자율적 의사결정으로서의 자의성

자율적 의사결정이 있었는지 여부를 결정하기 위해서는 중지 당시

---

47) *Frank*, StGB, § 46 II. 같은 주장을 하는 *Heinrich*, AT I, Rn. 810도 참조.
48) 같은 지적으로 이상돈, "중지미수에서 자의성 개념의 기호론적 재구성", 116면 각주 17 ; *Roxin*, AT II, § 30 Rn. 433.
49) 하태훈, "중지미수의 성립요건", 73면. 실제로 절충설(배종대, 형법총론, 531면 ; 이정원, 형법총론, 284면 ; 진계호, 형법총론, 461면 등)은 그 기준으로 자율적/타율적 동기를 제시한다. 반면 자율적/타율적 동기 구분이 규범설에 해당한다는 견해로 김성천·김형준, 형법총론, 493면.
50) 김성돈, 형법총론, 408면 ; 김일수, 한국형법 II, 63면 ; 신동운, 형법총론, 375면.
51) 중지미수의 자의성 해석에 형법 제10조 제3항을 끌어들이는 논의로 오영근, 형법총론, 30/28 ; "중지미수의 자의성", 561면. 김성돈, 형법총론, 408면도 참조.
52) 이상돈, "중지미수에서 자의성 개념의 기호론적 재구성", 122면.

의 상황을 전체적으로 판단해야 한다. 어떠한 외부적 사정이 자율적 의사결정을 방해하는 요소로 작용할 수도 있으나, 외부적 사정이 있다는 사실에서 자의성을 인정할 수 없다는 결론을 자동적으로 도출해서는 안 된다. 자의성은 범행에 대한 행위자의 생각을 기준으로 판단해야 하기 때문이다.[53] 경찰관이 범행을 감시하고 있는 사실을 알지 못하고 행위자가 범행을 중지한 사례에서 자의성을 인정할 수 있듯이, 외부적 사정이 행위자의 의사결정에 전혀 영향을 주지 못할 가능성도 있다. 또는 외부적 사정이 존재하였고 이러한 사정이 행위자의 의사결정에 영향을 주었다고 하더라도 그로 인해 행위자의 자율적인 의사결정이 방해받을 정도에는 이르지 않았을 수도 있다. 그렇기 때문에 외부적인 사정이 있더라도 이러한 사정으로 인하여 자율적인 의사결정이 방해받았는지를 다시 한 번 심사해야 한다. 자의성 판단에도 '의심스러울 때는 피고인에게 유리하게' 원칙이 적용되기 때문이다.[54]

다른 한 편으로 자의성 판단을 위해서는 자의성 판단에 도움을 줄 수 있는 요소들을 유형화하며 세분화할 필요성이 있다.[55] 그러한 요소를 내적인 동기와 외부적 사정으로 나누어 검토하겠는데, 이 두 가지는 서로 연관될 수 있다.

2) 자의성과 내적 동기와의 관계

중지행위가 후회나 반성 같이 윤리적으로 높이 평가할 수 있는 성찰에 기초할 필요는 없다.[56] 그렇기 때문에 가령 행위자가 더 이상 범죄

---

53) 김성천・김형준, 형법총론, 495면 ; 신동운, 형법총론, 482면 ; 이재상, 형법총론, 28/24 ; 진계호, 형법총론, 462면 ; 하태훈, "중지미수의 성립요건", 76면.
54) 김성천・김형준, 형법총론, 496면 ; 이상돈, "중지미수에서 자의성 개념의 기호론적 재구성", 135면.
55) Küpper, Grenzen der normativierenden Strafrechtsdogmatik, S. 190.

행위의 실현에 흥미를 느끼지 못해서 중지한 경우에도 자의성은 인정된다. 하지만 자의성과 윤리성이 관계가 없다는 지적은 자의성 판단의 한 부분에 관해서만 타당하다고 보인다. 즉, 행위자의 중지에 윤리적인 이유가 없었다는 사실이 자의성을 자동적으로 배제하지는 않지만, 만약 윤리적인 이유가 있었다면 자의성의 인정에 문제가 없으며[57] 이는 자의성 판단에 대한 모든 학설이 동일하게 내리는 결론이다. 그러니까, 이 때는 강제적인 압박이 존재하는지 여부와 상관없이 자의성이 인정되며,[58] 부끄러움, 피해자에 대한 연민과 동정 등으로 인하여 범행을 중지하였다면 자의적인 중지미수이다.[59] 양심의 가책도 이에 해당하며(대법원 1986.3.11. 선고 85도2831 판결), 형벌의 면제를 위해서는 중지의 동기가 윤리적으로 가치가 있는지를 기준의 하나로 삼을 수도 있다.[60]

윤리적이지 않은 동기의 예인 처벌에 대한 일반적인 두려움, 용기없음, 공포 등도 자의성을 부인할 이유는 되기 어렵다. 이 중 처벌에 대한 두려움은 이미 행위자가 범행 이전에 예상할 수 있는 사정이며 일반적으로 행위에 수반되는 위험이므로, 만약 행위자가 막연히 처벌되거나 발각될 위험성 또는 두려움을 느끼고 범행을 중지하였다면 자의적인 중지로 볼 수 있다.[61] 반면에 범행 당시의 구체적인 상황에서 처벌의 위험성을 인식하고 중지하였다면 자의성을 인정할 수 없다. 그러므로, 피해자가 행위자를 알아보았기 때문에 처벌이 두려워서 중지한 경우,

---

56) 손동권, 형법총론, 24/18 ; 신동운, 형법총론, 480면.
57) 권오걸, 형법총론, 441면.
58) *Bottke*, Beteiligung, S. 29f.
59) 심리적 고찰설을 따르면서 프랑크의 공식을 이용하여 자의성 여부를 판단하는 입장인 신동운, 형법총론, 480면 ; 규범설의 입장에서는 박상기, 형법총론, 353면.
60) *Stratenwerth*, Schweizerisches Strafrecht, AT I, § 12 Rn. 71.
61) 신동운, 형법총론, 480면 ; 박상기, 형법총론, 353면 ; 하태훈, "중지미수의 성립요건", 76면.

범행현장에서 경찰을 보았기 때문이거나 체포의 걱정으로 인한 두려움, 도주로가 차단될 것을 두려워하여 그만둔 경우 등에는 자의성이 없다. 그리고 두려움이나 용기없음, 공포 등이 행위자의 자율적인 의사결정을 방해할 정도였다면 자의성을 인정할 수 없다.[62]

3) 개별사례에서의 자의성 판단

자의성 판단에 도움을 주는 외부적인 사정도 몇 가지로 나누어 볼 수 있다. 이러한 외부사정들이 존재하더라도, 외부사정이 의사결정을 압박할 정도로 강압적이지 않거나 행위자가 외부적인 사정의 존재에도 불구하고 자발적으로 중지했다고 인정할 수 있다면 자의성을 인정해야 한다.[63]

먼저 범행의 실행에 장애가 되는 외부적 사정이 있을 때는 자의성을 부인하기 쉽다. 찾아낸 물건이 기대에 미치지 못하여 가져가지 않았거나 범행대상의 가치에 대한 특정한 목표는 없었으나 기대보다 작아서 그만 둔 경우, 강간죄의 행위자가 간음 이전에 사정한 경우 등이 이에 해당한다. 하지만, 이러한 요소들이 존재한다고 하더라도 자의성이 존재하는지 여부는 항상 개별사건에서 판단해야 하는데, 가령 피해자가 생리 중이어서 강간을 하지 않았다고 하더라도 이러한 사정이 항상 자의성을 배제한다고 보기는 어렵다.[64]

범행 당시의 피해자 또는 제3자의 개입도 자의성판단의 요소가 될 수 있다. 예를 들어, 피해자가 범행중지를 요청하고 애원했다는 사실만으로 자의성이 없었다고 보기에는 어렵다.[65] 오히려 피해자가 요청 또

---

62) 김일수·서보학, 형법총론, 540면.
63) 김성돈, 형법총론, 496면 ; 김일수·서보학, 형법총론, 539면.
64) *Tipold*, Rücktritt und Reue, S. 230.
65) *Jäger*, ZStW 112 (2000), 773 ; *Tipold*, Rücktritt und Reue, S. 227.

는 애원했다는 외적인 사정이 있다고 하더라도 행위자가 피해자의 설득에 의해 중지했다면 자의적인 중지로 인정해야 한다고 보인다.

　범행 도중에 발생한 상황으로서 범행의 실현과 직접적인 관계가 없는 요소들도 자의성 판단에 도움을 줄 수 있다. 판례에서 자주 볼 수 있는 사안으로 행위자가 자신의 범행결과를 인식하고는 겁이 나서 더 이상 행위하지 않았다고 하더라도, 이때의 겁이 행위자의 자율적인 의사결정을 방해할 정도였는지는 다시 한 번 판단해야 한다. 판례는 피해자1에 대한 자신의 범행결과에 겁을 먹은 행위자가 피해자2에 대한 범행결과의 발생을 방지한 경우를 중지미수로 인정하였다(대구고법 1975. 12.3. 75노502 형사부판결). 반면에, 피해자가 도망갔지만 행위자가 쫓아갈 수 있었다는 사실만으로는 자의성을 인정하기에 부족하다.

　범행의 실행에 직접적인 장애가 되지는 않으나 행위자의 신변에 위험이 될 수 있는 요소,[66] 예를 들어 범행의 발각, 체포, 처벌의 개연성을 인식하고 중지하였거나, 범행실행 중 스스로의 생명이 위험해질 수 있다고 생각하다고 중지하였다면 자의성을 인정하기 어렵다.[67]

3. 자의성에 관한 판례

1) 자의성에 관한 판례의 경향

　자의성의 문제에 관해서 가장 먼저 논의한 판결은 서울고법 1964.3.11. 64노22 형사부판결로서, "중지미수는 외부적 장애의 원인 없음에도 불구하고 내부적인 원인에 의하여 임의로 실행을 중지한 경우라야 할 것"이라고 하면서, 피고인의 행위는 중지미수에 해당하지 않

---

66) 이상돈, "중지미수에서 자의성 개념의 기호론적 재구성", 123면.
67) 김일수·서보학, 형법총론, 541면.

는다고 판시하였다. 이 판결은 자의성 판단에 관한 객관설, 즉 '외부적 장애/내부적 원인'을 사용하고 있다고 하겠다. 중지미수에 관한 대법원의 판결 중 이미 언급한 대법원 1985.11.12 선고 85도2002판결에서 자의성이 처음으로 문제가 되었다. 중지미수의 '판례'의 위치를 차지하고 있다고 할 만한 이 판결에서는 "특히 자의에 의한 중지 중에서도 일반 사회통념상 장애에 의한 미수로 보여지는 경우를 제외한 것을 중지미수라고 풀이함이 일반"이라고 하여, 자의성 판단의 기준으로 사회통념을 들었다. 그 이후 판례는 계속 '사회통념'을 기준으로 삼았기 때문에,68) 이는 판례의 확고한 입장이라고 보아도 좋을 것이다.

판례는 자의성을 적극적으로 정의하지 않고 외부적으로 장애미수가 아니면 중지미수라고 우회적으로 판단하고 있기 때문에,69) 판례의 입장이 자의성에 관한 학설 중 무엇에 해당하는지에 관하여 학계의 견해가 엇갈린다. 절충설70)이라고 보는데, 사실상 주관설에 가깝다는 입장이 있다.71) 하지만, 행위자가 가책을 느낀 나머지 스스로 결의를 바꾸었다는 이유로 자의성을 인정한 대법원 1986.3.11 선고 85도2831 판결 때문에 판례가 주관설과 가깝다고 보기는 어렵다. 이미 지적했듯이 윤리적인 이유가 있다면 모든 학설이 자의성을 인정하기 때문이다.

오히려 판례의 입장이 객관설에 가깝다는 견해72)가 타당하다고 생각한다. 예를 들어 대법원 1992.7.28 선고 92도917 판결은 "일반의 경

---

68) 대법원 1993.10.12 선고 93도1851판결 ; 1997.6.13 선고 97도957 판결 ; 1999. 4.13 선고 99도640판결 ; 2002.6.14 선고 2002도1429판결.
69) 배종대, 형법총론, 527면.
70) 권오걸, 형법총론, 440면 ; 박광민·송승은, "중지미수범의 성격과 자의성 판단", 285면 ; 배종대, 형법총론, 525면 ; 임웅, "중지미수에 있어서의 자의성", 541면 ; 하태훈, "중지미수의 성립요건", 69면.
71) 오영근, 형법총론, 30/22.
72) 박상기, 형법총론, 352면 ; 신동운, 형법총론, 479면.

험상 강간행위를 수행함에 장애가 되는 외부적 사정"이 있었다는 이유로 강간죄의 중지미수를 부인하였다. 대법원 1997.6.13. 선고 97도957 판결과 대법원 1999.4.13. 선고 99도640 판결도, 일반 사회통념상 범죄를 완수함에 장애가 되는 사정이 존재한다는 이유로 행위자가 중지하겠다고 자율적으로 의사결정을 했는지를 판단하지 않고 자의성을 부인하였다.

2) 개별사례에서의 자의성 판단

자의성이 문제가 되었던 사례에서 구체적으로 대법원이 어떻게 판단하였는지 보면, 원료불량으로 인한 제조상의 애로, 제품의 판로 문제, 범행탄로시의 처벌공포, 공범 중 1인의 포악성 등으로 인해 히로뽕 제조를 단념했다면 자의성이 없다(대법원 1985.11.12 선고 85도2002 판결). 강간죄에서는 피해자가 수술한 지 얼마 안 되어 배가 아프다고 애원하는 바람에 뜻을 이루지 못하였거나(대법원 1992.7.28 선고 92도917 판결) 잠자던 피해자의 딸이 잠에 깨어 우는 바람에 도주하였고, 또 다른 피해자는 시장에 간 남편이 곧 돌아온다고 하면서 임신중이라고 말하자 도주하였다면(대법원 1993.4.13. 선고 93도347 판결) 자의성이 없다.

겁이 나서 범행을 그만 두었다고 하더라도 자의성은 인정되지 않는데, 밀수입범죄를 하려고 했으나 미리 범행의 제보를 받은 세관직원들이 범행장소 주변에 잠복근무를 하고 있음을 보고는 범행의 발각이 두려워 자신이 분담하기로 한 실행행위를 하지 못하였거나(대법원 1986.1.21. 선고 85도2339 판결) 현주건조물방화미수 범행 당시 라이터로 휴지에 불을 붙여 장롱 안에 있는 옷가지에 놓아 건물을 소훼하려 하였으나 불길이 치솟는 것을 보고 겁이 나서 물을 부어 불을 껐거나(대법원 1997.6.13. 선고 97도957 판결) 피해자를 살해하려고 그의 목부위와 왼쪽 가슴 부위를 칼로 수 회 찔렀으나 피해자의 가슴 부위에서 많은 피가 흘러나오는 것을 발견하고 겁을 먹고 그만 두었을 때(대법원 1999.4.13. 선고 99도640 판결)가 그러하며, 하급심판결에서도 밤새 휴전경계선을 방황하던 끝에 월북탈출에 성공하려면 감시초소와 지뢰매설지대를 통과하는 등 생명을 걸고 행동해야 하나 월북목적은 살기 위한 것이니 살기 위해서는 범행을 포기하는 것이 좋겠다고 생각하고 단념하였다고 하더라도 이는 범행의 발각 체포를 겁낸 나머지 그 행위를 중지하였으므로 중지미수가 아니라고 하였다(서울고법 1964.3.11. 64노22 형사부판결). 즉, 판례는 겁이 어느 정도였는지에 관하여 판단하지 않고 겁이 났다는 이유로 일률적으로 자의성을 부정하고 있다.73)

반면에 피해자를 강간하려고 하다가 피해자가 다음번에 만나 친해지면 응해 주겠다는 취지의 간곡한 부탁으로 인하여 그만 두었고, 그 후 피해자를 자신의 차에 태워 집에까지 데려다 주었다면 피고인은 자의로 피해자에 대한 강간행위를 중지한 것이고 피해자가 다음에 만나 친해지면 응해 주겠다는 취지의 간곡한 부탁은 사회통념상 범죄실행에 대한 장애가 아니라고 하면서 피고인의 행위가 중지미수에 해당한다고 보았다(대법원 1993.10.12. 선고 93도1851 판결).74)

---

73) 같은 지적으로 임웅, "중지미수에 있어서의 자의성", 541면.
74) 이 판결에 대하여 박광민·송승은, "중지미수범의 성격과 자의성 판단", 285면은 중지미수범이 범행을 자의로 중지한 행위자의 공적을 보상하여 형감면의 혜택을 주는 것이라면, 이 사건처럼 더 유리한 기회를 잡기 위하여 범행을 일시중지 또는 연기하는 치밀하고 교활한 자에게 중지미수범을 인정해야 하는지는 의문이라고 한다. 하지만 이 사건에서 만약 '친해지면' 더 이상 강간죄의 구성요건 해당성 자체가 문제되지 않는다. 같은 지적으로 신동운, 형법총론, 481면.

제5절 중간결론

　중지미수의 요건은 중지행위와 중지의사, 자의성이다.
　중지미수의 객관적 요건인 중지행위는 어떠한 중지행위가 결과발생 방지에 필요한지에 따라 확정되어야 한다. 그 판단기준은 범행의 실현 정도에 관한 행위자의 생각이 아니라 결과발생에 관한 위험이다. 행위자가 결과발생의 방지를 위해 최선의 노력을 해야 할 필요는 없으며, 중지행위로 인하여 범행의 결과발생이 방지되었다면 충분하다.
　중지미수의 주관적 요건은 중지의사와 자의성이다. 기존에는 중지의사와 자의성을 명확하게 구별하지 않았으나, 중지행위를 위해서는 중지의사가 필요하며, 중지미수의 문제를 올바로 해결하기 위해서도 중지의사에 관한 검토는 필요하다. 중지의사는 범행을 중지하고 중지행위를 하겠다는 의사이다. 포기의 종국성과 실패한 미수로 논의되는 사례는 중지의사로 해결할 수 있다.
　중지미수의 다른 주관적 요건인 자의성에 관하여 형법은 가령 독일 제국형법과는 달리 자의성의 요건을 제한할 만한 아무런 표지를 두고 있지 않다. 그러므로, 자율적인 의사결정이 있다면 자의성을 인정하기에 충분하다.

제7장 결론

중지미수에 관한 논의의 출발점은 형법 제26조이며, 중지미수에 관한 다른 나라의 형법규정이 형법 제26조의 이해를 위한 유용한 비교대상이 된다.

한국형법과 유사한 형태로 중지미수 규정을 규정한 법제는 독일제국형법 및 독일형법, 오스트리아형법, 중화민국형법, 일본형법 등이 있다. 이러한 법제의 특징은 미수범에 관한 정의규정과 구별하여 중지미수에 관한 규정을 두었다는 점이다. 독일 및 오스트리아형법에서는 중지미수가 인정될 경우 미수범으로 처벌하지 않으나, 한국형법, 일본형법, 중화민국형법에서는 중지미수의 효과가 형의 필요적 감면이다.

형법 제26조는 독일제국형법 제46조의 영향을 받아 규정된 일본형법 제43조를 구체화한 규정이다. 독일형법의 중지미수 규정과의 비교를 통해 드러난 형법 제26조의 특징은 중지행위가 결과발생방지에 인과적이어야 한다는 점과, 법률효과가 불처벌이 아니라 형벌의 필요적 감경 또는 면제로서 한국형법의 다른 사후행위와 유사하다는 사실이다. 형법 제26조는 일본형법 제43조와 다르게 착수미수의 중지와 실행미수의 중지의 구별을 명문화하였다.

형법의 기능인 법익보호와 더불어 중지행위의 인과성은 한국형법의 중지미수를 형사정책설 중에서 피해자보호에 기초해 판단해야 하는 근거이다. 중지미수의 법적 성격은 중지미수의 본질과 구분되며, 한국형법의 중지미수는 사후행위로서 구체적인 경우에 형벌이 감경 또는 면제되는 사유로서 범죄론체계에서의 가벌성 이후의 단계가 문제가 된다.

법문의 형태와 중지미수 조문의 취지를 볼 때, 중지미수의 객관적 요건인 중지행위는 범행의 결과발생의 방지와 인과적이어야 한다. 중지 당시 범행의 결과발생의 위험이 있었을 경우 행위자는 결과발생의 방지를 통해서만 중지할 수 있기 때문에, 중지행위 당시 범행의 결과발생의 위험이 존재했음에도 불구하고 행위자가 상황을 잘못 파악해 범행을 중단하였다면 중지행위로 인정할 수 없다. 그리고, 중지행위는 범행의 결과가 일어나지 않았다는 사실과 인과적이면 충분하기 때문에 행위자가 결과발생방지를 위해 진지하게 노력할 필요는 없다.

중지의사를 자의성과 구별되는 중지미수의 독립적인 요건으로 인정함으로써 자의성 논의의 부담을 줄일 수 있으며, 실패한 미수로 논의되는 사례나 포기의 종국성의 문제를 쉽게 해결할 수 있다. 중지미수의 다른 주관적 요건인 자의성은 자의성의 문언의 의미를 고려해 자율적인 의사결정이 존재했는지를 기준으로 판단해야 한다.

논의의 결과는 다섯 개의 명제로 정리된다. 중지미수가 문제가 되는 사례에 이 명제를 적용함으로써 문제를 타당하게 해결할 수 있다.

1. 중지미수는 범죄론체계에서의 가벌성 단계 이후에 판단해야 한다.
2. 중지미수의 판단을 위해서는 자의성이 아니라 중지행위와 중지의사가 존재하는지 여부를 먼저 검토해야 한다.
3. 중지행위는 범행결과의 방지에 인과적이어야 한다. 중지미수의 인정을 위해 어떠한 중지행위가 필요한지의 문제에 대해서는 행위자의 생각이 아니라 결과발생과 그에 대한 위험이 기준이 되며, 객관적으로 범행결과가 발생할 가능성이 있었다면 행위자는 실행의 중지가 아니라 결과발생의 방지를 통해서 중지할 수 있다.
4. 중지의사는 중지미수의 주관적 요건으로서 자의성과 구별해 검토한다.
5. 중지미수의 또 다른 주관적 요건인 자의성은 행위자가 자율적으로 의사를 결정했는지를 기준으로 판단한다.

제8장 다수인의 범행가담과 중지미수

제1절 문제의 제기

 중지미수에 관한 규정인 형법 제26조는, 이 규정이 단독범에게만 적용되는지 아니면 다수인이 범행에 가담한 경우에도 적용되는지에 대하여 명확한 입장을 밝히고 있지 않으며, 그러한 점에서 예를 들어 독일형법의 중지미수규정인 제24조와 다르다.[1] 하지만, 그 형태가 공동정범, 간접정범, 교사범, 방조범 등 무엇이든 1인이 아니라 여러 명이 범죄를 저지른 경우에도 중지미수를 인정할 수 있다는 점에는 이견이 존재하지 않는다. 그리고, 이때의 논의에는 협의의 공범뿐만이 아니라 공동정범이나 간접정범도 포함되기 때문에 소위 '공범의 중지미수'보다는 '다수인의 범죄가담형태에서의 중지미수(또는 다수인의 범행가담에서의 중지미수)'가 더욱 정확한 표현이라고 하겠다.
 다수인의 범행가담에서의 중지미수는, 결국 이를 단독범의 중지미수와 동일하게 판단하느냐, 그렇게 보지 않느냐에 관한 논의이다. 우선, 단독범의 중지미수에서처럼 착수미수와 실행미수를 구별해야 하는지, 구별해야 한다면 어떠한 기준에 따라야 하는지의 문제를 생각할 수 있다. 이는 범행가담자 1인에 대하여 중지미수를 인정하기 위한 요건이 무엇인가에 관한 질문으로서, 중지미수의 객관적 요건으로서의 중지행위에 관한 논의이다. 다수인의 범행가담에서의 중지미수에 관한 논의는

---

[1] 중지미수를 인정하기 위해 요구되는 중지행위의 양태가 형법 제26조와 다른 점은 별론으로 한다고 하더라도, 독일형법 제24조 제1항은 "행위자는 미수범으로 처벌되지 않는다(Der Täter wird wegen Versuchs nicht bestraft)"라고 하여 단독정범의 중지를 규정하고 있을 뿐이다. 그러므로 독일형법 제24조 제1항이 과연 다수인의 범죄가담형태에도 적용되는지에 대해 논란이 생겼으며, 독일의 입법자는 제24조 제2항을 규정함으로써 이 문제를 해결했다.

중지미수의 다른 요건과 연결되기도 한다. 하나의 예로, 판례는 공모공동정범을 인정하나 그 성립범위를 제한하기 위하여 '공모관계에서의 이탈'을 인정하는데, 이를 중지미수에 관한 논의와 연결해 생각할 수도 있다. 다시 표현하면, 이는 실행의 착수 이전의 행위에 대하여 중지미수를 인정할 수 있는지의 문제이다.

중지미수에 대한 지금까지의 논의는 주로 자의성에 집중되었으며 대부분의 경우 행위자에게 자의성을 부인함으로써 중지미수에 관한 문제를 해결하였음에 반하여, 앞에서 제시한 사례들에서는 자의성 이외의 중지미수의 다른 요건이 쟁점이 되며 그에 대하여 어떻게 보는지에 따라 결론이 달라진다는 점에서 논의의 필요성은 충분하다고 보인다.

이 장에서 다룰 점은 크게 두 가지이다. 먼저, 다수인의 범행가담에서 중지미수를 인정하기 위한 요건으로서 특히 중지행위와 관련하여, 단독범의 중지미수와는 달리 다수인의 범행가담에서 중지미수를 인정하기 위해서는 실행의 중지로는 충분하지 않다고 보는 이유가 무엇인지를 살펴보기로 한다. 다음으로, 소위 '공모관계에서의 이탈'과 중지미수의 관계를 살펴봄으로써 중지미수가 적용되는 범위를 확인한다.

제2절 다수인의 범행가담과 중지미수

Ⅰ. 다수인의 범행가담형태에서의 중지를 단독범의 중지와 다르게 보아야 하는가?

1. 학설과 판례의 논의

통설[1]은 다수인의 범행가담형태에서도 중지미수를 인정하나, 그를 위해 제시하는 요건은 단독범의 중지미수와 다르다. 즉, 공범 중 1인이 자의로 자기의 실행을 중지하거나 자신이 맡은 범행부분의 결과발생을 방지하는 것만으로는 중지미수의 인정에 충분하지 않다고 한다. 그러므로, 공동정범의 경우에는 다른 공범자 전원의 실행행위를 중지하게 하거나 결과발생을 방지해야 하며, 간접정범은 피이용자의 실행행위를 중지하거나 결과발생을 방지해야 하고, 교사범이나 방조범은 정범의 실행행위를 중지하거나 결과발생을 방지해야 한다. 이렇게 중지미수를 인정하기 위한 요건을 엄격하게 하여 결과발생방지를 요구하는 이유는 다수인이 가담한 행위의 위험성 때문에 개별적인 행위가담의 포기만으로는 충분하지 않고, 범죄가 기수에 달하면 중지미수는 생각할 여지가 없고, 다른 행위자로 하여금 죄를 범하게 한 자는 적극적으로 범죄의 완성을 방지해야 하기 때문이라는 설명이다.

하지만, 자기책임의 원칙에 비추어 볼 때 행위자가 범행의 완수 이

---

[1] 김성돈, 형법총론, 704면 ; 김일수·서보학, 형법총론, 545면 ; 배종대, 형법총론, 454면 이하 ; 백원기, 미수론연구, 178면 이하 ; 이재상, 형법총론, 28/52 ; 김종원, 주석형법 Ⅱ, 67면.

전에 자의에 의해서 중지하였고 범행방지를 위한 진지한 노력을 하였다면 공범에 의해 결과가 야기되었다고 무조건 중지미수를 부정하기는 어려우며, 오히려 당해결과가 전체 범행 중 행위자의 역할과 떨어질 수 없을 정도로 관련을 가진 경우에만 결과발생방지의무가 있다고 보아야 한다는 견해도 있다.[2]

판례는 일관해서 통설과 같은 입장을 보인다. 공범의 중지미수가 문제가 된 최초의 판례인 대법원 1954.1.30 선고, 4286형상 103 판결은 "공범에 있어서는 공범자의 1인이 범의를 중지함으로써 족한 것이 아니고 공범자의 범죄실행을 중지하게 하여야" 한다고 판결하였으며, 이러한 판례의 입장은 대법원 1969.2.25. 선고 68도1676 판결,[3] 대법원 1998.11.27. 선고 98도3186 판결(공보불게재), 대법원 1999.9.17. 선고 99도2817 판결, 대법원 2005.2.25. 선고 2004도8259 판결(공보불게재) 및 서울고법 1969.3.3 선고, 68노459 판결에서 중지미수를 부인하는 논거가 되었다. 대법원이 중지미수를 인정한 예외적인 판결 중 하나인 1986.3.11. 선고 85도2831 판결[4]에서, 피고인은 공동피고인과 절도를 공모하고 공동피고인이 가게에 들어가 물건을 물색하고 있는 동안, 자신의 범행전력 등을 생각하여 가책을 느낀 나머지 스스로 결의를 바꾸어 가게주인에게 공동피고인의 침입사실을 알려 그와 함께 공동피고인을 체포하였다. 이때의 행위는 다수인의 범행가담에서 중지미수를 인정하기 위해 필요하다고 대법원이 제시한 요건을 모두 충족하였다고 보인다.

---

2) 신양균, "판례에 나타난 중지미수", 72면 이하 ; 이정원·류석준, "중지미수에서의 착수미수와 실행미수", 188면.
3) 이 판결에 대하여 장한철, "공범의 중지미수와 형법 제26조의 해석문제", 460면 이하 참조.
4) 이 판결에 대하여 신동운, 판례백선 형법총론, 377면 이하 참조.

2. 비교법적 고찰: 다수인의 범행가담에서의 중지에 관한 독일의 논의

1) 다수인의 범행가담에서의 중지에 대한 논의

독일제국형법 제46조는 독일형법 제24조 제1항과 마찬가지로 단독범의 중지미수에 관하여만 규정하고 있었으므로, 공범의 중지미수의 문제를 어떻게 해결해야 할지가 논의되었다. 그에 관하여, 비록 조문에 '정범(Täter)'이라고 되어있음에도 불구하고 이 조문은 공범에도 적용된다고 학설과 판례는 보았다.5) 그리고 중지미수의 법적 성격을 인적 형벌면제사유로 보았으므로,6) 중지미수의 인정 여부는 행위자 개개인에 대하여 각각 판단해야 한다는 설명이었다. 따라서 공범의 중지미수가 존재한다고 하더라도, 공범이 범행에 가담했다는 사실은 남아있기 때문에 공범 중 1인이 중지행위를 했고 그로 인하여 미수범으로 처벌되지 않는다는 사실이 다른 공범의 처벌에는 영향을 주지 못한다고 보았다.7) 그리고 중지미수를 인정하기 위하여, 행위자는 범행기수로 향하는 인과관계의 진행을 중단시켜야 한다고 설명하였다.8)

---

5) *Frank*, StGB, § 46 V ; *Hälschner*, Das gemeine deutsche Strafrecht I, S. 363 ; *Mezger*, AT, S. 211 ; *Schwarze*, Commentar, S. 108 ; 판례로는 RGSt 59, 412. *Engisch*, Einführung S. 182도 참조.

6) *Binding*, Grundriß, S. 138 ; *Kohlrausch-Lange*, StGB, S. 154 ; *Lamm*, Gutachten, S. 160 ; *Liszt/Schmidt*, Lehrbuch, S. 211 ; *Mezger*, AT, S. 217 ; J. v. *Olshausen*'s Kommentar zum Strafgesetzbuch für das Deutsche Reich, S. 183 ; *Welzel*, Das deutsche Strafrecht, S. 199 (반면 면책사유로 보는 견해로 *Sauer*, Allgemeine Strafrechtslehre, S. 115). 판례로는 RGSt 38, 233 ; 39, 37.

7) *Finger*, Lehrbuch, S. 320 ; *Liszt/Schmidt*, Lehrbuch, S. 212. 반대견해로 *Binding*, Grundriß, S. 138.

8) *Grünwald*, FS Welzel, S. 702 등 참조.

2) 독일형법 제24조 제2항과 그 해석

독일형법 제24조 제2항은 다수인의 범행가담에서의 중지미수에 관한 규정이다. 여기에서는 단독범의 중지미수와는 달리 자신의 행위기여 부분의 포기로는 충분하지 않다고 하여 중지미수의 인정을 위한 요건을 강화하였는데, 그 이유는 다중이 참여한 범죄형태의 위험성 때문이다. 즉, 착수미수의 경우에도 범행을 계속 실행하지 않았다는 사실만으로는 중지미수를 인정하기에 충분하지 않으며, 다른 공범의 범행실행을 저지해야 한다. 따라서 원칙적으로 공범의 중지미수에서 착수미수와 실행미수의 구별은 큰 의미가 없으며, 행위자의 생각에 따라 범행이 착수미수인지 실행미수인지의 여부와 상관없이, 중지미수의 인정을 위해서는 결과발생을 스스로 방지하거나 결과발생방지를 위하여 스스로 진지하게 노력해야 한다.9)

원칙적으로 독일형법 제24조 제2항의 중지미수에서는 행위자가 정범인지 아니면 협의의 공범인지 여부는 문제가 되지 않는다. 하지만, 이 조문은 공범이 문제되는 모든 사례에 적용된다고 보기는 어렵다. 조문의 문언을 볼 때, 이 조문이 교사범 또는 방조범이 있었을 때의 정범에 대해서도 적용될 수 있는지에 대해서는 논란의 소지가 많으며 '입법자의 분명한 오류'로서 목적론적 축소해석이 필요하다고 설명하기도 한다.10) 반면에 공동정범과 교사범·방조범에는 원칙적으로 제24조 제2항이 적용된다고 보며,11) 간접정범의 중지에 제24조 제1항을 적용해야

---

9) *Heinrich*, AT I, Rn. 801 ; LK-*Lilie/Albrecht*, § 24 Rn. 263 ; *Kühl*, AT, § 16 Rn. 91 ; *Lackner/Kühl*, § 24 Rn. 26 ; *Tröndle/Fischer*, § 24 Rn. 41 참조.
10) *Schröder*, JuS 2002, 139 이하.
11) *Baumann/Weber/Mitsch*, AT, § 27 Rn. 37ff ; LK-*Lilie/Albrecht*, § 24 Rn. 241ff ; *Maurach/Gössel/Zipf*, AT 2, § 50 Rn. 39 ; NK-*Zaczyk*, § 24 Rn. 96.

하는지 아니면 제2항을 적용해야 하는지에 관하여는 의견이 대립하고 있다.12)

　제24조 제2항 제1문에 따르면 자의로 범행의 기수를 방지한 자는 중지미수의 효과를 누릴 수 있다. 범행이 기수에 이르지 않았을 것과 기수의 방지가 행위자의 자의적인 방지에 기인하였을 것이 그 요건이다. 다음으로 제24조 제2항 제2문에서는 두 가지 형태의 중지행위를 규정하고 있다. 먼저 범행이 중지행위자의 기여없이 기수에 이르지 않았을 경우에는 범행의 기수를 방지하기 위한 자의적이고 진지한 노력으로 족하다. 진지한 노력을 중지행위로 인정하기 위해서는, 미수 단계의 범죄가 기수에 이르지 않았고, 기수에 이르지 않은 이유가 행위자의 중지행위 때문이 아니라 다른 이유 때문이었어야 하며 행위자가 이를 모르고 진지하게 노력했어야 한다. 처음부터 범행기수가 불가능하였거나 도중에 다른 원인으로 인해 범행의 기수가 방지된 경우가 이에 해당한다. 마지막으로 범행이 이미 기수에 이르렀다고 하더라도 중지는 가능한데, 행위자가 자의적으로 진지하게 범행의 기수를 방지하기 위하여 노력하였고 자신의 범행기여부분과 범행결과 사이의 인과관계를 완전히 제거했을 때이다.

　예외적으로 다수가 범행에 참가한 경우에도 부작위를 통하여 범행결과의 실현을 방지할 수 있다.13) 우선 공범 전체가 범행을 그만 두기로 명시적 또는 묵시적으로 합의한 경우이다. 또는 공범 중 한 명이 범

---

12) 제24조 제2항을 적용하자는 견해는 BGHSt 44, 204 ; *Jescheck/Weigend*, AT, S. 550 ; LK-*Lilie/Albrecht*, § 24 Rn. 307 ; Schönke/Schröder-*Eser*, § 24 Rn. 106 ; *Stratenwerth*, AT I, § 12 Rn. 10. 반대견해는 *Baumann/Weber/Mitsch*, AT, § 27 Rn. 36 ; LK^{10}-*Vogler*, § 24 Rn. 145.
13) *Gropp*, AT, § 9 Rn. 88ff ; *Kühl*, AT, § 20 Rn. 264 ; LK-*Lilie/Albrecht*, § 24 Rn. 272ff ; *Maurach/Gössel/Zipf*, AT II, § 50 Rn. 110 ; NK-*Zaczyk*, § 24 Rn. 98ff ; SK-*Rudolphi*, § 24 Rn. 39.

행의 실현에 본질적인 부분을 실행하도록 되어 있어, 그의 기여 없이는 범행이 기수에 이를 수 없는 때이다. 정범이 사태를 지배하고 있어서, 정범의 범행포기가 동시에 교사범 또는 방조범의 추후의 행위에 대한 방지를 의미하는 경우도 이에 해당한다. 독일판례는 스스로 범행결과방지를 위하여 행위하지 않았다고 하더라도 다른 공범의 범행결과방지에 대하여 동의하였다면 중지미수로 인정할 수 있다고 본다.[14]

3) 평가

(1) 중지미수를 인정하기 위해 요구되는 중지행위

다수의 범행가담에서의 중지미수에서 단독범의 중지미수와 달라지는 부분은 결국 중지미수의 요건 중 객관적 요소인 중지행위이다. 이는 단독범과 다수의 범행가담에서 범행의 실행형태가 다르기 때문이다.

자신의 범행기여를 다 한 후 다른 공범을 위해 사건을 자신의 손에서 떠나보낸 행위자는 다른 공범의 의지에 따른 사후의 인과진행을 조종할 수 없으며, 그 점이 바로 공범의 특별한 위험요소이다. 그러므로 사후의 인과진행에 대한 조종은 다른 방법을 통해서만 가능하다.[15] 이는 중지행위에서의 차이를 가져온다. 다시 말하면, 단독범의 중지미수에서는 자신이 한 행위의 무해화(Unschädlichmachung)가 기수 또는 범행결과발생의 방지와 동일하다. 그러나, 다수인의 범행가담에서는 자신이 한 행위가 범행 전체에서 차지하는 부분이 각각 다르기 때문에 자신이 한 행위의 무해화가 기수의 방지 또는 범행의 결과발생의 방지와 동일하지 않다.[16]

---

14) RGSt 39, 37 ; BGHSt 44, 204. 이에 대하여 *Rotsch*, GA 2002, 165 이하.
15) *Lenckner*, FS Gallas, S. 288.
16) *Grünwald*, FS Welzel, S. 703.

실행의 중지만으로는 충분하지 않다는 통설과 달리, 형법 제26조는 실행을 다 하지 않거나 결과발생을 방지한 행위를 중지미수로 보겠다고 규율하고 있으므로, 다수인의 범행가담에서도 이와 다르게 볼 이유가 없다고 주장할 수도 있다. 다수인의 중지미수라고 하더라도 문언에 충실하게 해석하면 되며, 자신의 기여부분을 무해화하는 것으로는 충분하지 않고 결과발생을 방지해야 중지미수를 인정할 수 있다고 보는 통설은 문언에 반하는 해석을 통해 중지미수의 가능성을 제한하기 때문이라는 이유에서이다.17)

독일에서도 비슷한 논의를 찾을 수 있었다. 현재의 독일형법 제24조의 기초가 된 법률안은 1962년 초안 제28조로 1960년 초안 제28조와 동일하다. 그러나 1966년의 대체초안에서 다수인의 범행가담에서의 중지미수를 규정한 제26조 제2항은 "범행에 여러 명이 가담했을 경우, 자의적으로 자신의 범행기여부분을 포기하거나 기수를 방지한 자는 미수범으로 벌하지 않는다"고 하여 요건을 달리 보았다. 대체초안은, 1962년 초안이 독일제국형법과는 달리 공범의 중지미수를 중지행위자가 범행의 기수를 방지한 때에만 인정하려고 했음에 반하여, 요건을 강화할 필요는 없다고 하였다. 그리고 대체초안 2판에서 '기수의 방지'라는 문구가 추가되었는데, 이는 공범이 비록 자신의 범행기여부분을 포기하지는 않았지만 다른 형태로 범행을 방지할 수 있기 때문이며, 이러한 경우에 중지미수의 인정을 위해 단독범의 중지미수보다 강화된 요건을 요구할 필요는 없다고 보았기 때문이다.18)

그렇다면, 다수인의 범행가담에서의 중지미수의 요건이 단독범에서

---

17) 공동정범에 대한 오영근, 형법총론, 30/60. 독일에서는 *Grünwald*, FS Welzel, S. 705 등.
18) AE, S. 69. 이는 공범의 중지에 관한 당시의 학설과 동일한 결론이었다(*Grünwald*, FS Welzel, S. 702 참조).

와 다르다고 주장하기 위해서는 그 주장의 정당성을 입증해야 할 것이다. 이를 위해서, 우리 학계의 통설과 마찬가지로 다수인의 범행가담에서의 중지미수의 요건을 강화하고 있는 독일형법 제24조 제2항의 제정 당시의 논의를 살펴보는 것이, 중지행위의 양태에 대한 논의가 어떠한 배경과 의미를 가지고 있는지를 고찰하는데 참고가 될 수 있다고 생각한다. 당시 독일형법 제24조 제2항을 통하여 원래보다 중지미수의 요건을 엄격하게 하여야 한다는 주장의 배경은 다음과 같았다.19) 먼저, 범행가담자가 더 이상 행위하지 않는 것만으로 처벌되지 않아서는 안 된다. 오히려, 각각의 범행가담자는 자신이 범행에 함께 기여했다는 점으로 인하여, 중지미수를 인정받기 위해서는 범행이 기수에 이르지 않도록 책임을 져야 한다고 보아야 할 것이다(결과책임의 원칙). 그러므로 범행가담자는 범행의 기수를 그에 상응하는 인과적인 행동을 통해 자의적으로 저지해야만 중지미수로 인정할 수 있다.

그리고, 요건을 강화해야 한다는 논거는 크게 두 가지였다. 먼저 중지한 범행참가자는 다른 참가자에 대한 공범이므로 이미 범행실현에 어느 정도의 중요성을 부여하였다는 점이다. 즉, 다수의 범행가담자가 행한 범죄가 특별히 위험하기 때문이다. 다른 한 편으로는 중지미수의 요건을 강화함으로써 가능한 한 범죄의 기수를 방지하겠다는 중지미수 규정의 목적을 달성할 수 있다는 이유가 제시되었다. 즉, 중지미수의 본질에 관한 형사정책설(황금의 다리 이론)이다.

(2) 요건을 강화하는 이유: 중지미수는 '결과책임'인가?

앞에서 논거로 제시되었던 결과책임의 원칙이 책임주의에 상응하지 않는다는 점은 분명하다. 그리고 중지미수에 관한 규정은 범행결과에

---

19) 이하의 논의는 88. Sitzung des Sonderausschusses für die Strafrechtsreform, S. 1757 이하 참조.

대한 귀속을 정하는 규범도 아니다.20) 하지만, 그러한 점이 중지미수에 관한 고찰에서 결과의 발생 여부가 중요하다는 점을 부인하는 논거가 되기는 어렵다. 왜냐하면, 중지미수를 인정하기 위해 범행으로 발생할 결과의 저지를 요구한다는 사실은, 말하자면 어떠한 결과가 있으면 그로 인한 책임을 져야 한다는 결과책임의 원칙의 반전이라고 볼 수 있으나, 한쪽이 옳지 않다고 해서 그 명제의 반전도 옳지 않다는 결론이 논리적으로 도출되지는 않기 때문이다.

그렇다면, 중지미수와 결과의 관계를 분명히 할 필요가 있다. 중지미수의 원칙을 한 문장으로 표현하면 "결과가 좋으면 모든 것이 좋다"이다. 중지미수를 인정하기 위해서는 범행의 결과가 발생하지 않아야 하며, 이 때 범행결과가 발생하지 않았다는 사실은 단순한 우연이 아니라 행위자 스스로의 몫으로 귀속시킬 수 있다. 중지미수를 인정하기 위해서는 이미 실현된 미수범의 법익침해의 위험이 중지행위를 통하여 무해화되어야 한다. 중지미수에 관한 형법 제26조는 이러한 생각을 표현하고 있다고 보이는데, 중지행위가 범행의 결과방지와 인과적이어야 한다고 요구하고 있기 때문이다. 이는 결과발생을 방지하기 위한 진지한 노력도 중지행위로 인정하는 독일형법과 다르다. 그리고, 법익을 효과적으로 보호하기 위해서는 결과의 방지를 넘어 중지행위자의 효과적인 행위를 요구할 수도 있지만, 중지미수의 인정을 위해서는 중지행위가 결과발생방지와 인과관계를 가지면 충분하며, 이는 행위자에게 중지미수의 기회를 최대한 보장함으로써 피해자보호에 최선을 다하기 위해서이다.

원칙적으로 중지미수를 한 행위자를 유리하게 취급하는 근거는 중지행위를 통해 법익침해가 사라졌기 때문이며, 중지미수의 본질에 관한 모든 논의의 바탕에는 법익보호사상이 깔려있다고 하겠다. 법익보호사

---

20) *Grünwald*, FS Welzel, S. 708.

상은 피해자보호와도 상응하는데, 피해자는 행위의 객체로서 법익의 한 부분이기 때문이다.

　그렇다면, 소위 중지미수의 본질에 관한 이론 중에서 형사정책설(황금의 다리 이론)을 따르겠다는 설명도 타당하다고 보인다. 독일형법 제24조 제2항을 제정할 당시의 논의에서 보듯이, 피해자의 보호를 위해서는 중지행위가 범행의 결과발생의 방지에 인과적이어야 한다는 요청에 따라, 실행의 중지를 넘어 결과발생방지를 요구하게 된다. 그리고, 그 근거가 형사정책설이라는 점은 부인할 수 없을 것이다. 따라서, 다수의 범행가담에서의 중지미수에서의 요건을 강화하는 통설의 입장은 적절해 보인다.[21]

II. '공모관계에서의 이탈'을 중지미수와 연결시킬 수 있는가?

1. 문제의 제기

　중지미수에 관한 규정은 행위자가 실행의 착수를 한 이후, 즉 행위가 미수의 단계에 들어왔다고 평가할 수 있게 된 다음부터 적용된다. 그러나 많은 경우에 공범이 범행에 기여하는 부분은, 시간적으로 볼 때 전체범행의 관점에서는 아직 실행의 착수에 이르기 이전이다. 예를 들어 교사범은 통상 정범의 실행의 착수 이전에 자신의 기여 부분을 다하기 마련이다. 교사범은 정범이 범행의사를 갖도록 하면 충분하기 때문이다. 교사범 이외에도 공동정범이나 방조범에서도 이러한 현상은 자

---

[21] 독일에서 이러한 입장으로 NK-*Zaczyk*, § 24 Rn. 94.

주 나타나기 때문에 그에 대한 논의는 형법적으로 의미가 있다.22)

이미 지적하였듯이 중지미수에서는 자의성 이외의 다른 요건들은 그다지 큰 관심의 대상이 되지 않았으며, 다수인의 범행가담과 중지미수의 문제도 마찬가지이다. 그리고, 소위 '공모관계에서의 이탈'은 중지미수가 아니라 공동정범에서 다루어지는 문제로서, 공모공동정범론으로 인해 부당하게 확장된 처벌범위를 제한하기 위하여 판례에 의해 인정되고 있음은 주지의 사실이다. 그런데, 최근, 공모관계에서의 이탈이 다수인의 범행참가형태에서의 중지미수에 관한 일반이론의 예외를 인정한 것이라는 설명이 있다. 이 견해는 "공범관계이탈도 궁극적으로 공범의 중지의 한 장면에 불과하므로 범죄체계의 일반이론, 즉 미수범의 일반이론에 의하여 해결하면 족하다"라고 본다.23)

2. 실행의 착수 이전의 공범의 중지에 관한 외국의 논의

1) 일본의 논의

일본형법에도 공범의 중지미수에 관한 특별한 규정을 두고 있지 않기 때문에, 공범의 중지미수는 미수범의 처벌에 대한 일본형법 제43조가 적용되는 문제라고 일반적으로 설명한다. 이러한 관점에서 출발하여 실행의 착수 이전의 중지와 실행의 착수 이후의 중지를 나누어서 보는데, 다만 실행의 착수 이전에는 중지미수 규정의 적용이란 생각할 수 없기 때문에 이 문제는 공범처벌의 이론으로 해결해야 한다고 보고 있다. 즉, 이때는 공범관계가 언제 해소되었는지의 문제이다.24)

---

22) *Angerer*, Rücktritt im Vorbereitungsstadium, S. 250 ; *Eisele*, ZStW 112 (2000), S. 745f.
23) 김용세, "'공모관계이탈'과 공범의 중지", 62면 이하, 72면.

실행의 착수 이전의 중지에 대한 통설에 따르면, 행위자가 가령 다른 공범에게 더 이상 범행에 참가하지 않음을 설명하고 다른 공범들이 이를 인정하는 방식으로, 자신의 행위와 결과 사이의 물리적·심리적 인과관계를 단절시켰는지가 기준이 된다. 이와 관련한 일본최고재판소의 판례는 없으나, 하급심판례 중 행위자의 중지를 다른 행위자가 알았던 경우 공범관계가 해소된다고 본 판례가 있다.25) 하지만 이때도 예비행위가 처벌될 경우 행위자는 그에 관한 책임을 진다.

실행의 착수 이후의 중지행위는 중지미수와 유사한 사례로서 다루어지고 있다. 일본최고재판소는 행위자가 다른 공범들이 이미 돈을 챙긴 후 '나는 돈이 필요없으니 함께 집에 가자'고 한 사건(最高裁昭和24年12月17日判決, 刑集3卷12号2028頁)에서 중지미수를 부인했으며, 다른 공범이 피해자를 죽였으나, 실행의 착수 이후 행위자가 혼자 범행을 이탈한 사건(最高裁平成元年6月26日決定, 刑集43卷6号567頁)에서도 중지미수를 부인하였다.26) 학설은 범행이 기수에 이르렀을 때는 중지미수의 인정이 불가능하나, 예외적으로 실행의 착수 이후에 중지미수를 인정할 가능성이 있다고 설명하며, 행위자가 결과와의 인과연관을 단절시켰는지가 기준이 된다고 본다.

2) 공범의 미수에 관한 중지미수의 특별규정으로서의 독일형법 제31조

독일제국형법이 제정된 후 1876년 2월 26일의 개정법률에 의해 제

---

24) 今井猛嘉, 共犯關係からの離脫, in: 刑法の爭點, 116頁.
25) 이는 '공모관계이탈'이라는 개념을 이용하여 설명된다. 김용세, "'공모관계이탈'과 공범의 중지", 56면 이하.
26) 공범관계로부터의 이탈에 관한 일본판례에 관한 설명으로 민유숙, "공범관계로부터의 이탈—실행착수 전과 실행착수 후—", 24면 이하.

49조a가 도입되었다. 그러나 제49조a에는 중지미수에 관한 규정이 없었기 때문에 이러한 문제를 중지미수의 일반원칙에 의해 해결해야 하는지에 대해 논란이 되던 도중 1943년 5월 29일의 명령에 의해 제49조a 제4항에 처음으로 중지미수 규정이 도입되었다. 하지만 그 불명확성 때문에 이 조항은 1953년 8월 4일의 형법개정법에 의해 다시 개정되었다.

독일형법 제31조는 협의의 공범, 즉 교사범과 방조범에 대하여 중지미수의 특례를 규정하였다. 이 규정은 1962년 초안 제36조를 따랐으며, 독일제국형법 제49조a와 비교해 볼 때 내용에서 두 가지 차이가 있다. 먼저 교사의 미수의 중지에서 독일제국형법 제49조a 제3항 제1문이 항상 범행의 방지를 요구했음에 반해, 독일형법 제31조는 피교사자에게 영향을 미치려는 시도를 그만둠으로써 족하다고 하였다. 그리고 범행에 동참하겠다는 의사를 밝힌 경우 독일제국형법 제49조a 제3항 제3문은 의사의 철회를 요구했으나 독일형법 제31조 제1항 제2문은 범행계획의 포기로 족하다고 규정하였다. 독일형법 제31조는 독일형법 제30조(공범의 미수)의 사안에 한정하여 적용된다. 즉, 제30조 제1항의 교사의 미수와 제2항의 예비단계에서의 공범형태에 대해서이며, 이미 실행의 착수가 있었다면 중지미수와 관련하여 제30조는 논의할 필요가 없다.[27] 독일형법 제31조는 중지행위를 독일형법 제30조의 공범의 형태에 따라 나누어서 규정하고 있다. 이 조문을 규정한 이유는 제24조와 동일하며, 법적 성격도 마찬가지이다.[28] 공통적인 요건 중 자의성은 독일형법 제24조의 자의성과 같은 의미이며, 범행의 종국적인 포기를 전제로 한다고 설명한다.[29]

---

27) *Lackner/Kühl*, § 31 Rn. 7 ; *Roxin*, AT II, § 30 Rn. 309 ; Schönke/Schröder-Cramer/Heine, § 31 Rn. 1 ; SK-*Hoyer*, § 31 Rn. 1 ; SK-*Rudolphi*, § 24 Rn. 33.
28) *Gropp*, AT, § 9 Rn. 107f ; LK-*Roxin*, § 31 Rn. 1 ; *Roxin*, AT II, § 28 Rn. 88 ; Schönke/Schröder-Cramer/Heine, § 31 Rn. 1 ; SK-*Hoyer*, § 31 Rn. 2.
29) *Kühl*, AT, § 20 Rn. 256 ; *Lackner/Kühl*, § 31 Rn. 2 ; Schönke/Schröder-Cramer

제31조 제1항 제1문의 중지는 제30조 제1항, 즉 교사의 미수에 적용된다. 피교사자가 범행결의를 하도록 교사자가 시도했으나 피교사자가 아직 범행결의를 하지 않았고 범행을 저지를 위험도 존재하지 않았다면, 교사자는 그러한 시도를 포기함으로써 중지할 수 있다.30) 하지만 타인이 범행을 저지를 위험이 존재한다면 행위자는 이를 방지해야 하며, 이는 통상 작위행위를 통해서 가능하다. 제2문의 중지는 제30조 제2항의 첫 번째 유형에 해당했을 때인데, 범행에 참여하기로 했던 자는 자신이 참여하기로 설명했던 바의 계속적인 실행을 포기하는 형태, 즉 범행참가계획을 포기함으로써 중지할 수 있다.31) 제3문의 중지는 제30조 제1항의 두 번째와 세 번째 유형에 해당할 때로서 범행을 방지해야 한다. 제31조 제2항의 중지 중 첫 번째 유형은 A가 B를 교사했으나 그 이후 A는 범행을 방지하려고 노력했음에도 B는 그와는 상관없는 다른 이유로 인해 범행계획을 포기하였거나, 실제로 B는 범행결의를 하지 않았으나 A는 자신이 B를 교사했다고 생각하고 그 이후 범행을 방지하기 위해 진지하게 노력한 경우를 말한다. 그리고 두 번째 유형은 정범은 이미 범행결의를 하고 있었기 때문에 교사범 또는 공동정범이 정범에

/*Heine*, § 31 Rn. 10a ; *Tröndle/Fischer*, § 31 Rn. 3. 자의성에 관하여 BGHSt 12, 306은 공범이 가능한 두 가지 범행방법을 상정하였으나 그 중 한 가지가 실현불가능하다고 드러난 후 다른 한 가지 방법을 외적인 장애 없이 포기하였다면 음모의 중지가 인정된다고 하였다.

30) 이때의 위험을 객관적으로 판단해야 하는지 주관적으로 판단해야 하는지에 관해서는 의견이 엇갈린다. 전자는 E 1962, Begründung, S. 153 ; *Maurach/Gössel/Zipf*, AT II, § 53 Rn. 62. 후자는 *Jescheck/Weigend*, AT, S. 706 ; *Lackner/Kühl*, § 31 Rn. 3 ; LK-*Roxin*, § 31 Rn. 5 ; Schönke/Schröder-*Cramer/Heine*, § 31 Rn. 3.

31) 단순한 내적인 포기로 족하다는 견해로 *Bottke*, Beteiligung, S. 48 ; *Jakobs*, AT, 27/17 ; *Roxin*, AT II, § 28 Rn. 100 ; Schönke/Schröder-*Cramer/Heine*, § 31 Rn. 8. 반대로 범행포기가 외적으로 인식가능해야 한다는 견해로 E 1962, Begründung, S. 155 ; *Jescheck/Weigend*, AT, S. 706 ; *Lackner/Kühl*, §31 Rn. 4 ; SK-*Hoyer*, § 31 Rn. 15.

대하여 범행결의를 하게 할 수 없었고, 교사범 또는 공범이 사후적으로 범행을 방지하기 위해 노력한다고 하더라도 정범의 범행을 방지할 수 없는 때이다.32) 이때는 범행을 방지하기 위한 자의적이고 진지한 노력이 있었을 때 중지를 인정할 수 있다.

3) 평가

공모관계의 이탈에서 논의되는 사례를 미수범의 일반이론으로 해결하자는 주장에는 설득력이 부족하다. 먼저, 이 이론이 중지미수는 실행의 착수 이후에만 적용할 수 있기 때문에 그 이전에 이탈한 행위자에게도 중지미수 규정을 유추적용하자는 뜻이라면,33) 이 견해는 스스로의 전제를 달성하기 위해, 공모 단계에서 이탈한 행위자가 '실행의 착수 이후'를 제외한 중지미수의 다른 요건을 충족시켰는지 심사해야 할 것이다. 특히, 다수설이 중지미수의 핵심적 요건이라고 하는 자의성 판단을 당연히 해야 하는데, 공모관계에서의 이탈을 인정하고 있는 판례 또는 학설은 이렇게 엄격하게 심사하지는 않는다.34) 만약 중지미수의 다른 요건에 관한 심사를 할 필요도 없으며, 실제로 심사하지도 않고 실행의 착수 이전에 '공모관계'에서 '이탈'했다면 그 이유만으로 행위자를 공동정범의 처벌에서 제외하겠다는 뜻이라면, 이를 중지미수의 예외라고 설명하는 것이 과연 어떤 의미를 가질 수 있는지는 의문이다. 다음으로, 이 견해는 결국 중지미수의 법률효과를 따르자고 해석하자는

---

32) *Roxin*, AT II, § 28 Rn. 107 이하 참조.
33) 이렇게 해석할 수 있는 이유는 김용세, "'공모관계이탈'과 공범의 중지", 78면이 "공모공동정범론을 고수해야만 하겠다면, 이론적 근거와 내용이 불명확한 일본의 하급심 판결을 번역할 것이 아니라, 형법 제26조의 일반적 해석론을 일관되게 적용해야만 한다"라고 보기 때문이다.
34) NK-*Zaczyk*, § 31 Rn. 13도, 독일형법 제31조의 문언과는 달리, 이러한 상황에서는 예비행위를 중단하면 족하고 자의성까지는 필요없다고 본다.

제안으로 보인다.35) 하지만, 공모관계이탈론은 공모관계에서 이탈한 행위자를 공동정범으로 인정하면서도 형벌을 감경 또는 면제해 주겠다는 의미가 아니라, '그러한 행위자는 공동정범으로는 처벌하지 않겠다'는 뜻이다.

결국, '공모관계의 이탈'이라고 표현되는 사례는 중지미수 규정의 유추적용이 아니라, 일반적인 귀속규정 및 공범규정에 따라 해결해야 한다.36) 여기에서 문제가 되는 사안은 중지행위를 통해 구성요건적 불법을 포기하는 것이 아니라 범행의 예비행위의 포기이므로, 중지미수와 범죄의 실행단계가 다르다는 점을 염두에 두어야 하기 때문이다.37)

III. 다수의 범행참가자의 중지에 관한 해결

그렇다면, 다수의 범행가담에서의 중지미수 문제를 해결하기 위해 고려해야 하는 기준을 두 가지로 나눌 수 있다. 이미 실행의 착수가 있었는지와 어떠한 범죄참가형태가 문제가 되는지이다.

실행의 착수 이전이라면 중지한 자가 과연 처벌되는지 여부를 우선 판단해야 하며,38) 그 이후에도 중지미수의 이론이라기보다는 공범의 일반이론을 통하여 해결해야 한다. 먼저, 공동정범에 대해서는, 공동정

---

35) 만약 중지미수의 효과가 중하다면 이러한 해석은 의의가 있을 수 있다. 예를 들어 예비행위는 처벌하지 않는다는 원칙의 예외를 규정한 독일형법 제30조가 적용되는 경우, 행위자는 중지미수에 관한 규정인 제24조의 엄격한 요건을 충족시켰다면 미수범으로 처벌되지 않을 수 있을 것이다. *Eisele*, ZStW 112(2000), 749 참조.

36) 독일에서 이러한 견해로 *Angerer*, Rücktritt im Vorbereitungsstadium, S. 250 ; *Eisele*, ZStW 112 (2000), 782.

37) NK-*Zaczyk*, § 31 Rn. 1.

38) 손동권, "중지(미수)범에 관한 연구", 264면.

범 중 1인이 실행의 착수에 이르기 전에 공모관계에서 이탈한 경우 이탈 이후의 다른 공모자의 행위에 관하여 공동정범의 죄책을 지지 않는다는 판례(대법원 1986.1.21. 선고, 85도2371 사건)의 입장을 결론으로 따를 수 있다고 생각한다. 일본의 다수설도 같은 뜻이라고 보인다. 독일에서도 공동정범 중 1인이 실행의 착수 이전에 범행에서 이탈했을 때에는, 독일형법 제31조도 적용된다고 볼 수 없고 독일형법 제24조는 원칙적으로 실행의 착수 이후에 중지한 경우에만 해당하기 때문에, 이는 '범행에서의 이탈(Abstandnahme von der Tat)'이라는 다른 용어로 지칭하는 편이 낫다고 하며,[39] 이미 언급했듯이 공범의 일반이론을 통하여 해결해야 한다고 설명한다. 지금까지 독일판례도 실행의 착수 이전의 공동정범의 범행이탈에 관해서는 명확한 기준을 제시하지 않고 있다. 그리고, 공동정범의 실행의 착수시기가 문제가 된다면 전체적 해결방법과 개별적 해결방법을 나누어 보아야 한다. 전체적 해결방법은 공동정범자 전체의 행위를 기초로 공동정범의 실행의 착수여부를 판단해야 한다는 입장으로서, 공동정범 중 어느 한 사람이 실행행위를 직접 개시한 순간, 공동정범 모두에 대하여 실행의 착수도 개시된다는 것이다. 반면 개별적 해결방법[40]에 따르면, 공동정범의 실행의 착수시기는 기능적 역할분담에 참가한 각자의 범행지배가 예비단계를 지나 실행의 착수에 이르렀는가를 개별적으로 판단해야 한다고 본다. 통설인 전체적 해결방법을 따른다고 하더라도 공동정범을 인정하기 위해서는 구성요건 단계에서의 실행의 분담과 범행을 실행하겠다는 공동의 의사를 요구해야 하므로, 실행의 착수에 이르기 전 이탈한 행위자에게는 공동정범의 책임을 묻기 어렵다고 보아야 할 것이다. 즉, 공모공동정범을 인정하여 범죄실행에 직간접적으로 개입하지 않은 행위자도 공동정범이라

---

39) *Eisele*, ZStW 112 (2000), 745 ; *Kühl*, AT, § 20 Rn. 255.
40) 김일수·서보학, 형법총론, 604면.

고 보는 입장을 따르지 않는 이상, 실행행위 이전에 현장을 이탈한 자에게 공동정범의 성립을 인정해서는 안 된다.[41] 다음으로, 협의의 공범이 예비단계에 범행에 참가하였으나 실행의 착수 이전에 중지하였다면, 교사범의 미수에 관한 형법 제31조에 해당하지 않는다면, 중지미수의 요건을 심사할 필요도 없이 처벌되지 않는다.

실행의 착수가 있었다면, 중지미수를 인정받기 위해서는 행위자는 범행의 결과발생을 방지해야 한다. 이는 형법 제26조가 범행의 결과발생방지를 중지미수의 요건으로 요구하고 있기 때문이며, 그러한 이유로 중지행위자의 행위와 관계없이 범행기수의 결과가 발생했다면 비록 행위자가 중지하였다고 하더라도 중지미수를 인정할 수 없다.[42] 범죄가담형태에 따라 살펴보면, 공동정범에서는 다른 공동정범의 범행결과발생을 방지해야 하며 간접정범은 피이용자의 행위에 의한 결과발생을 방지해야 한다. 협의의 공범, 즉 교사범과 방조범의 중지미수와 관련해서는, 이미 정범이 범행의 실행에 착수하였다면, 이들은 공범으로서의 행위를 이미 다 했다고 볼 수 있다. 그러므로 중지행위와 관련해서 보자면, 이들은 착수미수가 아니라 실행미수 단계에 있다고 할 것이며 그렇기 때문에 부작위로는 중지미수를 인정받기에 충분하다고 보기 어렵다.[43] 그렇기 때문에, 교사범은 적극적 저지행위가 필요하나 방조범은 방조행위의 소극적 철회로도 중지미수가 가능하다는 견해[44]는 받아들이기 어려우며, 교사범과 방조범도 범행의 결과발생을 방지해야만 중지미수로 인정받을 수 있다. 실행의 중지는 범행의 결과발생의 방지와 같다고 인정될 수 있는 경우에 한하여 중지행위로 볼 수 있다. 중지자의

---

41) 그러나, 이는 이탈한 자에게 협의의 공범도 성립하지 않는다는 의미는 아니다. 손동권, "중지(미수)범에 관한 연구", 269면.
42) 신동운, 형법총론, 501면.
43) *Tipold*, Rücktritt und Reue, S. 236.
44) 배종대, 형법총론, 456면 ; 이재상, 형법총론, 28/53.

범행기여부분이 전체 범행에서 차지하는 비중을 살펴볼 때, 중지자의 실행중지를 통하여 범행의 결과발생이 저지될 수 있는 상황이 이에 해당한다.

그렇다면, 행위자의 중지행위가 결과발생을 방지할 수 없었던, 소위 비인과적 중지행위에 관하여는 어떻게 볼 것인가? 중지행위자의 행위가 아닌 다른 원인에 의해 결과발생이 방지되었거나 처음부터 결과발생이 불가능하였다고 하더라도, 단독범의 중지미수와 동일하게, 행위자가 범행의 결과발생방지를 위해서 노력했다면 중지미수를 인정할 수 있다고 보인다.

제3절 소결론

　지금까지 중지미수에 관한 논의가 본질과 자의성에 집중되었다는 점을 볼 때, 중지미수에 관한 형법 제26조의 적용범위에 대한 확인은 중지미수의 다른 개별요건에 관한 논의를 시작하기 위한 출발점이 된다. 그리고, 다수인의 범행가담에서의 중지미수에서는 중지미수의 객관적 요건인 중지행위가 문제가 된다.

　다수인이 범행에 가담한 경우 그 중 한 명 또는 여러 명에게 중지미수를 인정하기 위해서는 행위자는 결과발생을 방지해야 한다. 이는 자신의 범행으로 인해 발생한 위험을 제거해야 중지행위로 볼 수 있다는 의미이다. 사실 중지미수에서는 항상 침해 또는 위태화된 법익의 보호를 위한 결과발생의 방지가 문제가 되므로, 중지미수를 인정하기 위한 이러한 요건은 단독범의 중지미수에서도 다르지 않다.

제9장 실패한 미수 개념의 역사적 변천과정

제1절 들어가며

중지미수에 관한 최근의 논의 중 '실패한 미수' 개념이 있다. '실패한 미수' 개념으로 지칭하는 사례에서는 행위자에게 자의성이 없기 때문에 중지미수가 인정되지 않는다는 설명이 일반적이었다. 하지만 이러한 사례에서 중지미수가 처음부터 성립할 수 없다고 보는 견해가 최근 학계에 등장하였다. 이 견해는 실패한 미수에 해당하는 사례가 '모두 불능미수 또는 장애미수에 속하게 되므로, 행위자가 스스로 범행을 포기한 중지미수에는 해당될 수 없'거나, '행위의 속행가능성이 없다면 애당초 중지의 개념 속에 들어올 수 없(으며), 따라서 실패미수의 경우에는 중지미수에서 배제되기 때문에 중지행위나 자의성은 검토할 필요도 없다'고 본다.

하지만, 실패한 미수에 관한 명시적인 언급은 형법전에서 찾을 수 없으며, 이는 이 개념이 유래한 독일에서도 마찬가지이다. 그리고, 독일에서도 실패한 미수 개념이 지금의 위치를 차지하게 된 기간은 그다지 길지 않다. 괴셀(Gössel)의 설명을 보면, 독일에서도 1900년도 초까지 실패한 미수를 중심으로 다룬 미수범논문은 찾을 수 없었으며, 최근의 논의는 1970년 슈미트호이저(Schmidhäuser)의 형법총론 교과서에 의해서 촉발되었다고 볼 수 있다.[1] 록신도 오늘날의 의미에서의 실패한 미수 이론은 2차대전 이후 처음으로 발전되기 시작했다고 지적한다.[2] 그렇기 때문에 40여 년이라는 그다지 길지 않은 시간이 흐른 후 실패한 미

---

1) *Gössel*, ZStW 87 (1975), 3.
2) *Roxin*, AT II. § 30 Rn. 83.

수 개념을 인정하는 입장이 독일의 통설과 판례가 되었다는 사실은 흥미롭다.

실패한 미수를 이해하기 위한 다양한 접근방식 중 역사적 방법이 있다. 실패한 미수 개념이 역사적으로 어떠한 변천과정을 거쳐서 학설에서의 지금의 위치를 차지하게 되었는지 살펴보는 것은 중지미수에 관한 질문의 해명을 위해서 의미가 있을 뿐만 아니라, 미수범이론의 발전과정을 이해하는데도 도움을 준다.

제2절 논의의 역사적 전개

Ⅰ. 미수범에 관한 논의의 발전과 개념의 분화

오늘날의 의미에서의 미수범이론은 주석학파에 의해 발전되기 시작하였다. 14세기의 주석학자 발두스(Baldus)는 먼 미수(conatus remotus)와 근접미수(conatus proximus)를 구별하였다. 보통법학은 이 두 가지를 구별하면서 먼 미수가 근접미수보다 감경해서 처벌된다고 하였다.[1]

이러한 논의의 방향을 이어받아, 19세기 초까지도 독일문헌은 미수범에 관한 이론을 설명할 때 미수범의 분류 및 등급에 관한 논의에서부터 출발하였다.[2] 범행의 실행 및 기수(delictum consummatum)가 있었고, 그와 대비되는 개념으로서 미수범(Verbrecherischer Versuch ; conatus delinquendi)을 제시하였다. 그리고, 미수범은 먼 미수(conatus remotus ; delictum attentatum)와 근접미수(conatus proximus ; delictum inchoatum ; conatus propior), 그리고 종료미수(delictum perfectum)로 구분되었다. 이러한 구별 중 근접미수는 '의도한 범행의 실행의 착수'로서 중죄의 미수로 처벌되며, 먼 미수는 '단순한 예비행위'로 처벌되는 미수범의 영역에서 제외되는 형태로 19세기 초에 학설이 정리된다.[3]

---

1) *Hälschner*, Das gemeine deutsche Strafrecht I, S. 337.
2) 이하의 논의는 우선 *Wächter*, Lehrbuch, S. 136ff 참조. *Hepp*, Ueber das vollendete und unternommene Verbrechen, S. 334ff도 참조.
3) *Hruschka*, GS Zipf, S. 237f. *v. Bar*, Gesetz und Schuld II, S. 501 Fn. 26 ; *Berner*, Lehrbuch, S. 146 ; *Frank*, Vollendung und Versuch, S. 198f ; *Hepp*, Ueber das vollendete und unternommene Verbrechen, S. 338 등도 먼 미수는 오늘날의 의미에서의 예비행위라고 설명한다.

그렇다면 발두스가 제시했던 미수범의 두 가지 구분 이외의 새로운 범주는 어떻게 나타났는가? 즉, 앞에서 잠정적으로 종료미수[4]라고 번역한 delictum perfectum와 délit manqué는 어디에서 기원하였으며 어떤 변화를 겪었는가?

II. delictum perfectum

16세기 말에 메노치우스(Jacobus Menochius)가 모든 범죄에서 가벌적인 미수의 양적인 정도를 정하기 위하여 delictum perfectum이라는 개념을 사용하였다.[5] delictum perfectum은 행위자가 범행의 결과발생에 필요한 행위를 다 했다는 점에서 단순한 미수범(conatus)과는 구분된다. 하지만, 이때 행위자는 단순히 실행행위를 더 이상 하지 않음을 통해서는 중지할 수 없다. 왜냐하면 행위자의 부정적 행동이 이미 가벌성을 기초하며, 실행을 중지하였다고 하더라도 통상적인 인과진행이 있을 경우 결과발생이 더 이상 방지될 수 없기 때문이다. 즉 행위자는 범행을 이미 다 하였기 때문에 상황이 질적으로 달라져서 협의의 의미에서의 중지는 더 이상 가능하지 않다는 의미이다. 하지만 메노치우스는 미수범의 단계 구분과 관련하여 delictum perfectum을 conatus proximus의 최상의 단계로 보았으며, 이를 conatus multum proximus나 delictum perfectum이라고 지칭하였다.[6]

메노치우스 이후에 delictum perfectum이라는 개념을 다시 사용한 학

---

[4] 이하에서는 delictum perfectum, délit manqué, delitto mancato(delitto frustrato), Fehlgeschlagener Versuch의 번역어로 종료미수와 실패한 미수를 병행한다.
[5] *Berner*, Gutachten, S. 110 ; *Goldschmidt*, Die Lehre vom unbeendigten und beendigten Versuch, S. 3ff ; *Hruschka*, GS Zipf, S. 240f 참조.
[6] *Berner*, Gutachten, S. 110.

자로 클라인이 있다.7) 그에 따르면 범행의 결과에 대한 고의의 발현과 관련해 범죄와 형벌을 다음의 몇 가지로 구분할 수 있다. 먼저 행위가 기수에 이른 경우로서, 결과가 발생한 경우(기수범: consummatum)와 결과는 발생하지 않았지만 행위를 다 한 경우(종료범: perfectum)가 있다. 반면 행위가 기수에 이르지 않았으나 행위를 실행하려는 고의가 외적인 행위로 발현되었을 때는 미수범(conatus)인데 행위자가 범행의 기수를 위해 필요한 마지막 행위를 하고 있었던 경우(근접미수: crimen inchoatum)와 예비행위에 그친 경우(먼 미수: delictum attentatum)가 이에 해당한다.

클라인의 설명에서는, delictum perfectum은 근접미수의 최상의 단계가 아니며 오히려 기수범이라는 점이 특이하다.8) 하지만 그 이후 delictum perfectum이 미수범이 아니라 기수범에 속한다는 견해는 찾기 어려웠고, 클라인의 견해가 그 이후의 학설에 큰 영향을 끼쳤다고 보기도 어렵다.9) 예를 들어 포이어바흐는 교과서에서 delictum perfectum이 미수에 속한다고 설명하고 있으며,10) 19세기 초 미수에 관한 길고 상세한 논문을 쓴 차샤리애도 종료미수가 예전의 용어로는 conatus proximus이며 최근의 용어로는 delictum perfectum라고 설명한다.11)

---

7) *Klein*, Grundsätze des peinlichen Rechts, Halle 1795 (2. Aufl. 1799), § 145. *Goldschmidt*, Die Lehre vom unbeendigten und beendigten Versuch, S. 7f에서 재인용.
8) 이러한 생각은 1794년의 프로이센일반란트법 제2부 제20장 제40조에서도 찾을 수 있다. 클라인과 프로이센일반란트법의 관계에 관해서 *Rüping/Jerouschek*, Grundriß, S. 82 참조.
9) *Goldschmidt*, Die Lehre vom unbeendigten und beendigten Versuch, S. 10.
10) *Ders.*, Lehrbuch des gemeinen in Deutschland gültigen peinlichen Rechts, § 43.
11) *Zachariä*, Der Lehre vom Versuche der Verbrechen II, S. 255.

III. délit manqué와 delitto mancato (delitto frustrato)

미수범에 관한 프랑스의 설명 중 delictum perfectum과 유사한 개념으로 délit manqué가 있다. 19세기 초반의 프랑스에서는 행위자가 범행을 실행하기 위하여 모든 행위를 했으나 그 이후 발생한 외적인 사정에 의해 범행의 결과가 발생하지 않은 경우를 두 가지로 나누어 고찰하였다. 그 중 tentative manqué는 결과가 발생하지 않은 이유가 행위자의 의사인 경우, 즉 오늘날의 의미의 중지미수임에 반해 délit manqué는 우연에 의해 결과가 발생하지 않은 경우이다.[12]

이탈리아에서는 로마노시(Romagnosi)가 delitto mancato(delitto frustrato)라는 개념 아래, 고의적으로 범행을 하였으나 이러한 범행의 종료 이후 발생한 우연한 상황이 결과발생을 저지한 경우를 포괄하였다.[13] 로마노시는 délit manqué의 영향을 받아 이 개념을 사용하였는데,[14] 행위자가 범행의 결과발생을 위해 필요한 행위를 했으나 범행의 종료 이후 발생한 우연한 사정에 의해 결과가 발생하지 않았다는 점에서 delitto mancato와 délit manqué는 동일하다.[15] 그리고 delictum perfectum과 délit manqué, delitto mancato의 관계를 보면 후자는 전자의 한 종류라고 이해할 수

---

12) *Berner*, Gutachten, S. 106 ; *Goldschmidt*, Die Lehre vom unbeendigten und beendigten Versuch, S. 21 ; *Gössel*, ZStW 87 (1975), 10 참조. *Goldschmidt*, Die Lehre vom unbeendigten und beendigten Versuch, S. 15는 1810년의 프랑스구 형법 제2조에 délit manqué가 아니라 tentative manqué가 규정되었다고 본다.
13) *Goldschmidt*, Die Lehre vom unbeendigten und beendigten Versuch, S. 17ff ; *Gössel*, ZStW 87 (1975), 9.
14) *Berner*, Gutachten, S. 110.
15) *Gössel*, ZStW 87 (1975), 10.

있다.16) 즉, delictum perfectum은 délit manqué, delitto mancato보다 넓은 부분을 포괄한다. delictum perfectum은 실행미수이기는 하나 아직 실행중지를 통한 중지미수가 가능한 단계를 포함하고 있으나, délit manqué나 delitto mancato는 실행미수이면서 중지미수도 불가능한 단계를 지칭하고 있기 때문이다.17)

IV. délit manqué 개념의 활용 및 변천

1. 19세기의 독일에서의 논의

이러한 과정을 거쳐, 19세기 초에 오늘날의 이론처럼 예비행위, 착수미수, 실행미수의 세 단계로 미수범을 구분하게 되었다. 그리고 헵(Hepp)이 처음으로 먼 미수(conatus remotus ; delictum attentatum)와 근접미수(conatus proximus ; delictum inchoatum ; conatus propior)를 착수미수로, 종료미수(delictum perfectum)를 실행미수라는 독일어 단어로 바꾸었으나,18) 그 이후에도 학자에 따라 사용하는 표현이 약간씩 달랐다.

학설에서 이렇게 미수의 종류 또는 단계를 구별한 이유는 미수행위의 가벌성이 언제 시작하는지에 대한 기준을 제시하기 위해서이다.19) 위법한 의사가 아니라 법질서의 진정한 침해만이 처벌의 대상이 된다고 본다면, 즉 미수범처벌에 대한 객관설을 따른다면 미수행위의 객관적 성질이 미수범의 가벌성을 결정하는 요소가 될 수밖에 없으며 그를 위

---

16) *Gössel*, ZStW 87 (1975), 21.
17) *Goldschmidt*, Die Lehre vom unbeendigten und beendigten Versuch, S. 21.
18) *Hepp*, Ueber das vollendete und unternommene Verbrechen, S. 344. *Goldschmidt*, Die Lehre vom unbeendigten und beendigten Versuch, S. 26도 참조.
19) *v. Bar*, Gesetz und Schuld II, S. 517 ; *Wächter*, Lehrbuch, S. 141.

해 범행이 범행의 기수와 얼마나 떨어져 있는지를 고려하게 될 것이다.[20] 그리고 실현된 형벌이 어느 정도인지가 이러한 구별의 기준이 되었다.[21] 이러한 입장에서 착수미수와 실행미수를 검토하면 실행미수의 가벌성이 착수미수의 가벌성보다 더 높다는 결론이 나오는데, 미수범의 가벌성은 기수범과의 거리가 가까워짐에 따라 커진다고 보았기 때문이다.[22]

하지만 형법학이 발전하면서 단일한 미수 개념 안에서의 세부적인 구분과 단계에 대한 구별은 더 이상 찾기 어렵게 되었다.[23] 실행의 착수와 종료 사이에 존재하는 미수범의 진행단계는 정확하게 계측할 수 없어서 이에 대한 양적인 구분을 하기에도 어렵기 때문이다.[24] 결국 미수범의 처벌을 위해서 미수범의 처음, 즉 실행의 착수와 마지막, 즉 종료시점을 확정하는 것으로 충분하다는 견해가 다수설이 되었다.[25]

그러나, 행위자가 범행의 기수에 필요한 행위를 다 했으나 결과가 발생하지 않은 경우, 즉 실행미수를 어떻게 처벌할지의 문제는 여전히 남아있었다. 실행미수라고 하나 이때는 실행미수 중 특히 앞에서 살펴본 프랑스어로는 tentative manqué가 아니라 délit manqué로 지칭하는 사안이 문제가 된다. 종료미수는 오늘날의 개념으로는 결과반가치는 없으나 행위반가치가 완전히 실현된 경우이기 때문에 기수범과 미수범과 구별하여 특별히 처벌하겠다는 생각은 어떻게 보면 자연스럽다고 볼 수 있으며, 이러한 입법례도 존재하였다. 프로이센일반란트법 제2부 제20장 제40조를 다시 한 번 살펴보면, "행위자가 범죄의 실행을 위해서 스스

---

20) *Gössel*, ZStW 87 (1975), 20 ; *Ulsenheimer*, Grundfragen, S. 133.
21) *Gössel*, ZStW 87 (1975), 23.
22) *Berner*, Gutachten, S. 123f 참조.
23) *Baumgarten*, Die Lehre vom Versuche der Verbrechen, S. 442 ; *Goldschmidt*, Die Lehre vom unbeendigten und beendigten Versuch, Einleitung, S. 1.
24) *Köstlin*, System, S. 243.
25) *Ulsenheimer*, Grundfragen, S. 134.

로 필요한 모든 행위를 했으나, 범행의 존재를 위해 필요한 결과가 우연에 의해 발생하지 않은 경우, 행위자는 다음 단계의 정규형으로 처벌된다"고 하여 종료미수에 관한 형벌을 따로 규정하고 있다.

즉, 1855년의 작센형법전 제42조처럼 실행미수와 그 처벌에 관한 독자적인 규정이 존재하고 있다면, 실행미수를 어떻게 정의해야 하는지가 논의의 대상이 될 수밖에 없다. 그리고 실행미수의 가벌성에 대하여 어떠한 형태의 규칙을 정하기 위해서는 실패한 미수에 관하여 논의해야 한다. 그에 대한 베르너의 설명을 보면, 착수미수의 특징이 중지의 가능성임에 반해, 실행미수는 결과발생의 방지를 그 특징으로 하고 있다고 볼 수 없으며, 실행미수 단계에 행위자에게 결과발생을 방지할 가능성이 존재하지 않거나 행위자가 이러한 가능성을 실현시키지 않았다면 미수행위는 실패한 미수로 변화한다.[26] 즉, 모든 실패한 미수는 실행미수이나 모든 실행미수가 실패한 미수는 아니다. 결과발생을 목표로 하는 인간의 행위의 종료와 결과의 발생 또는 실패 사이에는 긴 시간적 간격이 있으며, 여기에서는 행위에 의해 촉발된 자연적인 인과성이 어떻게 작용하는지가 문제가 된다.[27] tentative manqué와 délit manqué의 구별이 여기서 다시 나타난다.

착수미수는 미수와 예비행위의 구별을 통해 정의할 수 있으므로 남는 문제는 실행미수를 어떻게 정의하는지였다. 그에 관한 학설은 세 가지로 나뉘었다. 행위자의 입장에서 범죄의 완수에 필요했던 일을 했을 때 실행미수라고 보는 견해인 객관설과, 행위자가 스스로 필요하다고 생각했던 모든 일을 한 때 실행미수가 존재한다는 주관설이 있었다. 행위자가 결과발생을 지향하는 행위를 했으나 결과가 발생하지 않은 때를 실행미수로 보는 견해는 절충설로서, 범행이 여러 개별행위로 이루

---

26) *Berner*, Gutachten, S. 125.
27) *Berner*, Gutachten, S. 110f.

어져 있는 경우 행위자가 이 중 마지막 행위를 했으나 결과가 발생하지 않았을 때 실행미수가 존재한다고 설명한다. 실패한 미수 개념을 통해 해결하려는 관심의 대상은 주로, 행위자가 여러 행위를 통해 범행을 실행하려고 했을 때를 어떻게 해결한 것인가의 문제인데28) 절충설은 그에 대하여 대답하려는 시도이다.

하지만, 이미 포이어바흐도 실행미수에 관하여 따로 법규정을 두는 데 관하여 의문을 제기하였다.29) 그리고 독일 몇몇의 란트법전에서 착수미수와 실행미수를 구별하여 처벌을 달리하는 규정이 있었으나, 착수미수와 실행미수의 구별을 무리하게 관철함으로써 불합리한 결과가 발생한다는 문제점이 있었다.30)

2. 독일제국형법 당시의 논의

독일구형법의 미수범에 관한 정의규정인 제43조는 착수미수와 실행미수의 구분에 대한 어느 이론도 따르지 않았는데, 착수미수와 실행미수라는 개념을 인정할 근거가 부족하고 이 두 가지를 구별하는 기준이 모호하기 때문이었다. 하지만 1875년 독일제국의회에 제출된 형법개정안은 착수미수와 실행미수를 구별하여, 착수미수와 실행미수의 형벌의 상한선은 동일하나 하한선은 실행미수가 더 중하도록 하였다.

그러나, 착수미수와 실행미수에서 특별한 질적 차이를 찾을 수 없으

---

28) *Gössel*, ZStW 87 (1975), 4.
29) *Goldschmidt*, Die Lehre vom unbeendigten und beendigten Versuch, S. 25.
30) 가령 1853년 작센형법전은 강도죄(제178조)에서는 생명 또는 신체에 대한 현존하는 위험이 되는 폭행 또는 협박을 했을 때 이미 실행미수가 존재한다고 하였고, 사용할 목적으로 위조된 동전을 사용해야 기수범에 이르는 구성요건인 동전위조죄(제323조)의 실행미수는 사용할 목적으로 동전을 위조 또는 변조했을 때 존재한다고 규정하였다. *Lamm*, Gutachten, S. 150 참조.

며, 혹시 어떤 차이가 있다고 하더라도 양형에서 고려되면 충분하다고 본 견해가 다수설이었기 때문에 이러한 제안은 법조문으로 실현되지 않았다.31) 그리고 독일제국형법이 착수미수와 실행미수의 구별을 포기함에 따라 착수미수와 실행미수의 구별을 가중처벌사유로 고려하지도 않았고, 그로 인해 실무에서 이 구별은 잊혀졌고 판례에서도 사라졌다.32)

3. 착수미수와 실행미수의 구별의 '부활': 독일구형법 당시의 중지미수 논의

결국 독일구형법 시대에는 실패한 미수는 주로 중지미수의 예외로써 언급될 뿐이었다. 그럴 수밖에 없었던 것이, 이미 언급했던 이유로 미수범의 정의규정인 독일구형법 제43조에는 미수의 단계에 따른 구분이 존재하지 않았으나 중지미수에 관한 독일구형법 제46조에는 미수의 단계구분이 착수미수와 실행미수의 구별이라는 형태로 남아있었기 때문이다.33) 착수미수 단계에서는 더 이상의 범행을 중지하며, 실행미수 단계에서는 범행의 결과발생을 방지하면, 중지미수에 해당하기 때문에 미수범으로 처벌되지 않는다. 독일제국형법 및 형법개정안, 그리고 독일형법의 입법자도, 중지미수에서는 착수미수의 중지와 실행미수의 중지를 계속 구별하였다.

가령 실패한 미수에서는 독일구형법 제46조 제2호의 적용이 배제된

---

31) *Baumgarten*, Die Lehre vom Versuche der Verbrechen, S. 444 ; *Berner*, Gutachten, S. 110ff ; *Goldschmidt*, Die Lehre vom unbeendigten und beendigten Versuch, S. 68 ; *Lamm*, Gutachten, S. 150f 참조.
32) *Goldschmidt*, Die Lehre vom unbeendigten und beendigten Versuch, S. 69 ; *Schwarze*, Commentar, S. 104.
33) *Baumgarten*, Die Lehre vom Versuche der Verbrechen, S. 444.

다는 설명은 그 당시 쉽게 찾을 수 있다.[34] 또는 délit manqué는 비록 실행미수의 한 형태라고 볼 수는 있으나 범행의 중지 혹은 결과발생방지 모두가 불가능하다고 설명하였다.[35] 그리고 실패한 미수인지 여부는 행위자의 생각, 즉 주관설에 따라 판단한다. 그렇게 된 이유는 다음과 같다. 먼저, 독일제국법원은 미수범의 처벌에 관한 주관설을 택하였다. 그리고, 중지미수는 미수의 '예외'지만 미수에 속하기 때문에 미수범에서와 같은 기준을 사용해야 한다고 보았다. 그렇다면 비록 중지미수에 관한 독일구형법 제46조가 자의성 표지에 관하여 객관적인 기준을 사용하고 있다고 보임에도, '실패'의 개념도 주관적으로 해석할 수 있게 된다. 실제로 당시의 판례 및 학설은 행위자가 범행의 실현이 실패했다고 생각했기 때문에 더 이상 범행하지 않은 경우는 '자의성'이 존재하지 않기 때문에 중지미수가 아니라고 설명한다.[36]

4. 현대의 독일의 논의

현대에도 실패한 미수 개념은 중지미수와 관련해서만 논의되고 있으나 그 내용은 19세기 초의 종료미수 개념과 다르며, 독일구형법 시대의 논의와도 차이가 있다. 그 사실을 알려주는 예는, 현대의 독일의 논의의 기초가 되었다고 평가받고 있는 슈미트호이저의 논의이다.[37] 슈미트호이저에 따르면 행위자가 자신의 행위목표를 그 시점에 이룰 수 없다고 생각한 경우에 미수는 실패한 것이다. 이때 행위자가 범행을 다

---

34) 하나의 예로 *Olshausen*, Kommentar, S. 185.
35) *Baer*, Rücktritt und tätige Reue bei untauglichem Versuch, S. 38 ; *Berner*, Gutachten, S. 111ff.
36) *Graf zu Dohna*, ZStW 59 (1940), 542f. RGSt 37, 134 ; 55, 36도 참조.
37) *Schmidhäuser*, AT, 15/81ff.

했는지 여부는 문제가 되지 않으며, 실패는 범행결과가 발생하지 않았다는 객관적 측면으로 정의되는 것이 아니라 행위자의 생각이 무엇인지에 따라 결정된다.

현재 독일 판례와 학설에서의 실패한 미수 개념은 다음의 몇 가지 요소가 특징이다. 우선, 미수가 실패했는지 여부는 객관적이고 사후적인 사태가 아니라, 행위 당시 행위자의 생각이 어떠했는지에 따라 결정된다. 이러한 측면은 독일의 미수론이 주관주의적 입장을 취했기 때문이라고 쉽게 이해할 수 있다. 괴셀이 지적했듯이 미수범에서의 실행의 착수와 가벌성을 주관적으로 확정하는 형법체계에서는 délit manqué에서처럼 불처벌의 조건을 객관적으로만 확정할 수는 없다는 것이다.[38]

두 번째로 지적할 사항은 실패한 미수 개념이 미수론 전반의 이론구성을 위해서가 아니라 중지미수에서만 등장하며, 특히 어떤 특정한 사례군에서 중지미수가 인정되지 않는다고 하여 처음부터 중지미수의 논의에서 배제하기 위해서 이용되고 있다는 점이다. 미수행위의 가벌성이나 미수범처벌의 임의적 감경과 관해서는 실패한 미수 개념은 아무런 역할을 하고 있지 않다. 실패한 미수 개념은 미수의 어떤 특정한 종류를 지칭하는데, 독일형법에서는 원칙적으로 미수범이 처벌된다. 그러므로 실패한 미수는 미수범의 일반적인 처벌에 관한 예외, 즉 중지미수에서 문제가 될 뿐이다.[39]

셋째로 실패한 미수 개념과 그에 속하는 사례군이 전통적으로 중지미수의 자의성에서 논의된 이유는 이해하기 어렵지 않다. 중지미수의 주관적 요소로서의 자의성은 주관적으로 확정해야 한다는 설명이 이미 독일구형법 시대에도 통설이었다. 만약 실패한 미수 개념을 주관설로 확정한다면 이 두 가지에는 동일한 기준이 쓰이게 되며, 그러므로 비록

---

38) *Gössel*, ZStW 87 (1975), 25.
39) *Gössel*, ZStW 87 (1975), 7.

구별되기는 하나 본질적으로 구별하기는 어려운 자의성과 실패한 미수[40]는 엄밀한 구별 없이 섞이게 된다.[41]

---

40) *Tipold*, Rücktritt und Reue, S. 99, 121.
41) *Ulsenheimer*, Grundfragen, S. 277.

제3절 소결론

I. 실패한 미수 개념과 중지미수?

실패한 미수 개념에 관해서는, "오랫동안 지속된 개념의 역사적 발전은 독일구형법 제46조에서 약한 승리를 거두었을 뿐"[1]이라고 평가할 수 있다. 그리고 그러한 승리는 시대와 국가를 뛰어넘어 현재 한국형법의 해석에 다시 영향을 미치고 있다고 보인다. 그럼에도 불구하고, 실패한 미수 개념을 최근의 일부 견해와 같은 방식으로 중지미수의 이론에 위치시켜야 하는지에는 의문이 있다.

II. délit manqué 개념을 도입한 설명으로서의 장도, "형법총론"

주의깊게 살펴보면, délit manqué의 개념을 이용해 중지미수를 설명하는 예는 사실 한국의 학설에서도 찾을 수 있다. 1908년에 장도가 저술한 형법총론은 한국인이 쓴 최초의 형법교과서 중 하나인데, 미수범에 관하여 상당히 자세하게 설명하고 있는 점은 지금 보아도 인상적이다. 그 중 주목해야 할 부분은 délit manqué의 번역어인 결효범(缺效犯)에 관한 논의이다.

---

[1] *Goldschmidt*, Die Lehre vom unbeendigten und beendigten Versuch, Einleitung, S. 2.

장도는 미수범에 두 가지가 있다고 설명한다. 그 중 하나는 착수미수범으로서 착수행위로 인하여 성립하며, 결효범은 실행행위는 있으나 범인 이외의 착오로 인해 의도한 해악이 발생하지 않은 경우를 말한다.[2] 장도는 착수미수와 결효범을 일본구형법을 예로 들어 설명하고 있다. 즉, 범인 이외의 장애로 인하여 해악이 발생하지 않은 경우는 착수미수범의 정의이며 착오로 인하여 발생하지 않은 경우는 결효범을 말한다. 이는 문자상의 해석이 아니라, 각국형법전의 편찬연혁을 살펴보았을 때 미수범에 위의 두 가지가 속한다는 사실은 일반적으로 인정되고 있으며 실제로 각국의 형법전에 이 두 가지를 함께 또는 따로 규정하고 있기 때문이라고 설명한다.[3]

장도는 행위자의 의사 이외의 사정으로 범행이 중지된 경우, 즉 실행행위를 다 하고도 결과가 발생하지 아니한 자를 기수범죄와 동일하게 처벌할까도 문제가 된다 하며, 이 문제에 관하여 착수미수범과 결효범의 형을 기수범의 형보다 감경하나 착수미수범과 결효범의 형을 구별하는 규정은 두지 않는다는 방식으로 해결하였다.[4]

장도는 중지미수도 착수미수와 결효범과 연관하여 설명하고 있다. 착수미수범에서는 범인 이외의 장애로 인하여 결과가 발생하지 않아야 하기 때문에, 착수행위가 있어도 범인이 자신의 의사로 중지한 때에는 착수미수범이 아닌 별개의 행위이며, 실행행위가 있더라도 범인이 자신의 의사로 중지한 때에는 결효범이 아닌 별개의 행위이기 때문에 이를 중지범이라고 본다는 설명이다.[5]

장도의 논의는 프랑스형법전과 형법학의 논의를 이어받은 일본형법

---

2) 장도, 형법총론, 164면 이하.
3) 장도, 형법총론, 171면.
4) 장도, 형법총론, 154면, 180면.
5) 장도, 형법총론, 189면.

전에 기대어 미수범을 설명하려는 시도였으며, 그러한 역사적 맥락에서 결효범에 관한 설명을 이해할 수 있다. 하지만 그 후의 형법교과서 및 논문에서는 미수범의 종류에 관한 설명에서 결효범을 언급하지 않으며, 이 개념을 통해 중지미수의 문제를 해결하려는 견해도 찾을 수 없었다. 앞서 지적하였듯이 최근 중지미수에 한하여 다시 '실패한 미수'라는 개념을 설정하여 문제를 해결하려는 시도가 나타나고 있는데, 여기에서는 멀리 장도의 논의와 연결점을 찾을 수 있다고 보인다.

참고문헌

Ⅰ. 한국문헌

1. 교과서 및 단행본

권문택, 형사법연구, 박영사, 1983.
권오걸, 형법총론, 형설출판사, 2005.
김성돈, 사례연구 형법총론(2판), 대왕사, 1998.
_____, 형법총론, 현암사, 2006.
김성천·김형준, 형법총론(3판), 동현출판사, 2005.
김일수, 한국형법 Ⅰ(총론 상)(개정판), 박영사, 1997.
_____, 한국형법 Ⅱ(총론 하)(개정판), 박영사, 1997.
김일수·서보학, 새로쓴 형법총론(11판), 박영사, 2006.
편집대표 김종원, 주석형법 Ⅱ(총칙 2), 한국사법행정학회, 2000.
김택민, 중국고대형법, 아카넷, 2002.
남흥우, 형법총론(개정판), 박영사, 1975.
박상기, 독일형법사, 율곡출판사, 1993.
_____, 형법총론(6판), 박영사, 2005.
배종대, 형법총론(8판), 홍문사, 2005.
백원기, 미수론연구, 삼지원, 1994.
_____, 형법판례의 사례연구, 삼지원, 1997.
서일교, 조선왕조 형사제도의 연구, 한국법령편찬회, 1968.
손동권, 형법총론(2개정판), 율곡출판사, 2005.
신동운, 형법총론(2판), 법문사, 2006.
_____, 판례백선 형법총론(개정증보판), 경세원, 1998.

_____, 판례백선 형법각론 I, 경세원, 1999.
_____, 형사소송법(4판), 법문사, 2007.
신동운·허일태 편저, 효당 엄상섭 형법논집, 서울대학교출판부, 2003.
안동준, 형법총론, 학현사, 1998.
오영근, 형법총론(보정판), 박영사, 2006.
유기천, 형법학 총론강의(개정판), 일조각, 1981.
이건호, 형법강의(총론)(개정판), 일조각, 1958.
이영란, 한국형법학 총론강의(개정판), 숙명여자대학교출판부, 2003.
이재상, 형법총론(5판), 박영사, 2005.
_____, 형법각론(5판), 박영사, 2005.
_____, 형사소송법(6판), 박영사, 2002.
이정원, 형법총론(3판), 법원사, 2004.
이형국, 형법총론(3판), 법문사, 2003.
임 웅, 형법총론(개정판 보정), 법문사, 2005.
_____, 형법각론(개정판), 법문사, 2003.
장 도, 형법총론, 1908(영인본: 아세아문화사, 1982).
정성근·박광민, 형법총론(3판), 삼지원, 2006.
정영석, 형법총론(5전정판), 법문사, 1986.
정영일, 형법총론, 박영사, 2005.
조준현, 형법총론(3판), 법원사, 2004.
진계호, 형법총론(7판), 대왕사, 2003.
최병조, 로마법연구(I), 서울대학교출판부, 1995.
한국형사법학회 편, 형사법강좌 II(형법총론 하), 박영사, 1984.
황산덕, 형법총론(재판), 법문사, 1961.
8인 공저, 신고 형법총론(중판), 한국사법행정학회, 1979.

2. 논 문

강용현, "형이 필요적으로 면제되는 공직선거 및 선거부정방지법상 자수의 범위", 법조 46권 7호(1997/7), 138~163면.

김성돈, "죄수결정의 기준", 경북대학교 법학논고 14집(1998), 191~217면.

_____, "이른바 실패한 미수 개념과 위험성 개념에 대한 재음미", 고시연구 2002/8, 39-51면.

_____, "중지미수범의 성립요건", 고시연구 2004/5, 269-276면.

김성룡, "착수미수의 실패한 중지범", 형사법연구 제19호(2003), 200~220면.

김영환, "법의 흠결과 목적론적 축소해석", 판례월보 제334호(1998/7), 36~49면.

김용세, "'공모관계이탈'과 공범의 중지", 형사법연구 제13호(2000), 55~78면.

김용욱, "미수형태와 중지범", 형사법연구 제11호(1999), 83~104면.

민유숙, "공범관계로부터의 이탈 - 실행착수 전과 실행착수 후 - ", 형사재판의 제문제 제5권(2005), 23~38면.

박광민·송승은, "중지미수범의 성격과 자의성 판단", 성균관법학 제16권 3호(2004), 269-291면.

박상기, "중지미수의 성격과 자의성 판단", 형사법연구 제14호(2000), 307~318면.

백형구, "미수범이론의 재구성", 한일형사법의 과제와 전망: 수운 이한교교수 정년기념논문집, 화성사, 2000, 23~45면.

성낙현, "비구성요건적 목적이 달성된 경우의 중지미수", 비교형사법연구 제1호(1999), 43~66면.

손동권, "중지(미수)범에 관한 연구", 현대형사법론(죽헌 박양빈교수 화갑기념논문집), 1996, 241~271면.

_____, "중지(미수)범의 특수문제 - 특히 예비단계에서의 중지 - ", 형사판

례연구 제5권(1997), 70~103면.
송진현, "중지미수의 자의성", 대법원판례해설 제20호(1993년 하반기), 1994, 447~454면.
신동운, "불능범에 관한 형법 제27조의 성립경위", 서울대학교 법학 제41권 4호(2001/2), 39면.
신양균, "판례에 나타난 중지미수", 고시연구 1998/5, 64~73면.
오경식, "범행중지의 자의성과 공동정범의 행위귀속", 법정고시 1996/10, 76~85면.
오영근, "1990년대의 형사판례－책임·미수·공범론을 중심으로－", 형사판례연구 제9권(2001), 1~27면.
_____, "중지미수의 자의성", 형사판례의 연구 I(지송 이재상교수 화갑기념논문집), 박영사, 2003, 550~566면.
오영근·최종식, "일본 개정형법가안에 관한 일고찰", 형사정책연구 제10권 1호(1999), 107~131면.
유인모, "중지미수의 법적 성격", 김종원교수 화갑기념논문집, 법문사, 1991, 365~376면.
윤익수·이계호, "중지미수의 법적 성격", 석우차용석교수 화갑기념논문집 하, 법문사, 1994, 429~448면.
이상돈, "중지미수에서 자의성 개념의 기호론적 재구성", 저스티스 제33권 1호(2000/3), 111~136면.
이승호, "장애미수와 불능미수 및 중지미수의 구별", 고시연구 1999/11, 155~164면.
이용식, "결과적가중범의 직접성원칙과 부진정부작위범에 있어서 불능미수의 중지미수", 고시계 2005/2, 81~88면.
_____, "부작위형태의 중지행위의 요건에 관하여－형법 제26조 '실행에 착수한 행위를 중지하거나'의 해석과 관련하여－", 서울대학교 법학 제46권 3호(2005/9), 298~340면.
_____, "부작위범의 중지미수－착오로 인한 소위 착수중지의 실패로 결과

가 발생한 경우를 중심으로-", 서울대학교 법학 제47권 1호(2006/3), 215~242면.

이재상, "1993년의 형사판례", 형사판례연구 제2권(1994), 382~401면.

_____, "1997년의 형사판례 회고", 형사판례연구 제6권(1998), 476~530면.

_____, "1999년의 형사판례 회고", 형사판례연구 제8권(2000), 568~622면.

이정원, "중지미수의 제문제", 현대형사법론(죽헌 박양빈교수 화갑기념논문집), 1996, 405~423면.

이정원·류석준, "중지미수에서의 실행미수와 착수미수", 경남법학 제18집(2003), 177~189면.

이존걸, "중지미수에 관한 논점", 현대형사법론(죽헌 박양빈교수 화갑기념논문집), 1996, 424~451면.

이훈동, "중지범에 있어서 미종료미수와 종료미수의 구별기준", 비교형사법연구 제3권 2호(2001), 211~242면.

임 웅, "중지미수에 있어서의 자의성", 형사판례의 연구 I(지송 이재상교수 화갑기념논문집), 박영사, 2003, 534~549면.

장영민, "유추금지와 목적론적 축소해석", 형사판례연구 제7권(1999), 1~17면.

장한철, "공범의 중지미수와 형법 제26조의 해석문제", 석우 차용석교수 화갑기념논문집 하, 법문사, 1994, 449~468면.

_____, "결과발생에 있어서 공범의 중지미수의 성립문제-특히 독일형법 제24조 2항 2문 후단을 중심으로-", 형사법연구 제8호(1995), 43~62면.

전지연, "예방적 정당방위와 중지미수", 고시연구 2005/7, 53~61면.

정영일, "중지미수", 고시연구 1997/12, 27~39면.

정진연, "법률의 착오와 불능미수의 중지미수", 고시계 2006/3, 97~107면.

정현미, "착수미수와 실행미수의 구별", 형사판례연구 제14권(2006), 1면

조준현, "공범관계의 해소에 관한 사례연구", 형사판례연구 제5권(1997), 129~154면.

천진호, "불능미수범의 위험성 판단-해석상의 오류를 중심으로-", 비교형사법연구 제1호(1999), 67~92면.
_____, "미수범이론의 발전과 전망", 형사법연구 제18호(2002), 127~156면.
최우찬, "중지미수: 적법행위로 후퇴하기 위한 은빛 다리", 고시연구 1992/1, 38~55면.
_____, "중지미수", 고시계 1998/9, 62~83면.
하태훈, "중지미수의 성립요건", 형사판례연구 제7권(1999), 60~80면.
_____, "미수범 체계의 재정립", 형사법연구 제22호(2004), 234~248면.

3. 자 료

법무부, 미국모범형법·형사소송규칙(법무자료 제50집), 1984.
_____, 형법개정법률안 제안이유서(형사법개정자료 XIV), 1992.
최대용, "중화민국형법(1)", 법정 창간호(1946/9), 26~27면.
한국형사정책연구원, 형법제정자료집, 1990.
형사법개정특별심의위원회, 형법개정의 제논점(형사법개정자료 III), 1985.
_____, 오스트리아형법(형사법개정자료 IV), 1985.
_____, 프랑스형법(형사법개정자료 V), 1985.
_____, 형법개정요강소위원회심의결과(형사법개정자료 VIII), 1989.
_____, 일본형법개정작업경과와 내용(형사법개정자료 IX), 1989.
허일태·황순동 공역, 중화민국형법, 동아법학 제22호(1997), 557면.

II. 독일어문헌

Allfeld, Philipp: Der Rücktritt vom Versuch nach geltendem Recht und dem

Entwurf eines Allgemeinen Deutschen Strafgesetzbuchs von 1927 (Reichstagsvorlage), Frank-FG II, 1930, 74.

Alternativ-Entwurf eines Strafgesetzbuches (AE) AT, 2. Aufl., Tübingen 1969.

Anders, Ralf Peter: Zur Möglichkeit des Rücktritts vom erfolgsqualifizierten Versuch, GA 2000, 64-76.

Arzt/Weber, Strafrecht, BT, 2000.

Bacher, Andreas: Versuch und Rücktritt vom Versuch beim erfolgsqualifizierten Delikt - zugleich ein Beitrag zum Begriff der Tat, München 1999.

Baer, Albert: Rücktritt und tätige Reue bei untauglichem Versuch, Breslau 1910.

v. Bar, Ludwig: Gesetz und Schuld im Strafrecht, Band II: Die Schuld nach dem Strafgesetze, Berlin 1907.

Bauer, Wolfram: Besprechung an BGH, Beschl. StV 1993, 187, StV 1993, 356.

―――――――: Die Bedeutung der Entscheidung des Großen Strafsenats des BGH vom 19. 5. 1993 für die weitere Entwicklung der Lehre vom strafbefreienden Rücktritt, NJW 1993, 2590.

―――――――: Außertatbestandsmäßige Handlungsziele beim strafbefreienden Rücktritt, MDR 1994, 132.

Baumann/Weber/Mitsch, Strafrecht AT, 11. Aufl., 2003.

Baumgarten, J: Die Lehre vom Versuche der Verbrechen, Stuttgart 1888.

Berger, Hans-Peter: Der fehlgeschlagener Versuch - eine entbehrliche Rechtsfigur? Regensburg 2002 (인용: Der fehlgeschlagene Versuch).

Bergmann, Matthias: Einzelakts-oder Gesamtbetrachtung beim Rücktritt vom Versuch? ZStW 100 (1988), 329-358.

Berner, Albert Friedrich: Wie unterscheiden sich der beendigte und der unbeendigte Versuch, und ist auch bei beendigten Versuch noch ein Rücktritt möglich? Der Gerichtssaal 17 (1865), 81-112.

_____: Gutachten, in: Verhandlungen des 13. deutschen Juristentages, I. Band, Berlin 1876, S. 109-144.

_____: Lehrbuch des deutschen Strafrechtes, 18. Aufl., Leipzig 1898.

Berz, Ulrich: Grundlagen des Versuchsbeginns, Jura 1984, 511.

_____: Formelle Tatbestandverwirklichung und materialer Rechtsgüterschutz, München 1986 (인용: Tatbestandverwirklichung).

_____: Die entsprechende Anwendung von Vorschriften über die tätige Reue am Beispiel der Unternehmensdelikte, FS- Stree und Wessels, 1993, S. 331-342.

Beulke, Werner: Strafprozeßrecht, 6. Aufl., 2002.

Binding, Karl: Grundriß des deutschen Strafrechts AT, 8. Aufl., 1913 (Neudruck 1975).

_____: Das bedingte Verbrechen, in: Strafrechtliche und Strafprozessuale Abhandlungen, I. Band, München und Leipzig, 1915, S. 95-128 (인용: in: Abhandlungen).

Blöcker, Morten: Die tätige Reue, Baden-Baden 2001.

Bloy, Rene: Die dogmatische Bedeutung der Strafausschließungs-und Strafaufhebungsgründe, Berlin 1976(인용: Die dogmatische Bedeutung).

_____: Zurechnungsstrukturen des Rücktritts vom beendeten Versuch und Mitwirkung Dritter an der Verhinderung der Tatvollendung- BGHSt 31, 46 und BGH, NJW 1985, 813, JuS 1987, 528.

Bockelmann, Paul: Zur Reform des Versuchsstrafrechts, in: ders., Strafrechtliche Untersuchungen, 1957, S. 150-170.

_____: Wann ist der Rücktritt vom Versuch freiwillig? in: ders., Strafrechtliche Untersuchungen, 1957, S. 171-184.

Bochert, Uwe/Hellman, Uwe: Die Abgrenzung der Versuchsstadien des § 24 Abs. 1. Satz 1 StGB anhand der objektiven Erfolgstauglichkeit, GA

1982, 429-450.

Boß, Hendrik: Der halbherzige Rücktritt, Berlin 2002.

Bottke, Wilfried: Rücktritt vom Versuch der Beteiligung nach § 31 StGB, Berlin 1980 (인용: Beteiligung).

_____: Zur Freiwilligkeit und Endgültigkeit des Rücktritts vom versuchten Betrug, JR 1980, 441-444.

_____: Mißlungener oder fehlgeschlagener Vergewaltigungsversuch bei irrig angenommenem Einverständnis? JZ 1994, 71.

_____: Untauglicher Versuch und freiwilliger Rücktritt, FG 50 Jahre Bundesgerichtshof IV, München 2000, S. 136-176.

Brand, Dominik/Fett, Thorsten: Anm. am BGH NStZ 1997, 485, NStZ 1998, 507.

Bremer, Hendrik: Das deutsche und französische Steuerstrafrecht und Verfahrensrecht im Vergleich, Baden-Baden 2003.

Bundesministerium für Justiz, Entwurf eines Strafgesetzbuches samt Erläuterungen AT, Wien 1964.

Burkhardt, Björn: Der "Rücktritt" als Rechtsfolgebestimmung, Berlin 1975 (인용: Rücktritt).

_____: Vorspiegelung von Tatsachen als Vorbereitungshandlung zum Betrug - OLG Karlsruhe, NJW 1982, 59, JuS 1983, 426.

Delaquis, Ernst: Der untaugliche Versuch, Berlin 1904.

Graf zu Dohna, Alexander: Die Freiwilligkeit des Rücktritts vom Versuch im Lichte der Judikatur des Reichsgerichts, ZStW 59 (1940), 541.

Donatsch/Flachmann/Hug/Weder: Schweizerisches Strafgesetzbuch, 16. Aufl., 2004.

Ebert, Udo: Strafrecht AT, 3. Aufl., 2001.

Ebermayer, L: Der Entwurf eines Deutschen Strafgesetzbuches, Berlin 1914.

Engisch, Karl: Einführung in das juristische Denken, 9. Aufl., Stuttgart u.a.

1997 (인용: Einführung).

Engländer, Armin: Die hinreichende Verhinderung der Tatvollendung- BGH, NJW 2003, 1058, JuS 2003, 641.

Entwurf eines allgemeinen Deutschen Strafgesetzbuchs, Berlin 1927.

Entwurf eines Strafgesetzbuches für das Königreich Hannober mit Anmerkungen von Bauer, Göttingen 1826.

Entwurf eines Strafgesetzbuches mit Begrndung (E 1962), Bonn 1962.

Fahl, Christian: Abgrenzung von Vorbereitung und Versuch, JA 1997, 639.

_____: Freiwilligkeit beim Rücktritt, JA 2003, 757.

Fahrenhorst, Irene: Fehlschlag des Versuchs bei weiterer Handlungsmöglichkeit?, Jura 1987, 291.

Fedders, Christian: Tatvorsatz und tätige Reue bei Vorfelddelikten, Baden-Baden 2002.

Feltes, Thomas: Der (vorläufig) fehlgeschlagene Versuch. Zur Abgrenzung von fehlgeschlagenem, beendetem und unbeendetem Versuch, GA 1992, 395-426.

Feuerbach, P. J. A.: Lehrbuch des gemeinen in Deutschland gültigen peinlichen Rechts, 10 Aufl., Giessen 1828.

Finger, August: Lehrbuch des Deutschen Strafrechts I, Berlin 1904.

Fornasari, Gabriele: Die Regelung des Versuchs und des Rücktritts vom Versuch im deutschen und italienischen Strafrecht, in: Momsen/Bloy/Rackow (Hrsg.), Fragmentarisches Strafrecht, Frankfurt am Main 2003, S. 49-59 (인용: in: Fragmentarisches Strafrecht).

Frank, Reinhard: Vollendung und Versuch, in: Birkmeyer/v.Calker/Frank/v.Hippel/Kahl/Lilienthal/v.Liszt/Wach (Hrsg.), Vergleichende Darstellung des Deutschen und Ausländischen Strafrechts, Band V, Berlin 1908, S. 163-268.

_____: Das Strafrechtgesetzbuch für das Deutsche Reich nebst dem Einführungsgesetz, 18. Aufl., Tübingen 1931.

Freisler, Roland: Verbrechensversuch, in: Freisler (Hrsg.), Denkschrift des Zentralausschusses der Strafrechtsabteilung über die Grundzüge eines Allgemeinen Deutschen Strafrechts, Berlin 1934, S. 70-75 (인용: in: Denkschrift).

Freund, Georg: Strafrecht AT, 1998.

_____: Anm. zum BGH, Beschl. v. 15.10.2003 - 1 StR 402/03 und BGH, Beschl. v. 29. 10. 2002 - 4 StR 281/02, NStZ 2004, 324.

Frisch, Wolfgang: Vorsatz und Risiko, Köln u.a. 1983.

_____: Die Strafrahmenmilderung beim Versuch, FS Spendel, 1992, S. 381-411.

_____: Straftatsystem und Strafzumessung. Zugleich ein Beitrag zur Struktur der Strafzumessungsentscheidung, in: Wolter (Hrsg.), 140 Jahre Goltdammer's Archiv für Strafrecht, Heidelberg 1993, S. 1-38.

_____: Straftat und Straftatsystem, in: Wolter/Freund (Hrsg.), Straftat, Strafzumessung und Strafprozess um gesamten Strafrechtssystem: Straftatbegriff - Strafzurechnung - Strafrechtszweck - Strafausschluss - Strafverzicht Strafklagverzicht, Heidelberg 1996, S. 135-210 (인용: Straftat).

_____: Rechtsgut, Recht, Deliktsstruktur und Zurechnung im Rahmen der Legitimation staatlichen Strafens, in: Hefendehl/von Hirsch/Wohlers (Hrsg.), Die Rechtsgutstheorie, Baden-Baden 2003, S. 215-238 (인용: in: Rechtsgutstheorie).

Frisch, Wolfgang/Murmann, Uwe: Der praktische Fall - Strafrecht: Ein folgenschwerer Denkzettel, JuS 1999, 1196-1203.

Fuchs, Helmut: Österreichisches Strafrecht AT I, 6. Aufl., 2004.

Gerland, Heinrich B.: Der Entwurf 1925 Allgemeiner Teil. Kritische Bemerkung, Berlin und Leipzig 1925.

Goldschmidt, James: Die Lehre vom unbeendigten und beendigten Versuch,

Breslau 1897.

Goltdammer: Die Materialien zum Strafgesetzbuche für die Preußischen Staaten, Theil I, Berlin 1851.

Gössel, Karl Heinz: Über den fehlgeschlagenen Versuch, ZStW 87 (1975), 3-43.

Gössel/Dölling, Strafrecht Besonderer Teil 1, 2. Aufl., 2004.

Göttlicher/Heise/Gerjet/Westerman: Rücktritt vom Versuch bei bedingtem Vorsatz: Handlungspsychologische Überlegungen zu einem strafrechtlichen Problem, MschrKrim 1996, 128.

Grasnick, Walter: volens - noles, JZ 1989, 821.

Gropp, Walter: Strafrecht AT, 2. Aufl., 2001.

_____: Vom Rücktrittshorizont zum Versuchshorizont, FS Gössel, 2002, S. 175-189.

Guhra, Emanuel/Sommerfeld, Michael: Rücktritt vom vollendeten Delikt? JA 2003, 775.

Günther, Hans-Ludwig: Partieller Rücktritt vom Versuch und Deliktswechsel, GS Armin Kaufmann, 1989, S. 541-554.

Gustav Radbruchs Entwurf eines allgemeinen Deutschen Strafgesetzbuches, Tübingen 1952.

Haft, Fritjof: Anm. zum BGH, Urt. V. 1. 3. 1994 - 1 StR 33/94, NStZ 1994, 535.

_____: Strafrecht AT, 9. Aufl., 2004.

Handwörterbuch zur deutschen Rechtsgeschichte (HRG), von Erler/Kaufmann/ Werkmüller (Hrsg.), 28. Lieferung (1990), 36. Lieferung (1993), Berlin.

Hälschner, Hugo: Das gemeine deutsche Strafrecht, Band I, Bonn 1889.

Hartung, Bernhard: Gegen die Vorprüfung beim Versuch, Jura 1996, 293.

Hassemer, Winfried: Theorie und Soziologie des Verbrechens, Frankfurt a. M. 1973.

_____: Einführung in die Grundlagen des Strafrechts, 2. Aufl., München 1990.

_____: Die Freiwilligkeit beim Rücktritt vom Versuch. Zu Alltagstheorien und Dispositionsbegriffen in der Strafrechtsdogmatik, in: Lüderssen/Sack (Hrsg.), Vom Nutzen und Nachteil der Sozialwissenschaften für das Strafrecht, 1. Teilband, Frankfurt am Main 1980, S. 229-258 (인용: in: Nutzen).

_____: Anm. An. BGH, Urt. v. 1. 2. 1989 - 2 StR 703/88, JuS 1989, 936.

Hauf, Claus-Jürgen, Rücktritt vom Versuch - Diskussion ohne Ende, Bonn 1993 (인용: Diskussion).

- Die neuere höchstrichterliche Rechtsprechung zu Versuch und Rücktritt, JA 1995, 776.

Heckler, Andreas: Beendeter Versuch bei fehlender Vorstellung des Täters über die Folgen seines Tuns?, NJW 1996, 2490.

_____: Die Ermittlung der beim Rücktritt vom Versuch erforderlichen Rücktrittsleistung anhand der objektiven Vollendungsgefahr, Baden-Baden 2002 (인용: Rücktrittsleistung).

Hefendehl, Roland: Das Rechtsgut als materialer Angelpunkt einer Strafnorm, in: Hefendehl/von Hirsch/Wohlers (Hrsg.), Die Rechtsgutstheorie, Baden- Baden 2003, S. 119-132 (인용: in: Rechtsgutstheorie).

Hegler, August: Subjektive Rechtswidrigkeitsmomente im Rahmen des allgemeinen Verbrechensbegriffs, Frank-FG I, 1930, S. 251-338.

Heinitz, Ernst: Streitfragen der Versuchslehre, JR 1955, 248.

Heinrich, Bernd: Strafrecht- Allgemeiner Teil I, 2005.

v. Heintschel-Heinegg, Bernd: Versuch und Rücktritt, ZStW 109 (1997), 29-57.

Hepp, Ferd. Carl Theodor: Ueber das vollendete und unternommene Verbrechen, in: ders., Versuche über einzelne Lehre der Strafrechtswissenschaft, Heidelberg 1827, S. 256-368.

Herzberg, Rolf Dietrich: Grund und Grenzen der Strafbefreiung beim Rücktritt vom Versuch, FS Lackner, 1987, S. 327-366.

_____ : Zum Grundgedanken des § 24 StGB, NStZ 1989, 49.

_____ : Theorien zum Rücktritt und teleologische Gesetzesdeutung - Erwiderung auf Rudolphi, NStZ 1989, 508ff.-, NStZ 1990, 172.

_____ : Aufgeben durch bloßes Aufhören? Der BGH im Dilemma einer Theorie - BGH NStZ 1989, 535 ; 1990, 30 ; 1990, 77, JuS 1990, 273.

_____ : Grundprobleme des Rücktritts vom Versuch und Überlegungen de lege ferenda, NJW 1991, 1633.

_____ : Der Rücktritt vom Versuch als sorgfältiges Bemühen, FS Günther Kohlmann, 2003, S. 37-51.

_____ : Die ratio legis als Schlüssel zum Gesetzesverständnis? - Eine Skizze und Kritik der berkommenen Auslegungsmethodik, JuS 2005, 1.

Herzog, R: Rücktritt vom Versuch und thätige Reue, Würzburg 1889.

Hippel, Reinhard von: Untersuchungen über den Rücktritt vom Versuch, Berlin 1966 (인용: Untersuchungen).

Hippel, Robert von: Deutsches Strafrecht I, Berlin 1925 (Neudruck 1971).

His, Rudolf: Das Strafrecht des deutschen Mittelalters, Teil I, 1920 (Neudruck 1964).

Hirsch, Hans Joahim: Probleme der Körperverletzungsdelikte nach deutschen und japanischen Strafrecht im Vergleich, in: ders., Strafrechtliche Probleme, Berlin 1999, S. 912-931 (인용: in: Strafrechtliche Probleme).

Hruschka, Joachim: Das delictum perfectum zwischen Versuch und Vollendung, GS Zipf, 1999, S. 235-253.

Jäger, Christian: Der Rücktritt vom Versuch als zurechenbare Gefährdungsumkehr, München 1998 (인용: Gefährdungsumkehr).

_____: Der Rücktritt vom erfolgsqualifizierten Versuch, NStZ 1998, 161.

_____: Das Freiwilligkeitsmerkmal beim Rücktritt vom Versuch, ZStW 112 (2000), 783-810.

Jakobs, Günther: Strafrecht AT, 2. Aufl., 1991.

_____: Die Bedeutung des Versuchsstadiums für die Voraussetzungen eines strafbefreienden Rücktritts- BGH, NJW 1980, 195, JuS 1980, 714.

_____: Kriminalisierung im Vorfeld einer Rechtsgutsverletzung, ZStW 97 (1985), 751-785.

_____: Anm. zu BGH, Beschluss v. 13.1. 1988 - 2 StR 665/87, JZ 1988, 518.

_____: Rücktritt als Tatänderung versus allgemeines Nachtatverhalten, ZStW 104 (1992), S. 82-104.

_____: Besprechung zu BGH, Beschluss v. 20. 12.2002 - 2 StR 251/02 (BGHSt 48, 147), JZ 2003, 743.

Jescheck, Hans-Heinlich/Weigend, Thomas: Strafrecht AT, 5. Aufl., 1996.

Joeks, Wolfgang: StGB - Studienkommentar, 5. Aufl., München 2004.

Joerden, Jan C.: Logik im Recht. Grundlagen und Anwendungsbeispiele, Berlin ; Heidelberg 2005.

Kadel, Bertold: Die neuere Rechtsprechung des Bundesgerichtshofs zum unbeendeten, beendeten und fehlgeschlagenen Versuch, ÖJZ 1989, 269.

Kahlo, Michael: Über den Zusammenhang von Rechtsgutsbegriff und objektiver Zurechnung im Strafrecht, in: Hefendehl/von Hirsch/Wohlers (Hrsg.), Die Rechtsgutstheorie, Baden-Baden 2003, S. 26-38 (인용: in:

Rechtsgutstheorie).

Kampermann, Markus: Grundkonstellationen beim Rücktritt vom Versuch: Zur Abgrenzung von fehlgeschlagenem, unbeendetem und beendetem Versuch in § 24 Abs. 1. StGB, Frankfurt am Main u. a. 1992. (인용: Grundkonstellation)

Kaufmann, Armin: Die Dogmatik im Alternativ-Entwurf, in: Dornseifer/Horn/Schilling/Schöne/Struensee/Zielenski (Hrsg.), Strafrechtsdogmatik zwischen Sein und Wert, Köln u. a. 1982, S. 229-245.

Kemsies, Herbert: Die tätige Reue als Schuldaufhebungsgrund, Breslau 1929 (zit. Schuldaufhebungsgrund).

Kienapfel, Diethelm: Strafrecht AT, 4. Aufl., Wien 1991.

_____: Anm. zum BGHSt 31, 170, JR 1984, 70.

_____: Probleme des unvermittelt abgebrochenen Versuchs, FS Pallin, Wien 1989, S. 205-220.

Kindhäuser, Urs: Strafrecht AT, 2. Aufl., 2002.

_____: Strafgesetzbuch, Lehr-und Praxiskommentar, 2. Aufl., Baden-Baden 2005.

Klötekes, Natascha: Rücktritt und Irrtum, Köln 1995 (인용: Irrtum).

Kohlrausch-Lange, Strafgesetzbuch, 43. Aufl., Berlin 1961.

Köhler, Michael: Strafrecht AT, 1997.

Kolster, Hubertus: Die Qualität der Rücktrittsbemühungen des Täters beim beendeten Versuch, Frankfurt am Main u. a. 1993 (인용: Qualität).

Koriath, Heinz: Zum Streit um den Begriff des Rechtsguts, GA 1999, 561-583.

Köstlin, C. R.: System des deutschen Strafrechts I, Tübingen 1855 (Neudruck 1978) (인용: System).

Krahl, Matthias: Tatbestand und Rechtsfolge: Untersuchungen zu ihrem strafrechtsdogmatisch-methodologischen Verhältnis, Frankfurt am Main

1999.

Kramer, Ernst A.: Juristische Methodenlehre, Bern 1998.

Kratzsch, Dietrich: Die Bemühungen um Präzisierung der Ansatzformel (§ 22 StGB) - ein absolut untauglicher Versuch? JA 1983, 420, 578.

_____: Verhaltenssteuerung und Organisation im Strafrecht, Berlin 1985.

Krauß, Detlef: Der Strafbefreiende Rücktritt vom Versuch, JuS 1981, 883.

Krauthammer, Karl: Der Rücktritt vom Versuch, Breslau-Neukirch 1932.

Krey, Volker: Deutsches Strafrecht AT, Band 2, 2002.

Krey/Hellmann, Strafrecht Besonderer Teil, Band 2. Vermögensdelikte, 13. Aufl., 2002.

Kudlich, Hans: Grundfälle zum Rücktritt vom Versuch, JuS 1999, 240, 349, 449.

Kühl, Kristian: Strafrecht AT, 5. Aufl., 2005.

Küper, Wilfried: Rezension zu Walter, Michael: Der Rücktritt vom Versuch als Ausdruck des Bewährungsgedankens im zurechnenden Strafrecht, GA 1982, 228.

_____: 'Teilverwirklichung' des Tatbestandes: ein Kriterium des Versuchs? JZ 1992, 338.

_____: Der Rücktritt vom "erfolgsqualifizierten Versuch", JZ 1997, 229.

_____: Vollendung und Versuch beim räuberischen Diebstahl (§ 252 StGB), Jura 2001, 21.

Küpper, Georg: Grenzen der normativierenden Strafrechtsdogmatik, Berlin 1990.

_____: Rezension zu Marcelo A. Sancinetti, Subjektive Unrechts- begründung und Rücktritt vom Versuch, GA 1998, 307-309.

_____: Rücktritt vom Versuch eines Unterlassungsdelikts - BGH,

NStZ 1997, 485, JuS 2000, 225.

Lackner, Karl/Kühl, Kristian: StGB Kommentar, 25. Aufl., 2004.

Lagodny, Otto: Strafrecht vor den Schranken der Grundrechte, Tübingen 1996.

Lamm: Gutachten, in: Verhandlungen des 13. deutschen Juristentages, I. Band, Berlin 1876, S. 145-160.

Lampe, Ernst-Joachim: Rücktritt vom Versuch "mangels Interesses" - BGHSt 35, 184, JuS 1989, 610.

Lang-Hinrichsen, Dietrich: Bemerkungen zum Begriff der "Tat" im Strafrecht, FS Engisch, 1969, S. 353-379.

Laubenthal, Klaus: Der Versuch des qualifizierten Deliktes einschlieblich des Versuchs im besonders schweren Fall bei Regelbeispielen, JZ 1987, 1065.

Leipziger Kommentar zum Strafgesetzbuch (LK), von Jescheck/Ruß/Willms (Hrsg.), 10 Aufl., Berlin 1978-1989 (인용: LK^{10}).

- LK, von Jähnke/Laufhtte/Odersky (Hrsg.), 11. Aufl., Berlin 1992-2003.

Lenckner, Theodor: Probleme beim Rücktritt des Beteiligten, FS Gallas, 1973, S. 281-306.

Lesch, Heiko H.: Rezension zu Pahlke, Rücktritt bei dolus eventualis, GA 1995, 493.

Lettl, Tobias: Der Rücktritt des Alleintäters vom Versuch gemäß § 24 I 1 StGB, JuS 1998, L81.

Leuthold: Gutachten, in: Verhandlungen des 13. deutschen Juristentages, I. Band, Berlin 1876, S. 178-197.

Liszt, Franz von/Schmidt, Eberhard: Lehrbuch des Deutschen Strafrechts, 23. Aufl., Berlin und Leipzig 1921.

Lönnies, Otwald: Rücktritt und tätige Reue beim unechten Unterlassungsdelikt, NJW 1962, 1950.

Lund, Torsten: Mehraktige Delikte, München 1993.

Maiwald, Manfred: Die Bedeutung des Erfolgsunwertes im Unrecht - der Einfluss der Verletztenposition auf eine dogmatische Kategorie, in: Schöch (Hrsg.), Wiedergutmachung und Strafrecht, München 1987, S. 64-73 (인용: in: Wiedergutmachung und Strafrecht).

─────────────: Das Erfordernis des ernsthaften Bemühens beim fehlgeschlagenen oder beendeten Versuch (§ 24 Abs. 1 Satz 2 StGB), FS E. A. Wolff, 1998, S. 331-359.

─────────────: Psychologie und Norm beim Rücktritt vom Versuch, GS Zipf, 1999, S. 255-270.

─────────────: Zur allgemeinen Verbrechenslehre in der Strafrechtswissenschaft des 19. Jahrhundert, FS Sellers, 2000, S. 427-453.

Malitz, Kirsten: Der untaugliche Versuch beim unechten Unterlassungsdelikt: zum Strafgrund des Versuchs, Berlin 1998.

Maurach/Zipf: Strafrecht AT Teil 1, 8. Aufl., 1992.

Maurach/Gössel/Zipf: Strafrecht AT Teil 2, 7. Aufl., 1989.

Maurach/Schroeder/Maiwald: Strafrecht BT Teil 1, 9. Aufl., 2003.

Mayer, Hans-Walter: Zur Frage des Rücktritts vom unbeendeten Versuch, MDR 1984, 187.

Mayer, Hellmuth, Strafrecht AT, 1953.

Meyer, Jürgen: Kritik an der Neuregelung der Versuchsstrafbarkeit, ZStW 87 (1975), 598-622.

Mezger, Edmund: Strafrecht I, AT, 9. Aufl., 1960.

Mommsen, Theodor: Römisches Strafrecht, Leipzig 1899.

Müller, Michael Peter: Die geschichtliche Entwicklung des Rücktritts vom Versuch bis zum Inkrafttreten des neuen StGB-AT 1975, Frankfurt am Main u. a. 1994 (인용: Entwicklung).

Münchener Kommentar zum Strafgesetzbuch (MK), v. Heintschel-Heinegg

(Hrsg.), Band 1. München 2003.

- MK, Joeckes/Miebach (Hrsg.), Band 2/2, 2005.

Munoz-Conde, Francisco: Theoretische Begründung und systematische Stellung der Straflosigkeit beim Rücktritt vom Versuch, ZStW 84 (1972), 756-778.

Müntzer, Desier: Rechtsgeschichtliche Beiträge zur Lehre vom freiwilligen Rücktritt und der tätige Reue, Straßburg 1912 (인용: Beiträge).

Murmann, Uwe: Versuchsunrecht und Rücktritt, Heidelberg 1999 (인용: Versuchsunrecht).

_____: Rücktritt vom Versuch bei Gleichgültigkeit des Täters? - BGHSt 40, 304, JuS 1996, 520.

Nauke, Wolfgang: Strafrecht: eine Einführung, 10. Aufl., 2002.

Neubacher, Frank: Der halbherzige Rücktritt in der Rechtsprechung des BGH, NStZ 2003, 576.

Nolden, Waltraud: Der Rücktritt vom Versuch nach § 24 I 1 StGB als Wertungsfrage zwischen ultima ratio und Regelvorschrift, Aachen 1996 (인용: Wertungsfrage).

Nomos Kommentar zum Strafgesetzbuch (NK), von Neumann/Puppe/Schild (Hrsg.). Baden-Baden 1995-2003.

- NK, von Kindhäuser/Neumann/Paeffgen (Hrsg.), 2. Aufl., Baden-Baden 2005.

J. v. Olshausen's Kommentar zum Strafgesetzbuch für das Deutsche Reich, 11. Aufl., Berlin 1927.

Otto, Harro: Fehlgeschlagener Versuch und Rücktritt, Jura 1992, 423.

_____: Rücktritt und Rücktrittshorizont, Jura 2001, 341.

_____: Grundkurs Strafrecht, AT, 7. Aufl., 2004.

Pahlke, Bernd: Rücktritt bei dolus eventualis, Berlin 1993 (인용: dolus eventualis).

_____: Rücktritt nach Zielerreichung, GA 1995, 72.

Platzgummer, Winfried: Die Vorverlegung des Strafrechtsschutzes durch Gefährdungs- und Unternehmensdelikte im österreichischen Strafrecht, in: Jescheck (Hrsg.), Die Vorverlegung des Strafrechtsschutzes durch Gefährdungs-und Unternehmensdelikte, Berlin ; New York 1987, S. 37-55.

Puppe, Ingeborg: Strafrecht AT im Spiegel der Rechtsprechung, Band II, 2005.

_____ : Der halbherzige Rücktritt. Zugleich eine Besprechung von BGHSt 31, 46, NStZ 1984, 488.

_____ : Zur Unterscheidung von unbeendetem und beendetem Versuch bei Rücktritt, NStZ 1986, 14.

_____ : Anm. zu BGHSt NStZ 1990, 77, NStZ 1990, 433.

_____ : Anm. zu BGH, Beschluss v. 27. 10. 1992 - 1 StR 273/92, JZ 1993, 353.

_____ : Anm. zu BGH, Beschluss v. 11. 3. 1999 - 4 StR 56/99, JR 2000, 70.

Radbruch, Gustav: Zur Systematik der Verbrechenslehre, Frank-FG I, 1930, S. 158-173.

Ranft, Otfried: Zur Abgrenzung von unbeendetem und fehlgeschlagenem Versuch bei erneuter Ausführungshandlung, Jura 1987, 534.

_____ : Anm. zum BGH, Urteil v. 19. 7. 1989 - 2 StR 270/89, JZ 1989, 1128.

Rath, Jürgen: Grundfälle zum Unrecht des Versuchs, JuS 1998, 1006, 1106 ; 1999, 32, 140.

Rau, Ingo: Ernsthaftes Bemühen beim Rücktritt nach § 24 Abs. 1 S. 1 StGB? Frankfurt am Main u. a. 2002 (인용: Ernsthaftes Bemühen).

Rengier, Rudolf: Anm. zu BGH, Urteil v. 10. 4. 1986 - 4 StR 89/86, JZ 1986, 963.

_____: Strafrecht BT I, 6. Aufl., 2003.

_____: Strafrecht BT II, 5. Aufl., 2003.

Riegel, Ralf/Kruse, Harald: Strafbefreiende Selbstanzeige nach § 371 AO durch Bankmitarbeiter, NStZ 1999, 325.

Roeder, Hermann: Versuch und Teilnahme nach der "Strafrechtsangleichungs- verordnung", ZStW 62 (1944), 303.

Römer, Hans-Jürgen: Vollendungsverhinderung durch 'ernsthaftes Bemühen' - Überlegungen zur Harmonisierung der Rücktrittsvorschriften, MDR 1989, 945.

Rotsch, Thomas: Rücktritt durch Einverständnis, GA 2002, 165-176.

Roxin, Claus: Strafrecht AT I, 4, Aufl., 2006.

_____: Strafrecht AT II, 2003.

_____: Das strafrechtliche Unrecht im Spannungsfeld von Rechtsgüterschutz und individueller Freiheit, ZStW 116 (2004), 929-944.

Rudolphi, Hans-Joachim: Die verschiedene Aspekte des Rechtsgutsbegriffs, FS Honig, 1970, S. 151.

_____: Rücktritt vom beendeten Versuch durch erfolgreiches, wenngleich nicht optimales Rettungsbemühen, NStZ 1989, 508.

_____: Anm. zum BGH, Beschluss v. 26. 11. 1990 - 5 StR 480/90, JZ 1991, 524.

Rüping/Jerouschek: Grundriß der Strafrechtsgeschichte, 4. Aufl., 2002 (인용: Grundriß).

Rüthers, Bernd: Rechtstheorie, 2. Aufl., 2004.

Sauer, Wilhelm: Allgemeine Strafrechtslehre, 3. Aufl., 1955.

Schall, Hero: Zum Rücktritt vom Versuch bei bedingtem Tötungsvorsatz und wiederholbarer Ausführungshandlung trotz Zielerreichung - BGH, NStZ 1990, 30, JuS 1990, 623.

Schaffstein, Friedrich, Die allgemeinen Lehren vom Verbrechen, Berlin 1930

(Neudruck 1986) (인용: Lehren).

Scheinfeld, Jörg: Der strafbefreiende Rücktritt vom Versuch in der Fallarbeitung, JuS 2002, 250.

Schliebitz, Matthias: Die Erfolgszurechnung beim 'misslungen' Rücktritt, Berlin 2002 (인용: Erfolgszurechnung).

Schlüchter, Ellen: Normkonkretisierung am Beispiel des Rücktrittshorizonts, FS Baumann, 1992, S. 71-87.

Schmidhäuser, Eberhard: Strafrecht AT, Lehrbuch, 2. Aufl., 1975.

_____: Teleologisches Denken in der Strafrechtsanwendung, FS Würtenberger, 1977, S. 91-108.

Schmidt, Eberhard: Einführung in die Geschichte der deutschen Strafrechtspflege, 3. Aufl. (Nachdruck), Göttingen 1983 (zit. Strafrechtspflege).

Schoetensack, August: Tätige Reue, in: Birkmeyer/v.Calker/Frank/ v.Hippel/Kahl/ Lilienthal/v.Liszt/Wach (Hrsg.), Vergleichende Darstellung des Deutschen und Ausländischen Strafrechts, Band II, Berlin 1908, S. 435-465.

_____: Verbrechensversuch und Deutscher Strafgesetz-Vorentwurf, FS Binding I, Leipzig 1911, S. 373-431.

_____: Verbrechensversuch, in: Freisler (Hrsg.), Denkschrift des Zentralausschusses der Strafrechtsabteilung über die Grundzüge eines Allgemeinen Deutschen Strafrechts, Berlin 1934, S. 62-69 (인용: in: Denkschrift).

Schönke/Schröder: StGB Kommentar, 27. Aufl., München 2006.

Schröder, Horst: Grundprobleme des Rücktritts vom Versuch, JuS 1962, 81.

_____: Die Koordinierung der Rücktrittsvorschriften, FS H. Mayer, 1966, S. 377-391.

Schroeder, Friedrich-Christian: Eine irreführende Legaldefinition: der Beteiligte (§ 28 II StGB), JuS 2002, 139.

Schroeder, Friedrich-Christian (Hrsg.): Die Peinliche Gerichtsordnung Kaiser

Karls V. und des Heiligen Römischen Reichs von 1532 (Carolina), Stuttgart 2000.

Schroth, Hans-Jürgen: Rücktrittsnorm und außertatbestandliche Zweckerreichung, GA 1997, 151.

Schubert, Werner: Die Quellen zum Strafgesetzbuch vom 1870/71, GA 1982, 191.

Schubert/Regge/Rieß/Schmid (Hrsg.): Quellen zur Reform des Straf- und Strafprozeßrecht, Berlin ; New York, Abt. I (Weimar Republik), Bd. 1, 1995 ; Bd. 3, Teil. 1, 1995 ; Abt. II (NS-Zeit), Bd. 1, Teil 1, 1988 ; Teil 2, 1990.

Schünemann, Bernd: Die deutschsprachige Strafrechtswissenschaft nach der Strafrechtsreform im Spiegel des Leipziger Kommentars und des Wiener Kommentars, 2. Teil: Schuld und Kriminalpolitik, GA 1986, 293.

──────────── : Das Rechtsgüterschutzprinzip als Fluchpunkt der verfassungsrechtlichen Grenzen der Straftatbestände und ihrer Interpretation, in: Hefendehl/von Hirsch/Wohlers (Hrsg.), Die Rechtsgutstheorie, Baden-Baden 2003, S. 138-154 (인용: in: Rechtsgutstheorie).

Schwarze, Friedrich Oskar von: Der Entwurf des Strafgesetzbuchs für den Norddeutschen Bund und die Kritiker des Entwurfs, Der Gerichtssaal 22 (1870), 146-220.

──────────────────── : Commentar zum Strafgesetzbuche für das Deutsche Reich, 5. Aufl., Leipzig 1884.

Schwennicke, Andreas: Die allgemeinen Strafrechtslehren im Allgemeinen Landrecht für die Preußischen Staaten von 1794 und ihre Entwicklung in der Rechtsprechung bis zum preußischen Strafgesetzbuch von 1851, in: Dölemeyer/Mohnhaupt (Hrsg.), 200 Jahre Allgemeines Landrecht für die Preußischen Staaten, Frankfurt am Main 1995, S. 79-104.

Seelmann, Kurt: Strafrecht AT, Basel u. a. 1999.

_____ : Anm. zum BGH, Beschl. vom 21. 12. 2002- 2 StR 251/02 (BGHSt 48, 147), JR 2004, 160.

Seier, Jürgen: Rücktritt vom Versuch bei bedingtem Tötungsvorsatz- BGH, StrVert 1988, 201, JuS 1989, 102.

Sina, Peter: Die Dogmengeschichte des strafrechtlichen Begriffs 'Rechtsgut', Basel 1962.

Spendel, Günter: Kritik der subjektiven Versuchstheorie, NJW 1965, 1881.

_____ : Zur Neubegründung der objektiven Versuchstheorie, FS Stock, 1966, S. 89-114.

Stratenwerth, Günter: Strafrecht AT I, 4. Aufl., 2000.

_____ : Schweizerisches Strafrecht AT I, 3. Aufl., 2005.

_____ : Die fakultative Strafmilderung beim Versuch, Festgabe zum Schweizerischen Juristentag 1963, Basel 1963, S. 247-266.

Stratenwerth, Günter/Wohlers, Wolfgang: Schweizerisches Strafgesetzbuch, Handkommentar, Bern 2007.

Streng, Franz: Tatbegriff und Teilrücktritt, JZ 1984, 652.

_____ : Anm. zu BGH, Urt. v. 13. 2. 1985 - 3 StR 481/84, NStZ 1985, 368.

_____ : Schuld ohne Freiheit? Der funktionale Schuldbegriff auf dem Prüfstand, ZStW 101 (1989), 273.

_____ : Handlungsziel, Vollendungsneigung und "Rücktrittshorizont", NStZ 1993, 257.

_____ : Der Irrtum beim Versuch - ein Irrtum? ZStW 109 (1997), S. 862-897.

Struensse, Eberhardt: Versuch und Vorsatz, GS Armin Kaufmann, 1989, S. 523-539.

Stuckenberg, Carl-Friedrich: Besprechung an BGH NStZ 1999, 300, JA 1999, 752.

Systematischer Kommentar zum Strafgesetzbuch (SK), von Rudolphi/Horn/ Günther/Samson (Hrsg.), Allgemeiner Teil, 6. Aufl., Neuwied 1993, Stand April 2003.

Tipold, Alexander: Rücktritt und Reue, Wien 2002.

Torka, Ronald: Nachtatverhalten und Nemo tenetur, Berlin 2000.

Trappe, Grace Schild: Allerei zum neuen Allgemeinen Teil des Strafgesetzbuches, in: Bänziger/Hubschmid/Sollberger (Hrsg.), Zur Revision des Allgemeinen Teils des Schweizerischen Strafrechts und zum neuen materiellen Jugendstrafrecht, 2. Aufl., Bern 2006, S. 1-17.

Treplin, Heinrich: Der Versuch. Grundzüge des Wesens und der Handlung, ZStW 76 (1964), 441.

Triffterer, Otto: Österreichisches Strafrecht AT, Wien 1985.

Tröndle/Fischer, Strafgesetzbuch, 52. Aufl., München 2004.

Ulsenheimer, Klaus: Grundfragen des Rücktritts vom Versuch in Theorie und Praxis, Berlin 1976 (인용: Grundfragen).

_____: Zur Problematik des Rücktritts vom Versuch erfolgsqualifizierter Delikte, FS Bockelmann, 1979, S. 405-419.

_____: Anm. zum BGH, Urt. v. 14. 2. 1984 - 1 StR 839/83, JZ 1984, 852.

Vehling, Karl-Heinz: Die Abgrenzung von Vorbereitung und Versuch, Frankfurt am Main u. a. 1991 (인용: Abgrenzung).

Vogel, Joachim: Einflüsse des Nationalsozialismus auf das Strafrecht, ZStW 115 (2003), 638-670.

Volk, Klaus: Strafprozeßrecht, 2. Aufl., München 2001.

Wächter, Carl Georg von: Lehrbuch des römischen-teutschen Strafrechts, Stuttgart 1825.

Wacke, Andreas: Zwecke der Kriminalstrafe nach römischen Rechtsquellen, FS Weber, 2004, S. 155-192.

Walter, Michael: Der Rücktritt vom Versuch als Ausdruck des Bewährungsgedankens im zurechnenden Strafrecht, Göttingen 1980 (인용: Rücktritt).

Weber, Ulrich: Die Vorverlegung des Strafrechtsschutzes durch Gefährdungs- und Unternehmensdelikte, in: Jescheck (Hrsg.), Die Vorverlegung des Strafrechtsschutzes durch Gefährdungs- und Unternehmensdelikte, Berlin ; New York 1987, S. 1-36 (인용: in: Vorverlegung).

Weidermann, Jürgen: Der 'Rücktrittshorizont' beim Versuchsabbruch, GA 1986, 409.

Weigend, Thomas: Die Entwicklung der deutschen Versuchslehre, in: Hirsch/Weigend (Hrsg.), Strafrecht und Kriminalpolitik in Japan und Deutschland, Berlin 1990, S. 113-128.

Weinhold, Ina Elisabeth: Rettungsverhalten und Rettungsvorsatz beim Rücktritt vom Versuch, Baden-Baden 1990 (인용: Rettungsverhalten).

Welzel, Hans: Das deutsche Strafrecht, 11. Aufl., 1969.

Werle, Gerhard: Zur Reform des Strafrechts in der NS-Zeit: Der Entwurf eines Deutschen Strafgesetzbuchs 1936, NJW 1988, 2865.

Wessels/Beulke, Strafrecht AT, 35. Aufl., 2005.

Westpfahl, Manfred: Zum Unrecht im Versuch - Bemerkungen zur Versuchslehre in Deutschland, Österreich und in der Schweiz-, München 1974 (인용: Versuch).

Wolter, Jürgen: Zur Dogmatik und Rangfolge von materiellen Ausschlussgründen, Verfahrenseinstellung, Absehen und Mildern von Strafe, in: Wolter/Freund (Hrsg.), Straftat, Strafzumessung und Strafprozess um gesamten Strafrechtssystem: Straftatbegriff - Strafzurechnung - Strafrechtszweck - Strafausschluss - Strafverzicht - Strafklagverzicht, Heidelberg 1996, S. 1-42 (인용: in: Straftat).

Yamanaka, Keiichi: Betrachtungen über den Strafbefreiungsgrund des Rücktritts vom Versuch, FS Roxin, 2001, S. 773-789.

Zachariä, H. A.: Die Lehre vom Versuche der Verbrechen I, II, Göttingen 1839.
Zaczyk, Rainer: Anm. zum BGH, Urt. v. 23. 8. 1983-5 StR 408/83, NStZ 1984, 216.
_____ : Das Unrecht der versuchten Tat, Berlin 1989 (인용: Unrecht).
Zielinski, Diethart: Handlungs-und Erfolgsunwert im Unrechtsbegriff, Berlin 1973.
Zieschang, Franz: Der Allgemeine Teil des neuen französischen Strafrechtgesetzbuchs, ZStW 106 (1994), 647.
_____ : Anforderungen an die Vollendungsverhinderung beim beendeten Versuch gemäß § 24 I 1, 2. Alt. StGB, GA 2003, 353.

Ⅲ. 일본문헌 및 영미문헌

1. 일본문헌(연도순)

牧野英一, 改正刑法假案とナチス刑法綱領, 有斐閣, 1941.
香川達夫, 中止未遂の法的性格, 有斐閣, 1968.
野村 稔, 未遂犯の硏究, 成文堂, 1984.
城下裕二, 中止未遂における必要的減免について, 北大法學論集 36卷 4号(1986), 1411- 1475頁.
莊子邦雄, 刑法總論講義(第3版), 靑林書院, 1996.
前田雅英, 刑法總論講義(第3版), 東京大學出版會, 1999.
大谷 實・前田雅英, エキサイティング 刑法總論, 有斐閣, 1999.
大谷 實, 新版刑法講義 總論, 成文堂, 2000.
団藤重光, 刑法綱要總論(第三版), 創文社, 2000.
林 幹人, 刑法總論, 東京大學出版會, 2000.
西田典之・山口 厚 編, 刑法の爭點(第3版), 有斐閣, 2000.

山中敬一, 中止未遂の研究, 成文堂, 2001.
野澤 充, 中止犯論の歷史的展開-日獨の比較法的 考察-(一)~(五), 立命館法學 第280号(2001), 281号(2002), 282号(2002), 288号(2003), 291号(2003).
內藤 謙, 刑法講義 總論 (下) II, 有斐閣, 2002.
林 弘正, 改正刑法假案成立過程の研究, 成文堂, 2003.
芝原邦爾·西田典之·山口 厚 編, 刑法判例百選 I 總論(第5版), 有斐閣, 2003.
山口 厚, 刑法總論 補訂版, 有斐閣, 2005.
井田 良, 刑法總論の理論構造, 成文堂, 2005.
町田行男, 中止未遂の理論, 現代人文社, 2005.
金澤眞理, 中止未遂の本質, 成文堂, 2006.

2. 영미문헌

The American Law Institute, Model Penal Code and Commentaries (official Draft and Reviesed Comments) I-2, Philadelphia 1985.
Andrew Ashworth, Principles of Criminal Law, 2. Edit. Oxford 1995.
C.M.V. Clarkson & H.M. Keating, Criminal Law: Text and Materials, 2. Edit. London 1990.
Joschua Dressler, Understanding Criminal Law, 3. Edit. LexisNexis 2001.
George P. Fletcher, Rethinking Criminal Law, Boston & Toronto 1978.
_____, Basic Concepts of Criminal Law, New York & Oxford 1998.
Jonathan Herring, Criminal Law. Text, Cases and Materials, Oxford & New York 2004.
Wayne R. LaFave, Criminal Law, 3. Edit. West Group 2000.
Smith & Hogan, Criminal Law. Cases and Materials, 8. Edit. Butterworths

2002.

Watson (Edit.), The Digest of Justinian, Vol. IV, University of Pennsylvania Press, 1985.

사항 및 인명색인

ㄱ

가중적 미수　144
개별행위설　119, 165, 169
객관설　257, 313
객관적 귀속　185
객관적 형벌면제사유　137
결과가 좋으면 모든 것이 좋다　347
결과발생방지　29
결효범　375
골트슈미트(Goldschmidt)　60
공범의 중지미수　70
괴셀(Gössel)　361
귀르트너(Gürtner)　67
규범설　318
규범적 고찰설　193
그롤만(v. Grolmann)　50
근접미수　363
기무라 카메지(木村龜二)　85
기수의 방지　158

ㄴ

나글러(Nagler)　67
능동적 후회(tätige Reue)　101

ㄷ

단초설　117
담(Dahm)　68
독립적 미수　170

ㄹ

랑－힌릭센(Lang-Hinrichsen)　124
로마노시(Romagnosi)　366
록신(Roxin)　194
루덴(Luden)　109
루돌피(Rudolphi)　126
뤼핑(Rüping)　45
리스트(v. Liszt)　60
리스트와 슈미트(Liszt/Schmidt)　105
릴리엔탈(v. Lilienthal)　60

ㅁ

마키노 에이치(牧野英一)　84
먼 미수　363
메노치우스(Jacobus Menochius)　364
메츠거(Mezger)　68

모토지 신쿠마(泉二新熊) 314
무효설 109
미야기 코조(宮城浩藏) 78
미종료미수 158

ㅂ

바(v. Bar) 217
바그너(Wagner) 68
발두스(Baldus) 363
범행계획기준설 165
범행변경설 171
범행중지 5
법률설 109
법익보호 108
보상설 115
보켈만(Bockelmann) 115
뵈머(Böhmer) 50
부분적 중지미수 146
분리고찰설 124
브와소나드(Boissonade) 78
비독립적 미수 170
빈딩(Binding) 112

ㅅ

사후행위(Nachtatverhalten) 129
섀퍼(Schäfer) 68
쇼텐삭(Schotensack) 308
슈미트호이저(Schmidhäuser) 361

슈바르체(Schwarze) 58
실패한 미수 7
실패한 중지행위 181
실행미수 28
실행중지 29
심리적 고찰설 191

ㅇ

아쿠르시우스 21
알베르투스 디 간디우스 22
야콥스(Jakobs) 107
약화설 76
에르틀(Ertl) 93
에버하르트 슈미트(Eberhard Schmidt) 45
예거(Jäger) 122
예루섹(Jerouschek) 45
예비의 중지 42
예섹과 바이겐트(Jescheck/Weigend) 115
오노 세이치로(小野靑一郞) 85
오돌프레두스 22
우월적 정상설 213
울젠하이머(Ulsenheimer) 123
위험감소설 122
은사설 76, 115
의사형법 66
인과적 중지미수 207
인적 처벌조각사유 139
인적 처벌조각사유설 219

사항 및 인명색인 411

인적 형벌면제사유 76, 139

자수 104, 208
자의성 16
장도 375
재량설 123
전체고찰설 111
전체평가설 124
절충설 257, 315
종료미수 158
종합판단설 119, 165, 169
주관설 257, 314
준중지범 42
중지(poenitentia) 20
중지의사 221
중지행위기준설 124
중지행위기준시설 31
중지행위시기준설 165
진지한 노력 186

차샤리애(Zachariä) 109
착수미수 28
책임감소·소멸설 219
책임이행설 120
책임조각사유설 219

카르프조프(Carpzov) 49
칼(Kahl) 60
콜라우쉬(Kohlrausch) 68
쾨스틀린(Köstlin) 160
크비스토르프(Quistorp) 50
클라인(Klein) 50
클라인슈로트(Kleinschrod) 50
클레(Klee) 67
키나펠(Kienapfel) 257

토미 마사키라(富井政章) 79
티트만(Tittman) 50

판단기준설 124
포기의 종국성 16, 307
포이어바흐(Feuerbach) 55
프라이슬러(Freisler) 68
프랑크(Frank) 308
프랑크의 공식 31, 297
프리덴베르크(Friedenberg) 58
피해자보호사상 107

행위의 포기 158
헤글러(Hegler) 113
헤르초크(Herzog) 125
헤르츠베르크(Herzberg) 120

헤클러(Heckler) 122
헵(Hepp) 367
형벌목적설 15, 117
황금의 다리 이론 15, 103
후회 104

최 준 혁

서울대학교 법과대학 공법학과 졸업
서울대학교 대학원 석사·박사과정 수료(법학박사)
독일 Albert-Ludwigs-Univeristaet Freiburg LL.M.
서울대학교 의과대학 법의학교실 박사후과정 연구원
과학기술부 복제적용기반연구사업단 연구원
서울대학교 법과대학 BK21 계약교수
현재 울산대학교 사회과학대학 조교수

<주요 논저>

"출판물에 의한 명예훼손죄와 위법성조각사유"(석사학위논문, 2000), 중지미수에 관한 연구-단독범의 중지미수를 중심으로(박사학위논문, 2006), "실패한 미수 개념에 대한 역사적 고찰", 한양대학교 법학연구소 법학논총 제23권 제2호(2006), "다수인의 범행가담과 중지미수", 한국형사법학회 형사법연구 제19권 제2호(2007), "독일의 마약정책", 한국형사정책학회 형사정책연구 제19권 제1호(2007), "상해죄의 행위객체에 관한 고찰", 한국경찰법학회 경찰법연구 제5권 제2호(2007), "사회봉사명령으로서의 거액의 기부", 한국형사정책학회 형사정책연구 제20권 제1호(2008) 등

중지미수의 이론   값 22,000원

2008년 10월 27일	초판 발행
2009년 10월 10일	재판 발행

　　　　　　저　　자 : 최 준 혁
　　　　　　발 행 인 : 한 정 희
　　　　　　발 행 처 : 경인문화사
　　　　　　편　　집 : 장 호 희
　　　　　　서울특별시 마포구 마포동 324-3
　　　　　　전화 : 718-4831~2, 팩스 : 703-9711
　　　　　　이메일 : kyunginp@chol.com
　　　　　　홈페이지 : http://www.kyunginp.co.kr
　　　　　　　　　　: 한국학서적.kr
　　　　　　등록번호 :　제10-18호(1973. 11. 8)

ISBN : 978-89-499-0498-6　94360
ⓒ 2008, Kyung-in Publishing Co, Printed in Korea
* 파본 및 훼손된 책은 교환해 드립니다.